U0624127

空空之外

雪漠 著

中国大百科全书出版社

图书在版编目（CIP）数据

空空之外 / 雪漠著． -- 北京：中国大百科全书出版社，2016.8
ISBN 978-7-5000-9941-3

Ⅰ.①空… Ⅱ.①雪… Ⅲ.①东方哲学—研究 Ⅳ.①B3

中国版本图书馆 CIP 数据核字（2016）第 173218 号

空空之外

责任编辑：李默耘
特约编辑：陈彦瑾
责任印制：魏 婷
装帧设计：张靖波
出版发行：中国大百科全书出版社
地　　址：北京阜成门北大街 17 号
邮　　编：100037
网　　址：http://www.ecph.com.cn
电　　话：010-88390603
印　　刷：阳谷毕升印务有限公司
开　　本：880 毫米 ×1230 毫米 1/32
字　　数：300 千字
印　　张：14.25
版　　次：2016 年 8 月第 1 版
印　　次：2021 年 5 月第 3 次印刷
书　　号：ISBN 978-7-5000-9941-3
定　　价：68.00 元

本书如有印装质量问题，请与出版社联系调换

文化照亮人生

——《空空之外》序

雪漠

多年前，英国《卫报》全文刊登过我的小说《新疆爷》，西方的一位女汉学家读完后，对中国产生了浓厚兴趣，她通过多方渠道找到了我。当我向她介绍我的《野狐岭》《大漠祭》《猎原》《白虎关》《西夏咒》等书时，她茫然地望着那七部长篇小说，说有点望洋行叹的感觉，她只希望能在最短的时间里，读懂西部，读懂丝绸之路。于是，便有了《深夜的蚕豆声》的缘起。

同样，去年5月，我应邀前往北美访问，与谈锡永大师相见，彼此相谈甚欢。我给他送了我的文化专著。这些书解决了很多读者的疑惑，但由于字数有三百多万之多，不免让忙碌的现代人望而生畏。谈锡永大师希望我提炼精华，重写一本，这样，会让更多人受益。这便是《空空之外》的缘起。

今天，在世界文化的格局中，中华文明虽历史悠久，博大精深，但在国外，很多人对中国文化并不了解。与强势的西方文化相比，中国文化显得较为弱势。在北美考察的四十多天里，我深刻感受到这一点。中国优秀的传统文化，在当今国际形势下，到底能分得多少蛋糕？还真说不清。在美国很多的唐人街，我甚至没看到一家像样的中国书店。走在他国的大街上，满眼都是中国人的身影，到处弥漫着浓浓的中国味，但这种味只是一飘而过的风，很难在西方落地生根、影响世界。这种现象，引起了我的反思。

我们常说要建设文化强国，但如果没有一种强大的能够影响人类生活方式的文化，这种“强大”是很难持久的。要实现真正

的强大，必须要给世界一个重视你的理由。一个国家的强大，不在于疆域的广袤，不在于人口的众多，而在于文化基因中的那种自主和强悍。

2009年12月，我参加“首届中法文学论坛”，在法兰西学院做过一次演讲。当我把中国西部文化展现出来时，很多国外的汉学家为之一震，他们不知道东方还有如此壮美的文化，就如那位女汉学家读到我的《新疆爷》时，竟然不相信中国还会有如此美的爱情一样。其实，在中国传统文化中，不仅有普世性文化，还有更精英、更纯粹的文化，这就是中国文化中的超越文化，它是西方文化没有的，也正是这时的世界最需要的。

文化是生命的程序。有什么样的文化，就会铸就什么样的灵魂。文化会用一种强大的力量，去影响人的灵魂，进而影响人的命运。超越文化能拯救濒死的灵魂。我文学作品中的人物，都在以不同的形象、不同的生命历程，诉说着人类对永恒的向往和对现实的超越。

西部文化是中国文化的重要组成部分。它是中国的原点文化，其中有非常原始、非常本真的东西，有一种没被现代文明污染的精神性的东西，它能直接作用于人的生命本身，进而影响着人的诸多行为。西部文化也是中国文化的重要源头，它的博大和精深为中国文化提供了取之不尽用之不竭的营养。

下面，我们借助三位著名文艺理论家对我作品的解读来了解一下西部文化：

中国小说学会会长雷达先生在2011年4月19日中国作协《白虎关》研讨会上说：“雪漠写生存的磨难和生命力的坚韧，细节饱满，体验真切，结构致密，并能触及生死、永恒、人与自然等根本问题，闪耀着人类良知和尊严的辉光，能让浮躁的心沉静下来。雪漠作品有比较贯穿的思想，有直指人心的东西，有一种内在的东西，精神内涵非常深厚。他的作品渗透了浓厚的宗教精神。他的作品写人的精神的救赎和自我解脱，试图重述精神信仰，试图指向人心、剖析人心、拯救人心。此外，雪漠充分发扬地域文化的魅力。

回首中外世界文学史，许多留名的文学作品，都与地域文化有很大的关系。”

复旦大学教授陈思和先生认为，在过去的几千年里，每当中原文明疲软乏力死气沉沉时，西部文化和少数民族文化总会介入，它们的每一次介入，都会给中原文化带来活力。在2015年8月24日上海作协的思南读书会上，陈思和教授说：“西部文化应该是什么样的东西？这个我没有办法说，因为西部文化应该雪漠来说才是权威的，他在那儿生长出来的。文学与精神，与审美，是一个完整的文化体系，是那个地方的风水，那个地方的天地，它是融为一体的……当西部文化在我们面前展示的时候，它更大的层面是精神性的。这是西部文学和东部文学不一样的地方。东部文学缺少的东西正好是西部文学补充给我们的，不是我们上海去帮助西部文学提升，而应该把西部文学介绍给上海，不要在小事小非、物质上纠缠，应该在更高层面上看人生。”他还说：“我为什么看重雪漠？我觉得雪漠与张承志是中国当代西部文学作家中最有精神性的。它不仅仅是小说写得多美啊，或者故事写得好看不好看啊，它不是这个问题，它关心的是人怎么活，人的生命应该放在什么样的地方，我们说安身立命。它没有那么多的物质性的东西给我们安身立命，所以它追求一种超越性的东西。”

在2009年10月22日复旦大学《白虎关》研讨会上，陈思和教授说：“西部文学是中国当代文学的灵魂。”他说读《白虎关》时，首先想到了萧红的《生死场》，“在现代化进程中，我们已经忘了自身的民族精气。雪漠捡起来的，正是萧红的精神，也即对民族精神的探讨”。

北京大学教授陈晓明先生曾为《西夏咒》著文说：“雪漠从宗教关怀那里获取直接的精神动力和信心，使他能够直面那些历史之恶和人性之恶，并以极其精细的写实功力去书写那些极端经验。唯有依靠信仰激发的善的力量，才可能超越这弥漫于每个历史时期的巨大、沉重的恶。信仰之善是极端残酷经验处生长出的娇柔之花。宗教和文学、音乐等艺术形式一样，可能是人类为了让自

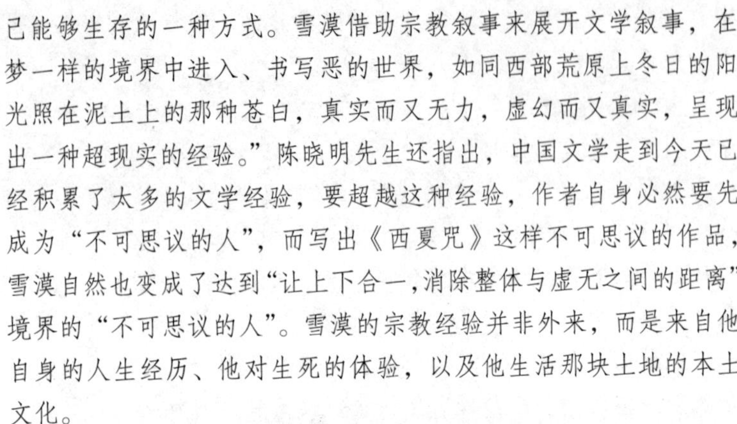

己能够生存的一种方式。雪漠借助宗教叙事来展开文学叙事，在梦一样的境界中进入、书写恶的世界，如同西部荒原上冬日的阳光照在泥土上的那种苍白，真实而又无力，虚幻而又真实，呈现出一种超现实的经验。”陈晓明先生还指出，中国文学走到今天已经积累了太多的文学经验，要超越这种经验，作者自身必然要先成为“不可思议的人”，而写出《西夏咒》这样不可思议的作品，雪漠自然也变成了达到“让上下合一，消除整体与虚无之间的距离”境界的“不可思议的人”。雪漠的宗教经验并非外来，而是来自他自身的人生经历、他对生死的体验，以及他生活那块土地的本土文化。

上面的三位批评家在谈我的作品时，都谈到了西部文化，他们对我的认可，其实也是对西部文化的认可。

中国文化的许多源头都来自西部。要想了解真正的中国文化，西部是不可忽视的一个存在。

西部文化具有非功利的特质，它以信仰为基础，对人心性的改变有巨大的作用，既是一种人文科学，又是一种生命科学。它的特征可以概括为两大方面：一是当下关怀，二是终极超越。

当下关怀以凉州贤孝为代表，它代表了西部文化对当下生活的观照、介入和参与。它保留了最本真、最质朴的中国传统文化，是西部文化活化石。除了凉州贤孝，像敦煌学等，也代表了西部文化的这一重要特点。

终极超越是西部文化的另一重要特征，在本书中，对它有详细的诠释。它是印度文明和中国文明相结合的产物，是从西部文化的大池塘中长出的莲花。当下关怀代表了西部文化中包罗万象的入世智慧，是金字塔的塔基，超越文化则承载了西部文化中的终极关怀，是金字塔的塔尖，二者相得益彰，互为体用，共同承载了中国西部文化的全息。

在中国文化中，儒释道构成了三条重要之根，它们同样具有当下关怀和终极超越的特征，这在我的文学作品中均有体现，前者多体现在《大漠祭》《猎原》《白虎关》中，后者则体现在《西夏咒》《西夏的苍狼》《无死的金刚心》中，而在《野狐岭》《一个人的西部》《深夜的蚕豆声》中，我试图将两者融合在一起，以期实现我对中国文化的另一种解读和追求。

今天，由于大善文化的缺席，人类的价值评判体系出现了诸多问题，人心变得越来越浮躁，越来越焦虑，也越来越功利。功利文化和混混文化像基因一般植入人的灵魂，影响着人的行为。欲望世界是个巨大的染缸，弱小的心灵根本抵御不了其诱惑和侵蚀。这就如同，一块土地上大部分的人都不渴望成长，只想庸碌地过一生，仅满足于物质上的需要，而没有形而上的一种追求时，那么，这块土地的发展就会很慢，甚至因为这种慢而导致最终的出局。一个人要想在贫瘠的土地上成长为参天大树，就必须要有超越文化的滋养；生命中必须注入智慧的活水，才可能走出狭隘和局限，才能让灵魂变得大气、包容和博爱。所以，我一直在传播西部文化，尽己所能营造一片大善的土壤，希望每一棵小树都能够茁壮地成长。

我们期待世界和平，期待社会和谐，但我们可能不知道，世上的一切纷争，追根到底都是人心的纷争，是人们内心的善恶纠斗，是神性与兽性的不断撕扯。如果你明白了世界上的一切都会消失，都是虚幻无常的，你根本抓不住任何东西，那么你就不会执着于那些无意义的争斗了。所以，我一直提倡“文化救心”“大善铸心”。《空空之外》的内容，就在于告诉你如何唤醒自己的灵魂，如何让心属于你自己。善文化的真正意义，就在于不断地完善自己，让自己的灵魂变得强大。在面对诸多诱惑的时候，让自己仍然能保持清醒、自主和高贵。

不管是完善自己，还是传承、传播文化，都不是一件容易的事。一个弱小的孩子想要实现梦想，唯一的办法，就是修炼自己的爱与智慧，这样，才能克服自身的局限，走向更大的世界。在这方面，我用了二十多年的时间，严格按照老祖宗的方法进行了系统训练。我走过的路，可能会为很多人提供一种参照，让他们少走一些弯路。

《空空之外》包括文化传承、哲学理论、实践和妙用四个部分，其内容直指人心，言简意赅，通俗易懂。我将那古老智慧的精妙之处，及老祖宗不曾昭示的奥秘，都毫无保留地奉献了出来。这是中国传统文化的精髓，是中华民族向全人类贡献的最为宝贵的精神财富之一。

《空空之外》是一座桥梁，贯通了古今智慧。它有文字相而超越文字相。它以文化为载体，是当下关怀与终极超越完美结合的一个文本。它注重生活方式的改善，注重灵魂的重铸，注重行为的践行，注重对人生的重新打造，更注重对社会的贡献，它是中国传统文化与时俱进的产物。

写作本书时，我在过去的文化专著的基础上，打乱结构，重新提炼。它高度浓缩了我对西部超越文化的研究成果,既有世界观，又有方法论，从不同层面进行了聚焦式的展示。它有着非常清晰而明显的传承性，有着打破诸多概念的超越性，同时又有着非常科学的操作性，它是哲学智慧和生命实证的结合体。

用生命实证思想是东方哲学的传统，许多东西只可意会，不可言传，它需要实证，需要知行合一，需要“一览众山小”的整体视角，需要一步一个台阶的实践精神，需要放下一切但又能观照一切的超越智慧，因而理解起来有一定难度，但在本书，我还是坚信自己说出了该说的话。

所以，本书的出版定能为许多热爱中国传统文化的朋友，提供一种全新的思维方式，提供一种醍醐灌顶式的阅读感受。

同时，读者还能从中看到另一种人文景观，体悟另一种生活方式，或许，因为有了另一种文化程序的介入，你的人生会出现新的契机。

是为序。

——2016 年 7 月 20 日写于“雪漠沂山书院”

目录

传 承 篇

1. 简单谈谈大手印

在很小的时候，笔者就发愿，要用一生的行为来实践下面的追求：“外修声闻戒，内修菩提心，密修金刚禅。”

金刚禅是“光明大手印”的生活化妙用。

在佛教的一些密宗书籍中,常常会看到大手印。大手印意为“大印鉴”或“大符号”，指的是一种人类本有的智慧。所谓人类本有的智慧，就是说，它不是宗教独有的，也不是哪个神或哪个人赐的，而是每个人本来就有的。宗教训练的意义，在于让人开启它，让它照亮生命，让人活出本我，拥有一种更博大的人生境界、更豁达的人生态度、更高尚的行为方式、更睿智的处世理念、更清晰的人生坐标、更伟大的精神追求和更诗意的生活情趣。

一本叫《大成就者的故事》（民族出版社）的书中如是说:“一位拥有大手印证悟的人就是一座壮丽的大山，不会因任何风吹而动摇，就像永远不变的蓝天，所有迷惑早已消失殆尽。”“大手印的字面意义，代表伟大的象征、伟大的印记，意指个体真如本性的绝对精髓,是真理的胜义观。在那里面所有的一切都是授过‘印记’的，或者说它们都显现了空性。这伟大的姿态或说是象征，就是不再有二元对立的大手印教法所揭示的：所有事物的本然是神圣的。大手印是直截了当地唤醒内在本然的觉醒性。轮回与涅槃的示现——即是我们习惯的二元对立的思考——这个常人所熟知的世界，在大手印中已完完全全地被超越了。”该书中还引用了噶举派的成就师吉天宋恭的一首道歌：“我是自在瑜伽士，已能体验佛陀、上师与我自己的心性一体无别，我是何等的快乐，有着无须造作的虔诚！”《喜金刚瑜伽续》上说：“轮回与涅槃、善与恶，皆非真实具体的存在。凡事都是相对的，了解轮回的真实本质，就是证得涅槃。”这些说法，讲的都是证得大手印所能达到的境界，也是修习大手印对个体生命的改变。

在佛经般若部和一些密续经典之中，我们都可以找到这套学说的理论基础，如《大般若经》《金刚经》《心经》等等。《心经》中的“照见五蕴皆空”“色不异空，空不异色……受想行识，亦复如是”，便是典型的大手印智慧；《金刚经》中的“一切有为法，如梦幻泡影，如露亦如电，应作如是观”，是大手印离戏瑜伽的最好注脚；而“过去心不可得，现在心不可得，未来心不可得”“应无所住，而生其心”，更是大手印最好的教授和妙用。

至于大手印瑜伽的方法论，根据入道方法的不同，可以分为显宗大手印和密宗大手印两种。

显宗大手印偏重于理，行者或由研习经论得悟、或由师授明心，进而契入大手印，均可与实相相应，证得实相大手印。比如，天台宗以“一念三千”“三谛圆融”的性具说为实相；三论宗以“无依无得”的空理为实相；华严宗以随缘之真如为实相；法相宗以“圆成实性”为实相；小乘以“我空”之涅槃为实相；大乘则以“我空”“法空”之涅槃为实相，圆顿止观、一行三昧，为的都是证得实相大手印；禅宗由参话头、坐禅、观心、棒喝等方便法门入手，也可明心见性，其证得的，同样是实相大手印。

密宗大手印则重于证，分为和合大手印与光明大手印两种。

和合大手印亦称为空乐大手印，以修炼气脉明点为基础，系无上瑜伽部之密法，经灌顶之后得师传授，由生圆二次第入手，观想本尊，持诵真言，或修宝瓶气，或修拙火幻身，或经双运，达到身语意三寂，引生空乐不二之禅定觉受，经上师开示心性，了悟心性，而证得空性光明。

光明大手印则是大手印顿入法，具德上师得遇上根弟子，上师观机缘成熟，加持弟子得见光明，故名。贡嘎上师在《恒河大

手印直讲》中说："最上之大手印，则并无需乎灌顶等修，但当恭敬礼拜，承事亲近上师，或仅观上师微妙身相，即能立得证悟。"贡嘎上师认为，这种证悟同时的大手印，才是真正的大手印。我曾有过一个比喻：光明大手印能让你发现自己的宝藏，你会从贫穷的乞丐，一跃成为富有的国王。足见光明大手印的珍贵。但光明大手印对上师和弟子的要求极高，它就像用两台联网的电脑传递数据,有合格的数据线（信心）还不够,电脑（上师）和电脑（弟子）都合格如法，才能传递数据，缺一不可。

也许是因为密乘大手印多由修习金刚法入手，故名金刚禅。不过，本书金刚禅的"金刚"，更有不可毁坏、无坚不摧的意思，它是光明大手印的生活化妙用，是一种理想生活方式。当然，它也更像一种生命程序，当我们的生命启动这程序时，我们就有了一颗能完全属于自已、不为外物所动的心。

本书中重点叙述的，就是金刚禅的哲学基础和部分方法论。其目的，是帮助你打好基础，当你遇到生命中最重要的那位贵人，也就是你的上师时，能够作为一个合格的"电脑"，没有任何障碍地接收所有数据——当然，如果你只是觉得好奇，也未尝不可，它也可以让你拥有另一种知识或思维，如果你在生活的某个瞬间，会突然地想起它，想起我在书中说过的一些话，你眼中的世界，或许就会出现更多的可能性,不过,在生活的每一个瞬间都想起它，都能让它指导自己的行为、改变自己的想法，本身就是最好的实践了。

2. 两种自由

修习金刚禅的目的，是追求绝对自由，也即无条件的自由。

佛教追求的自由有两种：一是离苦得乐，即远离痛苦得到快乐、远离热恼得到清凉、远离愚昧得到智慧、远离仇恨得到慈悲、远离贪婪变得知足等等，这种自由是相对的；二是无条件的自由，藏传佛教称之为“心气自在”，也就是物质和精神、心灵和肉体都得到大自在，这就是金刚禅所追求的自由。

这两种追求的结果也分为两种：第一是因信得度，就是依靠信仰的力量消解贪婪、愚昧和仇恨，并找到他们所追求的永恒，得到他们所需要的救度。佛教中最能体现这种追求的，是净土宗。净土宗认为，只要念“阿弥陀佛”，并遵循某种规则（戒律、仪轨等）就能到极乐世界，信仰者甚至不用学太多佛教教义。这种自由是有条件的，会随着信仰的程度而起伏。第二是见即解脱，“见”就是见地、正见、智慧，通过这种方式得到的自由，是不会被任何人事物所撼动的，它就是金刚禅所追求的自由。

这种自由的独特之处在于，它是通过破除执著，让自己不再用个人得失和成见衡量世界，不再因贪婪、烦恼而掠夺，不再因得不到而仇恨，不再因心理不平衡而嫉妒，不再因迷惑而充满猜疑，也不再被任何现象、概念和方法所禁锢……这时，人的心灵就会得到自由、变得安详、拥有永恒的清净之乐。能让人实现破执的见地，大手印瑜伽称之为“大手印见”，或是“空性智慧”“无分别智”。与无分别智相对的是分别心，佛教认为，一切执著都源于分别心:你和我，你家和我家，你的和我的，你们民族和我们民族，你们国家和我们国家……有分别心，就有对立，有对立就有不平衡，有不平衡就有失落，有失落就有痛苦。为了不让自己失落，人会试图改变世界，希望自己的期待能够得到满足，这种心态，导致人必然被世界所控制、所缠缚，得不到自由，因为，世界不一定愿意被他改变，也不一定能够被他改变。只有消除分别心，解脱才可能实现。但仅仅是没有分别心还不够，还得有智慧，如果单纯没有分别心，就会变成佛教所说的“顽空”，像石头一样，遇到什么事都没有反应，既不会感动，也不会难过，冷冰冰的形如枯木。大手印瑜伽不追求这种“智慧”，大手印智慧俱足佛的三身五智。这时，你知道周围正在发生什么事，也能看到它背后的事实，但你知道它很快就会过去，而不会在乎它本身，也不会在乎它给自己带来的一切，还知道该如何应对、如何选择、如何达成自己的发心。这才是大手印瑜伽追求的自由。

这种自由的境界，便是本书所说的金刚禅，它是一种超越后的放下，是一种破执后的逍遥，是一种无我的大爱，是一种明白后的安详微笑。

3. 那些不朽的祖师们

我说过，金刚禅是大手印的生活化妙用。

大手印有多种传承，你可以在一些佛教史中读到相应内容，我在此书中与你分享的，则是我实践香巴噶举文化（以下简称“香巴文化”）的收获。当然，本书内容已超越了香巴文化的局限，涵括了一切曾令我受益的文化营养，是我的生命实践对香巴文化的补充和丰富。

如果本书不能令你满足，或让你有了更多的兴趣，你也可以去读《光明大手印：实修心髓》《光明大手印：实修顿入》和《光明大手印：参透生死》等书。

现在，我想简单介绍一下香巴噶举的历代传承人，他们都是实践大手印、改变了生命本质、实现了不朽的大师级人物。也正是因为他们用生命去传播文化的火种，香巴噶举的火焰才会燃烧到今天，温暖着千千万万曾经迷茫无助的心灵。所以，理解了他们，你或许就会更加理解大手印瑜伽，也会更加理解金刚禅。

（1）首传祖师：奶格玛

需要说明的是，香巴噶举教法的真正源头其实不是奶格玛，而是奶格玛的上师金刚持。但金刚持不仅给奶格玛传过法，也是许多密续教法的源头。所以，他没有被归入任何一个教派，但是对很多教派来说，他都是非常重要的上师。在香巴噶举教派中，同样如此。香巴噶举行者的每日祈祷辞里，就有"遍满一切圣主金刚持"的内容。据说，金刚持是释迦牟尼宣讲密乘教法时的化身，但也有说法刚好相反，认为金刚持是报身佛，释迦牟尼才是化身佛，就是说，释迦牟尼才是由金刚持所化现的。

根据香巴噶举的内部资料，奶格玛生于公元 917 年农历一月二十五日，时辰是太阳初升时，她的家乡在古印度东部，叫崩嘎拉（音译），父亲是当地的一位官员，叫削为歌恰，母亲叫华吉洛珠。奶格玛从小就对红尘很是厌倦，不喜欢做很多世人都喜欢做的事情，而且她的心很清净，每每听经都会入定。有一次，一位相士为她相面，说她是智慧空行母的化身，不宜成家，出家修密法会很快成就——也就是用生命实证大手印见地——当时的印度很重视信仰和修行，所以奶格玛的父母没有逼她结婚，还在她二十三岁那年，举家到金刚座（释迦牟尼佛成道之地）供养朝圣。就在这个时候，金刚持出现在空中，叫奶格玛立即到附近的娑萨朗尸林去，他要给奶格玛传法灌顶。此时，奶格玛的肤色突然变成了红色，身体也发出了金光，印堂处生出了第三只眼睛。然后，她不顾父母的惊愕，独身前往娑萨朗尸林。

那所在是古印度著名的八大尸林之一，是当地人弃尸之地，老是臭气熏天，老有野兽出没，但是按照当时的说法，那里又是最好的修道之所，因为修行人在那里不用刻意地想象死亡，死亡的景象也会强烈冲击他的心，让他产生出离心，让他不再贪恋自己的肉体，也不再贪恋建立在肉体上的一切。

奶格玛进入尸林之后,向虚空顶礼三次,密严刹土便现于空中,金刚持在密严刹土中为她传授五大金刚合修法（后称“奶格玛五大金刚法”），奶格玛发愿，要将五大金刚合修法传给所有福德因缘俱足的众生。

受法之后，奶格玛在二十四位空行主母的陪同下，回到娑萨朗尸林。这时的她正如相士所说的，已经达成了究竟成就。她的身体化现为秘境净土，隐于尸林上空，距地面有七棵大树那么高，庄严如金刚持的密严刹土。至今，这秘境仍在，它同藏地传说中的香巴拉国一样，有缘之人才能看到并到达。第三代上师琼波浪觉正是在这秘境中见到了奶格玛，并得到了“奶格玛五大金刚法”的传承、灌顶、修持密诀。在香巴噶举中，这一秘境也被称为第二密严刹土。

你或许也发现了，奶格玛的成就是很快的，她不像密勒日巴经历了那么多灵魂和肉体之苦，也不像那诺巴那样经历了若干次大死和小死，或是玛尔巴那样的艰苦求法，她是不经勤勇、疾速成就的，而且她成就的是究竟佛果，她的肉身化为最为殊胜的虹光身，视之有形，触之无质，能长久住世，也能随意前往任何世界。她曾对琼波浪觉说过，所有对她有信心且虔诚祈请者，无论何时何地，她都会出现在他面前。对此，香巴噶举的弟子们深信不疑。每日的清修中，我们都会念诵一篇长长的祈请文，祈请包括奶格玛上师在内的所有上师。我们相信，所有上师，无论是否住世，都会应请而来，加持弟子早日成就佛果。

（2）另一位具德上师：司卡史德

在香巴噶举的教法中，司卡史德是和奶格玛有同等地位的具德上师，也有将其名字译为“乐成空行母”者。她与香巴噶举有大因缘,得其加持而成就者不可计数。她传下了空行心滴司卡六法,上根者闭关八月即可成就。此外，她曾发愿，帮助虔诚弟子成就，每遇虔诚祈祷，无不全力成办。司卡史德和奶格玛一样，不经勤勇修持，疾速成就虹身，至今住世，不生不灭。她的成就经历，有极深的密意和启发。

司卡史德空行母生于印度西方酒市，成就前已近六旬，垂垂老矣，养有三子三女，家徒四壁，一贫如洗，虽时有饥馑之忧，而不改慈悲之心，身虽不近佛事，而心已与道合。家中余粮甚少，堪能喂鼠，藏到缸中，舍不得吃。一日，其丈夫子女，四散外出，去乞食，以果腹。忽然来一出家人，黄脸菜色骨瘦如柴，伸手乞食。司卡史德虽也饥肠辘辘，但悲心大发，将家中所存余粮尽数供养。丈夫子女游经四方，时近一日，并无稍获，忍饥挨饿，讪讪回家，欲取缸中存粮。司卡史德说，那粮食我已供养别人了。丈夫子女饿极失态，闻言大怒，围而欲殴，司卡史德逃出家门，在西方莲师寺旁，以乞讨为生。偶有所得，舍不得全吃，半饥半饱，省些余粮，用以酿酒，卖酒度日，渐有余利，久而久之，遂成酒店。有两个妙龄女子常来买酒，日久天长，司卡史德问："你俩买酒叫谁喝？"二人回答，供毕哇巴祖师。其时，此祖师已证无死虹身，名扬天下，司卡史德一听，信心大增，坚定不移，此后，以酒供养，并不收费，边虔诚祈请。

祖师以无碍神通，知其为上根具缘弟子。一日，问其明妃，酒从何来，明妃答是酒市中老妪所供，虽有信心可惜老矣。祖师笑道："无妨。今日，可带她来。"明妃遂去酒店告知。司卡史德闻言大喜，跟明妃来至祖师处，祖师施以喜金刚灌顶。经瓶灌密灌慧灌，数个时辰内，司卡史德以垂老之躯，证幻身之德，年若妙龄，貌美如花，楚楚动人，不生不死，视黄金粪土同值，察天地上下无异，并发愿助弟子，以成其道。

琼波浪觉上师二赴印度，带黄金五百两，到檀香林，祈师摄持。空行母遂为之授喜金刚四灌，并传以司卡六法及各种口诀，并降

至大地，以身相授，以空乐智慧，助弟子成道。此后多年，空行母如影随形，加持琼波浪觉，疾速成就道业。此后香巴噶举诸上师中，得司卡史德空行母相助者甚多。

司卡史德在遇到毕哇巴祖师之前，已俱足利众之心，身虽仍在凡俗，心已顿超十地，所欠者，因缘耳。待得遇上师，又是信心俱足，外缘内因，均达圆满之境，故能于一夜间证得虹身，如水到渠成，如瓜熟蒂落。

（3）创派祖师：琼波浪觉

佛教史书一向认为，琼波浪觉是香巴噶举的开派祖师，这是对的。因为香巴噶举教法虽源自金刚持，但直到琼波浪觉起，才开宗立派，大盛于藏地。在藏传佛教中，琼波浪觉同密勒日巴一样，是个大名鼎鼎的人物。

琼波浪觉是西藏雍拥人，生于公元990年，命相中占四虎：虎年，虎月，虎日，虎时。按藏地说法，这样的生辰，主大贵。琼波浪觉出生的地方叫琼宝沟，他的父亲叫“达加”，母亲叫“扎西吉”。父亲的种姓很显贵，有皇族血统。

相传，琼波浪觉降生后，印度大成就师阿莫嘎便从空中飞来，给琼波浪觉灌了长寿佛顶，并嘱咐道，这孩子，非寻常婴儿，他是一切有情的依怙主，当善抚养。不几年，阿莫嘎又飞来授记：长大后，你应去印度，得诸大圣传承后，会饶益有情，今后，你当修奶格玛五大金刚法，中脉五轮会显出五大金刚的坛城。你会住世一百五十年。

琼波浪觉天资聪明，十岁时，就学会了梵文、藏文的拼写。从十三岁开始，他就学习本教经典和教法，不几年，就通晓本教所有经典，精通了所有法术，成为远近闻名的本教法师，前来求法者极多。因本教法门无可信的传承，也不是来自神圣的印度，琼波浪觉渐生厌离之心。一天，琼波浪觉将本教法位交付给一个弟子掌管，遂离开本教。

公元1018年，他在宁玛派大喇嘛荣律桑格处学习《大圆满心部法典》。次年，再跟噶举派削玛埃学习大手印教授，但琼波浪觉并不满足，不久，他变卖家产，换得黄金，前往印度，开始了漫长的求法之旅。对琼波浪觉求法的详细过程，史书上记载过略，汉地也鲜见详细资料。关于琼波浪觉前往印度尼泊尔的求法次数，时下说法颇多，或说三次，或说十次，他先后求得了一百五十多位大德的传承教法，非为自利，纯属利他。其心其行，用屈原的话来说，就是“路漫漫其修远兮，吾将上下而求索”。琼波浪觉求法后不久，外道大军便入侵印度等地，佛法便淹没于血泊之中，正是琼波喇嘛、玛尔巴等大德终其一生的不懈努力，才使藏传佛教有了后来的格局。

公元1020年，琼波浪觉变卖家产，携带黄金，前往尼泊尔。他首先跟班智达苏玛底学习焚文，求授灌顶五十多种，再到多杰登巴上师处剃度出家，受沙弥戒。辞别多杰登巴后，琼波浪觉继续游学，遍访圣迹，在麦智巴弟子更香多杰、克什米尔贡巴哇、希巴咱萨连纳等大德处又求到了多种密法，开始回藏。回藏后，琼波浪觉开始传法收徒，声名远播，弟子云集，供养亦厚，但他常念想阿莫嘎授记之事，前番入尼泊尔虽求法百余种，却无奶格玛五大金刚法之教授。当然，若为利己，择一法而修，解脱不难，但为了饶益众生，应再去印度求法，他于是将所有供养换为黄金，达数千两，负金跋涉，再赴印度。

琼波浪觉到印度后，大成就师麦智巴赐予他十三尊玛哈嘎拉灌顶，然后，他跟麦智巴闭关十三天，得到成就，亲见玛哈嘎拉现身。在檀香林，琼波浪觉前后给司卡史德供养了五百两黄金，司卡史德传以司卡六法，琼波浪觉成就此法后，司卡史德与琼波浪觉形影不离。为助其尽快成道，在日后很长一段岁月里，司卡史德一直是琼波浪觉的明妃。

琼波浪觉二次求法，虽得众多法要，但仍没得到奶格玛五大金刚法的教授，所带黄金用完后，他只好再次返藏。为求得奶格玛五大金刚法，也为了答谢那些传法师尊，琼波浪觉筹得巨金后再赴印度。三次赴印后，在娑萨朗尸林，琼波浪觉见到了奶格玛。在空行圣地的坛城内，奶格玛向琼波浪觉传授了奶格玛五大金刚法。关于那段漫长的求法之路，我在小说《无死的金刚心》中有详细叙述，书中还写了许多空行道歌，均为空行母对琼波浪觉的适时点拨，有兴趣者，可以去看看那书。

琼波浪觉回藏后，到了今天的西藏南木林县的一个叫香的地方，修建了香匈寺。因琼波浪觉成就了白六臂玛哈嘎拉财神法，玛哈嘎拉便与琼波浪觉形影不离。以此因缘，琼波浪觉在日后的弘法生涯中，财势颇盛，富丽堂皇，财物上无丝毫局促。他依此财势，修建寺院一百零八座，香巴噶举教法从此大盛。

琼波浪觉住世时，出家俗家弟子有十八万之多。此时正是藏地佛法大弘期，其高僧大德多如繁星，如噶举派祖师玛尔巴和密勒日巴，如大威德首传祖师热罗多吉扎，皆是独步千秋的人物。在大师林立的时代，琼波浪觉能卓然立于其中，自成一家，立千年不朽之功德，殊为不易。

琼波浪觉的诸弟子中，以摩觉巴最为殊胜。公元1139年，琼波浪觉已有一百五十岁高龄，他召集众弟子，为摩觉巴举行隆重的坐床仪式，将所有密法、寺院、弟子托付给了摩觉巴。坐床仪式结束后，琼波浪觉随即圆寂。关于琼波浪觉的圆寂，藏汉地有两种说法：一种说法是他肉身不变，飞往空行佛国；另一种说法是他舍下肉身，飞往佛国，而众弟子不遵师命，遂焚烧师身，分得舍利。如是故，香巴噶举随后逐渐衰微，以至于几乎湮没无闻了。

（4）神通之王：摩觉巴

摩觉巴·仁钦尊朱，亦译“不动尊·大宝精进”，是藏地有名的大成就师，与冈波巴大师同一时代。他于公元1107年出生于西藏的朗荣匈，家族姓希协，父亲叫协更麦穷，母亲叫班摩班玛准。七岁时，在大法王贡却卡座下受沙弥戒，并学习五部大论；此后，又从法王杰勒瓦处学习大小五明，同时学习小五部，通达五明及经论，成为杰出学者。

据《青史》记载，十七岁时，摩觉巴就到香匈寺依止琼波浪觉，上师传给他喜金刚灌顶，并说：“在年少时，你要多闻佛法，以使正见圆满。若过早地闭关专修，容易中邪的。”并赐以书本，令他多读。此后多次求法，上师总是叫他多读书多闻法，生起正见，不令他过早专修。

年少的摩觉巴见上师不传法给他，便到上师弟子拉青巴处，求得教授，随后专修，亦无证验；复到上师座下求法，上师传以“护法法类”和忿怒母教授，摩觉巴边事广闻，边精进修持。

后来，摩觉巴依止琼波浪觉上师五年零七个月，得上师所有教法，闭关六个月，即获奶格玛五大金刚法成就。琼波喇嘛圆寂后，摩觉巴闭关静修，得到许多成就，后与帕木竹巴互相传授，在冈波巴大师处又求得那若六法等教授，获得决定的大手印见。此后，他在摩觉寺静修十二年，弟子云集，达三千之多，再建姑隆寺。弟子中成就者极多，多入道便生起证悟者，摩觉巴除了把奶格玛五大金刚法单传杰刚巴外，将所求其他教法传给弟子，并化身无数，救度苦难众生。

七十三岁那年，腊月二十五日，摩觉巴召集弟子，为丘吉桑给举行坐床仪式后，穿上璎珞骨饰法衣，忽见奶格玛及二十四空行母已临虚空，摩觉巴修五大金刚合修法圆满次第中之“智慧之窗”抛瓦法，肉身飞往空行佛国。

（5）法狮子：杰刚巴

杰刚巴亦名丘吉桑给，译意为“法狮子”，公元1122年降生于西藏堆龙朗巴地区。幼年时，即有宿慧，厌离轮回，躲尘世如火狱，视财富如粪土，贪执既除，唯愿以此暇满身，而得解脱。十一岁时，在大活佛依尊玛律瓦座前出家，学习五部大论；二十岁时，在堪布索巴座前授比丘戒；后在阿底峡尊者的传承者大活佛杰尊芬普巴处求得四续部的灌顶和修持窍诀。杰尊芬普巴说：“你的根本上师是香巴噶举的大成就师摩觉巴，你应当前去依止，得其法脉。”

既得法脉，杰刚巴勇猛精进，闭关六个月，便生起如师一样的证悟，本尊护法，时来授记。一日，司卡史德空行母现身，叫他在智明无依中安住而修，杰刚巴因此生起殊胜证悟。

有一天，上师摩觉巴对杰刚巴说：“将来你有一寺庙，徒众虽多，最殊胜侍徒有十人，传法时，奶格玛五大金刚法应单传，余法可广传，要常住山修行。将来，你为他人说法，勿着华美服饰，应穿褴褛衣服，饭食亦不可精美，能随便充饥则可。说法之前，一定要发菩提心，说法之后，一定要回向。”杰刚巴对上师所传诸法做了很好地笔录和审校。他的疑心极重，常认为自己没有得到殊胜的大教授，因疑心故，遂生障碍。他在一个叫杰刚的地方住的时间最长，达十三年，故世人称他为杰刚巴。

为清除心理上的障碍，杰刚巴去枳空和上师章巴金座前求得传授，但也没除障，遂在隆邦喀闭关专修，他发大愿，此番闭关，要么成就佛果，要么宁愿一死。三年后的一天，来了一位瑜伽行者，给他传了长生法，并住了七个月，以此传授之力，障碍顿除。瑜伽士前往拉萨朝拜，回来时带了大量财宝，全部交给杰刚巴，说：“这些财富，我无大用，我之所以带它来，是为你送法缘而来。”说完离去。用此财富，杰刚巴修建了日贡寺。

杰刚巴生前，有弟子上万人。他边灌顶传法，边用神足通周游世界，往来于诸佛国之间，见到许多空行母。在俄至亚那空行胜地，他得到了空行母传授的马头明王法。此外，他还见到许多大成就者。一日，杰刚巴遭雷电击身，却毫发无损。护法神众雀跃拥护，若有违誓者，立即除灭。有缘弟子，尽得其法益，成就无数。

七十五岁那年，上师奶格玛前来授记，由日贡巴继承奶格玛五大金刚法衣钵，遂举行坐床仪式，令日贡巴继承法位。座床仪式后，杰刚巴独坐静室，众弟子见虹光盈空，奶格玛率领诸空行前来迎请，杰刚巴不舍肉身，飞往净土。

（6）日贡巴与弟子桑杰敦巴

日贡巴是前七位“七宝”上师中的第六位，其弟子桑杰敦巴是第七位。

桑杰敦巴，降生于西藏卡热，幼年早熟，即知思考敬慕佛法，不喜世乐，厌离轮回，勤习绕塔等善业。八岁时，便知书法和念读；十三岁时，在咱日热巴座前出家为僧，上师授记：“你能饶益众生，做大法益，学法精进，得大成就。”并赐法名准朱僧格，意为“精进狮子”。十九岁时，在堪布却嘉金座前受比丘戒。此后，他渴望能依止一位成就上师而专修。一天，听到有人推荐一人，是大善巧者，名叫峨敦，极有才具，戒律精严，遂前往拜访，与之同居一室，夜里峨敦忽叫：“度母救我。”桑杰敦巴问：“因何惊叫？”峨敦说：“梦见游行，抵达一地，名叫定日，有三个黑洞，我将堕其一，故呼至尊度母。此三洞，三恶道也。我必须找一成就上师，依止而修，方能脱此困厄。”桑杰敦巴问：“哪有成就上师？”峨敦说：“裕普有一大成就者，叫日贡巴，精修梦幻，具足神通，历往佛国，亲见本尊，隐修多年，我欲前往。”

此成就者，即香巴噶举第六位传承上师日贡巴。公元 1168 年，

他生于西藏约尔，在大法王朗沃仁波且座前出家，并学习五部大论，后从智巴江琛大活佛处求得萨迦派密法传承和灌顶，后依止杰刚巴，如倾囊般，尽得其法，闭关一年，得大成就，他有弟子七千余人。传法之余，分身前往胜乐二十四圣地修密法。

桑杰敦巴闻师名后，信心大增，汗毛顿竖，视师如佛，虽欲前往，因事缠身，时经三年，未能成行。后来，峨敦也已逝世。这日，桑杰敦巴毅然决然，抛下俗事，前往谒见，人才动身，师已知情。黎明时分，日贡巴上师即吩咐近侍："早做准备，有大修士，从饶仲来，此非寻常之辈，乃饶益有情之主，我之教授，当遍行诸地，内至邬仗那和那烂陀，外圣海滨以上。空行护法，已去接迎，你当清水洒地，洁净供室，令人生起羡慕之心。"侍者如言，陈设诸供。师又说："那人已到色吉玛草坪，正吃中餐，你速去迎接。"侍者外出，果如师言，接至寺中，拜谒师尊。师道："你心中常想，今日来，明日来，而三年未来，千日之内，世事大非，喇嘛峨敦，和须巴那波，曾授记你我相见，却已逝世。"桑杰敦巴一听，知师果有无碍神通。师又问："你对我之敬慕，因何而来？"桑杰敦巴答："世人广传，说上师梦修成就，故来谒见，乞传大法。"上师喜悦，传奶格玛五大金刚法及香巴诸法之灌顶教授，令闭关六月，即成就五大金刚合修法。此后不久，日贡巴将法位禅让于他，肉身飞往净土。

桑杰敦巴有弟子两千，以后余生，广行善事，并维修琼波喇嘛所建的一百零八座寺院，人与非人，皆获其益。一日，奶格玛前来授记："五大金刚合修法已单传七代，此后即可广传，修此法成就者，将多如繁星，你之法位，当由赤宸本继承。"师召弟子，宣此授记，传位赤宸本，见诸空行，已来迎接，弟子悲泣，祈师住世，师作安慰，肉身腾空，飞往净土。

（7）根本上师赤宸本

赤宸本生于公元1215年，出生于西藏孔嘉。先由大活佛赤宸喜饶为其剃度传戒，在大法王释迦尔奔前学习五部大论，学识渊博，闻名遐迩。

后依止香波桑杰敦巴，获得香巴噶举派全部教授。他广布法雨，广传法脉，具缘者领受了五大金刚合修法生圆次第者有三千余人，其中一百一十三人证殊胜成就。

赤宸本常常化现为胜乐金刚，前往二十四个空行圣地修习密法。

赤宸本之前，奶格玛五大金刚法多为口耳相传。在空行母的帮助下，赤宸本将奶格玛五大金刚法用文字记载，写成法本，二十四位空行母在法本上留以指印，以为警示，任何人不得擅自改动。

赤宸本七十六岁时，遵奶格玛授记，宣布朗日觉为香巴教法衣钵传人，将留有指印的奶格玛五大金刚法法本交给朗日觉。

此后，赤宸本端坐法座，修习五大金刚合修法圆满次第中的白空行母抛瓦法。天乐声中，空行云集，彩光交织，赤宸本不变肉身，飞往空行圣地。

（8）根本上师朗日觉

朗日觉生于公元1228年，出生地西藏窘地区。先在法王琼朗卡扎巴座下出家，学习五部大论，并得到琼朗卡扎巴法王和赤日法王传授的时轮法类等灌顶。

后依止赤宸本，得香巴噶举派密法教授，闭关六月，成就五大金刚合修法，得见香巴噶举派的所有本尊。

朗日觉抄写过三本奶格玛五大金刚法法本，被空行母取走两本后，便不敢再抄。一日，琼波浪觉现身开许，吩咐他可以多抄几份，给其属下寺院都分发一份。

朗日觉曾将雍永寺和山东寺修成闭关院，供弟子静修。依此缘起，此后多年里，两寺里闭关修奶格玛五大金刚法的弟子中，有五百位即身成就。

一日，奶格玛现身授记："在你的诸大圣弟子中，简宸本适合继承你的法位。"朗日觉遂将衣钵传于简宸本。不久，兰巴嘎空行圣地的空行来迎请，朗日觉不变肉身，飞往净土。

（9）根本上师简宸本

公元1261年，简宸本出生于西藏的空兰。长大后，在萨迦派大活佛谢瓦·贡嘎桑给座下出家，并跟大法王迪尔康瓦学习五部大论和萨迦派密法，成为萨迦派法王。

三年后，简宸本依止香登朗日觉，得到香巴噶举派密法传承与灌顶，闭关六月，成就五大金刚合修法。闭关期间，奶格玛和司卡史德两位空行母现身。司卡史德指点他到一个叫"吉"的地方建闭关院，供弟子闭关专修；奶格玛叫他将五大金刚合修法详加诠释，以利弟子们理解和领会。此后，五大金刚合修法有了繁简两种法本，依旧的简本而修的叫山东系，依新的繁本而修的叫吉系。

简宸本法缘极广，弟子众多，其中成就的大圣弟子有一千五百名，其中七十名以神足遍游世界，寒暑均是穿一件白单衣，闭关时亦不需供给饮食。

简宸本传下的繁简两种法本均有二十四位空行母的手印。度生事业圆满之后，简宸本将此新旧两种法本交给弟子赤宸贡，吩咐道："这繁简两种法本，均为空行母开许，上有二十四位空行母的手印，你切勿对它作任意改动。"传位后，在无量空行的迎请下，简宸本不变肉身，飞往空行圣地。

后来，我从多位上师处得到了这繁简两种法脉的传承。

（10）根本上师赤宸贡

公元1292年，赤宸贡诞生在西藏的匈地。

他先在法王永日香杰处出家受戒。夏鲁派大法王沃敦·仁钦则向其传授了五部大论，并授以时轮法类等众多传承灌顶。

后依止香登简宸本，尽得其所传，闭关六月，成就五大金刚合修法，常以飞行成就，前往二十四境，修习密法。他有弟子两千人，其中有六十四名弟子证最胜悉地。

一次会供轮后，赤宸贡遵奶格玛授记将法位禅让给桑杰桑给。

赤宸贡圆寂时，空行迎请，瑞相极多。赤宸贡不变肉身，飞往空行圣地。

（11）根本上师桑杰桑给

桑杰桑给生于公元1347年，出生地是四川的康巴地区。

长大后，桑杰桑给前往西藏，在大法王乃珠瓦座下出家，学习五部大论等。

后依止香登赤宸贡，得到香巴噶举派全部密法的传承灌顶和修持窍诀。然后到山东寺和止贡寺两寺院闭关，并在两寺内增修了不少闭关房。

有一天，白空行母现身，传以“甘露子法”，授记道：成功之后，可利益众多有情。桑杰桑给便闭关修习甘露子法，将一钵甘露变为十三钵。桑杰桑给将甘露分给众多信众。饮甘露者，不需修法即可在梦中前往空行圣地，临终之时，也会彩虹临空，空行簇拥，往生至空行圣地。

桑杰桑给曾将七钵甘露洒向印度的贡嘎河，凡饮到甘露的河中生灵都往生到了空行圣地。

证得神足通后，桑杰桑给曾于一年内遍游二十四大空行圣地。他长年仅穿一件薄袈裟，印度人称他为藏地的大圣“日钦巴”。

一日，奶格玛现身授记道：“你应前往空行圣地去了，你在人间的事业就由仁钦江琛来继承吧。”于是，桑杰桑给便召集弟子大众，宣布遵奶格玛授记，将法位传于仁钦江琛。诸多瑞相现前时，在无量空行的恭迎下，桑杰桑给以不变肉身，飞往空行圣地。

（12）根本上师仁钦江琛

公元 1347 年，仁钦江琛降生在西藏的香给之地。在大法王扎江玑座下出家受戒后，又在大法王释迦永沃前学习五部大论和大小五明。因智慧超卓、学识渊博而与另一位名叫当尔俄的杰出青年被当时的人们尊为西藏青年的日月二轮。

后依止香登桑杰桑给，与其同年的根本上师将自己所知倾囊相传，仁钦江琛闭关三年零三个月修习了全部香巴噶举派的密法，证无上成就。之后，他主持修缮了从前琼波浪觉始建的一百零八座寺院。他还化身前往二十四个空行圣地修习密法。

仁钦江琛的亲传弟子中，即身成就的大圣有三十七人。在宣布由弟子桑吉华继承自己的法位后不久，他同其历代传承上师一样，以不变肉身飞往空行圣地。

（13）根本上师桑吉华

桑吉华于公元 1394 年降生于西藏大宗地区。在大法王迦瓦座下出家后，继在大法王谢林朗觉座前学习了五部大论等佛学。

后依止香登仁钦江琛，尽得其传，闭关六月成就五大金刚合修法。从此身体似琉璃般内外透明，阳光可透过他的身体，弟子们可清楚观见其中脉五轮上的本尊五大金刚坛城。

桑吉华在琼波浪觉所建的一百零八座寺院里一一进行了灌顶传法，其心传弟子中，十三位成为证最胜悉地的大圣。同时，其化身还在各个地方广作利生的事业。

有一天，本尊奶格玛和司卡史德前来授记道："你的弟子木巴瓦可秉承你的衣钵。自木巴瓦开始，将连续出现十八位传承上师，其最末那位名哥尔拉，他们可在各个地方和各个教派中广传香巴噶举派的密法。"

桑吉华召集弟子大众将未传完的法一次传完，于六十八岁这一年的十二月二十五，宣布将法位传给木巴瓦，自己准备前往空行圣地。

一会儿，但见花雨纷纷，天乐齐鸣，异香弥馥，彩虹中现出众多空行母。桑吉华不变肉身飞往二十四境之一的某空行圣地。

弟子们悲泣哀号，有许多人恸哭着昏厥于地。有一些昏倒的弟子一天半后方复苏过来，尚有几位弟子由于极其眷恋上师，再未醒来，追随他们的上师去了。

（14）根本上师木巴瓦

公元1410年，木巴瓦降生在西藏的宗地区。洛龙法王释迦平为其落发传戒，并向其传授了五部大论。

在香登桑吉华座下尽得了香巴噶举派密法，闭关一年成就五大金刚合修法。

其大圣弟子有七十五位。向弟子们尽传了本派的密法，九十二岁时，空行母司卡史德现身相告道："你现在将事业交给勒巴江琛来继承。你即前往空行净土吧。"

于是他召集弟子作了临终前的安排，并对弟子们说十方诸佛

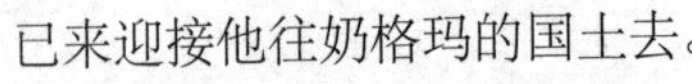
已来迎接他往奶格玛的国土去。

木巴瓦圆寂时同历代传承上师一样，出现了很多奇特的瑞相。他的遗体荼毗后，既无遗骨，亦无灰烬，未留下任何可见物。

（15）根本上师勒巴江琛

勒巴江琛于公元 1431 年降生于西藏一个叫宗的地区。

大法王永登亲波向其传授了五部大论后，即来依止香登木巴瓦，系统学习了香巴噶举派的全部密法，并用六个月的闭关时间成就了五大金刚合修法。

勒巴江琛灌顶不需修建坛城，弟子们但见坛城显现在上师体内，他的弟子中，二十五位成为大圣。

圆寂前空行母司卡史德前来授记更嘎转就继其后任，即敦请他前往空行圣地。勒巴江琛最后将未传之法一次性全部传毕，遂在奶格玛、空行母司卡史德以及二十四位空行母的齐来邀请下前往奶格玛空行圣地。

其遗体在七天之内没荼毗，原因是弟子们见其遗体周围笼罩彩光并发出异香。七日后，彩光已完全缩入遗体内，才举行荼毗仪式，荼毗后的灵骨上出现本尊五大金刚和释迦佛的圣像。

（16）根本上师更嘎转就

公元 1495 年，更嘎转就降生在西藏的洛宗地区。

七岁时即在香登勒巴江琛座下出家。从七岁至三十五岁期间，在西藏地区各教派的全部七十五位大德上师前学习了显密经论和各种法传承、灌顶和修持窍诀。

然后，他不辞辛劳，将各教派从印度传来的甚深密法进行整理，如蜂萃蜜般将一百零八种鲜能弘传或近于失传的密法传承（如夺舍法等）进行整理，为后人保存了极其珍贵的佛法瑰宝。直至今日，藏传佛教各教派内仍有不少高僧大德在缅怀更嘎转就为佛教作出的贡献。

在得到香巴噶举派的全部灌顶后，更嘎转就闭关六月，成就了奶格玛五大金刚法。

更嘎转就给弟子们和各地赶来求法者普遍传授了五大金刚合修法灌顶，遵奶格玛授记，将法位传给了喇轰扎华。

七十四岁示寂时，他以分身术变化出七十五位“自己”，然后将七十五位分身摄入体内，对近旁的弟子们说：“奶格玛和二十四位空行母迎接我来了，我要到空行圣地去了。”言毕即圆寂了。

遗体供奉七日，遗体周围出现虹光。七日后虹光消失，弟子们认为可以举行荼毗。荼毗后，更嘎转就的遗骨上出现了本尊五大金刚及众多佛菩萨的圣像。

（17）根本上师喇轰扎华

公元1521年，喇轰扎华在西藏的宗地区降生。

他先在大法王匈龙瓦座下出家学习五部大论和五明等佛学。

后依止香登更嘎转就，得其倾囊传授，闭关三年零三个月，成就五大金刚合修法，得见五大金刚合修法中和上师整理出的一百零八种甚深无上密法中的全部本尊。

喇轰扎华向弟子们和各派前来求法者广传了奶格玛五大金刚法，其继承人为卓威贡波。

临终时，奶格玛和全部的传承根本上师齐来迎接，喇轰扎华往生香巴拉国土。

遗体荼毗时，出现天降花雨、彩虹满天、异香弥漫等瑞相，在遗骸中发现了许多舍利子。

（18）根本上师桑多·卓威贡波

公元 1575 年，卓威贡波在西藏宗地区降生。

他在大法王更嘎坚赞座下出家，在大法王香巴仁着座前聆听了五部大论等教授。在大圣多隆瓦处得到喜金刚灌顶和修持窍诀，在法王荣日江措面前求得时轮金刚灌顶。

依止香登喇轰扎华后，尽得其亲传，闭关六月即成就五大金刚合修法，然后修习更嘎转就整理出的一百零八种法，平均每法仅用一天的闭关时间即获成功，得见许多密佛和本尊。诸大圣和群众赞叹卓威贡波的成就与大圣琼波浪觉无二无别。在整个藏区，各教派的瑜伽师对其推崇备至，纷纷尊其为自己的上师。

他将完全续部的密法进行整理，一生整理出的密法达七十多卷。其中，将新、旧两种五大金刚合修法法本中的甚深奶格六法进行了统一著述。

遵奶格玛的授记，卓威贡波宣布益西江措为自己的继任人。

六十一岁这年的三月初八凌晨，大地六种震动，天花乱坠，天乐持续不绝。奶格玛、二十四位空行母及无量空行勇士们将卓威贡波迎请去了东方不动佛的国土。

圆寂后，卓威贡波的遗体缩至八个月婴儿那般大小。

卓威贡波亦是觉囊派历史上最伟大的法王，世称为至尊达那纳达。

（19）根本上师益西江措

公元 1598 年，益西江措在西藏宗地区降生。

在大法王哟临洛座下出家学习五论及五明知识。来到根本上师卓威贡波座下后，得授香巴噶举派的全部密法以及各教派金刚部的密法灌顶。闭关六月成就五大金刚合修法，从此身体变得似琉璃般透明，且示现了极大的他心通。他将香巴噶举派的密法和各教派金刚部密法普遍传给了弟子们，证殊胜成就的大圣弟子有一百人。

七十岁这年的农历一月二十五日示寂，奶格玛和时轮金刚坛城中心的八大空行母将其迎请去了香巴拉国土。

益西江措圆寂时，大地震动，天降奇花，出现了众多吉祥瑞相。荼毗后的遗骨上布满了金刚部几乎所有金刚佛的圣像。

益西江措的继任者为永丹贡波。

（20）根本上师永丹贡波

公元1622年，永丹贡波降生在西藏的翌日地区。年少时在大法王宗瓦匝座下出家学习五部大论等佛学知识。后在香登益西江措座下尽得香巴噶举派密法，并得授各教派金刚部的密法。闭关六月即证五大金刚合修法成就，向人们示现了极大的他心通，并示现对过去、现在、未来三世之事通晓无碍的神通。

七十三岁时，遵奶格玛授记，将法位传给贡波华觉，自己在空行母司卡史德和二十四位空行母的迎请下往生了净土。遗体火化后，出现了十三种颜色的各色舍利。

（21）根本上师贡波华觉

公元1660年，贡波华觉降生于西藏地区。夏努瓦大法王索朗秋竹为其剃度出家，大德释迦登·香巴扎西向其传授了五部大论。

在香登永丹贡波座下得其倾囊传授，贡波华觉闭关一年成就五大金刚合修法，弟子们能见其五轮上有本尊五大金刚及本尊坛城。此外，他还示现轻身术，身轻如燕，且不再需进食，断绝了便溺不净。

贡波华觉七十一岁时，本尊前来授记由贡波扎巴禀其法衣钵。这年的四月二十五，在奶格玛和历代传承上师前来迎接下前往密严刹土，身体如烟雾般化去。

（22）根本上师贡波扎巴

公元1692年，贡波扎巴降生在西藏的贡布地区。在大法王波罗觉瓦座前出家学习五论及五明等佛学。后依止香登贡波华觉，得根本上师的全部密传，闭关三年零三个月成就了五大金刚合修法，得见金刚部的所有本尊。他一座宝瓶气可持二十五天，而且示现随意穿墙过壁的功能。他向弟子们尽传了自己的所集诸法，证殊胜佛果者共有七人，其中朗江贡波后来继承其位。

贡波扎巴圆寂时，诸大弟子见彩云中出现历代传承上师，将贡波扎巴迎请去了东方不动佛国。荼毗时，其遗体半小时即被化掉，未留下任何可见物。

（23）根本上师朗江贡波

公元1724年，朗江贡波降生在西藏的贡布地区，在大活佛曲吉当着座前出家，在大法王杰洛松宁玛近前学习五部大论和五明。后香登贡波扎巴向其尽传了香巴噶举派的密法及各派金刚部密法灌顶，闭关三年零六个月成就了五大金刚合修法，然后向弟子们尽传其所学，其中则弘洛如继承了法衣钵。圆寂时历代传承根本上师将其迎往了密严刹土。遗体荼毗后遗骨上出现了五种彩色，弟子们将其遗骨造塔供养。

(24)根本上师则弘洛如

公元1753年，则弘洛如在四川康巴地区降生。在大活佛嘎玛史德前出家学习经论，后在香登朗江贡波座下得到其所有密法的传承和灌顶，闭关六月成就五大金刚合修法。在诸大圣弟子中，陈律香底承其衣钵。圆寂时历代传承上师将其迎请去了阿弥陀佛的国土。遗体变成八岁孩童的大小和形态并发出阵阵清香，后来还流出了甘露。

(25)根本上师陈律香底

公元1756年，陈律香底降生在西藏贡布地区。在大活佛嘎玛巴·丹登多杰座下出家，在沓尔贡法王洛松给勒座前听受五部大论等佛学。在香登则弘洛如处得其倾囊相授，闭关六月成就奶格玛五大金刚法，后将香巴噶举派密法传给一切具信弟子。圆寂时奶格玛和二十四位空行母前来迎请，遗体荼毗后灵骨上有五大金刚和时轮金刚的心咒，灵骨分给各寺院建塔供养。给勒华宗继其后任。

(26)根本上师给勒华宗

公元1761年，给勒华宗降生在康巴地区。长大后前往西藏，在拉多法王索朗达吉座下出家，学习五部大论和《密宗道次第论》。后依止香登陈律香底，得香巴噶举派及各派金刚部的传承和灌顶，闭关八月成就五大金刚合修法，得见金刚部所有本尊。给弟子们尽传其所学后，更嘎楞吉禀其传承。圆寂时，众见奶格玛和二十四位空行母来迎，给勒华宗带着肉身飞去密严刹土。

（27）根本上师更嘎楞吉

公元1765年更嘎楞吉降生于西藏地区。在觉囊派大法王洛松华旦近前出家学习显密经论。后于香登给勒华宗座前得其全部教授,闭关三年成就五大金刚合修法。更嘎楞吉将法位传给洛珠荣伍。圆寂时奶格玛和众空行前来迎接，遗体荼毗后，留下无数珠状舍利子。

（28）根本上师洛珠荣伍

公元1771年，洛珠荣伍降生于西藏地区。先在达朗法王更嘎洛珠处出家学习经论，后来至西藏与尼泊尔交界处的郭达瓦热空行圣地闭关七年，得见二十四位空行母。空行母告诉他："你不能长留此地，你的根本上师是更嘎楞吉，你应前去依止他。"

于是来到香登更嘎楞吉座下，更嘎楞吉将香巴噶举派及各教派金刚部的灌顶悉数传授给他。洛珠荣伍闭关修五大金刚合修法，仅用一月即获成功，从此白空行母时刻跟随护卫他。洛珠荣伍共有十三位大圣弟子，其中嘎玛朗统继承其位。临终时，诸种瑞相现前，奶格玛和二十四位空行母来迎，洛珠荣伍不变肉身飞往了奶格玛的国土。

（29）根本上师嘎玛朗统

公元1774年，嘎玛朗统降生于康巴地区。在法王嘎玛扎西近前出家，在大格西香巴洛珠座前学习五部大论和大小五明。依止香登洛珠荣伍后，尽得其传，闭关三年成就五大金刚合修法，从此六臂玛哈嘎拉与其寸步不离。其大圣弟子有三十人，其中延攀噢瑟禀其衣钵。圆寂时，奶格玛和众空行母将其迎请去了奶格玛的国土。遗体荼毗时，火焰中出现五大金刚，令弟子众感动不已。

（30）根本上师延攀噢瑟

公元1790年，延攀噢瑟降生在四川康巴地区。在大法王宗德巴·朗卡坚赞座下出家学习显密经论，依止香登嘎玛朗统后，尽得师传，闭关三月成就五大金刚合修法，从此白六臂玛哈嘎拉与其形影相随。延攀噢瑟一座宝瓶气可持续一个月之久。他曾分身同时前往二十四个空行圣地修习密修法。成就后，延攀噢瑟将香巴噶举派密法广传各地，各派弟子得其法沐者甚多。同时，他维修了琼波浪觉始建的诸多寺院。圆寂时，奶格玛、司卡史德和二十四位空行母将其迎请去了空行净土，出现了诸多瑞相。其遗体荼毗后出现了五颜六色的舍利子。永丹江措继承其位。

（31）根本上师洛珠塔依

公元1813年，洛珠塔依降生在西藏的贡布地区。洛珠塔依在大活佛更嘎坚赞处出家，依止各教派共三十五位金刚上师，从这些上师处求得各派众多密法。其中主要的是在香登延攀噢瑟座下学习了奶格玛五大金刚法，闭关三月获得成就。之后，他广泛将香巴噶举派传承下来的密法传向各个教派。

洛珠塔依一生有一百多部著作。

他示寂前，遵奶格玛指示，宣布传位给更嘎久美。圆寂时瑞相现前，彩虹中奶格玛和十方诸佛一齐授手，将其迎往了密严刹土。

（32）根本上师更嘎久美

公元1864年，更嘎久美降生在安多的阿坝地区。在大活佛宗

猛仁波且座下出家，在大法王扎西哦这座前听受经论教授。在香登洛珠塔依和其他众多上师处求得五大金刚合修法和各教派的许多教授。闭关成就五大金刚合修法后，他向信徒们传授了香巴噶举派的密法，其中桑华杰巴继承其位。

有一天奶格玛、时轮金刚的佛母前来邀请其前往香巴拉国土地，于是他将房门紧闭独坐室中准备圆寂。近侍弟子们发觉后破窗而入，恳求上师继续住世。他仅披一件袈裟，突然身体缩至约一米长大小飞上空中。弟子们悲号扑地，更嘎久美不忍，又自空中飞回室内。他回到室中后又与弟子们相伴了七个月之久。后在七个月之后的二十五日，趁弟子们未加留意时，更嘎久美又将房门紧闭独坐室中，待弟子发觉时，他已带着肉身飞往香巴拉国土。

（33）根本上师桑华杰巴

公元 1899 年，桑华杰巴降生在四川的阿坝地区。在大活佛江钦 · 尊江措座下出家，在色拉大格西香巴仁者面前闻思显密经论。在大圣多登多吉以及其他众多上师前求得各教派的许多传法和灌顶。尤其是在香登更嘎久美前求得香巴噶举派密法，闭关一年零一个月成就五大金刚合修法，得见完全续部的全部本尊。在他的弟子中，德伟多吉继承了他的衣钵。1958 年，桑华杰巴被送入九州县劳改农场接受“劳动改造”。一天，他对一块劳动的人们说：“我先与大家说声告别了，今晚奶格玛和二十四位空行母要来迎接我。”人们对其所说半信半疑，并不在意。但这天晚上有很多人听到了美妙悦耳的天乐，绵绵不绝。那些听过桑华杰巴昨日所言的人们第二天一早纷纷跑去观看，那位慈祥的老喇嘛果然圆寂了。

（34）根本上师德伟多吉

公元 1919 年，德伟多吉降生在四川的阿坝地区。在大活佛杰华巴座下出家，于大法王扎巴洛珠和七位格西前学习了五部大论、大小五明等佛学知识。在香登桑华杰巴处得到香巴噶举派的密法传授，闭关三年成就五大金刚合修法，从此六臂玛哈嘎拉与他寸步不离。

后于梦中得空行母司卡史德举身放光授记，嘱其将法位传给桑杰华旦仁波且。因此在 1975 年，德伟多吉将香巴噶举派全部密法托付给桑杰华旦仁波且，并授法本、铃杵、手鼓、嘎巴拉等，授权其担任香巴噶举派第三十六任传承根本上师。

以上是具德香巴噶举派主要的一支传承的介绍，这一支传承称为旧系传承。

香巴噶举派另有一支分支传承，称为新系传承，乃从木钦巴开始，后经宗喀巴大师、唐东嘉波喇嘛一直传下来，直至宁玛派大活佛、伏藏大师多旦·若莱多杰仁波且。

1995 年前后，我先后从汉藏两地的上师那儿得到了香巴噶举的珍贵法脉，成为香巴噶举传承链上的重要一环。《甘南日报》原主编、藏学家纪天材亲自翻译了桑杰华旦上师的授权书："兹将公共地听闻、著述、阐发、弘扬香巴噶举教法之命授予我的心传弟子雪漠……"以是因缘，我才出版了十多部阐述香巴噶举哲学和文化的著作"光明大手印"书系。从此，秘藏了千年的香巴噶举教法才为更多的人所知。

（35）香巴噶举汉地传承

由于香巴噶举传承的秘密性，有关资料十分缺乏，其传承内

幕向来少为世人所知，连香巴噶举的祖庭西藏南木林县的官方网站上，也没有关于香巴噶举的介绍。关于琼波浪觉的资料，以及汉地香巴噶举的传承，更是少为人知。

除藏地之外，汉地也有香巴噶举的法脉，凉州松涛寺两代主持释达吉上师和吴乃旦上师，就秉承了香巴噶举的法脉。有时，在宗教史上的许多内容，可能仅仅是源于一个传说，很少有香巴噶举这样清晰的。比如，印度教的许多宗教崇拜，其实就源于古印度的神话故事。许多时候，传说和传承常常混为一谈，至今，中国武术界许多称为“达摩”秘传的武技，究竟跟达摩有着怎样的关系？也是无法说清的。

唐时起，松涛寺便成了道场，僧人一向不多，大多以密修为主。这一点，跟香巴噶举的祖庭香匈寺很相似。据说，便是在香匈寺，真正修香巴噶举教法的僧人也极少。

松涛寺位于武威城北四公里处。据考证建于唐朝，明朝重修，初名“观音堂”。清朝状元王杰来谒时，更名“松涛寺”。清代著名诗人陈炳奎赞曰：“匝地苔痕古，参天树影高，何时重砭俗，把酒来听涛。”其建筑古朴苍劲，独具风格。苍松翠柏，岸然高耸。微风轻拂，涛声阵阵。寺内原有大雄宝殿、三大菩萨殿、伽蓝殿、韦驮殿等，后在“文革”中大部分被毁。仅存的大雄宝殿，现为市级文物保护单位。松涛寺是目前武威市境内唯一现存的藏传佛教密宗道场，在省内外享有很高的声誉，常有藏地喇嘛和外地著名学者前来拜谒。

松涛寺主持吴乃旦上师，八岁出家，传承纯正，戒律精严。不图名利，默默实修。毕生精力，用于修证和建寺二业。其师释达吉上师，人称石和尚，曾在天祝石门寺学修六年，又赴青海塔尔寺、四川阿坝州等地精研多载，得到藏传佛教格鲁派“大威德金刚法”与香巴噶举“奶格六法”、大手印等诸多传承，苦修成就；并以世间法医学、卜算、武术扬名于世。尤以武术名重一时，被目为奇人。石师于1962年圆寂，预知时至，安排后事，并前知数年后“文革”浩劫，安顿弟子注意事项后，自主生死，安然而逝。师圆寂后，吴乃旦上师承其衣钵，在师坟侧，兴建茅屋，默默苦修，屡遭运动冲击，受尽磨难。当时，连一些藏地喇嘛也迫于形势，还俗娶妻。但吴乃旦上师心坚如石，不改初志，虽被迫离寺二十年，多方辗转，但严守戒律，默默清修。

改革开放后，吴乃旦上师发愿重建被毁坏的寺院，化缘布施，广结法缘，筹款上百万，先后修地藏殿、护法殿、僧舍、山门等。为建寺，吴乃旦上师曾自当苦力，搞副业筹措经费；同时，省吃俭用，长年开水泡干馍度日。虽积劳成疾，但不改初衷。历经多年，惨淡经营。松涛寺气象，为之一新。

吴乃旦上师的根本上师便是释达吉。释达吉上师用大半生时间四处参学，于一些高僧处得到诸多法要，更在青海塔尔寺、甘肃石门寺、阿坝州的大道场专修专学多年，精通大威德金刚、香巴噶举奶格六法、奶格玛五大金刚法、胜乐顶上五尊法、黑白玛哈嘎拉法、秽迹金刚法等上百种法要。后来，吴乃旦上师将这些法要传给了我。

释达吉上师的香巴噶举教法有几个传承来源：

一是从青海塔尔寺一堪布活佛处得到从宗喀巴大师一袭传承下来的香巴噶举教法；宗喀巴大师曾跟香巴噶举的一位传承上师学过法。这在许多经典中有过记载。释达吉在塔尔寺得到的传承就源于这一袭。笔者在一本专门写藏戏的书中，看到过一则资料，唐东喇嘛跟宗喀巴大师拜的是同一位香巴噶举上师。在那个历史性的时刻，两位大师同时亲近了香巴噶举，后来分别成就了不朽的事业。宗喀巴大师汲取了噶举教法中的精髓，并著有相关的论著。在他的法脉传承中，有许多教法源于噶举派。

二是释达吉上师游学藏地时，跟桑杰华巴上师互为师徒，互相灌顶，互得其传承法脉。桑华杰巴是香巴噶举的传承上师之一，生于公元 1899 年，曾在色拉寺大格西香巴仁者面前闻思显密经论，在更嘎久美前求得香巴噶举派密法，闭关一年零一个月成就奶格玛五大金刚法，得见本尊。1958 年，受到甘肃甘南自治州“叛乱”的影响，安多藏区许多活佛都受到牵连，桑华杰巴也蒙冤入狱，接受“劳动改造”，后预知时至，提前告知人们，说奶格玛来接他，夜里人们果然听到天乐，老喇嘛就往生了。据吴乃旦上师称，释达吉跟桑华杰巴相交很深。后者入狱后，释达吉多次到劳改农场去看望桑华杰巴。

三是从心道法师处得到一些教法。民国时期，西部有一个著名的法师叫心道法师，他在年轻时就得了包括九世班禅在内的许多藏密大师的指点，获授金刚阿奢黎。后来他到西部弘法，创立了法幢宗。现在中国西部的好多寺院中的主持和僧人，都是心道法师的弟子。心道法师还是太虚法师的弟子，他提出了一个口号：破邪显正，显密并弘，禅净双修。他的道场里，大多建有三个堂，一个是念佛堂，用来修净土宗；一个是禅堂，用来修禅宗；还有一个密堂，用来修密宗。当他碰到有缘的居士或是喇嘛时，他就传密宗；碰到念“阿弥陀佛”的人，他就教他怎样念佛，各随因缘而进行教化。1941 年，心道法师来到武威民勤，将“枪杆岭”易名为“金刚岭”，开始授徒传法；1943 年，心道法师在武威民勤圣容寺讲经，开创法幢宗，其宗旨曰：“法幢正宗第一世，单成八倍开步佛。”（引自李万禄《西北角秩闻》）此后，心道法师在凉州及河西地区弘法多年，吴师说石和尚得其密宗心传。1990 年，笔者曾跟海藏寺主持释谛禅法师修学，成为法幢宗传人。关于心道法师的事迹和传承，可参阅兰州王运天老先生的相关著作。

此外，吴乃旦上师还有多种传承，此处不赘。

笔者从青年时起，依止吴乃旦上师二十多年，得到了他所有的传承。在与桑杰华旦上师相遇后，我于悟后起修，闭关二十多年，实证了香巴噶举所有教法的精要，并得到了上师的印证和授权。

下面，我将香巴噶举三十六代传承上师的祈请之颂文录之于下：

遍满一切圣主金刚持，能赐秘密胜喜奶格玛，
究竟五德琼波卓格尊，殊胜悉地之王摩觉巴，
住最后有导师杰刚巴，双运幻身喜舞日贡巴，
即生达至佛地杰敦巴，清净香地之师赤宸本，
智慧亲作撒播朗日觉，贤善成就众主简宸本，
随意受生自在赤宸贡，殊胜拙火光荣日钦巴，
饱饮幻身甘露仁钦巴，气心转成佛身桑吉华，
空乐光明现证朗卡佳，诸显融入自性勒嘉哇，
金刚主母督管卓威确，圆满法身喇轰扎华尊，
胜乐具德密主卓威衮，替补智慧身成江措参，
成就禁行之道永丹贡，虹身成就贡波华觉哇，
轮涅无二现证贡波扎，获俱生喜殊胜朗江参，
众多圣者之王勒巴增，观音化身陈律香底足，
证殊胜境百光华巴哇，开启真实宝藏楞吉智，
与无我母和合洛珠巴，秘密佛陀嘎玛朗统尊，
气心自在延攀噢瑟坚，得佛授记洛珠塔依足，
自在八成更嘎久美尊，奶格之子圣者嘉华扬，
一切部主德伟多吉足，大密教法库藏桑杰华。
更有汉地大师释达吉，苦行法幢高树吴乃旦。
光明大印现证根本师，秉承金刚亥母之教诲。
智慧如虹贯通古与今，香巴文化慧光遍寰宇。

（36）成就自在唐东王：唐东喇嘛

唐东嘉波生于1385年前后，是香巴噶举的著名大德，造桥百

余座，利益无数众生，功标日月，名垂千古。他以其藏戏祖师的身份，在西藏文化史上占有重要地位，与密勒日巴和琼波浪觉齐名，为香巴噶举赢得了无上荣耀。

唐东喇嘛多次赴印度尼泊尔求法，得见奶格玛，亲聆奶格玛五大金刚法，并得到“胜密奶格无死长寿持明秘法”；在无死成就师哇缕巴处，他学得大手印法；跟大成就师姜成却叟学得六臂玛哈嘎拉法；亲见金刚持，师到之处，俱显祥瑞，虎豹为友，师为说法，兽类也能领会。有一群牛，跟唐东学观音法门，逢单日吃草，逢双日饿伏，如坐禅状。

唐东嘉波是历史上公认的一代大德，功标日月，名垂千古。他是光明大手印的究竟证悟者。他遍求名师，艰苦修证，声名远播。有首歌唱道：“空性广无边，证空瑜伽士，犹如无畏王，名唐东嘉波。”人们尊称他为“成就自在唐东王”。

唐东嘉波证悟了大手印之后，走出山洞，破除名相，敢于打破陈规陋习，提出僧人要走出寺院，下山云游，服务百姓，解除其痛苦，用实际行动来体现利众之心。他的行为，赢得了百姓的广泛爱戴，却刺疼了僧侣中的既得利益者。他们动员各自的信徒反对他、孤立他。他们四方串连，制造违缘，罗织谣言，诋毁诽谤。唐东嘉波不为所动，而是旗帜鲜明地反对那些借宗教之名骗取利养者，反对那些空谈佛法、不干实事的所谓高僧。他说，当我们造福于民的时候，厌烦、悲伤、懒惰都是灾难。那些高僧，讲经说法，犹如歌唱，却无视百姓苦难。那些僧人，住在山上像野兽，钻进崖洞修行像老鼠，却不解决百姓的实际困难。凡是乐于跟随我的人，不要讲究吃和穿，造福于民应身体力行。这，正是大手印提倡的精神。

唐东嘉波的足迹遍布雪域，常见大河汹涌，因无桥梁，常有人堕水而死，遂发大心，要为民造桥。因藏地那时的钢铁，几乎跟黄金一样稀少，但唐东嘉波穷一生心力，竟造桥百余座，其中铁索桥五十余座，木桥七十多座，利益了无数百姓。红军长征时经过的泸定桥便是唐东嘉波修建的。为了修桥，唐东嘉波当过铁匠，他亲自操铁锤，拉风箱，当起了苦力。要知道，当时的铁匠被人们认为是卑贱的职业。为了筹集修桥的资金，唐东嘉波筹建藏戏剧团，亲自编写剧本，带领贝纳头人的七个女儿，到各地演出藏戏。后来，唐东嘉波被尊为藏戏的鼻祖。

除修桥利益众生外，唐东嘉波还修建了大量的道场，其弟子中，有数以百计的大手印证悟者，从而体现了大手印的另一个特点：当下关怀和终极超越。

4. 大手印的理论之基

虽多家皆有大手印，但香巴噶举大手印有其鲜明的独特性。香巴噶举教法的普世性能为所有的人类接受，而空行佛国、密严刹土等又使人类向往彼岸有了可能，其二十四个空行母助行者成道之殊胜，使本尊与行者形影不离，相较于一般宗教之说更有吸引力和可行性。

香巴噶举的教法中认为明空不二，亦即心气不二、心物不二、显空不二。但香巴噶举又认为心气本有，承认有“无死明点”，它由最微细的气构成。气是物，就胜义谛说，心气亦无自性；但就世俗谛说，心气属于本有，它从无始以来即存在，将来成佛亦不会断绝。它无始本具，与本元心同时存在。其中的“心”是精神因素，“气”是物质因素。无始以来，心气合一，不曾分开，互为依托，互相终始，虽有显分，但无自性。故修心，亦应修身，单纯的悟心是没有用的。因为气是业气的承载者，修行中的诸多心理障碍，多由气引起，妄念亦是气的鼓动。

香巴噶举大手印还认为，众生身上存在的生死流转的根本无

明、贪嗔烦恼等，都以最微细的气的形式存在于身内最深隐处，只有通过密乘的方便，才可以断除。要是气障碍了佛的三身显发，那么心的明空也不会彻底。心不能自主者，多由气不能自主。故悟明空之心，一定要修身以解决气的问题。无上瑜伽修气脉明点的目的就是为了转业气为智气，修得心气自在，证得法报化三身。

香巴噶举认为明空之心虽本俱三身，但那明空之悟有高低之分，低层的开悟，不易显发佛之三身五智。若以密乘的方便，则易破除障碍，即身成佛。修习奶格六法及大手印等法门，就能将本元心体转成大乐体性的本元身，化粗身为最细身，身心合一，现证三身。

香巴噶举所说的“金刚幻身”是由最微细的气心组成，由二者合一而现起的。它的基础是本元身——亦称“不坏明点”——其实质是清澄的微细的气分。它是生命的任持者。它位于心轮，无论怎样转世，此明点不灭不坏，故称“不坏明点”。但修至临成佛时，此明点能转成幻身，亦可变化为佛国刹土。

噶举派认为,大手印分为三种:因大手印、道大手印、果大手印。

所谓“因大手印”，就是指众生本具清净的如来藏和光明心，它自然任运,自生自显,不生不灭,不垢不净,远离分别,绝思绝虑，超越言诠，无瑕无蔽，无执无舍，无求无住，无修无整，无垢无染，修炼不能使之增，污染不能使之减。

道大手印，分为见、修、行三种，“见”是正见和见地。概而言之,道大手印之内容不外乎净信上师，明诸法空性，能如法修持，能精进不辍，消除贪嗔痴烦恼，勿为世间八法所染，能于行住坐卧等日常生活中不离大手印正见和觉受，于一切显现无执无分别，大手印禅定修持过程中体验因大手印中所说的圆满本性光明。

果大手印,则是道大手印之修炼结果。明因大手印之理论基础，经道大手印之修炼过程，证果大手印之收获果位。

综上所述，因大手印者，修炼之理论基础也；道大手印者，修炼之过程和方法也；果大手印者，修炼之收获结果也。所以，大手印既是法门，也是证量，更是见地。

大手印源于佛教，但超越了佛教。我对传统的大手印，进行了新的阐释：大手印的"大"，就是大胸怀、大境界、大心、大愿；"手"代表行为，你必须把大心、大愿、大胸怀、大境界体现在行为上；"印"，是明空智慧，是超越，它既是当下关怀，又是终极超越。

"大手印"中的"大"为根，"手"为道，"印"为果，三者缺一不可。没有"大"境界，单纯的明空之"印"就只能自了，难生大力；没有"手"的入世利众行为，"印"便易成狂慧，"大"胸怀更会流于空谈，无以体现；没有"印"之明空智慧，"大"和"手"便成世间之法，难以究竟。"大""印"只有体现在"手"的行为上，才有意义。没有利众行为的"大手印"，不是真正的"大手印"。真正的大手印，是让我们在大手印见地的指导下生活，也就是放下一切欲望、偏执和成见，超越自己、超越环境，无我利众地活着。这时，人的心灵就能自主了，他就不再是世界的客体，不会再被生活牵着走，能自由选择自己的命运了。

将大手印智慧运用于日常生活，便是本书所说的金刚禅了。

我在刚开始修习金刚禅时，还是一个身不由己的教师，虽有梦想，但无大力，终日奔波在痛苦寻觅的心路之上，是修行开启了我心灵的光明，也是大手印改变了我的生命。我在智慧上的开悟，直接让我实现了梦想。关于其中的种种经历，你可以去看《一个人的西部》。当我们证悟了生命本有的无我智慧之后，我们不但会从生存困惑、精神危机中摆脱，还能给这个世界创造不朽的价值，让世世代代的人，都能从我们的精神遗产中获益。

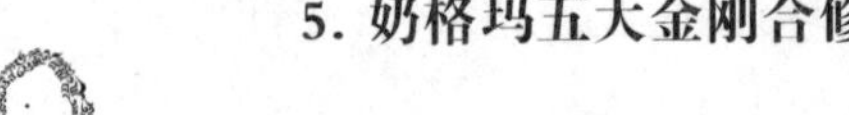

5. 奶格玛五大金刚合修法

按香巴噶举教内的说法，奶格玛五大金刚合修法，是由智慧空行母奶格玛肉身飞往金刚持佛国，从报身佛金刚持处直接求得的。

五大金刚即父续密集金刚，母续玛哈玛雅金刚、喜金刚、胜乐金刚，父续大威德金刚。五大金刚代表五方报身佛，是三世诸佛之身、语、意、功德、事业的总集代表与体现，是密法的核心。在藏传佛教中，五大金刚各有其独立的修法体系，但若有缘修习五大金刚合修法，则等于将一切最精华的金刚乘密法都修过了。上根者闭关六月即证无上佛果。

关于金刚，有七种殊胜义：一是坚固，二是精要，三是真实不空，四是不能断截，五是不能破裂，六是不可剖分，七是无可损坏，故常以金刚比喻佛之三身等，为一切所不能坏，并喻其能穿透妄想，明心见性；也以此喻佛之无二空智。人若得金刚智，则一切异熟，空尽无异，金刚三摩地能坏灭一切烦恼业惑而无余。金刚禅之“金刚”，亦有如上之一。

据说，香巴噶举前七位“七宝”上师之中，除金刚持佛恒居报身佛国、奶格玛的身化现空行佛国外，其余五位传承上师肉身飞往十方空行佛国。后七位“轮王七近宝”上师，肉身飞往胜乐二十四大空行圣地。接下来的二十一位上师，圆寂时，有肉身飞往十方佛国的，有灵骨上出现诸多佛、本尊圣像的，有荼毗后出现各种舍利的，显现了丰富神奇的瑞相。

按香巴噶举的说法，获得奶格玛五大金刚合修法灌顶之后，通过上师、本尊和空行圣众的加持力，可使行者心轮八脉分出的身语意二十四脉与胜乐二十四大空行圣地之间，用虹光道连接起来。夜晚，二十四大空行圣地的空行母们，沿虹光道来到行者的三脉五轮，助行者清净气脉尽早成就，天亮时又回到各自所居的空行净土。行者必须每天持本尊五大金刚的心咒至少一百零八遍，方可确保心脉上的虹光道不至断失。

据历代传承上师授记：如法得到奶格玛五大金刚合修法灌顶教诫的有情，无论修习与否，只要保持净信，严守三昧耶根本誓言，临终必可在空行母的迎接之下，随愿往生十方空行净土。

奶格玛五大金刚合修法由历代佛陀上师传承至今，就像晴空中的阳光一样绵绵相续，一个紧接一个，从未间断，加持力丝毫未变，始终保持着纯净的法脉传承。

奶格玛五大金刚合修法的正修包括生起次第和圆满次第两部分。大手印虔信瑜伽则融合了生圆二次第的圆满教授。

生起次第的本意是生长和创新，它以观想本尊形象为主，主要观修外、内身坛城，自成本尊身，体内观三脉五轮，于中脉五轮上观修本尊五大金刚佛及其坛城。

在奶格玛五大金刚合修法中，行者观修的五轮处的主、从本尊均为金刚双运身，于每一本尊处同时还需观此坛城。

它融合了流行于世的所有金刚法的精要。

（1）诸佛身的总集代表：密集金刚

密集金刚是无上瑜伽部父续部本尊之一，其法门，被看成是金刚乘教法的根本。《集密后续》中说，“密集”之含义，是指“解释身、语、意三密，三世诸佛令聚为集”。《密集根本续》被誉为父续之王。在奶格玛五大金刚合修法中，密集金刚被看成是三世诸佛身的总集代表和体现。佛父佛母以空乐不二之双运相安住于莲花日月轮上。

奶格玛五大金刚合修法生起次第观修中，行者观想密集金刚位于自己顶轮中央，顶轮上三十二脉瓣内，各有一尊较小的密集金刚坛城，面向中央的主尊。佛母亦身蓝色，双手持弯刀与托巴，交抱于佛父颈间，双腿盘绕于佛父腰间与佛父双运。

需要说明的是，五大金刚的形象中充满了象征，比如佛父佛母就象征方便与智慧的双运等等，读者将在后文看到许多象征内容。象征是藏传佛教常用的宗教语言，借助它，可以揭示宗教中许多言有尽意无穷的内涵，可以揭示人类心灵中那些与实在相对应的层次，它是个体和群体集体无意识的产物。

（2）诸佛语的总集代表：玛哈玛雅金刚

玛哈玛雅金刚是无上瑜伽部母续部本尊之一。玛尔巴大师在印度南部之巨毒海向古古热巴大师求的便是玛哈玛雅金刚法。在奶格玛五大金刚合修法中，它被看成是三世诸佛语的总集代表和体现。

奶格玛五大金刚合修法生起次第观修中，行者观想喉轮中央有一尊玛哈玛雅金刚，喉轮有十六脉瓣，东（前）西（后）南（右）北（左）四方位上各有一尊略小的玛哈玛雅金刚及其坛城，均面向中央的主尊，其余十二脉瓣内共有十二个宝瓶托巴，宝瓶内盛五甘露，宝瓶上面的托巴内装五肉。

玛哈玛雅金刚手中的弓箭代表智慧，能穿透假象，直指本质。

（3）诸佛意的总集代表：喜金刚

喜金刚也是无上瑜伽部本尊，有四条腿，右腿屈立，左腿半盘，另二腿曲，以游戏舞姿安住于莲花日轮四魔重叠之宝座上。主臂拥抱的明妃是金刚无我瑜伽母，其身青灰色，一头三目，右持弯刀，左执颅钵，左腿屈立，右腿缠佛父腰部。

奶格玛五大金刚合修法中，喜金刚是三世诸佛之意的总集代表和体现。

奶格玛五大金刚合修法生起次第观修中，行者观想心轮之中央有一尊喜金刚，周围八脉瓣内各有一尊略小的喜金刚，面向中央之主尊。喜金刚是诸佛之意的总集体现。佛父身蓝色，黄发上扬，双手持铃杵拥抱佛母，左脚翘起，右腿以游舞姿踏在莲花日轮垫上的梵天与威猛女神之身上。佛母无我母蓝色，右手上举金刚弯刀，左手托着嘎巴拉拥于佛父颈间，左腿亦以游舞姿踏于梵天与威猛女神身上，右腿盘绕于佛父腰间，与佛父双运。

（4）诸佛功德的总集代表：胜乐金刚

胜乐金刚是母续部密法。常见的胜乐金刚佛像为四面十二臂，其每处形象，均有象征意义，如十二手臂代表十二真理，用以克服十二缘起；佛冠上方的交叉金刚杵象征世间法和出世间法都呈圆满，或象征胜义谛和世俗谛；五个死人头骨做成的五佛冠，象征佛的五种智慧；佛脸蓝色，显现三眼，象征观照有情，具三世智；头发黑色，一半耸立，一半飘逸，顶髻上戴骨制法轮，饰以蓝色摩尼珠，光照三界；髻之左下，饰有半月，象征喜乐无尽，不断增长；耳环、项链、手镯臂饰，皆为人骨所制；并有腰带脚圈，人骨璎络骨饰，骨灰涂身；草绿腋带，左右飘逸；项链是用人肠穿着五十个新鲜人头做成的，百眼转动，淋漓鲜血；虎牙外露，象征辩才无碍；表情怒中带悲，悲众生苦，亦恨众生，太不成器；第一双手拥抱明妃，左铃右杵，象征智慧方便；第二双手，张开象皮，表消灭无明，调伏众生；第三双手，右手持斧，降伏无明，左手持钵，盛血颅骨，表供养甘露；第四双手，右持月形刀，表以此智慧，斩断烦恼；左手持套索，一端金刚杵，一端金钩，惩恶救善；第五双手，右手持戟，左手提着梵天的头颅；第六双手，右手持手鼓，以招空行，号令三界，左持人骨棒，上端有一个金刚、一个头骨、一黑一红的两个人头，表佛的三身及象征三脉，下有

一双闪电，表诸行无常；骨杖下端有一个花瓶，象征行者所有耗费，尽入花瓶；右腿伸开，象征传播教义，表得定之后，不住涅槃，普度有情，而行大事；左腿弯曲，表根本定，象征不住生死；右脚下面是恐怖者，他两手持棒，另两手执手鼓和三叉戟，驯服在地，象征降伏愤怒、调伏外道、破除我执；左脚下面是时间符号女，她仰面向天，长着四只手，两手拿棒，第三只手拿着人头碗，第四只手拿着人骨杖，降伏此女，象征降伏色欲。

亥母红脸，长着三只眼睛，她右手拿月形刀，左手托着人头骨钵，充满魔血，献给佛父，象征五种甘露和幸福；亥母转动弯刀，四方震慑；红色裸身，表清净无染；头发也是一半耸立，一半飘逸;她五种身印，即头饰、耳饰、喉饰、双股项链、手脚二镯；戴五十一个五色人头串成的项链，象征五十一心所俱空。

关于诸多肢体和法器的象征,还有一种说法:本尊的蓝色光明，象征恒常一味的果位法身；一面象征本尊的微妙本心，它同无始本具的智慧界显空双运，是一非二；两臂象征胜义法性无始以来即是空乐双运；三目象征法界智慧，它遍满本有界；双手持铃杵，象征以善巧的空乐不二的成就，作种种事业教化有情；双手拥抱明妃，象征自心与空色大印本来无别；左足踩大自在天魔，象征已清净了对虚幻外境的贪执，降伏了由此幻执导致风入左脉而生出的大自在天魔；右足踩住欲天魔心口，象征已经清净了对虚幻外境的贪执，降伏了由此幻执导致风入右脉而生出的欲天魔；那殊胜顶髻，庄严无比，象征甚深道已经究竟，已证基果无别圆满法身；顶髻的摩尼宝珠，象征任运自然，持续地广行教化；顶髻之月牙，象征已断绝世俗贪欲，并证得无漏大贪或无漏大乐；无坏的金刚宝的项链、耳环、手镯、腰带、足环、飘带等严饰，象征究竟了世俗六度，显现出胜义六度；下身的虎皮裙，象征断除我慢；本尊光明焕发，智慧火焰四射，象征由五智本性中显现的种种色身及幻身，任运不断地广行功德事业，如火焰炽燃，遍满十方。本尊表情慈中有怒，象征大慈悲心随缘应机，以息增怀诛四事度化有情。

佛母一面，象征其心与大空界的体性恒常无别，一味无二；两臂象征显空的自性便是永无变易的大乐；三目象征其三世的体性即是恒顺其了义空色大印法轮；右手执刀，左手持钵，盛满甘露，拥抱佛颈，象征方便智慧无别，恒处大乐殊胜之境；右足攀附佛父，象征永无变易的大乐本性即是远离戏论；五种骨饰的法轮、耳环、项链、手镯、腰带，象征大空法界的殊胜五智；头发半挽半披，象征已究竟诸法之实相，永不退转，度化有情。

此外，尚有多种说法。

胜乐金刚是奶格玛五大金刚合修法的根本本尊，是三世诸佛功德的总集和体现。笔者故着墨稍多。需要强调的是，五大金刚像中的所有法器法物，皆有表意和象征。如佛父和佛母分别象征方便和智慧，方便即大乐俱生，智慧则是指通达诸法空性的智慧。

奶格玛五大金刚合修法生起次第观修中，行者观想脐轮中央有一尊与自显胜乐一样的胜乐金刚（佛父佛母），周围六十四脉瓣内亦各有一尊（比中央主尊）略小的胜乐金刚，周围六十四尊均面向中央之主尊。胜乐金刚是三世诸佛的金刚身、语、意所依，是诸佛功德的总集代表，故称为总摄轮。

通过上文，读者可以看出藏传佛教的象征特色。某些教派曾非议藏传佛教，或称其为偶像崇拜，或因不解佛像中之象征含义而胡说一通，却不知藏传佛教佛像中的几乎所有内容都是象征，其内涵，无不跟佛教经典相契合，都在用有限的经验来表达作为终极关怀的宗教信仰。

（5）诸佛事业的总集代表：大威德金刚

大威德金刚是无上瑜伽部本尊之一，属父续部密法。藏传佛教界认为是文殊菩萨所化。

大威德金刚的形象有好多种，所谓化身无数，但总的特点是威猛可怖，头发蓬乱，俨如烈火，獠牙暴齿，大似雪山，硬逾金刚。眼露威光,胜太阳千万倍。巨口无边,能吞没三界。足趾能压梵天,足根能动宇宙。能随意役使八大天王，能役使诸阎罗王如唤小童。能消除世间和出世间之所有障碍,赐予修行者无上成就。简而言之,大威德金刚之特点为:能调御诸方;能号令世间和出世间所有神祇;其大悲和平等性如山岳，不摇不动；能化为三世诸佛，等等。

奶格玛五大金刚合修法生起次第观修中，行者观想密轮中有大威德金刚。因为大威德金刚“事业宏伟”，能协助修道者成就无上事业，故奶格玛五大金刚合修法中将它作为诸佛事业的总集代表和体现。

奶格玛五大金刚合修法中，密集金刚、大威德金刚属父续部，玛哈玛雅金刚、喜金刚、胜乐金刚为母续部。

奶格玛五大金刚合修法则融合了父续部和母续部的所有优点。据说，单个的五大金刚法虽殊途同归，但各有优势，比如密集金刚侧重于幻身或身成就、玛哈玛雅金刚侧重于语成就和光明大手印、喜金刚侧重于拙火和意成就、胜乐金刚侧重于功德成就和方便空乐无边智慧、大威德金刚则长于事业成就，而奶格玛五大金刚合修法则将五大金刚的所有特点优势集于一身，修习奶格玛五大金刚合修法就犹如修习了五大金刚体系的所有教法，也相当于将一切最精华的密法都修过了。这也是琼波浪觉虽有一百五十多位上师,得大法无数,却一生倾心于奶格玛五大金刚合修法的原因。

奶格玛五大金刚合修法不仅以成就之大著称，更以成就之速名世,奶格玛不经勤勇,证无死虹身,化身净土,固是其根器的殊胜,但在其后的三十多位传承师尊中，多有闭关六个月，即证无上成就者。

按香巴噶举的说法，获奶格玛五大金刚合修法灌顶后，本尊加持如影随形，空行圣众视如爱子。其传承如纯到极致无丝毫杂质的黄金，珠珠相串，无有中断，绵绵相续之状，如晴空中的阳光。历代上师像守护自己眼球一样守护着法脉,其加持力丝毫没变。老有行者诧异自己修证之神速，犹如春苗之长。笔者在修奶格玛五大金刚合修法之当日即有殊胜验证，得亥母加持授记，并契入光明大手印，既源于法脉之纯正，亦因为历代上师的慈悲。

奶格玛五大金刚合修法生起次第是圆满次第的前行，它可分成粗观生起次第和细观生起次第两部分。修习圆满后，可以得到四种事业成就（息灭灾难、增益福报、怀柔能让众生敬爱和诛杀仇敌，简称息、增、怀、诛四业）。其中息业之息指息灾祛病除障、息灭业障等；增业之增指增益功德、智慧、威势，增长福寿、名闻、财富和眷属等;怀业之怀指怀柔调伏人及非人，人皆爱敬乐从，龙天、非人乐从其命等；诛业之诛指诛灭破敌、降伏邪魔等。奶格玛五大金刚合修法“随许法”中，即有增息怀诛四业火供，如法行之，有神奇效果。

此外，还可获得共同成就，如八悉地、五神通等。

八悉地即：①丸药成就，亦称仙丹成就，服此丹药，可增长身色精力，延年益寿；②眼药成就，点药于眼，可透视地下宝藏；③土遁成就，能如鱼游水一样，游行于地中；④空行成就，能如鸟一样在空中飞行；⑤宝剑成就，此剑可随意于千里之外，取恶人头颅，或掘地下宝藏；⑥隐身成就，可隐身，为人所不能见；⑦长寿成就，能成就长寿持明之身；⑧治病，意有所欲，便可给人治病。

五神通指：①神足通，可以飞行无碍，游行虚空，隐显自在，能随意变化自身及外物，能此没彼出，千里之外，转瞬可至，如屈伸臂焉；②天眼通，能遥见未来，其目力能穿透山岳大地，见人所不能见，千里之外，如对目前;③天耳通，能辨万类生物之音，能闻人所不能闻,千万里外之音声,如在耳侧;④他心通,人与非人,及诸动物，众生心念，悉能晓知；⑤宿命通，明他人及自身的生死因果。

6. 智慧的华严树

圆满次第亦称“究竟次第”，主要修气脉明点而见证心光明。修习成就，可以成佛。

香巴噶举圆满次第的教法很复杂，也很精细，它有一套严格的系统，比如:修生起次第达到一定证量，才可以接着修圆满次第。圆满次第中又有许多部分，前者达到何种证量，才可以接着修下一步。这都有严格规定，不可混乱，亦不可跳越。

圆满次第包含五大部分，有人将它形象地比喻为智慧的华严树。

第一部分：甚深奶格六法，它是华严树的树根，包括：①拙火修法；②幻身修法；③梦观修法；④光明修法；⑤迁识修法；⑥中阴成佛法。

第二部分：光明大手印，它是华严树的树干。

第三部分：三支法，它犹如华严树的树枝，包括三部分：①上师法；②本尊法；③幻化法。

第四部分：白红空行母修法，它犹如华严树花。

第五部分：身心无死无灭修法，它犹如华严树籽。

生起次第是圆满次第的前行和基础，修习成功后，历五道阶中的资粮道。在此基础上，修习圆满次第，可以速疾圆满五道阶之中的后四道即加行道、见道、修道和究竟道，证得佛果。

7. 奶格玛六种成就法

修习拙火，能生起灵热，生起四种喜乐，和四种空的觉受，能在心中生起离戏的乐空感受，证到心性光明。

幻身修法的正行是金刚幻身之观修。此修法多为口耳相传，极少见于文字。幻身修习成功后，此幻身可脱离粗色肉身行动，若是此肉身朽坏，也可以换另一个健康躯体。修成幻身者，达十地菩萨果位至临成佛时，此金刚幻身会如虹彩般化去，再现起时，已转成和合七支圆满报身金刚持相。据说，上根者修此法可以即身成佛，中根者可以在临终死有法性光明现起时证金刚幻身成就，不历中阴；下根者若精进修持，亦可以在中阴前期证得幻身，然后可随己欲乐住于法界，无间行利生事，若欲示现成佛，则可任运成报身佛。

梦观修法修成后能于梦境中真实观见到外界事物，如六道情状、胜乐二十四境、空行佛国、十方刹土等。要是你想去哪儿，则能在梦中前往，醒后且能忆持不忘。我在修习幻身和梦观后，可以进入任何我想进入的时空，可以跟过去时空的一些大成就者进行交流。

光明修法能通达实相，明白一切法无自性即是光明。光明是本元心的显现，是本具的智慧，无论你修习与否，它都会存在并且显现。只因众生业障，难以明见，才用光明成就法以除障。除上根之人外，一般人要彻见大光明，必须用甚深的圆满次第，强迫业风纳入中脉，转成智风，本性光明才能显现出来，证悟实相，达到究竟。我是在上师和金刚亥母的加持下见到光明的。关于这一点，请看《光明大手印：实修心髓》。

迁识修法十分殊胜，据称虽行诸罪业，但若受了灌顶，只要如法修持，并能如理守护誓言，亦能成就，故称“往生不修自觉”，修成后能自主生死，能通过打开的顶轮，自主地将神识送往佛国。

中阴成佛法是死后到再次出生之间的修法。这是能够在中阴身成佛的妙法。在本书的后面，我们将详细谈这方面的内容。

修红白空行母成就可以亲见红白空行母，得到肉身飞往佛国的成就。而身心无死无灭修法，也称为无死瑜伽，是能够超越死亡的一种殊胜修法。

我在见到光明之后，仍用了二十年时间闭关实修，才窥到了智慧的华严树的全貌，真是博大精深，让人叹为观止。这真是人类生命科学的伟大奇观。

8. 离戏的三支法

香巴噶举三支法也是契入大手印的法门之一，它分为：上师道、本尊道、如幻道。

香巴教法称：上师道中，在作过相应之精勤观修与祈祷后，胜解一切显现即是上师，于此得决定见；胜解上师即是自心，于此得决定见；胜解自心性即是空性，于此得决定见。

正修本尊道出定时，观自己已转成本尊双运身。胜解一切显现都是本尊佛父佛母，显而无自性，坚固胜解，观向其供养。带大宝瓶气，开始默念本尊咒语，观想一切佛父佛母（即一切显现之事物）亦同作持诵。观想一切音声皆是诵咒之“嗡嗡”声，并作胜解。

（进一步地）胜解一切所现、所闻都是自心，而自心性即是空性，如是精勤观修，得决定见。

上师道与本尊道之座下瑜伽要求是：顶上不离上师，自身不离本尊，口中不离咒语，所食不离甘露，所念不离梦幻，己前不离护法。

如幻道的内容为决知一切显念皆是自心，决知自心即是幻化。

白天修幻身，晚上修梦境。推究六根与其所对六尘之自性，则见其自性空，空而能显，（显不异空，）显无自性，即如幻化。如是如幻而修，断除执著分别，于显空无执中入深禅定。

修此三支法之功德：会对上师生出不共之净信；无造作观见一切如幻；于梦境中能悟本性；白天光明大印自显，夜晚（梦中）光明幻身自显。

9.《奶格吉祥经》阐发

（1）亘古的梵音

我是诵着《奶格吉祥经》成长的。

在很长的一段岁月里，我都在凌晨三时起床。当我从朦胧睡意中惊醒，我便听到了空行母的歌唱。当然，你可以说我在观想，但我宁愿将它当成灵魂的歌谣。那歌谣来自亘古，无起始年月，无谱写之人。千年前的奶格玛就是沐浴着那歌声成就了正觉之德。琼波浪觉更是在歌声中走入历史。一代代上师、一批批弟子都是在那歌声中离苦得乐、证得涅槃之乐。

我常在那歌声中放飞我的灵魂。于是，我看到了净土中放歌的诸多空行母，红尘诸苦在歌中消解了。歌声回荡之处，大乐充盈，净相攒集，诸秽随风而逝，灵魂顿然超升。当你在虚静之中，拥炉香，品茶意，游心太玄，了无牵挂，捧读《阿含经》时，你定然会有如此的感觉。我之所以喜欢《阿含经》，是因为它古拙、简朴、不事渲染，跟《奶格吉祥经》有异曲同工之妙。

别想那遥远的俗事，别追忆过去的风尘，更别去追慕向往，只悠然宁静了身心，去品那充盈于天地间的旋律。没有起伏，没有铺排，没有华丽，没有壮美。只有那轻盈的香气，洗涤你的灵魂，如清浪之舔礁石，如熏风之拂诸花，如清乐之悦尘世，如茶意之愉身心。别做无谓的考究，别斟字句之精严，别问清音之由来，别察大美之何往。你只需浸淫于清净的风中，放下诸缘，无思无虑，无求无证，不究不查，无瑕无蔽，浑然于清明之中，你便捉到《奶格吉祥经》的脉搏了。

它成为我能于浊世中保持清凉的一个理由。

在那吟诵之中，我感受到了香巴祖师们清凉的笑。他们望着我，目光如风，涤去我心中尘滓。即使是在孤寂的深夜中，也能发觉跟我同乐同悲的诸多圣明。

在“第三届冯牧文学奖”颁奖会上，中国人民解放军文化部原部长、著名作家徐怀中将军说：“十年磨一剑只是一个传说，但却是雪漠文学事业的真实写照。以十几年时间，反复锤炼一部小说，没有内心深处的宁静，没有一番锲而不舍的追求，没有一种深远的文学理想和赤诚，是难以想象的。我们今天的文坛，太需要这种专心致志的创作态度。”好多人因此说我成功的原因是能耐得寂寞。其实，在写《大漠祭》的十多年间，我并不孤独，更不曾“耐”。我只是在享受那份宁静的大美。我总能看到遍布虚空的诸多眼眸陪我歌哭，或笑盈太虚，或泪如雨倾。每写到快意处，那诸多眼眸的赞许总令我如醉如痴。

只凭粗略的阅读，很难品出《奶格吉祥经》之妙的，那梵文和藏文的韵律之美非涩硬的汉字排列可比，那清净之音更非数十行文字所能涵盖，那圣洁氛围更不是粗略的阅读所能品味的。那吟唱时的觉受只有虔诚吟唱的行者才能体会。

在那种妙不可言的吟诵中，我一日日成长着。心中的污垢渐渐消融，化为远逝的风。面对那充盈天地的圣明之乐，所有文字惨白无力。我很想从心中挖出那份觉受，放入每位读者的胸中，可我明白，这念头，是最大的妄想。从释迦传道至今，万千大德或开宗，或著书，或棒喝，或厉斥，所想做的，也仅仅是传达那份觉悟。但这是世上最难的事。心灵的真诚需要真诚的心灵才能感悟。面对一些读者，我常常觉得无所适从。

但我仍想将自己的觉受之万一诉诸笔端，诸愿随缘去，唯了我之心。也许有人会从那词不达意的文字中，品出一种真诚、一抹清明、一点不同于凡俗的味道，就行了。

许多的时候，文字是惨白无力的，尤其在讲述《奶格吉祥经》时，只有进入一种境界，如琼波浪觉在娑萨朗净土得沐法露，如奶格玛在金刚座初睹圣容，才能真正感受到其中的大美。那音律，非发自喉咙，那是啸卷于天地间的大声，声中诸物，皆归清明。诸色是本尊坛城，诸音是本尊咒声，诸显是法性的显现。万千音声，汇为一体，那韵律中品出的，便是《奶格吉祥经》。

没参加过香巴噶举闭关的人，无法想象那种独特的念诵。那种音声之妙只有虔诚的行者才能体会。如同歌词读出的只是浅显的词义一样，若仅看《奶格吉祥经》的文字，至少损失了诸多无法言传的大美。

但我还是愿将其词义逐一宣述，望薪而知火。虽然火之神形跟薪之形貌大异，但无力的宣说总比缄默更让人受益吧。

下面，请你跟随我这拙朴的笔，去品味那来自远古的声音。虽然文字的转译已失去太多的神韵，虽然沉默的文字无法相若觉悟的念诵，虽然你阅读时心灵的飘浮可能使你稍显沉闷，但你还是读下去吧，毕竟，它来自亘古。

（2）雪山上流下的智慧之源

香巴噶举和其他教派不同，历代大德虽也有著述传世，但多着眼于修证，而很少有长篇大论的理论。琼波浪觉虽为一代大德，功标日月，也多示现实证功德，行化度世，其理其行，也足以开派立宗，谈及藏传佛教，谁也不会对香巴噶举视而不见。但是，琼波浪觉并没有如宗喀巴大师一样，将所学诸法，系统著述，令我等在千年之后，亦能沐浴其文字般若的光辉，虽显遗憾，但亦可见其宗风。实证与著述，各有因缘，大德亦各随其缘，非我等小辈所能谈论。据陈健民上师说，他曾见过琼波浪觉上师从印度上师处取来的诸法之合订手抄本，亦不过薄薄一书。但佛教重在实证，《大藏经》汗牛充栋，佛陀已将该说之话，尽数说完，我等穷其一生，亦难以究其奥秘，世上并不缺经典，缺的是依经典去做的修证之人。故我对香巴噶举之宗风深感仰慕，人之一生，粗算来，有用的时光并不多，若以书本为乐，剩余时间必然不多，一生证悟，常因时间不够而功亏一篑，故世上多闻之人稠，而得道之士稀；多所谓学者，而少见成就师；多逞口舌之能，而无常一到，手忙脚乱；多下笔千言，而百无一用；多谈密说空，俨然上师，而观其行藏，却贪欲淹心，分明堕地狱之勇士，却硬充斩六道之好汉。相反，香巴噶举中，成就者却多如繁星，亦多如唐东喇嘛以其一生行化之上师。

奶格五金法生起次第仪轨中，若谈及理论，也许只有两处地方偶有涉及，一是修入空法时，言能取性空、所取性空；另一处，便是这个《奶格吉祥经》，其名虽为经，而究其实，也不过是属于颂辞类，宁玛、格鲁等教法中多这类祈请颂辞。

琼波浪觉上师去印度求法时，得奶格五金法后，诸空行所唱之祝词，琼波浪觉记下之后，传于诸弟子，吟诵至今，即为《奶格吉祥经》。其文字并不多，但其内容却涉及较广，教义渗入其中。故我将此经，视为香巴噶举之教理，在此有浅释的必要。

《奶格吉祥经》第一节，相当于总纲，经文不过四句，但将光明大手印文化中最精妙之处显露无遗：

上师吉祥功德如雪山，信日朗照流出加持源，

自性如来之心本无别，祈师明示三世赐吉祥。

上师是成就之源，若无上师，你我连“佛”字都难以听闻，何谈成就？

上师是十方三世一切佛的总集化现，行者若无恭敬之心，而欲图成就，则如压沙榨油，纵然历经千劫，亦难如愿。有经论称：供养三千大千世界的珠宝给三世诸佛，不如供养上师一粒米。上师恩德，高于诸佛。上师即本尊、空行、护法，三者融于一体。弟子成就，全赖上师之赐。密宗之殊胜，在于上师以自己所证悟之果位证量来加持弟子，令弟子疾速成就。上师虽有无上慈悲之心，无奈弟子信心不足，或具邪见，视上师为凡夫，更有甚者，以不清净的心看上师，便见上师所显现，多不顺眼，而徒令自己功德丧失，种下无边罪业。

关于上师，密续中开示极多。龙树菩萨在《五次第》中云：“即使远离其余的一切供养，仅以供养上师，使上师欢喜所赐予的加持力，即可获证一切智，所有福德资粮与苦行都已在供养上师中圆满。”阿底峡尊者说：“诸友未得菩提需依师，故应依止殊胜善知识。未证实相之前需闻法，故当谛听上师之教授。诸安乐乃上师之加持，故当报答上师之恩德。”

《菩提道次第论科颂》中说：“成悉地由师，是执金刚说。一切实了知，全赖师悦乐。”续中亦云：“依止上师后，是否是正士，勿违诸教言，若破师教印，生金刚地狱。”又云：“虽不具功德，依止上师后，若人害彼师，则谤诸上师，亦谤三世佛，彼过不可言。”

如《奶格吉祥经》所说，上师功德巍巍，犹如雪山，弟子的信力，则是太阳。太阳以其炽热的信力，照在雪山上，雪山才能融化出加持之源。一切功德之产生，取决于弟子的信力。许多学密之人，初入师门，信心极大，虔诚心也十分饱满，故在修学过程中，有许多奇异的证验，到了后来，信心渐消，功德枯萎，对上师也起了邪见，行止反不如俗人了。故先哲云：“学佛一年，佛在眼前；学佛两年，佛在大殿；学佛三年，佛到西天。”我见过许多“佛油子”，言必谈佛，可观其行藏，却离佛甚远。

有了俱足的信心，有了对上师无上的恭敬，你才有成就的可能。这是成就的前提。但同时，你必须明白，自心与上师之心，与如来之心本为一体，不一不异。修生起次第的目的之一在于修成佛慢。这佛慢，非贡高我慢，而是《奶格吉祥经》中“自性如来之心本无别”的另一种称谓。

修生起次第，依性空三摩地，将自我之凡身，转为本尊之智慧身，我佛不二。此时，所观是空，能观也是空，观本身亦是空，进而断除自身我执，除遣庸俗觉知，证入大清净曼陀罗，了知我即本尊，法尔平等，与佛不二。

有识者称：若无金刚上师的加持，修生圆二次第则可转生色界及无色界，但不可能获出世功德而证悟。无垢光尊者在《大圆满虚幻休息妙车疏》中说：“唯依靠观想生圆次第等各个道之本体不能解脱，因为它们还需要依靠行为及增相等。而唯以此上师瑜伽自道之本体就能使自相续中生起实相之证悟，即可得解脱，所以说一切圣道中上师瑜伽最为甚深。”

《奶格吉祥经》第一部分总言上师瑜伽，将上师置于至高无上的地位，与本尊、空行、护法无二无别，依其加持，行者方可契入光明大手印。不修上师瑜伽，而欲证心的本性，如隔海盗火，如北向迎日，如飓风里燃烛，如污浆里白衣，虽有所欲，但难如愿。俱足信心时，上师的点滴言语，都为证悟助缘；上师的所有显现，皆同本尊无二。上师本身就是见解脱，上师法语就是闻解脱。

故作颂曰：

上师如意宝，如日临虚空；
照破千年暗，愚痴一扫清；
醒吾诸迷乱，断吾轮回根；
大恩逾慈母，警唤梦中人。

有人谈及修行的高下时总是说看到什么，感觉如何。其实，修行的真正进步并非神异，而在于信心和悲心是不是增长了。《杰珍大圆满》中说：密宗的根器主要不是指福报、智慧、三摩地，而是指信心。信心大者是上根利器，信心小的根器则低劣。因为只有借助于信心，才能获得金刚上师的加持，证悟空性。

《时轮根本略续》说，修炼密法，首先要具备三信：信密教经续、信仰上师、自信。三信是成就一切佛道之根本。

所有通晓宗教知识者都知道，一个行者可能有无数个上师，但根本上师只有一个。因为一个人真正的明心见性只有一次。那位能为你开示心性、让你明白心性的人，便是你的根本上师。

当然，光明觉性生起之后，还必须守护三昧耶誓约，才能得到源源不断的光明滋养。为了建立和守护那誓约,便有了宗教仪轨，或观想，或持咒，或祈请，或保任，等等。

香巴噶举祖师琼波浪觉在见到奶格玛之前，曾拜师一百五十多位，求得了无数密法，但只有在遇到奶格玛之后，琼波浪觉才有了真正的根本上师。太阳一出，群星归隐。这时的群星并不是消失，而不过是其光明被日光掩蔽罢了。所以，在香巴噶举的传承中，奶格玛是金刚持之后的首传根本上师，而琼波浪觉的其他一百五十多位上师的智慧之水，便都融于奶格玛的法性大海了。

（3）智慧的光道

下面，我们看《奶格吉祥经》第二节：

> 修五金法空行视如子，本尊加持一如影随形，
> 密戒无缺获胜共悉地，诸佛空行圣众赐吉祥。

本部分前两句谈奶格五金法的殊胜。前边说过，按香巴噶

举沿袭下来的说法，一旦领受奶格五金法的灌顶，行者只要每日里诵诸本尊咒一百零八遍以上，行者之心轮，便会有许多光道与二十四个空行圣地相通。每夜里，二十四圣地的空行勇士、空行母们就沿此光道进入行者体内，为行者清净脉气，增诸上缘。金刚弟子只要密戒无缺，精进修持，成就是必然的。

《奶格吉祥经》说得好,只有“密戒无缺”,才能“获胜共悉地”,才能“诸佛空行圣众赐吉祥”,才能“本尊加持一如影随形”。其实，诸佛本尊空行圣众，究其实质，还是与上师一体无别。弟子能守护三昧耶戒，做到密戒无缺，“信日朗照”，才能得到上师的“加持源”而成就。

上师是一切密法的成就加持之源。密戒的根本三昧耶戒之一就是视师如佛，行者在得到灌顶的同时就得到了三昧耶戒。如果破了支分戒律，还可以通过忏悔还净；但若是诽谤金刚上师，即是破了根本三昧耶戒，按传统说法，必堕金刚地狱无疑。

（4）事业的保证：防护轮

《奶格吉祥经》第三节讲事业：

> 金刚持前誓转防护轮，俱誓坚护成就四事业，
> 百部护法及五部空行，助我速满诸愿赐吉祥。

上面谈到的防护轮是奶格五金法修持仪轨中的观想内容。许多修持仪轨中，都有防护轮。这是修行人必修的内容。

我对防护轮的理解不仅仅是金刚火帐，而更理解为出离心。有的观修仪轨中除金刚火帐外，还有骷髅护轮，表无常出离；莲花护轮，表清净无染。所以，那金刚火帐既有驱魔护身之意，又有出离心之喻。身如莲花，出污泥而不染，不染尘念，不染俗事，

不为世间八风所动，专一精修佛法，是最好的防护轮。

真正的防护轮是远离执著。

凉州人老说：“进了菜籽地，就要染黄衣。”红尘如染缸，凡有染者，很难清净。心不清净，虽身处关房一生，亦不过是关内凡夫；身若清净，虽居污垢之地，亦无异于色究竟天。古时禅者有言：“安禅不必须山水，灭得心中火自凉。”信然。但对于初修之人，宜常观护轮，常居静处，常念无常。所以我说，除密修仪轨上所说的防护轮外，还有一种有效的防护轮是出离心。

要知道，几乎所有的宗教都强调要放弃对现世的贪执：古希腊宗教认为肉体仅仅是坟墓；佛陀将红尘世界喻为火宅，欲要解脱，须先出离；伊斯兰教则将世界喻为将要被收割或变成稻草的植物；印度教却将世界看成幻影。西方更有个形象的比喻：“世界是一座桥，走过去，但不要在上面盖房子。”其目的，便是为了破除人的贪执。

古时候，修行人必须要远离家乡，其离开家乡的路程，或一年，或数月，至少也要三四天。身居家乡，对亲人易生贪心，易执著于俗务；对仇家，则嗔心炽燃，难以止息；更要追求世间法的圆满，或成为子女的牛马。久而久之，痴蒙心光，无法取舍，解脱二字，遂成空谈。

有出离之心后，还要有出离之行。要尽可能地安居静处，远离都市喧嚣，远离恶境，多亲近善知识。环境可以成全人，也可以毁人。

出离有二：一是身出离，二是心出离。有前者，才可能有后者，有后者，前者才有意义。应思维诸行无常，世间圆满，终会残缺；长住亲友，总要分离；所聚财物，终归消散。名如过眼烟云，利如水中浮沫，身如东逝之水，命如风中之烛。一切所现，终归空寂，并无实义。只有放下万缘，方可证得真如。

故我将出离心视为金刚防护轮，每日修持，均发大心誓转，从真义看，想来不谬。

四事业指增益法、息灾法、怀柔法、诛伏法。增益法能增长行者福气，增益功德，助长智慧，增加威势，广大名闻，扩充财富，增添福寿眷属，圆满行者所求；息灾法可以祛病除障，息灭业障，消解灾难；怀柔法亦称敬爱法，能怀柔调伏，人与非人，皆爱敬乐从，亦可增长善缘，勾摄所需；诛法多用于降魔，能诛灭怨敌，降伏邪魔。

但香巴教法之本质为利益众生，非为自利。四事业也是为利众而行的方便法门，非为单纯饱自己之贪欲。以我之理解，究竟之增法，当以增长智慧慈悲菩提心为要，息法当以息灭贪嗔痴为能，怀法当以敬爱众生为业，诛法当以诛我执法执为宜。只有这样，道业才会速成。若是仅求世间所需，则贪欲难填，终无满足，穷其一生，亦难有究竟利益。有漏之报，易得亦易失。以追寻无漏法益为乐，方是真修行人。

（5）究竟的智慧

《奶格吉祥经》的第四节讲智慧：

> 心法俱空外现皆如幻，空乐双运明空亦无别，
> 顿然契入光明大手印，安住令众解脱赐吉祥。

香巴噶举所修之最高境界是光明大手印。大手印显密均有讲授者，但一切大手印中，以光明大手印最为殊胜。大手印既是修持法门，更是见地。前边说过，在奶格五金法修持仪轨中，有一个入空法，它诠释两种空：一是所取性空，指所有外现，均无自性，其性本空；二是能取性空，指能取外境的那个“心”，也无自性，故有这“心法俱空外现皆如幻”。

世人为无明所蔽，皆因这个“执”字。执“我”为实有，执

"法"为实有，而生出无穷烦恼，贪嗔痴随之炽燃，种下堕落之因。应了知我、法皆无实义，皆如梦幻泡影，皆如水中月镜中花。但"大手印"三字，非言词所能诠释，我不再饶舌。

至于空乐不二、明空不二，皆修持时之窍诀和体验。其实，修持之要，在于破执，在于与空性相契。看《八十四大成就者传》，方知法无定法，重在契合空性。

(6) 烦恼的起源

《奶格吉祥经》第五节也很重要：

> 对于如法修供发胜解，以及顽愚难调恶业众，
> 无有分别诸法平等住，祈发大菩提心赐吉祥。

本节内容是消除分别心。分别心是成就的障碍。前面讲过的卢伊巴，位列八十四个大成就者之首，他就是在乞丐相的空行母的开示下，专捡食被人抛弃的鱼内脏对治修持，以扑灭分别心。十二年后，生大证悟，世人称之为卢伊巴，意为食鱼内脏者。

概而言之，世上烦恼，皆因分别心而起，争名者，夺利者，喜新者，厌旧者，嫌贫者，爱富者，趋美者，避丑者……无非分别心。大而言之，贪嗔痴也无非分别心之蔓延，战争、仇杀、巧取、豪夺……一言概括之，这世上，所有罪恶，皆是分别心所致。故修道之人，应以分别心为主要对治对象。汉地有个和尚，为消除分别心，专吃狗吃剩的食，苦修多年，终得成就。

所谓分别心，究其实质，仍是"执"。执我者，执法者，因执而生分别，而生烦恼，而造业，而轮回。若分别心消失，道业遂成。

故该节要求将"如法修供发胜解"，同"愚顽难调恶业众"，一视同仁，无有分别，诸法平等。做到这一点，要"祈发大菩提心"。

应知世上万相,唯心所造。诸缘虽异,其性本空。对同一事物,有人喜,有人厌,有人视如生命,有人却弃若破鞋,可见外相本无自性,其所有好恶皆是心之好恶。腐肉为人所恶,狗却啖之香美。蝇喜粪便,鸟喜蛆虫。世有嗜痂之徒,亦不乏逐臭之辈。如世间名利,有人视为毒鸩,躲之不及;有人却趋之若鹜,不惜伤生害命,造下无穷恶业。

既了知法由心造,心性本空,便能对"如法修证"和"愚顽难调"不生分别,如同太阳眼中,并无毒草鲜花之别,而施以相同的光明温暖。以此广推,美景良辰,富贵荣华,亦不过如海市蜃楼,虚幻无实;而痛苦烦恼,贫贱违缘,亦如梦如幻,并无实义。

真正的成就,是智慧的成就,是见地的成就,而非神通。见地或智慧最基本的一点就是不生分别心,阿罗汉眼中,黄金与牛粪同值,大地与虚空无别,更无如法修供发胜解和愚顽难调恶业众之异,若人分别,即是凡夫。因为一生分别,便有烦恼,而烦恼是轮回之因。无漏的"漏"字,便是烦恼。

(7)吉祥的祝愿

《奶格吉祥经》最后两节是祝愿:

> 祈自轮回直至证涅槃,世出世间吉祥常相伴,
> 所有吉祥如绵绵流水,一切有情吉祥永不断。
> 愿诸行者福德如宝藏,馨名远扬广大如虚空,
> 长寿且令他人获妙果,功德如海无量恒吉祥!

其中,有对世间法的祝愿,亦有对出世间法的祝愿。我发现一些人对世间法有两个极端,或是执迷于世间法,执幻为实,而忘了解脱;或是视世间法如毒蛇,唯恐躲之不及。其实,以上二者,

都是病相。有偈云："佛法在世间，不离世间觉，离世觅菩提，犹如寻兔角。"如果世尊不谙世间法，在当时的印度，必然难以立足。他精通世间法和出世间法，才能建立千古不朽的事业。

教 理 篇

第一章 挖掘生命本具的宝藏

第一节 明本元

1. 相应：精神的相契

修习金刚禅的第一道难关，在于明白什么是心性，也就是上面所说的大手印智慧。那么什么是大手印智慧呢？大手印智慧就是空性。真正的悟道，就是彻悟，也就是见到空性，但它不是推理出真相的过程，而是一个“开灯”的瞬间。

对于这个瞬间，可以这样比喻：朋友搬了新居，你常听说它怎么怎么好，但因为没见过，你对它的印象仍然很模糊。有一天，朋友带你到他家去，在开灯的那个瞬间，黑漆漆的屋子突然变得一片光明。从此以后，只要一谈到他家，你的脑海中，就会浮现出当时的那个画面，而不是朋友告诉你的那些概念了。

见到空性也是这样，但见到空性并不是真的看到物理光明，而是看到了世界的真相。什么真相呢？心物万相不断变化，一刻不曾停歇，换言之，就是佛教常说的“无常”。世界是无常的，但人很难接受这一点。欲望和执著就像裹眼布，让人拒绝了这一真相。但鸵鸟即使把头伸进沙漠里，危机也一样会来临，无常也是这样。人无法拒绝无常，又希望可以拒绝无常，所以才会陷入痛苦和迷茫。想从欲望所编织的谎言中觉醒，只有一个办法，就是与大道相应，与佛陀相应，与真理相应。

什么叫相应呢？相应就是瑜伽的真意。很多人都以为瑜伽是一种追求体内平衡的运动，但事实上，瑜伽真正追求的，是身心和谐之后的相应，也就是前面说过的、藏传佛教所追求的心气自在。

藏传佛教认为，在这个过程中，传承和上师是非常重要的。上师的指导和印证，还有传承中的加持力，是行者彻悟最好的保障。所谓加持，就是上师那种巨大的生物场和你达成共振，上师将他的证量光明传递给你，让你也感受到那种证量光明。加持非常重要，它是一种功能性的力量。正信的密宗认为，如果不是这样以人间上师的方式传承，就构不成真正意义上的传承。真正的传承是由肉身上师一代一代传下来的。虽然也有一些伏藏的说法，但格鲁派的一些大德是不承认伏藏的，因为，有些骗子也可能将自己臆造的所谓密法说成是伏藏。

那么，如何分辨一个人是真正的大德，还是骗子呢？答案是行为。行为是心灵的镜子，代表了一个人真实的境界。很多人都能夸夸其谈，但真遇到事情，就不一定能经得起考验，而智者之所以为智者，首先因为他们有大智慧，洞悉了生命本真的秘密。因此，他们明白，世间一切都不可能永恒，无论是物质、诱惑还是生命。所以，智者不会牵挂个人利益，他们的所有行为都是为了造福众生，减少众生的烦恼和灾祸。哪怕有时，他们也会做牟利者所做的事，比如有些智者也会办企业等，甚至做一些大部分人不能理解的事情，但他们是全然无私的。

密勒日巴年轻时，也曾诛杀过几十口人，因为身心不安，他才虔诚无悔地走上苦修之路。他曾在山洞里住了很多年，干粮吃完后，就以青草为食，最后才实现了超凡入圣。他用一生演绎了一个道理：永远不要觉得努力太迟。他说过，自己一介博地凡夫都能超凡入圣，可见任何一个众生都有觉悟的可能。人的升华，往往就是靠的这种信念，然后用实践洗净自己的心，永远不要甘于堕落和平庸。因为，你一旦甘于平庸，佛菩萨代表的那个伟大世界，就会永远对你关上大门。但有一天，当你洗净了心灵的邪恶，重新像赤子那样迎向它，向它祈祷，向它呼唤，它的温暖就会走进你的心里，你会发现，原来那么一点点温暖，就能救赎一个堕落的灵魂，就能挽救一种不能自主的命运，让自性像水晶那样反射无穷的净光，你的生命也就洁净了。

但真正相信这一点，需要信念，也就是强烈地祈求灵魂救赎的心，那是一种灵魂深处发出的声音，它是强烈祈求心，它超越物欲、超越世俗，就像灵魂深处射出的一线光，是人改变命运真正的希望。在金刚禅的修习中也是这样。得到加持非常重要的条件，就是弟子的信心，也就是对上师的信任和对觉悟的渴望。上师再好，教法再好，弟子没有信心也什么都得不到。按香巴噶举的说法，上师像雪山，只有在弟子信心的日光照耀下，雪山上才会流下加持之水。这是密宗的殊胜之处。传承内的加持力会帮助行者。加持力和自力相合，到一定程度，密乘行者就可以认知空性，进一步在生活中实践，就能恒常地保任空性觉受，了知一切现象的虚幻，不再执幻为实，迷者也就得到了解脱。

2. 坏不了的金刚心

金刚心就是我常说的真心。

坏不了的真心，才叫金刚心；它本来如此，故而也叫本元心。它与机心相对，不加粉饰、宛如赤子，超越诸多流行概念的束缚而自然纯朴。它不需要你刻意做些什么，自然不坏不灭，无来无去，无始无终。因为，它不具物质形态也无须依托意识而存在，毫无先决条件，所以是恒常的。虽然众生相反反复复，发生着千奇百怪的变化，但本元心却湛然空寂，并无动摇。在六道中，我们忽而成天人，忽而是阿修罗，忽而在人道，忽而又变畜生，忽而还

成饿鬼，忽而堕入地狱，但本元心从未变化过。它就像明明朗朗的镜子，能如实映照出我们生生世世的百态，却从不留下一丝半点的痕迹。

古往今来，千万人所追求、所向往的真正的爱与自由，统统藏在本元心里，你明白本元心的那个瞬间，便会体验到什么是真实的天堂，也自然会明白什么是真正的快乐。许多修行人放弃世俗享受，勤勉修炼，追求的就是明白真心，见到自性。明白它的那一刻，你就开悟了，也就是悟道。当它成了你呼吸般的存在，你无时无刻都沐浴其中时，你就没有了烦恼，也无须离苦得乐，这时你便可证得殊胜的道果，实现你的终极快乐。

因为，世界上所有的善也罢，恶也罢，都是由我们的心生出来的。当你修善的时候，身心会非常安乐，如同上了天堂；你一旦作恶，便会受到良知的谴责，招致痛苦和厄运，地狱由此而生。六道由心化现。有什么样的心，就有什么样的世界。一切都是心的游戏。

所有佛菩萨的成就，都离不开这个心。他们经过无量劫，生生世世地修这个心，慢慢地消除无明，消除烦恼，证得智慧，证得佛果。所谓修道，修的就是这个心。福德由这个心来积，功德由这个心来造。人间的幸福、快乐等所有善因，都是由这个心来种，祸也是由这个心来生。由心造祸，由心生福。所以老祖宗说：“诸恶莫作，众善奉行。自净其意，是诸佛教。”当然，最初那个需要净化的心，还不是我们所说的金刚心，它更像一颗裹泥的珍珠，需要我们一天天地擦，擦掉贪嗔痴，擦到最后，就会看到里面的珍珠，那珍珠，就是金刚心。

我们的修行，就是那擦的过程。我们要以历代贤圣的言行为标准，约束欲望，远离欲望，净化欲望对心灵的污染，当我们擦去真心上的污垢时，它会照亮我们的世界，让我们看清万物的真相：变化或无常。这时，我们就不会攀缘，也不会强求。因为我们知道，哪怕真的求到了啥，也一定会失去，因为世上万物，都是无常的。

只有真正体会到万物虚幻的本质，我们才能脱离欲望的控制和误导，真正长大。对于一个仍然被欲望控制的人来说，当务之急是用正念来熏染心灵，用合适的方法来锻炼意志，而不是给自己找无数借口，将正见抛到一边，纵容自己的懒惰和贪欲，甚至把放纵当成随缘。我们的方法可以多种多样，但修炼的根本对象只有一个，那就是心性。

唐僧之所以是唐僧，因为其心正；妖魔之所以是妖魔，因为其心邪；孙悟空之所以成为斗战胜佛，因为他一天天消除了无明，消除了烦恼，证得了安详和宁静。所以，心是轮回的种子。心一旦觉醒，也就没了折磨你的东西，因为你会明白，世上的一切，都是调心的道具。只有经过世界这个大道具的检验，你才会知道自己是真明白了，还是不明白。真明白了，就会发现世界其实很简单，人生也其实很简单，复杂的只是自己的心。心从复杂中解脱了，人就解脱了，解脱不仅仅是一件只能发生在死后的事情。

但需要强调的是，哪怕是顿悟的利根之人，修行也必须精进。

按一般人的标准，雪漠应该是利根之人，因为我天生杂念很少，很容易完成专一瑜伽的修行，但我仍然进行了严格的渐修。1995 年契入光明大手印并打成一片，得到上师印证之后，我仍然用了二十多年时间，进行闭关，仍然每天四座，每座三个小时，严格按香巴噶举奶格玛五大金刚法的生圆二次第，修拙火，修幻身，修光明，修梦幻，修中阴成就法。当然，明白后的修跟明白前的修不一样。明白前的修，是为了找到那光明；明白后的修，是为了保任那光明。不过，即使在将那光明打成一片之后，我仍然将传承的教法修了一遍，其目的，是为了弄明白整个教法的奥秘。所以，才有“光明大手印”系列及《无死的金刚心》等图书的出版。

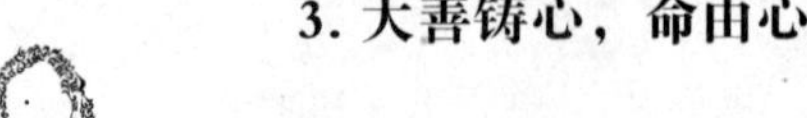

3. 大善铸心，命由心造

很多人一谈佛教，就会想起六道轮回、因果报应，在他们心中，佛教是导人向善的。这也没错，因为，真正的佛教信仰者在严格地律已修行之后，常常会显得宁静祥和，即使他们的行为会有些不合常理、不近人情，比如悉达多王子的离家出走，比如一些大修行人与流行价值体系的疏离，但他们的一举一动最终反映的，都是利众之心。但佛教信仰者向善，并不是因为害怕六道和因果，轮回与因果也绝不应成为束缚心灵的教条。简单说来，它们只是在陈述一个事实。

但真正的佛教信仰者也明白，正是这些事实构成了命运，人们去算命、去倒腾风水，当然有他们的理由，但这些方法不过是扬汤止沸。如果铁锅下面的火——也就是欲望、愚昧和执著——不熄灭，锅里的水就会沸腾。换言之，如果不解决根本问题，也即心的迷惘、选择的混乱，人的命运就不可能改变。哪怕偶尔出现一点变化，也仅仅是现象的生灭，而不是本质的改变。因为，心不属于自己的人很难学会选择，严重者甚至会害人害己。

所以，本质上说，命运是心的显现。一个人如果非常自私，他就会看重得失，为了维护自己，他不惜伤害别人，最终就会影响他的际遇和命运；一个人如果非常无私，他看重的就会是做事本身，他只在乎把事情做好，哪怕他的能力还不够，只要他刻苦学习，奋发图强，他也会让自己成长，从而获得更多的机遇。

我就是这样，我命运的改变，就是从完善人格、证得真心，写出一部又一部作品开始的。那些作品没有华丽的文字，简单质朴，但里面有一种浓浓的爱，那是作者生命的气息，也是作者灵魂的热度，有着艺术的感染力，打动了许许多多的读者。有些被感动的读者明白了我的心，就用他们的方式，支持我做更大的事情，给我创造了更多奉献的机会，这些机会，会让我的人生之路更加顺畅。如果我是个骗子，是个猥琐的小人，写的东西虚假、苍白、无病呻吟，或是对社会没有太大的好处，读者根本就不会看，还会斥之为“垃圾”，更不会支持我做现在的许多事情。所以，重要的不是命运本身，而是人的心。

了知世界的无常，不是为了让你走向堕落或陷入无记，而是为了让你拥有一种更积极、更健康的态度，让你成为心灵的主人，正确地面对和珍惜你的人生，在短暂的一生里，在你可以控制的这辈子里，实现一些你真正想要实现的价值。虽然这个过程定然很艰辛，但不要紧，我常说，没有失败，只有放弃。虽然决定一件事是否成功的因素很多，但假如你坚持不懈，只要方向正确，总有一天会走到目的地的。所以,失败不可怕,唯一可怕的是放弃，因为放弃代表了心的动摇。心念一旦动摇，所有的坚持都会失去意义。你也许会彻底失去方向，也许会日复一日地重复模式化的生活，把宝贵的生命浪费得一干二净。所以，人生最重要的其实不是结果，而是当下的态度。

所以，不要觉得冥冥中一切早已注定——有时确实已经注定，但那是对死了的心而言的。心一旦死亡，失去了活力，失去了升华的动力，命运就成了固定的程序，你站在这头，就能看到那头，一般是不会有太大差别的。但你的心一旦被激活，你就可以造缘——就是创造条件——所以说心变则命变，心一变，世界就变了。当心大包容的时候，整个世界都会向你微笑。

而且，当你改变了自己的心，心里充满了大爱的光明时，你还可以帮助别人改变命运。比如，当生活中有人感到不如意时，他的心灵是极为脆弱的，很容易产生极端行为。当他心中充满仇恨和愤怒时，最需要的，其实是别人的关怀。这时，如果他的身边出现诸多顺缘，出现关心他、爱护他的人，其命运轨迹是能够改变的，那么社会上就少了很多悲剧。

4. 一切都是真心的妙用

一旦认知了真心，又能保任真心，你就自然懂得该如何待人处事，如何做选择了，因为你的起心动念都是利众的，是无我的，是有益于别人的。这是圣者跟凡人最大的区别。这时，你做出的所有选择，你的一言一行，都是心性应对外境时生起的无穷妙用。

当真心能生起妙用时，你就不会在乎言行间的得失了，你不会像很多人那样算计，也不会像很多人那样计较，便少了很多烦恼。你的心里永远只装着当下，当下的坦然，当下的宁静，当下的安详，以及当下的无穷可能。你永远像个跃跃欲试的孩子，不会惧怕每一次尝试必须付出的代价，因为，人只要抱着一颗利众的大心，就会非常安乐，非常自由。你会觉得自己比追逐欲望名利的时候更快乐了，所有压力都被你化为了成长的动力，人们所认为的一切挤压都被你化为了营养和鼓励，外界也便没有了能够控制你、能让你不高贵的东西了。

我写过一首诗，说的就是这种状态："真心照万物，万物自清明。不将分别意，扰乱自家心。世上本无事，奈何自乱心？聊将旧时意，化为朗月明。风拂心头意，喃然如静泣。晴阳勿醉眠，告尔妙消息。大喝一声后，万法顿成空。空中有妙慧，何必他方寻？"

在保任觉悟、让真心生起妙用的当下，弟子跟上师是无二无别的，因为，上师证得的明空和弟子证得的明空是同一种境界，两种明空是一体的，故说无二无别。当你悟到明空本体的时候，就契入大手印了。这时，你便明白了什么是明空觉性。

如果你在生命的每一个当下都能保任明空，都能让真心生起妙用，你就不会再有迷惑，因为，你能看到世界虚幻的真相，不会再去执著，也就没有了束缚，那么，你就是智者。你不会再执著自己的得失，也不会再去执著任何概念，你会变得很清醒，心也会变得很柔软，你也会感受到他人的痛苦和无奈，你就会全心全意地希望他能从迷惑产生的痛苦中超脱出来，希望他能开启智慧、笑对人生。这就是佛教所说的普度众生,也是真心生起的妙用。

上师灌顶传法用的是这个真心，我们为众生服务用的也是这个真心；所有经典的出现，都是为了让你认知这个真心；所有佛菩萨的证悟，也是证得这个真心。明白真心就是觉者，不明真心、被假象迷惑，便是凡夫。

第二节 察真妄

1. 心的真假两面

下面，我们就来看一看如何辨别真心与妄心。

心有真妄之分。真心是前面我们所讲的本元心，它本来清净、本来具足。妄心则是各种妄念纷飞的心。

妄心就像海上的波浪，真心就像风平浪静的海面。风是什么呢？是世界上的种种现象。外部诱惑进入你的心时，你的心随之起伏，生起各种各样的贪、嗔、痴、慢、妒，这些都是妄心。妄心也像天上的云彩，风、云、雷、电、雨、雪都属于妄心，真心则是朗然空寂、一片光明的天空。

真心和妄心体性为一，不是截然分开的两个本体，正如平静的大海与波浪虽然外表看起来不太一样，但并不是两个相互独立的个体，两者的体性都是海水。无风不起浪，投石成涟漪，体性不变，却有多种示现。

每个人随时都可能出现真心状态。比如，这个念头和下个念头中间，有一个无念状态，只要你能及时捕捉到它，当你用你的自性或觉心观照它时，你就很容易契入真心。

为啥要强调“察真妄”呢？自己什么时候在胡思乱想，这不是很明显的事情吗？其实不是的。因为妄念很狡猾，当我们没有意识到整个世界都是幻相时，就会很容易受到妄念的迷惑。

我们的每一个想法，每一个态度，对世界的所有认知，几乎无不沾染着妄念的痕迹，因为，我们有太多的执著和偏见。除个体生命的差异外，执著有时也是环境造成的。比如，时下的价值体系很混乱，人们习惯用金钱、地位来作为价值评判标准，他们重财富地位，轻智慧慈悲。但假如人生大厦的地基不稳，一点小小的震动，大厦就会崩塌，许多名人就是因此自杀的。可见，妄念虽然无形，却能消解理性，让人陷入痛苦不能自拔。

那么，如何才能停止妄想，察知真心呢？

很简单，停止妄念时，真心已显矣。停止妄念的前提，是你必须专注于眼前的事情，保持清醒，时时观察自心，生起警觉，保持觉性。永远觉醒清明于当下，督摄六根，心无旁骛，触目随缘，快乐无忧。做事如彩笔描空，描时专注，描后放下，心中空中皆了无牵挂。就这样。

假如你发现自己生起了妄念，该怎样处理呢？其实，只要心不随念去，把念头当成过路人，任它自来自去。你只管用觉性观照，它就不会对你产生干扰了。你也不要想把一个念头压住，这样反而会激起更多的念头。

很多人就是因为没有警觉，或是不懂如何对治念头，心随念去，胡思乱想，越陷越深，忘掉初心，不能自主。很多时候，命运不能自主的原因，就在于心不能自主，控制不了生命惯性。所以，真想改心造命的人，一定要学会如何对治念头，打好基础。

这里的要点，就是要保持头脑清醒，不要心不在焉，每时每刻都要明白，过去无法改变，未来无法掌握，只能做好当下的事情，训练专注力。但观照不能过于强烈，否则就会形成新的妄念、新的对立。

当然，你也可以直接认知真心，但有些初学者可能会觉得困难，所以，在这里，我们还是教你如何观察念头，在念头断掉的瞬间见到真心。

关于这个真心息妄的过程，老祖宗教过十种方法：

第一叫觉察，就是观察的同时谨防妄念生起，一旦发现自己在胡思乱想，就要立刻斩断念头，不再想下去。

第二叫休歇，也就是放下，让分别之心歇一歇，别用它衡量眼前的人事物，不计较好与不好。观察之后，放下便是。

第三叫泯心存境，泯是消灭之意。妄念是由某种外部刺激引起的，但你不一定要管它，不管它的真相如何，你都不要牵挂、不要执著。

第四是泯境存心，杀灭外境，而独存真心。也就是说，你只要明白所有事物都是海市蜃楼般的存在，早晚会变成一种终将消失的记忆，也就不会去在乎它，明白内外诸境都观为空寂无常，只存真心，孤标独立。

第五是泯心泯境，也就是杀境也杀心。要明白，所有事物都虚幻不实，也明白自己心念同样瞬息万变。何必把外境放在心上，又何必费心费神对外境诸般思量呢？心如一片澄明且宁静的大海，只享受安详中的诗意。

第六是存境存心，就是不被眼前现象迷惑，知道它很快会过去，不生喜恶等情绪。只有当心独立于外部世界，对外界发生的一切都清清楚楚，又不会被它所影响的时候，我们才能实现真正的自由和自主。

第七是内外全体。世界万相皆不离真心。假如你的心量大到能够包容整个世界，外界与你必定融为一体，无丝毫对立，没有分别，遂无滋生妄想的土壤。当然，实现这种包容的前提，是明白外部世界是梦幻泡影，本质为空。但它不是空无一物的空，而是真心的湛然空寂，具有无数种可能性的空。

第八是内外全用。当你真能安住真心时，所有的外境与自己的心念就成了真心生起的妙用。你不用刻意地分析与评价，不用思维、经验、标准和概念去衡量它们，不用对立的概念来区分和归纳它们。你走路便走路，睡觉便睡觉，不用计较太多，只管保持当下的清醒觉知。

第九是即体即用。眼前万法，既是真心之体，又是真心之用。真心的灵明能生起无穷妙用，但它并非妄想，而是一种超越概念与意识的直感。真心的空寂虽然也空空荡荡，但它跟无记绝不相同，不是发呆，不是昏昏欲睡，也不是毫无知觉。只要每时每刻都保持清醒的觉知，同时又安住在空寂的状态之下。

最后一种叫透出体用。它是说，你不用管什么体用、真妄、内外，你尽管把一切概念与对立都统统放下，不思前也不想后，只管专注于当下，随缘任运，清明于当下。

这十种方法任选其一，长期训练，心灵与生命才会产生本质上的改变。

当你学会观察念头的时候，你会发现一个未知的自己，你随时在变化，有时你讨厌自己，有时你喜欢自己。很多时候，不一定是我们不了解自己，而是我们变得太快。这个不断变化的心，也是妄心。要是不能认知什么是妄心、什么是真心，人就容易被命运控制，一旦诱惑现前，就管不住自己。

需要强调的是，有的人仅仅做到无念，就以为自己已经明白了真心，这是非常危险的。因为，无念可能是顽空无记，它们并不是智慧，反而是糊涂、无知。它可能会让人逆来顺受、随波逐流。混世虫和虚无主义者就是这样产生的，也是因为这个误区，很多人才会对佛教产生误解，觉得佛教很消极。其实，佛教本身并不消极，消极的，是那些没有理解佛教智慧的人的言行。

2. 空：一个最容易引起误解的字

世间万物时时变化，虚幻不实，无不变的本体，我们找不到任何以固定形态永恒存在的东西。万事万物不断流转，不断变化，不可能独立存在，永恒不变。这便是佛教说的空。空不是虚无主义的虚无，而是无数变化的、流动的有。那有，是众缘和合而成，缘聚则生，缘散则亡，缘起性空，诸行无常。

执著于诸相的存在，容易执实，就会把虚幻的存在当成真相，很多痛苦都源于执实，所有纷争都因为执实，对外境执实，对内心执实，对未来的某种想象执实，以执实故，遂生分别心，烦恼由此而起。

还有一种执空者，觉得一切都在变化，都会消失，所以没有意义。他们不承认诸相那种现象性的存在，陷入顽空，消解意义和行为，消解形而上的追求，这也是一种病。

真正的空，是远离两种偏执的中道，既承认现象的存在，又洞悉变化和无我。

你也可以观察世界，或回忆自己的人生，你会发现，一切都是虚幻不实的念头，因为，所有经历都在不断过去，都只存在于你的记忆里。你所认为的真实，只是你心中的真实。那件事本身，却早就过去了，犹如梦境。每件事、每段经历、每个人，都是这样，人生就是梦境。你在乎的很多事，它也跟梦一样，不断在变化着。

我曾严格按照香巴噶举的梦观成就法进行修炼，后来就能控制梦境了，那种感觉非常美妙。因为，你眼中，不存在什么得失，一切只是游戏。你可以主演你的梦，也可以旁观你的梦。久而久之，梦境和现实会达成一味，得失之心随之消失。

有些人很在乎梦境，总觉得梦预言了某种真实，他们不怕梦境，却怕那种不可知的真实。但事实上，预言也罢，不预言也罢，都会变化。真正主宰人一生的，是人的心灵。只要努力消灭愚昧的

种子，很多灾难就会消失。有时候，灾难也是一种经历，虽让人感到痛苦，但其本质，仍如梦如幻。我在小说《野狐岭》中写过世界末日，它并不是真正的世界末日，但在驼户心中，那就是世界末日，因为，他们的整个世界都会被摧毁。可那么恐怖的沙暴却仍然过去了，风沙平息之后，沙漠里又是一派宁静之象，唯一证明它曾经存在的，是一些残骸，但这一切，也很快会消失。要知道，要来的，终究会来，你躲不了；要走的，也始终会走，你留不住。所以，我在长篇小说《西夏的苍狼》的访谈中说："大的改变是无常，有得必有失，有聚必有散，有生必有死，有福必有祸。万物离不开生老病死、成住坏空。小的改变要从自己的心上找原因，别老是埋怨世界，要是你真的值得人爱的话，你赶都赶不走你的爱；要是你不值得人爱，你锁也锁不住你的爱。"对人生中的一切，都可以用这个观点来对照一下，看看事情为何会改变，能不能让它向积极的方向改变。换言之，你可以积极处事，却无需执著。

很多人没有这样的正见，没有正见就降伏不了心魔，降伏不了妄念和欲望。这时的他，如站在悬崖上，内心不断发生善恶冲突，善占了上风就行善，恶占了上风就做恶。于是，他一会儿被善的业力牵进天堂，一会儿被恶的业力拽入地狱。心的愚痴造成了种种行为，行为产生的种种业力又把你牵来勾去，就形成了轮回。实际上，轮回是个巨大的游戏，当你明白那是个游戏时，你就有了解脱的可能。许多时候，修行并不是在消除疑惑，而是要你明白，你本来就没有疑惑。

执幻为实者执著眼前的现象，他们总是不能相信，眼前那些看起来很实在的现象，很快就会变化，不会恒常。生活的困境，事业的困顿，感情的失意，工作的压力，人际关系……无穷无尽的烦恼，让他们钻进牛角尖，觉得没有出路了，有时，心中就会出现一个魔鬼的声音，怂恿他结束自己的生命。其实，只要活着，一切都会变化。真正重要的，不是眼前的结果，而是你的态度。只有活得高贵，人才有自尊，这才是真正的尊严。其他的东西，都会消失的。

生活是充满变数的，最可怕的，有时不是灾难，而是愚昧所导致的绝望。任何时候，都不要给自己制造一个困境，然后把牢底坐穿。永远都要明白，世界是变化的，自己是变化的，努力让自己积极一点、向上一点，一切就会向好的方向变化——当然，真正需要改变的，不是现象，而是你面对现象时的那颗心。毕竟，生老病死爱恨别离，都是你不得不面对的，你能改变的，仅仅是自己的态度和心情。就像《大漠祭》里老顺所说的："老天能给，老子就能受。"老天能给，是老天的能耐；老子能受，是老子的尊严。尊严也许不能改变生活水平，但它定然能改善生命质量，而决定一个人活得好不好的，不是看得见的生活水平，而是看不见的生命质量。

发现佛教所说的空，会让人产生很多思考。比如，很小的时候，我就常会追问人生的意义，后来，深知诸法空相、诸行无常，我也曾时不时地陷入困惑：既然无我，那个需要解脱的，究竟是什么？既然世上万物免不了成住坏灭，这世界终有一天会归于毁灭，那所有的善行，显然也不会永恒存在，它本身也是无自性的。这修行，又有什么意义？后来，我明白了，人的存在，虽也是虚幻的假象，却能承载一种精神层面上的相对永恒。

有许多东西，它的意义，已超越了事件本身。如舍身饲虎和割肉喂鹰，那身与虎，肉与鹰，于今早已不知化为何处尘埃，但那种精神却以故事为载体传递了下来，给人以永恒的灵魂滋养。

3. 世界是心的倒影

世上一切和各种各样的显现，都是先作用于我们的心，再由我们的心呈现出来的，即万有心性显。我们用眼、耳、鼻、舌、身、意感受色、声、香、味、触、法，然后生成眼识、耳识、鼻识、舌识、身识、意识，这六种信息组成了我们对世界的所有感知与判断。换句话来说，我们对世界的认知，是由所见、所闻、所嗅、所尝、所触、所想组成的。其中，眼耳鼻舌身意被称为根，因为它们像植物的根部一样，能生出六识。六根所感受、思维的对象，叫做六尘，它会刺激我们的心灵，使我们产生欲望，染污我们的本初清净。六根六识六尘涵括了世上一切人事物与所有现象。

可见，凡夫对世界的所有看法与感受，都可能是妄心。那妄心，就是你的六根、六识和外部世界合而为一所产生的结果。它不是本来就存在的，更不会永远存在，六根、六识和六尘之中，只要有一项发生改变，结果就会改变。明白这一点，你也就明白了，为啥同一事物，有人喜，有人厌，有人视如生命，有人却弃若破鞋，可见外相本无自性，所有好恶皆是心之好恶。腐肉为人所恶，狗却啖之香美。蝇喜粪便，鸟喜蛆虫。世有嗜痂之徒，亦不乏逐臭之辈。如世间名利，有人视为毒鸩，躲之不及；有人却趋之若鹜，不惜伤生害命，造下无穷恶业。世上万相，唯心所造，诸缘虽异，其性本空。明白这一点，你也就明白了烦恼产生的原理。不过，道理上明白烦恼是如何产生的，然后单纯暗示自己，要求自己不执著念头，不要钻牛角尖，其实作用不大。为什么呢？因为念头总是比生命的本能更为易变，假如没有专注力，一遇外来刺激，你会不由自主，跟着妄念，越走越远，陷入烦恼。所以，不要把妄念当成真实而永恒的存在，不怕念起，唯恐觉迟。

当世上的诸多存在显现于你的心中时，你的真心要永远灵敏明朗，不要昏昧糊涂。在面对世界时，必须时刻保持宁静与清醒，注意观察念头，不要让纷繁的变化把你的心牵走，不要放纵自己沉浸在某种情绪之中，更不要昏沉麻木。要知道，你所认为的世界，只是你心灵的镜子，你看到的是自己的心，而不是世界本身。在智者的眼里，一粒沙子就是一个世界；在至真之人的眼中，万事万法都呈现真如妙谛；在至美之人的眼中，世界是美的集萃，每粒沙石都山花般灿烂；在至善之人眼中，充溢世界的，皆是大善。

在生命的每一个刹那都能保持宁静与清明，对眼前一切都看得清清楚楚，又不会被执著、概念、经验、欲望和偏见等左右，更不会沉湎其中，并且能凭借这种清醒的觉知来做事，这就是觉醒、明白、觉悟。觉醒于当下，明白于当下，觉悟于当下，才是真心的妙用。心变，则世界变。

当你安住真心时，妄心就会成为妙用，它虽然也是根、境、识相结合的产物，但它跟凡夫的妄念不一样。两者的区别在于，真心观照下的妙用是直觉智慧，它不会撼动真心本体，即便对一切都保持着灵敏的觉知，能够生起妙用，但其本体仍然是湛然空寂的，它就是佛的法身。而凡夫的妄念，则会像不断繁殖的树蛙，将你的内心世界搅得乱七八糟。无论眼前的世界如何，圣者都会安住于真心之中，不取于相，如如不动。

安住真心之后，你会发现，无论什么经历，都会过去。一旦过去，一切就仅仅是回忆。如果你执著于某个痛苦经历，回忆就延续了它对你的伤害。如果你不在乎它，它就不过是梦幻泡影，与一些使你愉悦的经历或记忆没有任何本质上的区别。它们只是你人生路上的若干片段，稍纵即逝，共同构成你生命的痕迹与证据。所以，执著于个人得失的人，总是比无私的人更容易烦恼和痛苦，因为他们总有太多的欲望得不到满足。他们太在乎世界对自己的态度，太在乎自己的付出有没有回报。他们总是牢牢抓住太多虚幻不肯放手，总是以为这是一种精明和清醒。他们不明白，痛苦就源于这在乎和精明。看不透这一点，不是真正的清醒者，也不会真正

爱自己，更不懂得如何爱别人。他们也许能获得世俗成就，但精于计较的他们一定活得很累。为什么古人说“朝闻道,夕死可矣”？因为，什么都放不下的凡夫即使活上一百年，也不如智者自在、坦然、满足地活上一天。

看透这一点，能够去机心、事本觉、任自然、明大道的人，就是智者；看不透这一点，或者仅仅在道理上明白，却无法将它变成一种生命本能的人，就是凡夫。

4. 真心与妄心的较量

很多人都发现有两个自己,一正一邪,一个是天使一个是魔鬼，一个是光明一个是黑暗，金刚禅称之为真妄相攻。我们的妄心始终在追求欲望，始终在寻找心外的永恒，而真心之光却依然在静静地照耀，于是就产生了真妄相攻。

某部西方的动画电影曾经把这种人格分裂实体化，它们将真心人格化为天使，将妄心人格化为魔鬼，一旦受到外来的刺激，天使与魔鬼的对决，便会在人的内心世界里一发不可收拾。因为妄念是人的欲望和偏见的反映，它映照出的是我们动物性的一面。它就像一种具有魔性的迷雾，不愿我们洞察真相，还时常在我们的耳边干扰，唯恐我们听到真心的声音。它引导我们走向的，往往是饿鬼般的贪婪、阿修罗般的嗔恨和畜生般的无知。听从它的指引，我们无法抵达彼岸，无法得到幸福，因为，我们会因此远离爱与智慧。所以，佛教常说降魔，但佛教降的，并不是某种人格化的魔鬼，而是蛊惑人心的诸多妄念。

有时，妄念非常可怕，它会给简单的人生平添许多波澜，会将简单的事情复杂化，会让你沉浸在负面情绪里，浪费大好的生命时光，会让你因为错觉而倍感痛苦，原本幸福的生活也被搅个粉碎。你甚至会陷入极度的痛苦幻相之中，时时想要自杀。修行人修到一定程度，还会出现各种幻觉，听到各种声音，这些便是欲望的反应，也是妄心的声音。如果他们不明心性，就会将这些幻觉和声音当真，给自己增加另一种执著。某地有个居士就是这样，她总能听到有个人跟她讲话，命令她干这个、干那个。她执幻为实，认假成真，就着魔了，变成了精神病。

什么叫执幻为实呢？就是把梦幻的世界当成实有的，以为它是人能够把握住的，这是人类最大的烦恼。人类总想在这个充满不确定性的世界里，找到一种确定性，就是因为执幻为实。相反，人认知了真心，知道这个世界是不可能被把握的，因此把心中的执著都放下，才能摆脱妄念的欺骗和左右，消除痛苦和疑惑。

不过，人也不是一开悟就万事大吉的，不要抱着这个心态，要知道，即使认知了真心，妄心也是存在的。就像风起浪涌，海面不再平静一样，一旦受到某种刺激，人的妄心就会出现。这时，我们就要用智慧拒绝诱惑，或是用戒的力量拒绝诱惑，心的大海才会慢慢平息，回到无波无纹的真心状态。

心波动便成妄心，妄心消失便显出真心。真心就像镜子，能明明白白地照出世上一切，但无论照出的是什么，有多大的诱惑力，来了还是去了，镜子都不为所动，它只是明明朗朗的洞察者。

当你认知真心之后，就要忆持它，安住它，让它改变你的生活方式，改变你的生命本质。但是，假如你的定力不够，又受到了外来刺激，比如有人侮辱你、诋毁你、恐吓你、用利益诱惑你，你也许就不能安住真心，就会不由自主地胡思乱想，就会愤怒、恐惧、矛盾、挣扎等。但你仍要提醒自己：无论是侮辱、诋毁还是恐吓，都会很快过去，成为记忆。本质上说，诋毁跟赞美奉承没什么区别，很快都会被岁月的飓风抹去痕迹。你无须争辩，更无须愤怒或恐惧，你只要尽力做好自己要做、能做的，便已足够。对待万物都是这样，真正明白它们在变化，都是虚幻的，你不在乎时，也就自由了。只有心灵自由的人，才能拒绝诱惑，做出自己真正需要的选择。

对待修行觉受、神通与各种成就也应如此。《金刚经》说："一切有为法，如梦幻泡影，如露亦如电，应作如是观。"可见，修行中产生的一切也是不能执著的。例如，按香巴噶举的修法，修到一定程度，会修成幻身，很神妙，但它也是因缘聚合的，如果执著它，也就错了，所以，你必须达成光明心跟幻身双运，才会如法。《金刚经》也说，"若见诸相非相，即见如来"。这如来，是你如如不动的真心。

当然，佛为了度化一些低根器和愚痴的众生，也会说一些不了义的话，这就是佛教所说的方便。就像量体裁衣一样，你不能用同一种方式教诲所有人。对烦恼太盛、相对愚痴的人，你不能直接跟他谈空性智慧，你只能跟他说轮回、谈因果。那么，六道存在吗？对凡夫来说它确实存在，但是对大成就者来说，它就是幻化的。你不能跳出三界外不在五行中，六道就存在；你证得究竟佛果时，你智慧的光明就把心上的所有枷锁都烧尽了，六道就成幻化。关于这一点，在后面讲死亡的时候，你会了解得更加清楚，那时你就会明白，活着时明白真心，并且修成能保任真心的定力，守护好你的信念，是非常重要的。

5. 开悟的两种途径

认知真心就是开悟，老祖宗研究了很多方法，都能让人开悟，比如诵经敲木鱼等等，其原理，是通过节奏和韵律来消解妄念，让你定心。天台宗的智者大师就是诵经开悟的。当你诵经诵到能所俱空，也就是消除了分别心，不再有我和世界的区别，把诸相都融入空性时，你也就明心见性了。

佛教中所有的法门，都是叫人觉悟的，它们大体可分为两种：

一是由定发慧，道次第就是这样，你一直修啊修，不断消解妄念，一天比一天更宁静，直到有一天你证到一种境界，然后请上师印证，并为你开示心性。这种途径的好处在于，你一直在修定力，所以基础非常扎实。比如，我修生起次第成就时，已能够七天七夜不离开自己所观想的本尊了，再后来，行住坐卧都这样了，一旦见性，证境就会非常稳固。

什么叫定力？就是你对心灵的控制力。定力好的标志是，你一旦决定做某件事，就能完完全全投入其中，把其他事情全都放下，任何干扰都无法干预你的专注力。明心之后，定力不好就容易被干扰而丢掉觉性，或者一不小心就忘记保持警觉，可见定力非常重要。坐禅、观想、持咒等等，都是有助于提升定力的方法，也就是方便法门。由生起次第修起，再修拙火、修幻身，最后修光明就属于由定发慧这一类。这种途径属于渐修顿悟。

其二是由慧摄定，先点燃你的智慧之火，让你认知真心，了知世上一切都是不值得执著与追逐的短暂现象，你无需通过外物来获得快乐和自在。这时，你自然就会摆脱诱惑与束缚，产生一种自主的笃定，不再受到外物的左右与影响。大手印就是这样。冈波巴大师就喜欢这样教导弟子。他一遇到有缘弟子，马上给对方开示心性，让他开始真正意义上的修行。要是弟子的根器不够，他再根据对方的实际情况为其补缺。这属于顿悟渐修，它要求你在明白心性之后保任真心，一步步老实地修行，然后打成一片，达成子母光明会。那时，智慧之火会越烧越旺，燎原开来，烧光你所有的烦恼；智慧从此对生命发生作用，变成呼吸般不会被忘记、也不需要刻意想起的东西，成为你的本能。

不过，细心的你或许会觉得奇怪：渐修无非是为了开悟，既然已经开悟，又何必继续渐修？智慧不是能让我们自然摆脱世界的束缚吗？

举个例子，水与火对决时，假如火比水更加强大，它就会将水蒸发；假如火远比水要弱小，就很容易被水浇灭。智慧也这样，尤其对我们这些涉世已深的成年人而言。我们有太多的成见、经验、知识与习惯，也有建立在肉体上的许多欲望，它们就像陈年污垢一样，死死地黏在我们的内心深处，甚至伪装成一种类似于本能的东西，无时无刻不在寻找蒙昧我们真心的机会。想要用烛火般的智慧，来对抗这强大的妄念之海，是非常艰难的，更何况周边还有流行的价值评判体系这股污浊的巨浪，它总想让我们放弃自己的笃信，重做妄念魔鬼的信徒。就是说，虽然我们已经看见世界的真相，但是我们控制不了心灵，真理的灵光在心中闪亮，心海的波涛却不肯随着风的停息而平复。所以，我们才需要不断以老老实实的修行，给智慧的小火苗添加柴火，让它越烧越大。直到有一天，再大的风也不能将它吹熄，反而是风助火势，我们的智慧才会燎原成永不熄灭的劫火。

这个过程，也像擦一面被泥块染污的镜子，泥块虽被移走，你却发现它已经在镜面上留下了一块深褐色的印记。如果你想恢复镜子的洁净，就必须选好合适的工具，如干净的抹布与合用的清洁液，然后一遍遍地擦拭镜面，直到污迹被彻底清除。

简言之，前者如在黑暗中摸索，四处寻找并积累干柴，当一定数量的干柴被积累成堆之后，一旦点火，火势就不容易被扑灭，你再来加柴，就相对轻松很多;后者正如你手头上刚好有一支蜡烛，可以先用蜡烛取光，在这一点光明的指引下捡拾干柴，把它做成火把，然后再用火把照明，不断积累干柴，再做成火堆，变成不易被扑灭的大火。所以，道次第和大手印都是无上妙法，它们适合不同的根器，各有侧重，不可偏废。

第三节 知明空

1. 开启你本有的智慧

许多著作中都出现过明空。体证明空之境后，还需要用一种特殊的方式进行实修，稳固明空之心。

解脱的基础就是知明空。如果不知明空，所有的修都停留在理的阶段，遇事时是起不了太大作用的。就是说，假如你仅仅研习佛教教义，假以时日，你或许会是一个出色的佛学家，可以写出很好的佛教论文，但你无法获得佛教智慧，更无法把佛教智慧变成生活方式，你甚至会被自己掌握的各种理论所束缚，感受不到简单质朴的真理。假如你在不知道什么是解脱时盲目去修，就会徒劳无功，即使在某个瞬间见到了真心，你也会轻易地错过它，因为你不知道它代表了什么，你甚至会追求一些表象的东西，比如技术、觉受、体验和神通等等。这不但无法解决你心中的郁结，还会增加你的执著，让你生起更多的烦恼。

在《西夏咒》里，我写了一个故事，有个和尚非常精进地修习一种闭关三年即可成佛的密法，但是在第三年的最后一个夜里，他却狠下心肠，对一个快要冻僵的老婆婆见死不救。为什么？因为他认为自己一旦出关，就坏了密法的规矩，也就不能成佛了。而另一个只修了三天的和尚却成了佛。这又是为什么呢？因为，这个和尚觉得救人比成佛更加重要。前面那个修了三年的和尚非常勤勉，可惜他被规矩与成佛的欲望牢牢束缚，反而忘记了修行人最重要的是慈悲。这就像一个为孝敬父母而赚钱的儿子，光顾赚钱而忘记孝顺父母一样，是一种本末倒置的做法。世界上没有不慈悲的菩萨，更没有为达目的不理他人死活的佛，如果你的修行不能让你变得更加豁达、宽容，对他人更加慈悲，反而给你的

心上增添了修行这把枷锁，那么你的修就是有形而无实的。同样，如果你的修行仅仅是为了让自己显得很了不起，让世界对你打开一扇有求必应的门，而不是为了完善人格，像佛陀那样觉悟，那么你的修也没有意义。

明白心性，并且忆持真心，就是要让你时刻都不要丢掉正见，不要丢掉清醒，不要被一些莫名其妙的理由、妄念、诱惑所束缚。很多人懂得道理，也能口若悬河地说上许多，但他们就是不能对治烦恼。这时，就算他们说得再好，也是没有意义的，因为修行是非常个人的事情，它的初衷，就是教人如何升华自己、消除烦恼、证得自由，远离这一点的所有修行，都不是正修，有时还会让人越来越虚荣、越来越愚蠢、越来越贪婪，所以一定要小心，要在修行路上避免犯夸夸其谈、不踏实修法的错误，要持之以恒地修，一步一个脚印地修，不要怕苦，要战胜肉体的贪欲和懒惰，时时刻刻都要知道，想要升华很难，但想要堕落，却比你想象的要容易。一定要让真理点亮你的心，照亮你的为人处世，让你懂得如何珍惜你所有的际遇。只有能懂得这些，真心才真的生起妙用了，要不，你的心就没被点亮。

过去，我见过很多人，他们遇到了无上妙法，却不能好好去修，不能持之以恒，总是懈怠懒惰，他们以为一次半次不要紧，给了自己借口，结果就在不知不觉中滑落了。所以，无论遇到了多么殊胜的教法，都要明白：实修是最重要的，无论是明心之前，还是明心之后，都不能懈怠。要像老鹰监视猎物那样，清清楚楚地观照自己的心，发现一点习气和污垢，要毫不犹豫地清除它。只要有了正见，加上踏实的行履，修行就如虎添翼了。

弟子见到的明空和上师证得的明空，大成就者和诸佛菩萨证得的明空，本质上是一体的。明白空性，并能忆持空性时，弟子和上师就相应了。大手印追求的就是这，一旦能恒常处于这种境界，心就永远都属于自己，不会被令人眼花缭乱的现象所干扰，就能守住心灵的宁静、光明，就能超越欲望。心中的愚昧，也会在真心的观照中慢慢化解，像太阳下的霜花。心中的垃圾也会渐渐消失，真心之光就能照亮你的世界。你只要安住真心，拥有智慧和慈悲，你本身就是一个博大的世界，可以跟外部世界平等对话、沟通、交流，但世界别想侵略你，也别想改变你，自由因此产生。这自由，是心灵独立后的灿烂，是了无牵挂后的本真，而不是外部条件堆砌出的幻相，它是真正无条件的自由。

想要达成这种自由，唯一的方法就是开启人类本有的智慧，也就是我们所说的开悟。科学对此也有相应研究。西方科学告诉我们，只要按照宗教方式生活和修炼，就能激活某个主宰快乐、长寿、健康等正面因素的休眠基因，让它焕发活力。像藏传佛教的宝瓶气，就是很好的修炼方法，因为，修宝瓶气的时候，人的生命是处于缺氧状态的。一旦生命面临危机，人体的自我保护功能就会开启，休眠基因就会被激活，它就会像太阳一样，照耀着你的人生。当然这只是一种说法，佛教也有它自己的一套解释话语，对于那套话语，以及更多的修炼方法，我们后面也会讲到。

2. 轮回的真相

当你见到世界的真实面目、品尝到真心的滋味时，千万不要光顾着沉浸在那片朗然空寂之中，而忘记了保持觉性，保持警觉。因为，假如把所有心思都用来享受空寂之乐，忘记了警觉，你就有可能会生起另一种贪恋，比如对喜悦和逍遥的贪恋。这种贪恋会形成另一种牵挂，也容易变成冷水泡石头般的无记和顽空。你会像梦游人一样，无法敏锐地感知世界，更无法让智慧生起妙用。一旦受到刺激，你的宁静就会赫然倒塌，你仍会因为幻相而痛苦。除非你及时醒悟，重新发现那虚幻的真相，安住无执的真心，否则，

你就会像任何一个不曾觉悟的人那样，陷入失落、失望等痛苦的假象当中不可自拔。你甚至可能在欲望的支配下，做出一些与善的原则冲突的事情来。

轮回源于心的迷乱。当你不能认知真心，迷乱于当下，迷乱于外部世界，时时牵挂外物时，就会堕入轮回。轮回本是古代印度婆罗门教的教义，后被佛教袭用，便成为了佛教的内容。佛教认为，众生历经连续不断的生死，在六道轮回之中不断流转，忽而为畜生，忽而为饿鬼，忽而为阿修罗，忽而为人，忽而落入地狱，忽而又为天人，这不是高天之上某个神秘存在的随兴之作，而是一种规律，是一种因果循环，更是每个人心灵的显现。我常说，有什么样的心，就会看到什么样的世界，浊世实际上就是娑萨朗净土（这是香巴噶举传承中所说的净土），但能否明白这一点，也取决于一个人的心。比如，贪婪者看到的，往往是充满诱惑却求之不得的世界；愤怒者看到的，往往是没有爱的世界；计较者看到的，是充满了计较和算计的世界……世界就像镜子，会真实地映照出每个人自己的心。你感知到什么样的世界，正好说明了你心灵的境界。一切唯心造。一个人眼中的世界，永远高不过他自己的心。要是我们看不穿假象，永远执幻为实，就会永远无知。执幻为实的人，是不可能真正地拥有智慧和慈悲的。

世界虽有物质的显现、现象的显现，但是对每个个体生命来说，却只是他们心灵的展现，心灵决定了他们将会面对什么样的世界，所以，我们只能改变自己的心，心变了，我们眼中的世界才会改变。当我们能认知并安住真心时，世界究竟怎么样，对我们已不重要了。我们的真心之境中，俱足了我们需要的一切：勇气、善良、真实、光明、信任、尊严、智慧、爱……

轮回也是一样，轮回同样是心的倒影。轮回并不仅仅发生在死后，一旦我们被欲望控制，那妄心呈现的一切，就是六道轮回。如果不能认知并忆持真心，人的一生都会在六道轮回中起伏，贪婪的时候是饿鬼，嗔恨的时候是阿修罗，无知的时候是畜生，善良的时候是天人，痛苦不堪的时候便在地狱，在理性与欲望之间纠结便是人。可见，能拯救一个人超脱痛苦轮回的，只有智慧；一个人痛苦的真正原因，便是无知。反之，远离诱惑，远离无知，远离烦恼，远离污染，安详清净，无着尘染，便是保持了心灵的洁净，清净的双眼看到的就是涅槃。可见，涅槃也是不离心性的。

真心是明朗空寂的，它不被任何概念所束缚，脱离任何二元对立，它是归于空性的。因此，从究竟意义上说，所谓的轮回和涅槃，也是心造的幻相，是概念对心灵的束缚，只有连这种束缚都能挣脱时，人才能完成终极超越，获得一种完完全全的心灵自由。就是说，人只要能学会如何看待自己的念头，如何看待念头所触发的情绪，如何超越情绪所触发的心灵惯性，就能超越过去、当下和未来，安住在一种超越苦乐对立的境界之中，实现涅槃的清净之乐。

3. 跨过这条线，你就是圣者

《红楼梦》中有一首《好了歌》这样唱道：

世人都晓神仙好，唯有功名忘不了！
古今将相在何方？荒冢一堆草没了。
世人都晓神仙好，只有金银忘不了！
终朝只恨聚无多，及到多时眼闭了！
世人都晓神仙好，只有娇妻忘不了！
君生日日说恩情，君死又随人去了。
世人都晓神仙好，只有儿孙忘不了！
痴心父母古来多，孝顺儿孙谁见了？

瞧，这首歌对无常的描绘，多么形象！世上的一切都在变化，眼前的一切都在变化，无论你感到恐怖、愉悦、痛苦还是幸福，都会变化。

修行都是为了让你认知并实证这个真理，让它变成一种根深蒂固的智慧程序，让它改变你的生命。除了观念的改变之外，修行目的同样是让人窥破虚幻，明一切变化，从而珍惜必然消失的生命，创造相对不朽的价值。

大手印认为的价值，就是不朽的功德，也就是一种岁月毁不了的东西。它不是福德，福德多指物质层面，比如金钱财物等，它们是有漏的，容易消失。功德则是你用行为去实践利众精神，在不断超越的同时贡献社会、在贡献社会的同时不断超越。就是说，在积极的行为中学会不计结果得失，享受生命中的一切，学会坚守自己活着的意义。对此，我概而括之，以出世之心，做入世之事。常做大行之事，恒守无为之心。

圣者和凡人只有一线之差，那一线，就是觉悟。不被现象迷惑，不生任何执著的人，就是圣者；被各种欲望，被眼、耳、鼻、舌、身、意激起的各种妄念所污染，变得越来越愚痴、越来越计较，没有了宁静，不能自主，成了欲望的奴隶，就是凡夫。

《西游记》中孙悟空遇到过六个强盗，这六个强盗象征的便是眼、耳、鼻、舌、身、意六根，孙悟空毫不犹豫地就把他们给打死了。我们修道的时候，也必须消灭这六贼，不然的话，你眼观美色生起贪心，耳听美声生起贪心，舌尝诸味生起贪心……六根生六识，心一不做主，一切就乱了。

可惜一般人没孙悟空那样的火眼金睛，总会被表象迷惑，宁可贪恋那些虚幻易逝的快意，也不甘心仅仅享受一种质朴简单的宁静之乐。于是，因为种种执著，在各种妄念的驱使下，他们心乱如麻，不知所措，掉入痛苦深渊，不能自拔。所以，虽然烦恼的内涵和分类很多，但产生烦恼的原因只有一个，那便是“不明白”，我们称之为“无明”。

人一旦不明白，就会把现象和想象当成真相，所以《心经》中说，要“远离颠倒梦想”，才能“究竟涅槃”。什么是颠倒梦想呢？一是忘记无常的真理，以为虚幻不实的短暂存在能永恒；二是贪恋俗乐，遗忘其人生苦的本质；三是忘记世间一切人事物均由因缘和合而生，产生诸般对立与妄想；四是受到肉身的蒙骗，以为这个世界上有一个实实在在的我。究其根本，颠倒梦想的根源无非是执幻为实，而觉悟的根本，就是不再执幻为实。

圣者的特征之一，就是悲深。所谓悲深，便是不再执幻为实。佛菩萨活在当下，不算计未来，不牵挂过去，因而有一种大宁静、大快乐，而凡夫拥有的，仅仅是贪婪得不到满足时的失落，是看不破世间幻相所产生的烦恼。凡夫一旦窥破虚幻，不再执幻为实，就是觉悟的圣者。圣者修炼到最高境界，就成就了佛果，也俱足了法报化三身。

所谓法身，就是佛证悟的诸法实相体性，是生命本具的智慧光明之本体，也叫真如、实相、真心、空性等。它是难以被言语文字所尽述的，是一种超越想象与概念的存在。它不生不灭，不垢不净，没有肉眼可见的具体外形。它如虚空般广大无垠，不为任何生命个体所独有，为一切法平等实性，诸佛的法身与众生无任何差别，同为一体。它远离一切对立分别，故而不生贪婪，不生妄念，不生烦恼，没有迷惑，清净无染，它是众生获得解脱的基点。

报身也叫受用身，是佛的圆满功德所感的圆满色身，常居色究竟天，为十地菩萨显现说法。它具有三十二种庄严体相，随此体相还具有八十种能让人生起喜爱欢欣的特征。

化身因无缘大慈、同体大悲的利众之心而生，是为度化众生而应现世界的色身。只要世界存在，轮回不空，化身佛就不会停止以各种形态出现，促使有情众生得到启示而趋向觉悟。

此法身、报身、化身体现了佛果的三种不同特征。空性成就佛的法身，明成就色身，色身分为报身和化身。按金刚禅的说法，空为法身，明为报身，明空的种种化现为化身。空性证法身，明明朗朗的觉性成报身，空性和觉性的种种现象成化身。明空于是成就了佛的三身。只要你证悟了明空之心一门深入,就能成就三身。

香巴噶举大手印中，有“究竟四身自显”之说：大手印自现时，人就认知了明空之心，明空状态的种种显现，即是化身自显；面对一切显现的时候，既不执著也不生分别对立的看法，即是法身自显；显现而无分别之大乐生起，即是报身自显。上述三身体性不二不异，即是究竟大乐自性身自显。

所以说,所谓三身并非佛陀的私有财产,但也非凡夫可以证得。从本质上来说，它们不一定都有随时可见的外形，即便是同属色身的报身与化身，也并不是拥有某尊佛像外形的恒常存在。法身如光明体性，报身如太阳，化身如太阳之光明。

明白法、报、化三身的真实含义，便了知它们均由明空真心成就。不认知真心，便无法证得佛的三身。不过，你一旦认知了真心，证悟了空性，也就不再执著三身。因为你明白，所有的概念都是人为的造作，不是智慧本具的东西，都是因缘聚合的现象。只要是因缘聚合而产生的现象，便总会因因缘的离散而改变。它是虚幻无常的有，仍然归于空性。

法身无来无去，不生不灭，不垢不净。它是生命本具的智慧本体。它是空性，也是法性，是诸法的真实体性，亦即宇宙间一切现象所具有的真实不变的本性，也叫真如，是万法的本质。虽然世间一切现象都有各自不同的显现，但它们都会随着因缘的转变而不断转化，所以从本质上说，它们都是归于空性的。既然世间一切都无法被永远定格，由内至外均在不断发生改变，也就谈不上什么实实在在的自我属性，所以，空才是世间的真相，是诸法的实相。《圆觉经》所谓“众生、国土同一法性”，讲的也正是这个道理。众生与国土虽有各自不同的显现，但究其根本仍是归于空性、归于法性的，因此同一。

必须认知真心，发现并点燃我们内心本具的明空智慧之火。不过，无明往往使人将明空分离：偏重于明，易成妄念，容易“机关算尽太聪明,反误了卿卿性命”;偏重于空,则易流于无记和顽空，变成冷水泡石头，甚至会堕入虚无主义，失去人生的追求与梦想，浪费大好人生。明空分离者，便是众生。

开悟者行明空双运，行住坐卧不离明空。空属于本体，融入空性，安住于一份湛然空寂之中，不生妄想烦恼；明作为妙用，朗照万物,感知世上一切,做好每一个当下的选择。明空合二为一、融为一体时，就是开悟，就是觉悟。刹那的明空合一，就是刹那的觉悟。能认证并忆持这种觉悟，慢慢地保任它，延长它，最后让它成为你生命的本能，贯穿你的整个生命时空，照亮你的整个人生，到一切都无法动摇你的快乐、明白、自在与坦然的时候，就是证果。

简言之，明空分离就是凡夫，明空合一就是智者。

4. 是什么在干预你的命运?

人是奇怪的动物，处于顺境时，你会希望、且觉得自己该得到更多，易生起贪心；处于逆境时，你会觉得自己失去很多，易生烦恼；不顺也不逆、不起波澜时，你容易变得愚痴，不懂分辨取舍……这些，都是妄心在做怪。它们之所以存在，是因为人有欲望。欲望由妄心生起,充满了对立分别,又把一切视为恒常存在，总是贪恋执著，无论面对什么，都很难摆脱非喜即恶的偏执。就是说，面对世间一切，都用个人偏见去解读、去衡量，充满对立的比较。二元对立的态度，导致了情绪化地应对世上一切，以个人得失来衡量人生经历，故而总是被这样那样的境遇所刺激、所干扰，总是被外在束缚，疲倦又受苦。

圣人证得了平常心，超越二元对立，他随缘应世，无执无舍，但行中道，不以好恶来区别事物，不存偏见更不会被偏见左右，以妙用应对一切，并作出最恰当的选择。当心灵焕发出这种光芒，照亮我们的生命时，我们便安住在一种宽坦任运之中，自然地做人，自然地行事，既无机心，也无造作，不把任何事放在心上，却能专注地做好任何事。它是一种不被感性动摇、又不失感性的智信。它是慈悲与智慧俱足的。所以，证得平常心的圣者起心动念无非利众，心中却没有利众的概念，也无损己的分别，故而圣人不昧因果——不是不落因果，而是不被因果的外相蒙昧。

因果率是自然规律，但圣人实现了超越，不会被外在的现象所迷惑，他知道一切都是虚幻的，因此不会被迷惑，更不会被控制。他们能坦然接受命运中的一切，随缘做好当下的选择，种善因，遂有善果。有趣的是，凡夫在乎果，却不在乎因，他们总是任性地造下恶因，又希望不要收获相应的恶果，这可能吗？种瓜得瓜，种豆得豆，断不会你种了瓜，却收获了豆。所以，凡夫总有很多烦恼，心灵的宁静和安详总是会受到干扰。

我说过，干预命运的秘密不在心外，而在心里。欲望是人性魔咒。一切纷争都源于欲望和无知。所有纷争的主角都不是受益者。那些妄念的奴隶奋斗一生，也无法摆脱痛苦的纠缠。

我年轻的时候，身处庸碌环境，我怕迷失，立志要战胜自己，就每天修光明大手印，一日四座，经年累月，终于成了心灵的主人。修行是一种熏染，许多修行仪轨都承载着智慧与大善。常诵它们，就是不断用大善和智慧熏染你的心。人的心像是一片田地，不种庄稼就会长出野草。如果你不用利众的真理来熏染心，它就会被负面的信息填满。如果你真想活得快乐坦然，就应该将真理与爱种进心田。社会亦是一块田，当善的声音超过恶的声音时，就会形成一种强大的善的集体无意识，进而改变世界。但前提是，我们要先变成大善的载体。

对于迷者来说，欲望是非常可怕的，那些发动战争的人，那些发动恐怖袭击的人，那些作奸犯科的人，都是在欲望的推动下失去了理智。许多人在一言一行之中，都会经常受到欲望的左右。欲望就像雾霾，笼罩了整个人类的天空。不管你是什么肤色，不管你说哪种语言，只要你没有证得平常心，你就会受到欲望的左右。如果你不想做欲望的奴隶，想做灵魂的主人，就要去寻找生命中的善知识，在他的指导下训练身心，有一天，你就会尝到真心的滋味。当你能认知它，还能忆持它时，你就明心了。接着，你一天天保任那真心，不丢掉它，也不执著它，当你将它变成一种呼吸般的存在时，你的生命就会显发一种智慧光明，你由此便会证得一种无分别的智慧。

第四节 观轮涅

1. 人能永远快乐吗?

真心、本元心也叫佛性。凡夫能升华成佛陀，就是因为凡夫也跟佛陀一样，有着本初清净的心，只因被妄念所覆，很多人不能认知。它既像露珠，也像水晶，能折射出世间万相，但露珠和水晶都是因缘聚合之物，佛性却不是。佛性是生命本有的东西，是无为法，它不生不灭，无来无去，不会因众生的迷而减少，也不会因佛陀的悟而增加，就连生死轮回，也不能让它消失。它不受外界条件的左右，故而不会随缘变化，但我们能否发现它，何时能发现它，如何发现它，却需要机缘。

随缘行是说凡事不强求，坦然听从机缘安排，不生好恶，不随缘起缘灭而改变心的状态。这即是借事调心之法。当因缘俱足时，你就会明心见性，发现自己本具的佛性。机缘不到，如何强求也只能平添苦恼。

当我们认知本元心，明白了世界真相后，很多误解就不会产生。为什么呢？因为世上一切显现，都由心造，开悟者不会认假成真，不会将自己的猜想当成事实的真相。相反，执幻为实的人总是把自己的想法当成事实，误解由此而生。

最大的误解是什么呢？是不明白欲望苦的本质，从而贪恋尘缘。眼观妙色，耳听美声，舌尝美味，鼻嗅各种香气，身体喜欢各种妙触，意识也狂乱逐尘了。由迷而贪，因贪更迷，难以自拔，于是便陷于这个恶性循环当中，痛苦轮回。

但烦恼的本质是什么呢？它只是欲望没有得到满足时的失落，它仅仅是一种情绪。其本质，是执著、业障、烦恼和愚昧。放下一切时，也就解除了烦恼。这是真正的离苦得乐。当你真正做到这一点，破除了执著，改变了自己对痛苦的看法时，便能化烦恼为菩提，得到清净之乐，它源于心的明白。

当我们做不到这一点时，一定要在每件事中调自己的心，苦也好，乐也好，都要能安住真心。永远记住，眼前的一切，很快就会消失的。

2. 业力：行为的反作用力

什么叫业力？业，是造作、行为的意思。行为对世界造成了什么影响，世界便给你相应的回馈，这个回应就叫“业力”，也有人称之为“行为的反作用力”。行善会得到善的反作用力，作恶则会得到恶的反作用力。

在业力的裹挟下，你会产生诸多不由自主的情绪，比如愤怒、嫉妒、欲望等等。佛教认为，地狱也罢，畜生道也罢，天道也罢，六道中诸多的现象，都与自己的行为、业力有密切关系。你有什么样的心，就会有什么样的行为，就会带来什么样的反作用力，所以，六道就是由业力构成的，命运也是由业力构成的。

当你放纵无知，滋长贪婪、嗔恨，又无法明辨是非时，你就会在欲望驱使下不断作恶，这时，恶的业力会变得越来越强，像绳子一样把你牢牢捆绑起来，你就无法解脱。于是，你会身不由己地开始堕落。什么叫“堕落”？堕落就是失去向上、向善的追求，屈服于内心的动物性，为满足肉体的需求，而毫无准则与底线地做人。要是你有信仰，这就像你失足掉下悬崖时，腰间还绑着一条安全绳索，绳索另一端，有人在用力把你向上拉。把你向上拉的是谁？是你内心的佛性，是信仰，是真心；引诱你堕落的是谁？是欲望。要明白什么才是真正的救赎，引导你获得真正的解脱与快乐的，只有佛性。可惜佛性虽本具，凡夫却不知，很多人都在心外找解脱，不断地追问，不断地寻觅，不断地折腾。这时，看不破虚幻的他，就很难不受到环境的影响。

环境的力量总是很强大，它会不知不觉地进入人的潜意识，化为成见，影响人所有的选择、行为和命运。这就是熏染。被恶的讯息改变，叫恶的熏染；被善的信息改变，叫善的熏染。

人的习气是久久熏染而成的，所以要长期坚持生善心，发善愿，做善事，久而久之，习惯成自然，恶念也就越来越少，善念越来越多，最后就把恶完全清除了，我称之为脱胎换骨。

所以，如果你一直跟善知识在一起，久而久之，你就会染上善的习气，成为善人；如果你老是和恶友在一起，久而久之，你就会染上恶习，变成恶人。一个最常见的例子是，当一个婴儿被狼叼入狼窝，生活几年之后，他就会变成狼孩。你即使把他带回人间，你也很难去除他的狼孩习气。你想穷一生心力，让那狼孩完全改变狼的习气，也定然会徒劳无功。可见，习气是很难去除的，它就像尿壶倒去尿液后留下的臭气。不过，很难去除并不意味着不能去除，一个人既然能由人变成狼，只要有好的环境，只要能不断地战胜自己，坏的也就有可能变成好的。大手印观修的目的，就是为了对人进行善的熏染。它就像酱油腌萝卜，久久腌下去，就能腌透你想腌的东西。修行是以大善“腌”心，只要一直腌下去，你的心便会跟大善合而为一。当你在智慧观修中久久地浸入，发现世上并无一个值得你执著的东西时，你的执著就相应地破除了。有一天，当你真正发现自己的本来面目、见到空性光明时，虽然也许只是很短的一个瞬间，但因为你已经尝到了那种滋味，已经认知了它，你就可能将此正念保任下来，经过久久的训练，就会将它打成一片。这时，你的心就有了一种正面的智慧串习力。

这种智慧，可能源于净法的熏习，也就是对真理一天天的如法实践。我说的净法，就是没被污染的真心所化现的诸种境界。相反，染法是妄心化现的诸种境界。

香巴噶举的大手印和三支法，便是净法的一种，它认为一切显现都是幻化，一切幻化都是本尊，一切幻化都是上师，一切幻化都归于自性。按照这个方法长期修习，便能将正念牢牢印在你的生命中，使你在面对世界上的一切显现与境界时，都能以真心观照之，不生丝毫执著。那么，世上一切便成了滋养心灵、帮助你对治习气稳固真心的道具。当你借助外境坚固道心，让心养成一种智慧的、正面的惯性时，久而久之，你就会成为心的主人。

3. 烦恼是解脱之因

人在能真正自主心灵之前，总会有很多烦恼，很多人开始修心，就是为了解决烦恼。所以，烦恼的存在，有时也不是一件坏事，关键看你怎么面对。选择了一个法门，就要认真地修，让心安定下来。犹豫不定不可能成就，很多人失去改变命运的机会，就是因为多疑。反之，如果不多疑，铁了心对抗自己，努力将向外的眼光收回自心，久而久之，你想成为什么样的人，你就能成为什么样的人。哪怕有缺点，甚至曾经受到恶的熏染，发生变异，也不要紧，不需要因此而自暴自弃，只要自省向上，终究会战胜贪欲的。

我曾为贪欲所伏，但我最终降伏了贪欲；我也曾为嗔恨所裹，但我终于将嗔恨踩在脚下。我也曾干过许多的傻事，但我终于懂得羞愧自省，并勇于改过。我是个充满缺点的人，在我懂事后的三十年中，我总想战胜自己。我总在诛杀和诅咒自己的贪执。在得遇上师后的观修中，我每天都将自己的色身碎成万段，施舍给没有饭吃的众生。

正是我的自省和忏悔，使我在过去的多年里没被庸碌同化，同样会使我在未来的岁月里，不被流行于当代的时尚同化。我明明白白地知道，一个人该怎样活着，才有价值。我的眼前，有许多丰碑。面对他们，我总能发现自己的渺小，总能产生海潮般的惭愧，总能于扑面而来的庸碌迷雾中，看到传递了千年的智慧之灯。于是，在灵魂参照下的大我跟庸碌熏染下的小我，就总在纠斗不休，而我也慢慢在忏悔和诅咒中成长了。

要明白，生命是个巨大的道场，只要用正确的心态面对世界，用智慧的眼光观照人生，接触的一切，经历的一切，包括曾经的自己，都会变成成长的营养。所以，金刚禅认为，浊世即净土，烦恼即菩提。就是说，烦恼与菩提，本来就是一体的两面。

比如，贪婪本是烦恼，当你明白之后将其转化，贪就会生起妙用，用以觉悟、成佛。不执著于成佛、解脱的人，就不会在修行上下苦功；不在实修上下苦功，就没法改变基因，没法将道理

上的明白变成一种生命本能的存在。经过智慧的转化之后，贪婪才成了菩提。

嗔本来是烦恼，但一经转化，它同样会生起妙用。当我们像仇恨敌人一样仇恨自己的各种执著，不惜千方百计地想要将其诛杀的时候，嗔就让我们产生了一种向上的力量。借嗔生起妙用，以杀执著之贼。那么，这个嗔是不是成了菩提?

痴也是烦恼，容易让人糊涂了心智。但愚痴如果生起妙用的话，就是大痴法界体性智。你会不再斤斤计较，你会明白一切事物、一切选择及其结果本质上都是虚幻无常的，是归于空性的，所以，你只管守住真心，一切都不去管它。但对于没有明白真心的凡夫来说，他的痴，仅仅是一种愚蠢，“今朝有酒今朝醉，管它明天喝凉水”，这种及时行乐就属于凡夫之痴。只有在明白真心之后，痴才能化为法界体性智。因为你明白一切都是幻化的，就不会去执著了它，自然就没了分别心，所以看起来难免过于单纯，甚至显得有点痴。但这种痴是一种智慧。它会让你在无常中寻找永恒，在虚无中建立存在，在虚幻中实现不朽。

慢也是烦恼，凡夫的傲慢是一种狭隘的心态，它会助长我执，催生烦恼。但当你认知了本元心，明白我佛不二时，那种狭隘的傲慢就可能升华为佛慢。

佛慢是一种因智慧而生起的自信、自觉、自知，而不是盲目的自我欣赏，我们修生起次第的目的之一，就是为了生起佛慢。如果生不起佛慢，不明白我与本尊是无二无别的话，修密法是很难成就的。因为修习密法最重要的就是信心。所谓的上根之人，指的便是有大信心的人。信心的大小决定了你对信仰的坚定程度。当然，你只有在认知真心、证得明空觉性后，你才会生起真正的佛慢。仅仅明白了道理，就对自己施以“我与本尊无二无别”的暗示，仅仅是一种造作，并不是真正的佛慢。

这一系列的烦恼，在真心的观照下，都可能变成智慧。这说明，烦恼与菩提不是对立的两个个体，且烦恼归于空性，菩提也归于空性，二者本是一体的，其体性都是幻化的，只要遇到相应的机缘就会互相转化。放下一切，什么都不要去执著，安住于本元心，这时的烦恼就是菩提。正如，风平浪静时，波浪大海不二；风吹云散后，水汽便融于天空。

若是心海泛起了波澜，若是担忧、恐惧或不满等情绪探出了脑袋，你不能沉浸在那种情绪里，也不能纠结于妄念营造的假象，要提起正念，明白一切都是梦幻泡影，无须执著，或者使用一些方便法门（如持咒、观想，如“呸”字诀等等）让自己安住真心。真心的太阳照耀时，妄念亦是妙用。不怕念起，唯恐觉迟。

我反复强调：要去机心、事本觉、任自然、明大道。我们要去掉的机心，是一种带有欲望色彩的利己之心，是一种希望得到回报的功利之心，而非正思维本身。

你要安住在空性里，行住坐卧，皆不离空性，随他妄境起，不起善恶心。要是你没有安住于空性，一点小事，就会让你的心情改变。只要你安住空性，就会发现，烦恼的本质也是虚幻无常，就像老太太的唠叨，虽然它们会打扰你的宁静，但它们总会消失，这时，最好的对治之法，就是别理它。要安住于真心，观照一切。

4. 让妄想化为风

修行是分阶段的，每个阶段有每个阶段的指标与特征。

刚刚明心见性时，我们还有许多积累已久的习气没有清除，所以即使明白了真理，有时遇到外在诱因，也能激活习气，失掉正念。对真心的保任，像调琴弦，当松紧适度，方有妙音。这一点，有点像用筷子夹豆腐，力道要恰到好处，用力过猛会把豆腐夹碎，用力过轻又夹不起来。所以，放松中警觉，警觉中放松，是其要诀。

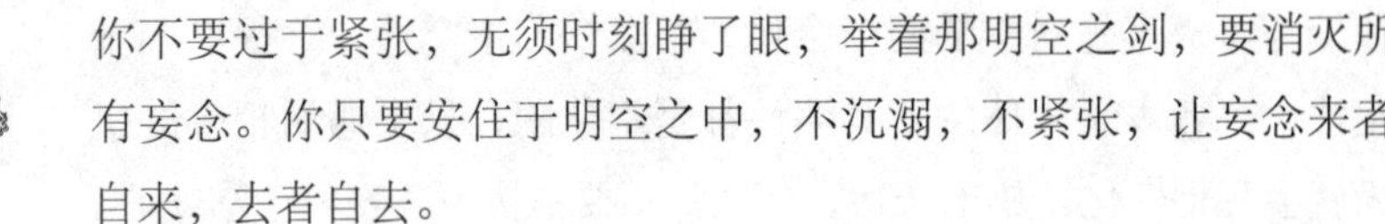

你不要过于紧张，无须时刻睁了眼，举着那明空之剑，要消灭所有妄念。你只要安住于明空之中，不沉溺，不紧张，让妄念来者自来，去者自去。

要是习气上翻，情绪波动，你也不要陷入其中，更不要自责。你要明白，那波动的，无非是妄念，如大地之霜，太阳一出，就没了。所以，最好的处理方法，仍是任它来去，不去理它。

妄念很奇妙，有点像社会上的一些骗子。当你与他们交谈，并被他们的逻辑俘虏时，他们就会激起你的欲望，进而控制你；当你不管他们，任由他们自说自话，更不会被他们蒙骗时，他们也就无功而返了。同样的，当你太执著于妄想时，它就算一回事；如果你不执著它，不理会它，它就只是擦身而过的过客。你可以做个试验，看看你能否把那妄想保持十天十夜?

所以，你不用刻意要求自己生起觉性，也不用刻意消灭妄念，更不需要压抑它。你要放松而不散漫地安住在自己的宁静清明当中，品味，但不沉溺。遇事只需尽力而为，随顺因缘。这样一来，你的内心自然会明明朗朗，毫不昏沉。记住，要放下它，同时享受它。

当有一天，你完全消除了内心和世界之间的对立与隔阂，既找不到一个需要满足的我，也找不到一个我需要对抗或妥协的世界，你便品尝到了一种无我的圆融。

奶格玛五大金刚法的修行起点是“所取性空，能取性空”，也就是说，外面的世界（所取就是思维的对象，也即引发你有某种看法、观点和猜测的情境）是幻化的，不是真实的，因为它没有自性，本性为空；你看世界的心（能取就是思维的主体，以及你的看法、观点和猜测等）也是幻化的，它也没有自性，幻变不停，本性亦为空。所以，两者是平等的，没有任何本质上的分别，也就不存在什么对立了。好多人不明白这个道理，才会把自己与世界对立起来，凡事都要分个你我。其实根本就不用这样。当你消除了分别心，不再与世界相对立时，你就是法界，法界就是你。

法界不离明空觉性，你也不离明空觉性，世上所有显现都不离明空觉性，就达成了境智合一，外部诸境与你的真心智慧也就合二为一了，你也就实现了无我的圆融。

5. 窥破生死轮涅

同样,人也是一场幻觉,它由多种元素组合而成。我们的想法、情绪、健康状况、身体内部环境、外貌、命运等等，都是随着因缘的不断流转而时刻改变的，没有一个固定不变的状态，没有一个不会历经生再走向死的独立个体。从终极意义上来说，并没有确实存在的“人”，一切都是被冠以某个名称以示细微区别、实则是本质相同的现象。

不过，如果说没有不会历经生再走向死的独立个体，那么超出轮回、了脱生死又是怎么回事呢？其实，所谓的超出轮回、了脱生死，是心对生死概念的超越，是对建立在生死概念基础上的妄念与执著的超越,而不是对自然规律或真理的挑衅与对抗。所以，你会发现，获得究竟成就的高僧大德们仍然会面临死亡。

我说的“无生亦无死”，仅仅是指我们认知中的生死其实是不存在的，换句话来说，就是我们对生死的理解并非它们真实的含义。在我们的理解中，所谓生，就是一个生命的开始；所谓死，就是一个生命的结束。但这并不是生命的真相，生命是不断流转的，它仅仅是若干种元素集合而成的某种现象，当旧的组合解体，新的元素加入其中，它就会变成另外一种东西，它并不存在一个不变的独立属性。生和死，意味着状态的切换。改变，并不仅仅发生在生与死的瞬间，就像楼房会折旧一样，人也不断在衰老着，甚至还有很多更细微的改变每时每刻都在发生，比如细胞的新陈代谢与想法的日新月异等等。

但是，大部分人都不愿面对这个真相，即便一些人理智上接受了，意识深处仍然会保持原本的固有认知，被生死的幻相所迷惑。只有当你真正品尝到真心的滋味、看见世界的真实面目，才能真正面对和接受这个事实，才会挣脱“我是独立个体”这一假象的束缚，从对死亡的恐惧中解脱，才会从对亲友、伴侣之死所带来的痛苦中解脱。不过，一些人虽然认知了真心，但定力不好，总会不期然地丢掉正念，重新被妄念所缠绕。这时，他们就又会因执著的存在而产生迷惑与痛苦。所以说，理上认知真理，不如生命感受到真理；生命感受到真理，不如契入真理；契入真理，不如将真理灵活运用到生活的方方面面。可见，归根结底，认知、保任真心的最终目的，仍然是为了在生活中生起妙用。

当你每时每刻都能自然而然地保任真心，随缘生起真心的妙用，又没有一丝的执著与刻意时，你便进入了大手印定境，无论做什么，你都在修行，行住坐卧均不离空性。这时，你就破除了修行的概念与形式，将我和世界之间的隔阂完全打破。于是，你的言行举止，无不是智慧光明的化现。当然，并不是谁都能达到这种境界，好多人时时都处在分别心状态，完全打碎需要多年修炼，但你只要扎扎实实地依法修行，总有一天会达到这种境界的。到了那时，你便得到了一种大自在，也就是我们所说的涅槃。反之，如果你看不透世间万物的生灭，以为有独立存在的实体，那么你的心就会充满隔阂，产生善恶、美丑等各种对立概念，并在这些对立概念的驱使下，做出各种选择与行为，给未来种下善因或恶因，轮回便由此而生了。

契入真心、证悟空性的人，已超越了所有假象与概念，没有了一切的分别与对立，包括善恶，所以他们是不昧因果的，因此也不入轮回。他们融入了空性，与诸佛法性是没有任何区别的。这种融入，并不因为肉体的存在与否而发生改变，它是一种无为境界，肉身仅仅是一种虚幻的表象。肉体，乃至因肉体的存在而滋生的许多想法，都是因缘和合的产物，它们不得不遵循“成住坏空”的自然规律。真心则不一样，真心不生不灭，真心所了知的世界也幻化如梦幻泡影。所以，证悟的人是完全自由自主的，即便寿终正寝，他们也不会被妄念所惑而堕入轮回。他们与诸佛的法身一体，无须依托肉眼可见的实际形态而存在，但也能随缘化现出任何看得见的存在。

轮回与涅槃,它们不是两个互不相干的东西,而是一体的两面。它们的本体就是心性，趋于妄心遂受轮回，安住真心便趋向涅槃。认知真心、证得空性，便能证得涅槃。

第二章 悟心：让心属于你自己

第一节 悟体用

1. 随缘得自在

前不久，一位朋友问我：“信徒和教徒有什么区别？”

我告诉他：“所谓信徒，就是受困于某些教义的人；所谓教徒，就是受困于某个群体的人。”无论是受困于教义，还是受困于群体，都是被困。凡有困者，便不是解脱，不能自由，也就不叫任心自在。所谓任心，就是让自己的心放松、放开、自由，不要受制于任何一种东西。这时，你的心要非常的自在。

任心自在的前提，是你必须认知明空之心。因为你只有认知了明空之心，才能洞悉世界的假象，欲望才会自然消散，你才会

感受到一种完完全全的自在。因此,你不但要认知自己的明空之心,还要经常保任它。什么叫保任?就是把空寂明朗的智慧境界一直延长,保持它,不要丢了它。这样,久而久之,你就会功行圆满,成功地将它转化为呼吸般不需忆及也不会忘记的本能,证得明空觉性。这时,也就没有什么能够阻挡你的自在逍遥了。

不过,在这种自在逍遥之中,还应该有另一种东西,那就是慈悲。当你能保任真心,不断调整心性,让自己越来越宁静时,你就会感受到佛菩萨的慈悲,那是充盈内心的爱和智慧,它便是真心的妙用,佛教称之为空乐。它是一种清净之大爱,它跟男女之爱、亲友之爱的区别在于,男女之爱有强烈的占有欲,亲友之爱有爱憎亲疏之别,都是有漏的、有执的,但佛菩萨的爱无我无执,不需要任何条件,故而遍及整个虚空法界,遍及所有众生。

当你证得这种爱的时候,你虽然了无牵挂,却又眷顾众生,因为你明白被幻相所迷的痛苦,你希望众生也能窥破虚幻,不再受苦,活得自在快乐。为了这个心愿,你愿意牺牲肉体上的自在逍遥,尽量做些事情,将这份大爱和智慧传播出去,照亮有缘众生。这个强烈的愿望,会让你起心动念无非利众,一言一行无不体现大善和大爱,也就忘了自己。忘了自己,就不会再有烦恼,你那真心中生起的大悲,能照亮整个情器世界呢。因为,世界上纷繁的现象和境界,无不是你真心的映照和化现,是你本来空寂明朗的心体所生起的妙用。

但是,假如你不能时刻保持警觉,提起正念,反而执幻为实、认假成真,以妄心来感知世界,生起许多执著,那么世上一切又会变成巨大的牢笼和绊索,束缚和牵绊你的心,让你无法得到纯粹的自由和快乐。什么时候你能享受一切,在超越世俗功利的宁静之中,在超越世俗、无分别的真心之中,宁静地关注一些事物,关注这个世界的时候,你就会慢慢享受到许多过去享受不到的快乐。这时,你的生命就会充满另一种滋味:觉悟。

2. 假空与真空

有些学者误解了佛教所说的空。他们以为空就是一种虚无主义，是对现实世界的全然放弃与背离，是一种极端的消极态度，代表了妥协和奴性，因此大加批判。其实，他们不明白，自己所批判的空并非空性之空，而是顽空之空，这种空，是佛教自己也批判的。

有这样一个故事：

有一位老奶奶在后院里修了间茅屋，供养一位和尚。她每日派人送饭，供养了和尚二十年。有一天，这个老奶奶对送饭的年轻姑娘说，你送饭时从背后抱住那和尚，问他有什么感觉，看看他修得怎么样。姑娘就照做了，然后问那和尚有什么感觉？和尚说，枯木依寒崖，三冬无暖气。意思是说，一根枯木头靠在寒冷的山崖上，像处在三九天那样，没有一丝暖和气。姑娘回去后如实相告，老奶奶说，没想到，我二十年供养了一个俗汉。就把和尚赶走了，把那茅屋也烧了。

老奶奶是个行家，那一试之下，她发现和尚的真心并没有生起妙用，就知道他一直在坐枯禅。什么叫枯禅？就是顽空无记。它跟真心之间的区别很微妙，确实很容易发生误解。即便在修行人当中，也有不少人将顽空当成了开悟，还沾沾自喜，以为自己的修行有了成就。其实，如果堕入顽空而不自知，就算你止息妄念的功夫修得再好，也不能改善自己的心灵。你仅仅是在压抑自己的妄念，并不明白真心的味道。这时的你，就像死水一样，对什么都没有反应，不思善，也不思恶，连分辨是非、品味当下的能力都失去了，反而变成了草木般的存在。这一点，有点像计算机的死机——我们用计算机，可不是为了死机的。可见，如果不明真心，不仅修炼很难入道，还会不知不觉地走错路，修得好，死后就会堕入无色界；要是修得不好，死后就会堕入畜生道。所以，将顽空无记当成真心不仅浪费生命，还非常危险。

那和尚就是这样，他坐了足足二十年的枯禅，好的一点是，他一直在静修，也没有出外教过弟子，如果他教别人，就误人子弟了。因为，他这样的修法，哪怕坐上十大劫，枯禅也不会鲜活起来，就像一粒种子，要是没有正常的温度和湿度，它放上亿年，也长不出果实。因为，他的智慧本体一直被压抑着，就像把皮球压在水下，手一松，皮球立马就会弹出水面。这个和尚的烦恼种子也是一样，虽然暂时被压抑了，但他的真心并没有生起妙用，所以得不到究竟彻悟。

故事中还说，和尚真正开悟之后，又回到老奶奶家里，要求闭关和供养。老奶奶说好，就再修茅屋供养他。一年后，她又让姑娘去送饭，顺便试探和尚的深浅。这次，姑娘又从身后抱住和尚，问和尚有啥感觉，和尚说："天知地知，你知我知。"姑娘回去后告诉老奶奶，老奶奶说，这回就对了。

为什么呢？因为和尚的真心生起了妙用，那感觉只可意会，不可言传。所以说"天知地知，你知我知"。

顽空和开悟的区别，就在那点灵明的觉性。你只要记得，能生起妙用，才是真心，就能轻易地辨出自己是认知了真心，还是堕入了顽空。妙用是真心与六根六识六境和合的产物，是世界与真心的相互作用。真心生起妙用时，就有种种化现，这些化现，便构成了你对世界的认知，它便是妙相。你感知到什么世界，其实取决于你的心。安住于净境中，保任清净心，境界就会升华，所谓净心即是佛，心净则佛土净；心污染了，境界就会下降，所谓染心即是众生。净染本为一体，真心与妄心也是一体，仅仅看你能够安住在哪种状态。所以，你不但要认知真心，还要让真心生起妙用。

我们打个比方，你还记得水面吗？那水面，就是你的心，世上所有外现，都是伸向水面的剑，你的心总能觉察到那剑的划动——要是你觉不出划动的剑，你便陷入了无记和顽空——那剑虽然一下下划动，虽也能搅起波痕，但只要它一停息，水面便归于平静了。所以我常说，大手印行者不是发现问题、解决问题，而是根本没有问题。

3. 佛的五种智慧

圣者的明和空是不分的，明中有空，空中有明，明也是空，空也是明。喝茶的时候，进入空性状态，用那明去品尝茶味。别人发怒的时候，用那份明去体会他，去觉察他。空性的本体无摇无动，明则随缘应事。久久习之，便能打成一片，证得圣果，便会俱足佛的三身五智。

三身之说我们前面讲过，此处不赘，只安住在真心状态下，对五智进行不一定符合学者话语体系的诠释：

心如虚空，明白世上的一切事物均如梦如幻，没有自性。久久修习成就，你就可证得法界体性智。

法界体性智便是空性智慧。它属于本体，其他智慧属于妙用。安住于法界体性智中时，是不可动摇的。没有这一根本，一切就失去了意义，都成妄念了。有些凡夫也会有类似的觉受，但只有真正的圣者才能达到明空双运。这里的双运，是明空双运、乐空双运、定慧双运、悲智双运。安住于这种状态时，要生起警觉和妙用。

这时，你的心要像镜子一样，虽然如如不动，但能照出眼前的一切，久久修习，便能证得大圆镜智；你和世界平等无二，没有任何分别心，久久修习，可证得平等性智；你的心虽如明镜般无分别，又能洞悉眼前一切，久久修习，就能证得妙观察智。虽然这时你没有任何杂念，但没有忘记自己在做什么，你知道如何

抵达目的地，如何取得成功，你的智慧会指导你达成诸多愿望，要是恒常修习，成就之后，你就能证得成所作智。需要强调的是，以上是我自己的一点体会，跟经典中的解释是有距离的。时代不同了，我们要活用经典，与时俱进，不要食古不化。

佛的五种智慧，融合了明空智慧，实现了明空双运。这时候，你就知道该如何在日常生活中修行，生起智慧生起妙用。这样长期而修，就会证得无分别智，你就能超越概念、仪轨，就能证得大手印。

需要强调的是，时代在发展，人的心性已发生了变化，我们不能削足适履。一定要从传统的佛教智慧中，汲取能适合当代人根性的鲜活智慧。别管是不是符合经典，只管能不能让自己得到一点小小的启发。我们学经典的目的，不是为了故弄玄虚，镇住别人，而是为了学以致用，为了经世致用。

我们以证得明空之心后的开车为喻：你手握方向盘，心融于空性，明白这个世界都是虚幻的，不要去执著它。明白它是没有自性的，是因缘聚合的，是瞬息万变的，这是法界体性智的妙用；你守住明空之心开车时，心如明镜，所有的景物都朗然映于心中，心却如如不动，这是大圆镜智的妙用；同时，你明白世界是平等的，没有你和我的区别，没有二元对立，这是平等性智的妙用；虽然不离明空，心无旁骛，但你仍然会成功地将车开到目的地，这便是成所作智的妙用；你的心时时警觉，时刻注意往来的车辆，避免发生车祸，这便是妙观察智的妙用。

但是，要明白，明空之心是坦然放松的，不要高度紧张。那警觉，仿佛照耀你心的光明；那放松，就像躺在野外，面朝虚空，无念无想，身体消失了一样。在这种状态下，你可以做任何事情，走路、吃饭、看书、写作，等等。在应对万事万物的时候，你都可以这样观察和体会。

什么是观察呢？就是看看自己的警觉是否如法，能不能应对外物而不为它牵引。体会则是让自己的生命融入这份觉悟，品味它，不要丢掉它。当然，刚开始的时候，你也许会丢，但因为有了警觉，你很快就会发现自己的散乱和昏沉。这时，你就要重新提起正念，安住于随缘任运的安然之中。这便是“不怕念起，唯恐觉迟”。只要你及时地警觉，你便能忆持那觉性，保任那觉性，终而融入那觉性。你要少说话，一直专注地品味和体会。

这样，久而久之，你就没有执著了。你吃了几十年饭，却没咬一粒米；你写了几百万字，却没有动一笔；你行了千万里路，却没有走一步；你经历了许多的红尘历练，心却从未离开那朗然空寂的光明。明白了这一点，你便自然明白了老子所说的“无为而无不为”。你就这样进入空寂和妙察，警觉，专注，体会，放松，让自己的行、住、坐、卧都融入这觉性光明，让一生都融入这觉性光明，你就离苦得乐了。

这便是真正意义上的金刚禅。

4. 观念头，识真心

真心不是肉团心，没有具体形态，故而很难查知，但你通过心的妙用，也就是外境激起的念头，就可以观照到它。因为念头的本质是虚幻的，它不断在变化，当你一凝神观察它时，它就会消失。这时，心的本来面目就会显现。

什么是心的本来面目呢？就是真心。一旦你认知了真心，就会发现痛苦只是一堆念头，念头断了，痛苦就消失了，你就会从痛苦中解脱。所以古人说“世上本无事，庸人自扰之”。

为啥要通过观照念头来认知真心呢？因为真心是无形的，就像浩瀚的虚空，你只有通过观察念头的生起和落下，发现两种状态之间的差异，才会明白什么是真心。不过，观照是个很主观的

行为，只能自己体会，观照是否如法，直接决定了你感知的东西是不是真东西。对于这一点，你自己是无法判断的，只有过来人才能告诉你。所谓的过来人，就是已经证悟了空性的大善知识。

不过，在这里，我们还是可以尽量谈一谈观照。

观照不是盯着某个地方看，而是不会过度紧张地专注。而且那专注的对象是自己的内心，而不是外面的世界。当你慢慢地训练,让自己的注意力高度集中,你就会对内心的细小变化了若指掌。你见过丛林里觅食的猛虎吗？它们虽然不紧不慢、淡定从容地在草丛中穿行，但它们的注意力是高度集中的，因为它们必须从草木细微的晃动中，寻找隐藏在暗处的猎物。观照很像猛虎猎食的状态，保任真心时也是这样。

其要点是什么呢？是你发现念头的时候，不能跟着它走，也不要去思考它。你一思考它，就多了很多其他的念头，你的心就乱了。你要像旁观者那样，看着自己的念头。当你看着它时，它就不见了，你这种发现它、但不加评判的眼光，就是观照的智慧。当你看着它，它又不见了时，你就会见到真心。如果你这时在写文章，就有可能进入那种不假思索、笔下自然流出诸种境界的状态，这便是我教“雪漠创意写作班”时常用的方法，只要跟成就上师相应，这是很容易做到的。我在创作《大漠祭》《猎原》《白虎关》时是这样,在创作《西夏咒》《无死的金刚心》《野狐岭》时，也是这样。这便是我教那些有信心的孩子们写作的秘密。这一点，有点像禅宗大德开悟后的对机锋或吟偈子。至于“光明大手印”书系，则是教人们如何达成那种境界的方法。

我说过，只要你有足够的信心，成就上师就可以把他的证量光明传递给你，让你明白他的心。在那个状态中时，你是不可能顽空的，你的心会变得非常柔软，你的头脑会很清醒，你不会被假象欺骗。当你看着纷繁万变的现象时，你会了知一切，你能捕捉到小小细节背后庞大的信息，也知道这一切都会很快过去，所以你不去执著。但你能贴心贴肺地感知到一切的情绪，所以你的心里充满了悲悯和诗意。你的笔下,就会燃起不同寻常的生命火焰,你的文字就会呼吸。

感知到那一切的是什么呢？就是心性。在我们的所有行为中，心性都在起作用。它超越了老少、好坏等概念，超越了时间与空间。它一直在通过敏锐的觉性观察着你，看你说的话是真心还是假意，你的快乐是否从心而发，你所追求的一切能不能令自己满足，你是不是在胡思乱想……它的观察对象当然也包括你的身体，它发现你的身体今年又衰老了一点，你又长了一撮白头发，你的皮肤渐渐变得松弛了，你开始因为通宵达旦而感到筋疲力尽……但它并不会因此而变老，它是不大不小、不老不少、不增不减的。这便是心性的妙用。

第二节 悟身空

1. 勿把假“我”当真“我”

对行者来说，身体是一个重要的道具，为什么呢？因为行者可以借助对六识的观察达成觉悟，并逐渐巩固。所以，你即使精进修行，也要好好保护身体，不能对它百般折磨。有了身体，才能观修，才能坐禅，才能诵经持咒，才能做大礼拜。而且，精神和肉体是相通的，身体生了病，心也会生病；反之，心生了病，肉体也必然会生病，所以，我们在重视心灵的同时，也不能不重视肉体。

但我们也说，身体是最大的谎言，是必须破除的假象。为什

么呢？因为，身体仅仅是灵魂的载体，是灵魂一时的居所，但它却反客为主，让我们以为肉体就是我。由于这一误解的存在，我们生起了许许多多的执著，比如执著吃，执著穿，执著享受，执著打扮，执著物质，等等。不能正确地认知身体，产生了迷乱，我们才会把身体的欲望当成自己真正的需要，所以终其一生、竭尽全力地满足它们，却忽略了，无论把肉体伺候得多好，它还是要腐朽的。

当然，我们有时并没有忽略，只是不愿承认和正视。但是，即使我们一再逃避，身体也必将腐朽，这是必然的规律。而我们的逃避，只会浪费那些创造真正价值的时间，去追逐虚幻的欲望，满足肉体这个假我的贪念，并沉浸在虚幻的痛苦之中。只有到了面对死亡的时候，我们才会发现身体的虚幻，发现生命的虚幻，认识到所有的得失都是一场梦，但我们光顾着做梦，没有做一点真正有意义的事情，这将是今生无法弥补的遗憾。

所以，修行之初，我们就要破除对身体的执著。

那么，如何破除身执呢?

佛教的不净观就是为了破除身执的。它认为，无论你多么注意个人仪表，身体也不干净，里面充满了各种各样的污垢，比如眼睛里有眼屎、眼泪；鼻子里有鼻涕；体内有污血、小便，等等。这些“脏东西”，都来自不净的身体。常常这样思维，你自然就不想去装扮这具肉体了。

四大之说，也能帮助你破除身执。按老祖宗的说法，身体是四大假合之物。哪四大呢？地、水、火、风。骨头、固体的东西叫地；尿、唾液、血液等液体的东西叫水；人的体温等叫火；风，就是指呼吸等。正是由地、水、火、风这些因缘的聚合，你才有了肉体。但因为它是四大假合之物，所以不可能是永恒不变的。比如，粉碎性骨折可能要了你的命，身体严重脱水可能要了你的命，体温不正常可能要了你的命，停止呼吸也会要了你的命。无论你现在如何保养你的肉体，如何满足它的要求，它到最后还是会消失。没有长生不老的人，也没有永恒不变的肉体。最初，我们只是父亲的精子与母亲的卵子结合所产生的受精卵，它在各种条件的不断变化之下发育成形，然后有了我们的诞生。我们从一个小猫般大的婴儿，长成一个能够独立生活、承担责任、组建家庭的大人，这一系列的变化不可谓不大。但是，在我们欣然接受这些有趣变化的同时，也必须接受一些没那么有趣的改变，比如身体的衰老、体力的下降、美丽的销蚀等等。因为，我们的身体本质上跟房子、书桌一样，都是因缘聚合之物。只要是因缘聚合之物，就难免随着各种因缘的解体与重组而发生改变，故而是归于空性的，难免成住坏空。

如此思维，久而久之，也能看透身体的虚幻无常，渐渐破除对身体的执著，以及建立在身执上的我执。

我执，指的是执著于某个固定的“我”，觉得这个“我”是真实存在的，认假为真。其实，我们的身体在一天天发生变化，我们的想法和习惯也因为经历、知识而不断发生着变化。一切执著皆因觉得世界上存在着一个真实的“我”。

但“我”是什么东西？是意识和肉体的结合，也是多种因素聚合的产物。看似独立的“我”，其实跟因缘链上任何一个因素一样，都在不断变化着：经历多了，想法会改变，个性也会改变；日子久了，样子也会变……这个世界上哪有一个固定不变的“我”？既然没有恒常的“我”，那么建立在“我”这个假象上的一切又如何永恒？破除对“我”的执著，就要从了知“我”的无常开始。

第三节 悟心空

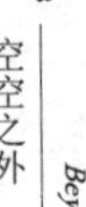

1.“心”在哪里?

当年，达摩祖师到东土以后，在少室山下面壁九年，人称“壁观婆罗门”。他为何在那里面壁呢？他在等自己的法脉继承者。终于有一天，一个俱足大信心的年轻人、后来的二祖来求法。达摩祖师说，狮子乳不能往尿壶里倒，你要想让我给你传法，除非天降红雪。二祖便拿起戒刀，毅然砍下自己的胳膊，喷涌的鲜血立刻染红了雪地。二祖拿着砍下的胳膊供养达摩祖师，并说，这下，雪变红了。达摩祖师说，看来，你的信心很俱足，你想让我给你传什么法？二祖说，我想让你给我安心。达摩祖师说，你把心拿来我给你安。二祖凝神片刻后说道，觅心了不可得。意思是说，我找不到自己的心。达摩祖师说，我已经为你安心了。

为什么二祖找不到自己的心，达摩祖师就说已为他安心呢？因为，在达摩祖师叫慧可将心拿来时，慧可一凝神，所有念头都断掉了，在那个瞬间，他放下了所有尘缘，而且生起了觉性，于是便契入了真心。真心无形无相，慧可当然找不到。而达摩祖师说，我已为你安心，等于是印证慧可见到的东西。这个故事，讲的是二祖慧可是如何开悟的，也说明了“心空”是怎么一回事。另外，它还说明了信心的重要。达摩祖师并没有叫二祖把手臂割掉，但慧可却这么做了，这说明他坚信达摩祖师能让他觉悟，因为坚信，他才能毫不犹豫地斩断自己的手臂。

当然，虽然在某个时刻我们都能见到真心，但人一旦遇事就会生起念头，定力不好的人很难保任。那么念头生起时怎么办？就像前面所说的，不随念走。不思量它，也不执著它，不跟着它往下想，外境就伤害不了你。但是，不去管它，不代表你可以放纵它，不去管它的前提，是你始终在观照念头，始终能敏感地捕捉到自己的起心动念。你先要看得清它，你才有资格说自己不在乎它。

当你从念头的纠缠中解脱出来的时候，就会发现，人的好多烦恼，都是因为不明白心空、执幻为实而造成的。

有人说了你一句坏话，那是他偶然之间生起了妄心。你不明白那是妄心，不明白它是无常的，相反，你一直记着它、执著它、牵挂它，而事实上，他的心早就变了，他现在也许非常认可你。你却一直在用一点虚幻的念头折磨自己，给自己造成巨大的痛苦。这就是因为你不明白心空。

还有个故事：有个老修行人，修了一辈子忍辱，一天，大成就师巴楚问他，老人家，你在修什么啊？那人道，我在修忍辱。巴楚就说，对了，像我们这些老骗子只有用这些东西，才能骗人，才能糊口啊。那修行人勃然大怒，开口就骂：你说什么？你是什么东西！敢这样说我！巴楚就说，你不是在修忍辱吗？说完之后，哈哈大笑着离开了。有些修行人也是这样，虽修了很长时间的忍辱，但还是放不下。

所以，明白心空很重要，在事上不断磨炼你的明白也很重要，只有你从灵魂深处明白，妄心和万物一样，也是无常的，瞬息万变，你才能从烦恼的纠缠中解脱出来，正确地面对自己和别人的情绪。

2. 做心的主人

如果你能真正明白心空，并用那明白指导自己的行为，久而久之，你就可能得定。什么叫定？有人以为，只要打坐的时候心无旁骛，便是得定。这种看法非常片面。为什么？因为，修行是为了改善人的生命和生活的，如果只有打坐的时候才能静下来，

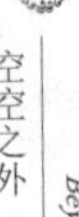

一开始处理日常事务，又把正念忘得干干净净，修行就失去了真正的意义。真正的定力，是一种自信，是一种专注，也是一种坚定。有了这种坚定，你才能在生活中管好自己的心，专注眼前的事情，不再被欲望、成见和共识所动摇，也不会被纷扰的世事闹得心神不宁。这时，你才会真正变得自主、宁静。能够主宰心灵的你，也就不再是妄心的奴隶，不会跟着念头四处奔走而六神无主了。当然，座上禅修还是必要的，没有座上修，就不容易得定。就算你没有太多的时间禅修，也可以每天早晨抽出一两个小时，把自己封闭起来，让心安静下来。

在我闭关的二十年中，每天坚持最少四座，一座两到三个小时。一般情况是，我在早上三点起床，到上午八点上班时，我已完成了两座。中午修一座，晚上修第四座。如果上午没有非要处理的事，我会在早餐后再修一座。而我的下午，可以专门用于处理一些必须要处理的事。我的写作，大多是禅修中间休息时所为。而完全闭关的阶段,则将二十多个小时全部用于禅修。这样的禅修，有益于将功夫打成一片。我的许多宗教体验，就是在这时产生的。后来，当我将功夫打成一片，进入一味瑜伽之后，就无时无刻不在修了，直到达成了无修瑜伽。

我们在生活中禅修，要以破执为主。凡事要认真去做，却不要过于执著，做了就做了，不要再牵挂它。

那么面对生活中的污染源怎么办呢？你可以借助事部瑜伽来净障、生起信心、积聚资粮，用宗教仪式净化心灵，为自己打造一道防护火帐，外界的污染就很难进来。即使能进来，你也能用智慧的力量清净它。因为，宗教仪式可以让你保持自省，保持觉醒，保持对宗教精神的向往和敬畏。慢慢地，你的精神就会升华，你的灵魂会得到净化，你会远离愚痴，趋近那种精神。你一天天地靠近它，等到有一天，你就会发现，你已经跟它成为一体、无二无别了。如果没有对某种仪式的坚持，你就跟俗人没啥两样了，你就会被世俗同化。

在没有得到坚固力之前，还是需要闭关专修的。等你得到坚固力之后，才可以在生活中进修，为的是让你在做事时仍能契入空性。现在好些人，既没见性，又无定力，却想在生活中修，这种修多是散乱修，而不是真正的禅修。在事上修，是为了让你修下的那个智慧生起妙用。要是你还没有修成出世之智，你的事上修就只能算是一种心性的训练。所以，在真正证得空性之前，闭关专修是非常必要的。当然，要是你能有机缘待在大善知识跟前做事，那也许是最好的修了，因为一种临在磁场的存在，你只要有信心，是很容易相应的。

需要注意的是，我们提倡的自主也罢，闭关也罢，拒绝也罢，并不是固执己见，不是叫你排斥跟自己不一样的观点，而是真心的妙用。它既是自主的，也是灵动的，能主动筛选，主动学习，不会一味地拒绝，也不会盲目地排斥。要实现它，你就要训练专注力，在这个基础上，才谈得上保任真心、生起妙用。没有智慧时，人就容易走向极端，要么盲目迎合，要么盲目拒绝。这样，人不是迷失了自己，就是抱残守缺，很难实现真正的进步和升华。只有将世上一切为自己所用，训练出一颗独立清醒的心，唤醒一种超越的智慧，然后，从内心深处爆发出充满大爱的大智慧、大见识、大境界，人的生命格局才会真正地放大到极致，才能在有限的生命中，创造出尽可能多的精彩。

一些真正的知识分子虽然没有达到我们所说的觉悟，但他们在很大程度上，已实现了心灵的相对自主，他们不会像大部分混混那样，浑浑噩噩地活着，人云亦云，他们是真正的社会精英、时代精英、民族精英，这种人不会太多。他们绝不会曲意逢迎，也不会对混混言论妥协，他们会在一片浑浊的声浪之中，尽力地呐喊，履行他们所认为的、对社会的一份责任。即使叫不醒一个时代、整个世界，他们也要发出自己的声音。他们不管得到了多少，或失去了多少，他们的心灵和人生都定然是精彩而无悔的。

当你能主宰自己的心，有了清醒的主体意识，有了分辨是非的智慧，真正得定之后，你也能成为这样的人，甚至，你已经不在乎眼前的世界，会活得更加自在逍遥，那么，你可能会拥有一个更大的世界，你可能会跳出更美的舞蹈。因为没有任何东西可以约束你，美色引诱不了你，美食引诱不了你，美声引诱不了你，任何物质都诱惑不了你，你也就不会因为贪婪而变得仇恨愚昧，更不会做出各种邪恶的事情。那时，只有一个东西始终主宰着你的生命，那就是你的梦想，你对人生的发愿。这时，你自会发现，世上的一切纷争都源于欲望和无知，发起纷争的主角们都不是受益者，都是妄念的奴隶。他们奋斗一生，或许都无法摆脱痛苦的纠缠。看清了这一点，你的心中就会生起悲悯，你的起心动念，就无非利众了。

3. 功德源于清净心

什么是功德？岁月毁不了的价值，就是功德。

那么，什么是岁月毁不了的价值？依托行为等载体而传递的大善精神。世上一切都是无常的，时时变化，唯有大善精神。数千年来经历了无数的天灾人祸，大善精神都未曾腐朽，可见，大善精神可以达到相对的永恒。这就叫功德。

我在小说《西夏的苍狼》中说过，过于聪明、太有机心的孩子无法领悟史诗《娑萨朗》的真谛，只有去机心、事本觉、任自然、明大道，才能成为优秀的《娑萨朗》歌手。生起功德，就像成为优秀的《娑萨朗》歌手，他必须明心见性，还能时时保任真心。功德也是这样，只要明心见性，还能时时保任真心，行住坐卧间无非利众，就会俱足恒河沙那么多的功德。因为，功德只能由清净心生起，心要是被各种执著欲念所染污，就不再清净了。

何为清净心？无私无我才是清净心。

当年，梁武帝见达摩祖师时问过一个问题，他说："我广造寺宇，度众人为僧，写佛经、造佛像不遗余力。凡此种种，有何功德？"达摩祖师答曰："并无功德。"为什么？因为梁武帝不但未曾开悟，还将做过的善事挂在嘴边，可见，他虽利众，却有机心、求回报。所以，他所做的一切，虽能积累福报福德，却无法生起功德。

那么，为什么明心见性就能生起功德呢？因为真心会通过六根生起妙用，我称之为"六根放光明"。那光明，是智慧光明，而非物理光明，证得真心便再无疑惑染污，再无妄想执著，因而能照天照地、照佛照众生、照法界照六道，大千世界都会映现在真心之中，那映现，便是心的妙用。它虽也是对境生起的，但不同于妄念，近乎于生命直感，没有私欲，远离算计，因为明心见性的人知道，无论此时此刻有多少喧嚣的黄叶，岁月的秋风一掠，也便没了影子，他已不贪着那个东西了，他只想在活着时，尽量多做些事情。点多一盏灯，光明就壮大一点，他把自己当成了点灯的人。

当我们能保任这真心时，对众生就会生起真正的悲悯，会将自己的言行举止化为对大善大美的诠释，你不在乎这些诠释能发挥什么作用，也不在乎自己的付出能得到什么回报，你甚至不觉得自己付出过什么，因为，你只是随缘地做了一些选择而已，这已是你的生活方式。这时，你不求功德，不在乎功德，但自然能俱足无量功德，这就是修行、调心的最佳方式，它能让我们得到解脱。

第四节 悟性空

1. 佛性与自性

什么是性？性分为两种：一是佛性，经典中称之为总性；二为自性，也就是个体属性、世间万物不动不摇无法改变的本质。而万物无常，故而并无自性，或者说自性为空——这里的“空”，并不是虚无，而是变化。

那世间万物，当然也包括我们本身，我们的自性也是空的。空是世界的真实面目，也是心灵的本来面目。能够明白、认知到自性本空，就是明心见性的见性。这种明白，并非道理上的明白，更不是口头背诵，它是一种生命的照亮。当你感到身体与意识的消融，你断了万念，绝了万缘，但心里却仍存有不昧的灵明，它不但犀利地观察你的内心世界，也观察着外界的种种。那时节，你没有内心与外界之间的界限，你没有我与世界的对立。你感觉到一种彻彻底底的交融，和一种每分每秒都在发生的变化。此刻，要是你得到了上师的开示，你就会清清楚楚地明白那意味着什么。这时，你才算真的见到了空性，明白了自性。无论你有着怎样的觉受，上师或善知识的开示，是明白心性的一种非常重要的条件，没有印证，开悟是没有意义的。

见到真心并不难，很多人都会在某个不期然的瞬间见到真心，但他们未必知道那是什么，包括现在的很多修行人，他们虽然也可能会见到自性，但没有上师的开示，没能认知它，所以未能开悟，仍处于迷途之中。这里的迷，指的是不认识路；那悟，便是见到了路。见性，就是明白何为正确的修行之路。

禅宗有“破三关”之说：“不破初关不闭关，不破重关不住山。”所谓三关，便是修道的三个难题：一是学道之时开悟难，二是开悟之后保任难，三是保任之后妙用难。

一般来说，开悟被认为是破初关。古时候，修行人刚开始大多以游访参学为主，不会盲目闭关，因为明心见性前不懂怎么修，胡乱闭关，会走错路，也有可能变成精神病。直到有一天，行者找到善知识，得其开示心性，明心见性，才有了闭关的资格，这时，便叫破了初关。破初关之后，还要破重关和牢关，方得大成。

什么是破重关？真正能安住真心不被外物动摇，就被认为是破了重关，破了重关之后，才可以住山弘法。为什么开悟后不能弘法呢？因为，智慧的火苗那时刚被点亮，很容易就会受到影响，一旦外界的狂风暴雨袭来，你的信心就容易动摇，你的信心一旦动摇，智慧之火就可能被吹灭。所以，为了挡住外界的干扰和污染，保护智慧火种，古代修行人才建议一旦开悟马上闭关专修，以稳固悟境。

什么是破牢关？进入无修瑜伽的阶段，行住坐卧都是修行，浊世便是清净道场，这便是破牢关。那时，行者自然明白，世上万事万物，都是心性的显现。表面看来，它们纷繁复杂，或是井然有序，或是气象万千，但在悟者看来，它们并不是真实的存在，因为它们是因缘聚合之物，没有永恒不变的自性，所以并无实存，了不可得。明白这个道理时，行者自然会万相自解于自身，无需对治了。

但破牢关的过程一般比较漫长，禅宗的赵州老和尚见性之后，也时时反复，忽而把握住，忽而又丢了，足足用了四十年，才将那明白打成一片。保任成功后，还要将那最后的保任也扫掉，才算真正的成功。最终的解脱，必须是了无牵挂，连那保任也扫净了，法执也破除了。在牧牛图中，最后是无牛亦无人，不着诸相。赵州老和尚最后是大成就，跟慧能是无二无别的。

2. 无为中的一点灵明

什么叫性空？世间一切皆无自性，不离空性，一切皆在无穷的变化中，有无穷的可能性，这就是性空。了悟性空之后，你的内心便一片寂然，安安静静，空空荡荡，没有纷飞的妄念，也没有汹涌的情绪，世上一切都不能打破你的宁静。但你的心又是明明朗朗，充满灵敏觉知的，它不再执著于某个东西、某件事情，也不再局限于某个东西、某件事情，可它并非一块毫无反应的石头，它能生起无穷妙用。通过它生起的这些妙用，你就会看到生活的无穷可能性。

什么是自觉？什么又是自知？自觉者，明白觉性；自知者，认知觉性。不但要理上明白觉性是啥，生命也要证到这种觉性。那理的明白与事的觉受，必须是了了分明的，就好像亲眼看到一样，一切都清清楚楚，不愚昧，不昏沉，不散乱，明明朗朗于当下。

这时，因为你不再执著于外物，也不再执著自己的念头，所以看起来什么都不在乎——不在乎自己能赚多少钱，不在乎别人会不会觉得自己很失败，不在乎自己做的事情能不能成功，不在乎自己的付出能不能得到相应的回报。你虽然看起来没有刻意做过啥事情，但似乎确实完成了许多事情。虽然你不执著于回报，但在不执著中却又俱足了所有的功德。表面看来，你无事于心，无心于事，任运自在，却是在以出世心做入世之事。出世的心是无为，入世的事是无不为。故老子说："为学日益，为道日损。损之又损，以至于无为，无为而无不为。"意思是，吸纳知识要用加法，越学越多；修道要用减法，今天减去些贪婪，明天减去些仇恨，后天减去些愚昧。越减越少，损之又损，最后达到无为，什么都不执著，也没有一丝的刻意而为之。这时，便能无为而无不为。当你觉得自己越来越清净的时候，就说明道在进步。

做任何事情时，都不要执著它，但还是要做，而且要用心去做。这用心去做，便是空寂中的一点灵炯。灵，灵敏；炯，光明。警觉而光明。你的空寂，并不是昏昏沉沉，也不是散漫，必须要有灵炯。有些人寂也寂，就是没有觉性，没有警觉，就成懒散了。

如果没有了欲望，不在乎结果，那么是不是就不再有追求，也不再努力用心做事了？不是的。无论在不在乎结果，你能做到的，都仅仅是尽力把事情做好。做好了事情，才可能出现好的结果；做不好事情，你多么在乎结果也是白搭。所以说，一个人能否成功，能否变得优秀，不在于他是否像饿死鬼渴望食物那样渴望它，而在于他能否尽已所能地将事情做好。

当然，明白人和不明白的人，即使表面看来在做同一件事情，效果也必然是大有差别的。前者做事安住于湛然空寂，看起来自在逍遥，但内心仍然不离灵炯的觉性，安住于智慧的光明，不离空性；后者如果要模仿前者的逍遥，则容易流于松懈和懒散。比如，有些老人懒洋洋地坐在冬日的墙角下晒太阳，他们也无牵无挂，但他们仅仅是在虚度光阴，那不叫智者。当然，他们要是觉悟了，哪怕卧在垃圾堆里，也仍然是圣者。密勒日巴赤身裸体，瘦若饿鬼，躺在山洞里苦苦修行，但他仍然是大成就师，仍然将无数人引向了觉悟。其价值，在于心。心觉悟了就是智者，心不觉悟就是凡夫。同样拿着刀，当你把刀架在别人脖子上，谋财害命的时候，你就是罪犯；如果你具备了医生的资质，用手术刀割病人脖中之疖时，你就是救死扶伤，就被称为白衣天使。心的明白决定一切。心变了，行为也会随之变化。所以，你不要学那无为的外表和姿态，而要学那无为的心态，和无为中的一点灵炯。

那么，什么是无为？无为就是不执著。

真正的金刚禅大手印，就是放下一切，破除所有执著。不执著就是大手印，那不执著的对象，也包括大手印本身。即使你证得了它，也不要执著它。

听起来很容易，但做起来就不一定容易了。比如，许多人也

知道菩提心，也知道出离心，也知道正见，却纠缠在红尘里，纠缠得一塌糊涂，总是放不下好多东西。我跟他们不一样的，是我不但知道，而且从一开始，就要求自己在生活中做到。写《大漠祭》前，我开过一家图书公司，一年最少挣几十万。后来，我却把这个公司卖了，因为它会牵扯我一部分心力。我说，这辈子，我不是来开公司挣钱的，我有比挣钱更重要的事。十多年前，我在凉州教委时，我所在的办公室管职称，但我从来没主动地评过职称，我知道自己的工资非常低，但也从来不知道自己的工资究竟有多少。对一般人来说，这些东西很重要，但在我的眼里，还有比金钱更重要的东西，那便是生命。因为生命很快就会从世界上消失，重要的，是你一定要在生命消失之前，做完你该做的事。当然，现在在任何地方、任何场所、任何一种境况下，我都能自主心灵，也就无所谓远不远离、放不放下、执不执著了。

一定要明白，人类最大的敌人，不是自然，不是世界，也不是别人，而是自己。所有的圣人，都是通过战胜自己来赢得世界的；所有的英雄却专注于征服世界，因此战胜不了自己。如是故，光明大手印行者追求打碎自己，超越自己。打碎自己的什么呢？打碎自己的执著，打碎自己的烦恼，打碎世界对自己的束缚，擦掉涂抹在心灵上的各种色彩，还原心灵本有的颜色，让心属于自己，让人格立起来，让自己真正地实现人的主体性。这时，你就是太阳，你就是佛。

第五节 悟法空

1. 如何破除法执?

什么叫法?

这里说的法，是宇宙间的一切，不但包括有形的物质，也包括无形的概念与意识，大至星球，小至微尘，总之，意识能走多远，法的定义就能走多远。

所谓的法空，就是说世上一切，无论是有形的物质，还是无形的概念与意识，都是因缘聚合而成的，没有永恒不变的自性，需要依托他物存在，因缘一旦解体，就会随时改变，所以才说它是空的，是幻化的。其中，当然也包括修炼时的方便法门。

何为方便法门？用水洗去身上的灰尘时，水就是方便法门；吃药治病时，药就是方便法门。换言之，能让你明心见性的方法，就是方便法门。它们与有形之物一样，也是归于空性的。就连修炼所得的所有领悟，包括悟身空、悟心空、悟性空、悟法空等等，一旦被具象化，变成意识和概念，同样会归于空性。如果你不明白这一点，洗去灰尘还留着那桶水，病好了还继续吃药，你就多了一种障碍和执著。就是说，不同阶段有不同的需要，如果不符合当下的需要，就是障碍和负担。在明白心性之前，有相修炼就是水和药，你必须时刻提醒自己，只有如法如量地训练，才能实现这一阶段的目的。但那修炼之法只是工具，不是目的，包括你的诸多觉受和领悟，也只是你修行层次的一种表述，它显示的，是你当下的境界，一旦你到了下一个阶段，就要放下它们，进入下一个阶段的训练。

举个例子，法就像船，你必须驾船才能渡河，所以修行时你需要法。过河之后，你必须步行前进，这时就要把船扔掉，不能

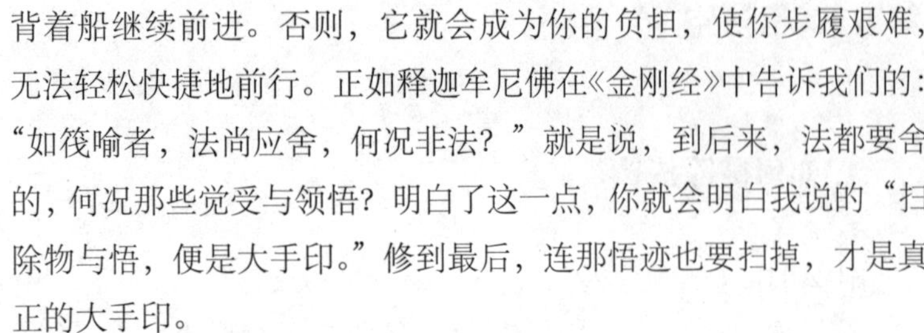

背着船继续前进。否则，它就会成为你的负担，使你步履艰难，无法轻松快捷地前行。正如释迦牟尼佛在《金刚经》中告诉我们的："如筏喻者，法尚应舍，何况非法？"就是说，到后来，法都要舍的，何况那些觉受与领悟？明白了这一点，你就会明白我说的"扫除物与悟，便是大手印。"修到最后，连那悟迹也要扫掉，才是真正的大手印。

需要注意的是，你必须找个医生验证你是不是真的痊愈了，就是说，你认为自己明白的那个心性，必须有一个过来人为你印证。你的病如果真的好了，你就不用吃药了，在此之前，心药还是必须按时服用的。

2. 即身解脱的必经之路

什么是即身解脱？什么又是超凡入圣呢？假如你能切实地像前面说过的那样，先以止（止息妄念）观（观照自心）并重的方式达到明心见性，然后悟身空、悟心空、悟性空，最后悟法空，那么，你就一定能即身解脱、超凡入圣。

即身解脱追求的，是这一世就能得到解脱。而因信得度追求的，是借虔诚信念先往生佛国，再求解脱。可见，前者就像我们到国外旅游时选择直航，后者则是先坐飞机到某个地方，再从那个地方转机到目的地。二者并无优劣之分，只看你需要及适合哪种方式。光明大手印显然属于前者。

那么，修到什么程度，才算是圣人呢？斩断所有疑惑，消解所有执著，超脱六道轮回。

至于涅槃，前面也说过，按大手印的说法，就是当下的光明朗然、湛然空寂、无念无着、了了常明。换句话说，当生活中的一切人和事物，都不能影响你的快乐与自在，不能动摇你的心神，不能让你心生疑虑，你便已得到了解脱。

为了让你在理上明白，我在前面说了悟心之法，它是超凡入圣的一扇门。如果进不了这扇门，你就无法超凡，无法证果，无法觉悟。所以，即使我已说过很多次，但在这里，还要再说一遍：斩断念头、明白真心、保任真心，是重中之重。

需要注意的是，《金刚经》中有这么一句话："闻佛所说，皆大欢喜，信受奉行。"这个"信受奉行"非常重要。无论你知道了多少能让你解脱的妙法，无论你有怎样的感悟，你都必须真正地实践真理。不实践的感悟，仅仅是知识与情绪，它不会变成你的生活方式，不会升华你的生命。反之，如果你实践真理，将它印入你的灵魂深处，让它变成你的生活方式，久而久之，你就会进入佛道。

如果你因为实践真理而受益了，就应该把真理分享给更多的人。这会产生很大的功德。释迦牟尼佛也说过，就算用充满三千大千世界的珍宝供养诸如来，也不如给别人讲性空之理。因为，金钱、物质层面的帮助能够解决人的一时之需，但真理却能让人得到究竟利益，所以，讲述真理的功德是岁月毁不掉的，而充满三千大千世界的珍宝还是有漏的福德。

当然，真理能否改变一个人的命运，在于一个人能否用整个生命与所有的真诚来实践真理。这需要一种对真理的虔诚，所谓"断疑生信，绝相超宗，顿忘人法解真空。"也就是说，斩断所有的怀疑，才能生起无伪的信仰，借由对这信仰的坚定，你便会超越所有的概念与形式，超越所有的虚妄与二元对立，真正地契入真心。换句话来说，成佛也罢，做祖也罢，明白道理之后，一切都取决于个人的修行。

要知道，即身成佛需要得到密法，毕生苦修。世上没有不修的佛。即便是上根智慧如慧能大师者，开悟之后，也必须有十多年在猎人堆里的苦修保任。现代人仅仅是自我安慰似的修炼，是很难证得究竟佛果的。

举个例子，虽然有了种子，但如果你不把它种到地里，不浇水，不施肥，没有阳光，没有空气，种子就不会开花结果。也就是说，佛性之于凡夫，就像是一粒觉悟的种子，你要把它种进自己的心田，确保它能在阳光、雨露的滋润下发芽，让它呼吸着新鲜空气成长，还要以勤勉修行作为肥料与水，为它提供成长所必需的营养。这样一来，假以时日，它才能长成足以让你遮荫的大树。

实 修 篇

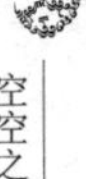

第一章 资粮道：向往光明

1. 兵马未动，粮草先行

前面说过，一般行者要想证得究竟佛果，必须经过五级证道，即：资粮道、加行道、见道、修道、无修道。其中，集资粮是五级证道之首。要是没有资粮道做为基础，我们的所有修行，都会成空中楼阁。

集资粮有多种方法，修生起次第叫集资粮，皈依发心也叫集资粮。除了这些之外，还有很多方法，比如布施、持戒、忍辱、放生、十善行。

我在修行之初，积累资粮常用的方法是修四加行各十万遍：大礼拜、皈依发心、供曼扎、诵奶格玛百字明、香巴四信偈等。此后，进入奶格玛五大金刚法生起次第的修习。这时，要观修仪轨，要诵咒。其中，对咒语的要求是圆满五大金刚本尊咒五百八十万遍，火供咒五十八万遍。以上咒语的念诵，需闭关专修一年多（每天修习十六个小时以上），才可以完成。但单纯咒语念诵遍数的完成，并不意味着你就圆满了生起次第。香巴噶举对生起次第的要求，是能安住五大金刚本尊所缘境——这是一种非常复杂的用于观想的佛像——不动不摇，且将那状态保持七天七夜，才算圆满了生起次第的修习。

但是，从严格意义上说，资粮道的修行仅仅是在为修行积累资粮，然后进入加行道，再进入见道、修道、无修道。进入见道后的修才是正修。有些人一生都不能圆满资粮道，更别说见道了，但有时，行者一刹那就可以圆满资粮道、加行道，进入见道，开始真正的修行。为什么？因为他有大信心。没有这种信心，就只能慢慢地修了。

2. 窥破红尘的危境

从理上看破红尘，是修习资粮道的第一步，否则，我们是生不起修道之心的。

修道之初，我们只能从理上看破红尘。这种看破是一种发现，即发现万物的变化，发现万物就像无数的电影、无数的故事，不管内容如何，表现如何，都在诠释同一个真理，那就是一切都会变化，一切都没有不变的本体。这是大手印行者修行的基础。所以，我将它放入资粮道中，因为，要是没有这种见地，你还需要打基础的。大手印的修行，需要小乘和大乘作为基础，所谓“外修声闻戒，内修菩提心，密修金刚禅。”由修五大金刚法契入大手印的修法，就是金刚禅，但因为历史上有一些外道，曾盗用过金刚禅的外相，容易让人对这个词产生歧义，有点像佛头着粪了。

《法华经》中讲过一个故事：有一个大富翁，他拥有一间大房子，但这间房子只有一扇门。有一天，房子着火了，富翁的孩子们却光顾着游戏，对身边的危险全然不觉。富翁急了，于是对着孩子们喊道，你们快点出来吧，外面有羊车、鹿车和牛车可以做游戏！听说外面也能做游戏，孩子们才争先恐后地从着火的房子里逃出来。

事实上，我们中的大部分人都像在火中玩游戏的孩子，孩子眼里只有游戏，就像人们眼中只有欲望一样。在未能了悟真相的时候，我们关心的，仅仅是能不能得到自己想要的东西。有的人

熟悉如何在世间谋生存，如何在世间掠夺金钱、利益、好名声、社会地位等等，所以他们的生活少有挫折；有的人福报很大，运气非常好，所以他们少逢逆境。但正因为如此，他们才会沉迷于享乐，愚痴而不自知。他们不知道，人生其实充满了痛苦——生苦，老苦，病苦，死苦，求不得苦，爱别离苦，怨憎会苦，五阴盛苦。因为，世间万物都是因缘聚合的产物，人也不例外。

可悲的是，有的人即便觉出了痛苦，也不会去追求智慧解脱。为什么呢？因为，他们也像那些在火中玩游戏的孩子，看不见智慧解脱之门，也不知道欲望是痛苦的根源。正因为如此，佛陀有时才会用一些善巧方便的办法——就像富翁用新的游戏地点来吸引不愿离开火场的孩子——将愚昧的众生导向觉悟。

发现世间一切都在变化的人，就像看见身边大火的孩子，他们心中充满了恐惧，也想逃离火场，但他们未必放得下好玩的游戏。什么意思呢？就是说，当你想得到智慧解脱、实现一种真正价值的时候，就会发现，人性总是贪婪的，世上的一切虚幻，都在诱惑着你，它们像是凶猛的野兽般环绕在你身旁，想要伺机吞掉你。而且，你的四周像是一片密林，你纯粹置身于一个陌生的境地，对一切都难以测度。

但是，对未知的恐惧一点一点淡化着欲望对你的牵扯。有一天，你会发现世界像生起烈火一样，一切都被烧掉了，一时间，漫天尘烟，到处都是破败和腐化之象。一切在瞬息间归于虚空，瞬息间归于幻灭。在你的眼里，世界一片狼藉，毫无生气，像巨大的废墟，已经无法引诱你了。你眼观诸色也不贪婪，耳听诸声也不贪婪，鼻闻诸香也不贪婪，舌尝诸味也不贪婪。这时，六根不再是引诱你堕落的“贼”，五毒也化为了五智，各种执著都被心软化了，慢慢就会消融在真心的光明之中。这时，你才算真正看破了红尘。不过，这种看破，是见性之后的事。

资粮道的看破红尘，是对尘世失去往昔盲目的迷恋。这时，你就不会像蒙了眼拉磨的驴子那样，被贪欲驱使而盲目地做事。你的心中，会产生一种巨大的厌倦感，觉得尘世的一切都没有太大的意思，你想逃离这个虚幻不实的世界，找到一种永恒。这时，你会产生巨大的出离心。它不是一种情绪，它是在看清事物多变的本质之后，产生的一种真正的出离之心。有的人觉得自己厌倦了尘世中的种种追名逐利，不想再参与其中，但他们经受不起诱惑与刺激，那么这种厌倦就仅仅是一时的情绪。但事实上，不管他们怎么追，天大的财富，最后都会消散的。“古今将相在何方？荒冢一堆草没了”，说的就是这个道理。只有真正明白它，才会产生牢固的、真正的出离之心。

出离什么呢？不仅仅是出离红尘，也是远离地狱般的痛苦、远离饿鬼般的贪婪、远离畜生般的愚昧，趋向人天善道，它的特点是趋善避恶；还有一种出离，是摆脱一切束缚，获得一种终极自由和解脱，从世界和情绪的奴隶，升华为“主人翁”，这才是佛教真正追求的出离。有了这样的出离心，人就不会再去迷恋尘世的东西，就一定要冲出红尘的羁绊，这时，人才会上求佛道，才会真正地寻求解脱。因此，经典中将出离心、菩提心和空性正见称为修学佛法的三根本。

当你依照佛法去修习，久而久之，就会拥有离戏的智慧。远离戏论，便是离戏。一切烦恼分别便是戏论，有悖真理便是戏论，事物如戏般的表象便是戏论。明白世界是“一场游戏一场梦”之后,你也就明白了《金刚经》里所说的“一切有为法,如梦幻泡影，如露亦如电，应作如是观。”不再执著它，也不再被它左右，这便是离戏智慧。

不过，众生多为妄执所困，难以解脱。何为妄执？妄心和执著便是妄执，它的特点，是执幻为实、认假成真，否定随缘生灭观，而将不断变化的现象当成恒常的存在。

后天形成的虚妄观点比较容易改变，它停留在意识层面，本身就在不断变化着，比如社会共识、错误知识、对生活经历的错误解读等等，你一旦获得正见、开始反思，就会慢慢从这些错误见解的桎梏中走出来。但是，与生俱来的妄执则很难被改变，比如对“我”的执著等等，这是累世的熏染在我们心中形成的根深蒂固的观点，并不是单纯的反思和道理的领悟就能破除的，这才是真正的妄执。真正的妄执，就是我们总会陷入各种烦恼的根本原因。

当我第一次观察到世间万物都会腐朽、并非永恒不变的时候，我的内心产生了强烈的恐惧感，发现活着没有意义，一切都没有意义，因为，一切最终都会消失。以前，我觉得死亡是一个遥远的话题，就像站在河对岸与我遥遥相望的恶犬，我不害怕它，仅仅因为我知道它过不来。但弟弟一死，我才发现，死亡随时都会降临。当我意识到改变会在某个不起眼的瞬间发生，死亡也会在某个不起眼的瞬间降临时，我的内心被一种巨大的幻灭感填满，我畏惧因缘的离散令事物腐化，畏惧世上一切都会失去存在的意义。我知道，不只肉眼可见的世界会坏灭，就连色界和无色界，也就是传统意义上的“天国”“天堂”都会坏灭。任何世界都会成住坏空，任何世界都像水泡一样，任何世界都似镜中花、水中月。

三十多年前，看破红尘的我，开始惶惶不可终日，我发觉世上没有任何可以依靠的东西，金钱、利益、名誉、地位、楼房、爱人、亲人、朋友……都会像阳光下的露珠一样消逝，唯一与你常在的，仅仅是一颗尚未觉悟的心，一个惶恐而弱小的灵魂。那时，我产生了强烈的恐惧，恐惧之余，我也在直面自己的心灵，因为，我想找到一种最不让自己后悔的活法。这很像一个人突然得知自己只能再活一个月时，内心响起的警钟，我知道，自己必须好好想一想，现在的生活是不是自己真正需要的，这样的活法会不会让自己留下遗憾。

开始反思的我，便不可能懵懂无知地活下去了，因为，我的选择会随着反思而有所改变，这些改变会为我展开生命崭新的一页。所以，许多因而改变了命运的人们，将这时的叩问与警醒称为浴火重生。然后，我就用这种警觉观察危境。危境就是易坏速朽之境，世界上所有幻化不实的东西，都是危境，都如危墙般随时会崩塌腐坏。

明白了一切法不离缘起的我发现，眼睛看到的色，是危境；耳朵听到的声音，是危境；鼻子闻到的香味，是危境；舌头尝到的美味，也是危境；触觉更是这样。谈恋爱的时候，拥抱接吻，美妙无比，但离开的刹那，所有触觉也就全都消失了。名字也是无常的，就算这时全世界都知道我的名字，可这一茬人死后，我的名字就会跟着他们被埋进土里。再者，地球毁灭的时候，我的名字又在哪里？利，更是无常的。

正是因为对死亡和无常的体悟，我十多岁就开始追索活着的意义，直到现在，家里仍然放着一个死人头骨，它是我生命中的警枕。也是因为对死亡的警觉，我一直非常珍惜生命中的每一分每一秒，时时刻刻生活在清明与觉醒之中，虽随缘任运，但从不随波逐流。我知道，人活着，不是为了走向死亡，不是为了什么享受，而是为了在活的过程中实现一种价值。什么价值？世上有你比没你好，这就是你的价值。所以，我的写作从不哗众取宠，我也从不为了销量与名气而改变自己的写作，我只想把生命用于写一些有意义的好书，能有益于他人和世界。

明白后的我知道，上面的“我”，其实也是无数个寻求真理和永恒的“你”。唤醒无数个“你”，这成了我写作最重要的理由。

3. 明白基本真理：苦集灭道

四谛是佛教最基本的理论，在修资粮道时，先应该了解它，这有点像我们要去一个陌生的地方，先要看它的路线图一样。

所谓谛，是真实不虚、如来亲证过的真理。四谛，就是苦集灭道四个真理。佛成道后，在鹿野苑为五贤者讲的，便是此法。

苦谛，指的是三界轮回生死之苦，一切有为法有生有灭、不会永恒，故众生有无量之苦。

佛经中常说的苦，分为三苦和八苦。

三苦之中，一是苦苦，由逆缘引起热恼，正受苦时，从苦生苦，故名苦苦，就是说，这是因诸事不顺而生起的苦恼；二是坏苦，即使有了顺缘，世间诸多安乐也会分离朽坏，不能恒常，因此引起痛苦，故名坏苦;三是行苦，人会生老病死，万物也在变化，没有一物能够把握，因无常而苦恼，故名行苦。

八苦即为：生、老、病、死、爱别离、怨憎会、求不得和五阴盛苦。五阴盛苦，便是贪嗔痴慢妒所引起的痛苦。外有寒热饥渴等逼恼之身苦，内有烦恼之心苦，所有诸苦皆归苦谛所摄。

集谛解释了痛苦产生的原因。集，是积聚二十五种苦果之因。一切众生从无始以来，由贪嗔痴等烦恼，造积善恶业因，才感召了三界生死等苦果。就是说，众生因为贪嗔痴等烦恼造下善恶因，才会招来相应的善恶轮回之果。

灭谛又名尽谛，只有灭了二十五种苦因，寂灭涅槃，消尽三界结业烦恼，才能永无生死患累。就是说，只有窥破虚幻，息灭烦恼，证得觉悟，才能断除轮回堕落之因，免除轮回之苦。

道谛的道，便是由修戒定慧通向涅槃之道，共有三十七菩提助道品法：四念处、四正断，或四正勤、四神足，或四如意足、五根、五力、七觉支，或七菩提分、八圣道、八正道。

四谛有两重因果，集是因，苦为果，由苦集二谛成为世间生死因果;道是因，灭是果，灭道二谛为出世因果。因为我们有欲望，故而感召了轮回的果报；如果我们化烦恼为菩提，实现破执，就会超越轮回，证得涅槃。这是佛教基本教义，是大小乘各宗共修、必修之法。佛说四谛,便是要众生了知四谛的真理,断烦恼,证涅槃。

大手印是佛教中的超越智慧，也就是四谛中的道谛，但它同时也融合了大小乘和密乘的所有智慧。在香巴噶举奶格玛五大金刚法的修炼中，就提倡“外修声闻戒，内修菩提心，密修金刚禅”，就是说，它也需要明白苦谛、集谛，也就是发现烦恼痛苦之因（世界是无常的，万事万物无法永恒，故而带来了痛苦），明白无常之因(万物以因缘聚合而生,也会以因缘离散而灭,这是无法改变的)，从而明白如何息灭烦恼,进入“灭”谛和“道”谛。而“灭”的过程，本身就是修道。没有实际行履的超越，就是空中楼阁。

当你确定了修道的方向，有智慧的指引，又能一直坚持修行，那么走着走着，你的修行境界就上升了。

4. 依止上师

当我们发现红尘的危境，想出离修道的时候，首先要寻找一位能引导你上求佛道的上师，他必然是正直有德行而能教授正道之人。上师也是我们所说的善知识。传统佛教中，对善知识的界定很严格：“能说空、无相、无作、无生、无灭法及一切种智，令人心入欢喜信乐，是名善知识。”可见，在这一观点当中，善知识起码是圣者，因为他必须能够自觉觉他。

金刚乘要求上师必须具备十种功德：一是调伏，能降伏六根生起的欲念；二是寂静，能止息妄念，安住于湛然明空当中；三是惑除，能以智慧光明观照自心，断除所有烦恼疑惑；四是德增，守戒守得非常好，俱足定力与智慧；五是有勇，做利众事业的时

候不感厌疲；六是经富，不但俱足智慧，也俱足广博的知识；七是觉真，见到了空性，认知了真心；八是善说，能善巧说法，令众生觉悟；九是悲深，有无缘大慈，同体大悲；十是离退，所有时刻都保持恭敬谦卑，不生骄慢之心。

找到具德上师后，要皈依他。皈依是对大善的向往，是一种身体力行，是心向往之、行效法之，更是一滴水融入大海的前奏。真正的皈依，是效仿上师的利众行为，没有行为，就谈不上皈依，也谈不上信仰。

上师是心灵的依怙，我们要对他保持足够的恭敬，以他为生命和行为的范本。依止上师，是我们生命中最重要的事。即使因为时间、地理的关系，我们不能时常聆听他的教诲，也要将他作为生命和灵魂的标杆，时时以他的言行为参照，校正行为，升华人格。同时，我们要向他求那对机之法，然后深掘一井，精进用功，才可成功。

皈依发心的目的，是积累资粮，建立信心，而供养上师、为上师做事，最容易积累资粮，建立信心，成熟心性。密勒日巴犯了大罪，诛杀了几十个人，但因为帮上师造楼，积累了资粮，加上精进苦修，所以没有堕落恶道，反而觉悟成佛了。可见，找到明师，信受奉行，真是能改变命运的。据一些大德称，在所有积累资粮的方法中，能亲近上师、为上师做事，是积累资粮的最好方法。

西藏有一部叫《萨班教言》的书中说，行者需要历时数劫，进行舍身等许多艰难苦行才能圆满的般若行，在师道中刹那之间便可完成。因此，在修积福德资粮和消除罪业方面，没有比供养上师更方便的法门。

《华严经 · 树庄严》中，谈到了敬师九心：

1、视师如父母的孝子心；2、诚心不变的金刚心；3、负载重任的大地心；4、风雨不动摇的山岳心；5、忠诚服务的仆人心；6、谦虚恭敬的下人心；7、承受上师负担的车乘心；8、能忍辱，而不背叛的义犬心；9、为上师而风里来、浪里去从不厌烦的航船心。

那么，是不是一旦找到明师，就要待在他的身边呢？不一定。耳传是必要的，但你不一定要待在他的身边。在真正的智者眼里，时间和空间只是一个幻觉。只要你有虔诚的信仰，不论远近都可得到加持。上师如太阳，你躲到阴影下得不到温暖，离得太近，又有可能会被晒伤，距离不远不近，却虔信有加，这才最为合适。所以，只要紧跟上师，一起做利他之事，无论是否在身边，都不要紧。当然，要是有机缘，能在上师身边做事，得到上师言传身教，这是最殊胜的因缘了。

上师和弟子的关系，是一种灵魂和信仰上的认可和默契，而非世俗中的名分。没有上师，就没有人能告诉你应该怎么修，也没有人能告诉你目前处于什么状态，更没有人能验证你是不是真的明心见性了。

没有上师的盲目修行，是非常危险的，因为你有可能执幻为实。执幻为实是一切痛苦的根源，很多修行人就是因为没有明师，或不从师授，在修行路上走歪了，结果痛苦不堪。

我们要依止的上师必须是觉悟的人，是拥有智慧的大善知识。他不一定是名师，因为很有名气的人中，不乏不学无术的骗子；他也不一定有出家人的外相，因为披袈裟者里面，照样充满了贪嗔痴。

觉悟是超越一切外相的，看起来一本正经，不代表证得了光明心。真正重要的，是那颗心，是心灵的觉悟和人格的伟大，而不是外相，更不是神异。同样，有人觉得成佛就不该生病，这也是错的，《阿含经》中就常看到佛陀说：阿难，我背疼。但背疼也罢，不背疼也罢，他已经证得了真理，他心性的光明已经焕发了，你再也不可能用愚痴去掩蔽他了。即使他的肉体还会产生一些痛苦，因为圣者即使证悟了，也还是有肉体，那肉体是四大和合而

成的，自然会生病。但他证得的那份觉悟，却不会因为生病而复归迷乱。藏人说，圣者行了凡间事，他的心仍然是圣洁的。明白这一点，你才会明白，什么样的人才是真正的善知识，你才不会因为找错了人，而走上歧路。

如果你找到了真正的明师，就要皈依他并且发心。发心是一辈子的向往，是你修行的目的。它决定了你修行的过程、修行中的选择，以及成就的大小。如果你发心要证得阿罗汉果，那么你修行的目的，就是为了自己解脱，你修行的结果，最多也止于自己解脱；如果你发心要证得菩萨果位或者究竟佛果，那么你的一切修行都将是为了利己利人，你修行的结果便不但能自觉，还能觉他，甚至觉行圆满，创造不朽的功德。这跟人生的梦想和格局也是相通的。

我们皈依上师，也即皈依了佛、法、僧三宝。这意味着你把身、口、意都献给佛道，此后你的一切行为、语言、念想都必须符合真理。

5.何为三宝?

佛宝是法界的诸佛，法宝是能指导你走向解脱的真理和方法，僧宝就是能够引领你走向解脱的人。

对佛宝、法宝，多无异议，唯僧宝多有误解，人们大多认为只要是和尚，便是僧宝，其实不然。由五个（或以上）如法比丘或比丘尼组成且能传戒安居诵戒的僧团叫做僧宝，证得一地菩萨以上圣位的在家居士或僧人也叫做僧宝。未曾开悟的凡夫僧虽有僧人的外相，但他没有见到究竟的真理，不能将人导向解脱，所以并不属于僧宝。

这一点，任杰先生在《略讲观修三宝功德及其意义》中论述甚详，他说僧宝可分为三种：

一是凡夫僧，亦名异生僧，即未证圣位以前的僧伽。此凡夫僧要受近圆戒，五人以上的比丘众，或比丘尼众，如法如律修行，如法羯磨，如法传戒（在边地有清净比丘五人即可传戒），如法安居、如法诵戒的和合众，则称为僧宝。

二是有学僧，谓从预流向至阿罗汉向七者为有学僧宝。大乘圣僧从证八忍八智，开悟登地之后，才算进入如来之家，才能担当佛教大业，从一地菩萨到第十地菩萨，称之为大乘有学僧宝。

三是无学僧宝，亦名真实僧宝，或称第一义谛僧，无为僧。此即烦恼已尽，所作已办，梵行已立，不受后有的圣位阿罗汉，名为无学僧宝。

《略讲观修三宝功德及其意义》中说，明心见性的居士也属于三宝之一，称“菩萨僧宝”，书中说：“菩萨僧宝，是有菩萨示现在家居士相，不过一定要证圣位（初地以上）的菩萨或僧相，一个人才可算僧宝。凡夫僧一定要有五个比丘僧，能传戒安居诵戒，才能说僧宝，一个僧人只能称比丘，不能称僧宝。”

所以，我们皈依的对象，一定要是称得上僧宝的圣僧、如法僧团或是菩萨僧宝（即已经开悟的居士），而不能是普普通通的单个凡夫僧。

当你跟真正的善知识接触时，你会渐渐变得清净、干净、明白，贪婪、仇恨和愚昧都慢慢会消失，对名利得失也无所谓了，那么他就是善知识。善知识跟会不会花言巧语没有关系，他不一定很会说话，也不一定慈眉善目。有些善知识甚至会以非常凶恶的形象出现在你的面前，把你骂得一塌糊涂，但与此同时，你又觉得自己似乎因此而明白了一种东西，这也是善知识。玛尔巴老是打密勒日巴，但他却是世界上最伟大的善知识。

有一种说法：上根人跟中根人接触，中根人会因之得到提升，可能变成上根之人；中根人常跟下根人接触，下根人也会相应地得到提升，变成中根之人，可见熏习的力量很大。我们每天修生起次第，就是在跟佛接触，久而久之，我们的人格就会得到升华。同样，要是我们老和人格比自己低的人搅和在一起，久而久之，就会染上一些不好的习气。凉州人于是说："跟好人学好人，跟上龙王当河神。""进了菜籽地，就会染黄衣。"

但是，有人分辨善知识和恶友的标准，不是心的清净和明白，而是身体的某种觉受，这是不对的。有时，他因为自己的愚昧或贪婪产生了痛苦，却不在自己身上找问题，而说是自己接触的人不吉祥，其实那不吉祥的，正是他自己的心。因为，正如前面所说的，世界是心的倒影，别人是自己的镜子，你觉得别人怎么样，有时并不是别人真的怎么样，而是你自己怎么样，你看到的，永远都是自己的思维模式。除非你证得了觉悟，拥有能透过假象看到本质的智慧。

所以，综上所述，对一个真正上求佛道的人来说，跟某人接触时，你的贪嗔痴慢妒增盛了，他就是恶友；你的贪嗔痴慢妒消除了，他就是善知识。如果还没有遇到善知识，你也可以时时自省。真正的修炼，就是在真心观照下的利众行为。

这里，我们要再强调一下善知识的重要。命相学上有得贵人一说，按我的理解，所谓贵人，非权贵，非豪门，而是能影响你一生的人物。当然，这影响，更多的是心灵的影响。就是说，善知识是你的心灵依怙，你皈依了他，就有了人格修炼的参照和标杆，你观其貌，思其德，察其心，效其行，久而久之，你的人格就不知不觉升华了。当你修到跟佛无二无别时，你就成了佛。所以，善知识的本质，是灵魂升华的老师，而不是护身符。

人的一生中，可以有很多善知识，只要让你学到了东西，就可以视之为善知识。在所有的善知识之中，根本上师——也就是为你开示心性、让你明心见性的那位上师——是最重要的，依止他，是你生命中最重要的事情，当然要专一，还要毫不犹豫地亲近他。在密乘的传统里，为你开示心性的善知识体性是报身佛，他代表了诸佛菩萨和空行护法。诸佛菩萨的所有加持，都是通过根本上师来完成的。所以，当你轻慢了根本上师，便轻慢了三世诸佛；当你诽谤了根本上师，便诽谤了三世诸佛。生命可失，根本上师不可失去。

需要强调的是，我这里所说的上师，是指根本上师。因为，在你的修行过程中，可能会遇到很多有着上师名相的人，有些是没有开悟的凡夫，因为其私心做怪，可能会诋毁你的根本上师，让你对他失去信心。若是你遇到这样的人，即使他曾对你有过上师的名相，他也还是恶友。因为，他动摇了你的信根，坏了你的慧命，你要毫不犹豫地远离他。

资粮的本质是信心，其中对上师的信心是关键。没有它，便不可能有证悟。

不尊师者，不得成就。那么这种信心从何而来呢？从实践中来。你要脚踏实地地依照上师的教法而修行，慢慢地，就会拥有一种体验。单纯地学而不炼，没有多大的意义，望梅是很难止渴的。

找到善知识之后，想要保持对他的信心不退转，也可以多诵《上师法五十颂》，学之，思之，行之，久久便得大益。其中所有的内容，都在教你如何打开智慧之门。因为，真正敬师者，才能敬自己的灵魂。没有一份大信，是不可能得到大力的。我对上师的信心，是修"香巴四信偈"圆满的，其内容是："生生世世，护持上师；无计无执，净信上师；尽我身命，庄严上师；行住坐卧，祈请上师。"我在圆满了十万遍的观修念诵之后，还一直在诵它。我的发愿是，尽形寿持诵它，就是说只要生命存在，它就会一直在我的生命中响着，成为我生命的主旋律之一。这成了我生命中巨大的诗意和能量的重要来源。密勒日巴也这样，便是在他得到大成就之后，他仍然会常常祈请上师，这一点，大家可以看他的道歌。

从本质上说，他力——如上师的加持、传承中的加持力等——虽然是客观存在的，但也必须依托我们的信心才能起作用。这有

点像半导体收音机和电台的关系。电台虽然发射电波，要是收音机不开，或是坏了，或是波段不相应，是收听不到声音的。所以，没有信心，便没有他力。信心的自力和他力的相应共振，才会和合为更大的力。二力和合时，方为相应。

不过，真正的信心，并不是一般人眼中的信心，相信上师说的话，也不等于就对他有了无伪的信心。因为，我们所说的信，不是世俗的信，而是一种源自清净心的信。这种信，是无求的，是拒绝机心、崇尚天然的，它就是心性的用，而心性则是信的本体。没有信就看不到真正的心性，那信正是心性的体现。所以，修道之始，应先解疑，再谈别的。疑不除，便不可能生起信心，不可能得到智慧。信心就像一条光缆，可以传送内外上师——本有的真心，是你的内上师；根本上师是外上师——之间的信息。没有信心，便没有一切。上师是成就之源，若无上师，你我连佛字都难以听闻，何谈成就?

上师是十方三世一切佛的总集化现，行者若无恭敬之心，而欲图成就，则如压沙榨油，纵然历经千劫，亦难如愿。有经论称：供养三千大千世界的珠宝给三世诸佛，不如供养上师一粒米。上师恩德，高于诸佛。上师即本尊，即空行，即护法，三者融于一体。弟子成就，全赖上师之赐。密宗之殊胜，在于上师以自己所证悟之果位证量来加持弟子，令弟子疾速成就。上师虽有无上慈悲之心，无奈弟子信心不足，或具邪见，视上师为凡夫，更有胜者，以不清净的心看上师，便见上师所显现，多不顺眼，而徒令自己功德丧失，种下无边罪业。

关于上师，密续中开示极多，龙树菩萨在《五次第》中云:“即使远离其余的一切供养，仅以供养上师，使上师欢喜所赐予的加持力，即可获证一切智，所有福德资粮与苦行都已在供养上师中圆满。”

一些学密之人，初入师门，信心极大，虔诚心也十分饱满，故在修学过程中，有许多奇异的证验，到了后来，信心渐消，功德枯萎，对上师也起了邪见，行止反不如俗人。故先哲称："学佛一年，佛在眼前；学佛两年，佛到大殿；学佛三年，佛到西天。"社会上有许多"佛油子"——就是到处求法，到处拜师，空口谈佛，却不扎实修行的混混——言必谈佛，可观其行履，却离佛甚远，更有甚者，堕落成了骗子。

有了俱足的信心，有了对上师无上的恭敬，你才有成就的可能。这是成就的前提。但同时，你必须明白，我们的真心与上师之心，与如来之心本为一体，不一不异。

有识者称：若无金刚上师的加持，修生圆二次第则可转生色界及无色界，但不可能获出世功德而证悟。反之，让成就上师欢喜是修行的捷径。只要上师欢喜，你也视师如佛，便可俱足修道的资粮。当你的因缘成熟时，成就上师会根据你的因缘，为你开示心性，你就会明心见性，顿证初地，足见上师有多么重要。

当你很难跟本尊相应时，你也可以多祈请上师。虽然从了义上看，上师本尊本为一体，但有时候，因为分别心作怪，行者总是在不经意间将他们二元化。所以，这个时候，你也可以多祈请上师。

6. 奶格玛千诺

一些还没有遇到明师的朋友，也可以念诵"奶格玛千诺"，因为香巴噶举传统认为，所有念诵"奶格玛千诺"者，奶格玛都会视若心子，这是奶格玛的愿力使然。这种念诵或祈请，是无需灌顶的，而且信与不信，皆会获益。

香巴噶举法脉的体系性很强，上中下三根之人都能找到适合自己的修法，我们称之为智慧的华严树：奶格六法是根，大手印是主干，还有树枝、树叶等等。上师相应法则是其灵魂。

诵“奶格玛千诺”就属于上师相应法，无需灌顶，只要至诚地发心皈依奶格玛，你就是香巴噶举的信仰者，可以持诵奶格玛的名号，照着奶格玛的利众精神去做事，那么，你就是真正的、最好的信仰者。这种信仰直接超越宗教名相，进入了信仰的核心。当你把对那精神的向往和敬畏作为人生标杆，虔诚信仰时，你就会慢慢提升自己的人格，最后，你就会跟奶格玛相应。

在香巴噶举的法脉中，持诵“奶格玛千诺”属于基本法门，很适合当代人，它是三根普被、利钝全收的，就是说，无论什么人，有宿慧还是天生愚钝的，只要有向往，都可以诵“奶格玛千诺”。前面说过，奶格玛的修证非常高，证得了莲花生大师那样的虹光身成就，不生不灭，直到今天，仍以虹光身住世，安住娑萨朗净土。她曾发下金刚大愿，救度一切跟她有缘且向她祈请的众生，类似于观音菩萨的循声救苦，只要轮回未空，她的愿力就不会消失。香巴噶举的修行者修得很好时，就可以和她建立联系，随时沟通交流。不过，在大手印中，这属于中等层次。真正达到高境界时，你就是她，她就是你，你和她是一体的，也就是我们所说的“无二无别”。

了义来看，上师本尊本为一体，但有时候，因为行者的分别心作怪，总是在不经意间将他们二元化，所以要多诵“奶格玛千诺”，让它像空气一样融入你生命的时空。不过，即使你时时行虔信瑜伽，你也一定要明白，当你认知真心证得空性时，你跟上师本尊就是无二无别的。这不是作意，而是要坚信无疑，甚至是本来如此。不明此理者，就没有契入真正的密乘。

在我十多年的实际修证中，祈请奶格玛或金刚亥母（二者本是一体）是我常修的功课，或者说，我从来不曾将自己和她们分开过。所以，我总能跟她们相应。许多时候，大善就是这样熏染而成的。而大善的熏染，正是宗教仪轨真正的意义所在。

有人曾问我，“奶格玛千诺”和“南无阿弥陀佛”有什么异同？我告诉他，两者都能让行者因信得度，实现往生，前者往生奶格玛的娑萨朗净土，后者往生极乐世界。不过，诵“奶格玛千诺”也是生起次第和圆满次第的前行，在资粮俱足时，还可进修奶格玛五大金刚合修法，证得光明大手印，这就是两者的区别。

因信得度是世界上最常见的一种信仰，很多宗教都是这样，比如信仰真主的得到真主的救度，信仰上帝的得到上帝的救度，等等。大手印追求的不是这个东西，它们追求见即解脱。当一个人真正地见即解脱了，他就没有佛国和娑婆世界的分别心了。奶格玛证得究竟佛果之后，净虚空遍法界都是她的法身，她没有来去。她像太阳的光明一样，能遍照一切的有缘众生。

我常说，法门无分高下，只看你跟哪一种对机。如果你修一种法好久都没有相应，说明这个法和你不对机。跟你对机的法门，你一实践就会有一种非常特殊的心灵体验，我们称之为宗教体验。相应的法，修起来便成就快。对机是相应的前提。对机跟吃药一样，许多时候，吃错药是会送命的。对于适合修净土的老太太来说，找一个讲授破相的上师，可能会毁了她的信根。因为她唯一的希望就是往生到极乐净土，这时你如果告诉她净土也不究竟，也不是永恒的，也有成住坏空，还要求她破除对净土的执著，她的灵魂就会失去依怙，在业风中飘摇不定。

所以，想要追求心灵解脱、让心自由安详的朋友，可以从现在开始，就实践一种你最有信心的法门。如果对奶格玛有信心，想多了解一些关于她的内容，你可以去看《光明大手印：实修心髓》和《无死的金刚心》。

7. 本尊真的存在吗?

在金刚乘修习中，每个行者，都有他的本尊，多为佛和菩萨。诸佛菩萨传了诸多法门，有诸多心咒，你修哪位佛菩萨，观其形神，诵其密咒，发其心愿，哪位佛菩萨便是你的本尊。修本尊法时，行者便有了一个灵魂标杆，除将凡俗色身观为智慧佛身外，其身口意，不离慈悲，不离真言，所闻无非咒声，所见无非本尊坛城，所做皆是利众之事，久久熏习，人格定然升华，终而与本尊无二无别。

外境就是本体，本体就是空性，空性就是幻化，万相都没有不变的本体存在，都归于空性。世上根本不存在永恒不变的东西。

生起次第成就时看到的这个本尊，是实有还是非有，是心性化现还是确实存在？这个问题一直是佛教诸多人士争论的焦点之一。

即使你真的见到本尊，仍然必须看成是心性的显现，但不能说他离开心性之后就不存在，他是非有非空的。在行者的观修中，他是心性的化现，而非一种物质性的永恒存在，从这一点上来说是非有的；但是本尊的法身遍布于整个法界，不能说他离开了你的心性就不存在，所以他又是非空的。既然科学承认宇宙中有96% 以上的是暗物质和暗能量，那我们就不要以为离开心性之外，就没有一种比人类更伟大的存在。

我们用“相应”二字来解释某种状态，也就是说，在某个瞬间，你心中本尊的某种体性和法界的某种体性，是能够达成共振的，我们称之为相应，就是说当你进入一种境界，得到了那种力量的有益加持，你就会上升到某一种境界。

宗喀巴大师见到的文殊菩萨代表法界诸佛力量的智慧化现，对这种力量，你不能用常规的、科学的目光问它存在与否。因为你说存在的话，他不是有形的、物质形态的存在，他是一种精神层面的存在，是没有实体的。如果说他不存在，他确实有某种功能性的力量。我们只能说，本尊是非有非空，如梦如幻，似真似幻，缘起性空的。

修生起次第的时候，我们偏向于认为这股力量是实有的，这是为了把他当作一种灵魂的标杆，让自己的心灵得到升华。圆满次第的修行中就自然明白了一切归于心性，通过修三支法、大手印法，就能消除二元对立，消除我和那股力量之间的某种隔阂和分别。所有隔阂与分别都消除之后才能子母光明会，才算证得究竟。

真正的本尊，其实就是人格修炼的参照和标杆，你观其貌，思其德，察其心，效其行，久而久之，你的人格就不知不觉地升华了。当你修到跟本尊无二无别时，你就成了本尊。

因此，要回答“本尊到底实有还是非有”这个问题，必须分清楚对方正在修生起次第还是圆满次第，或者修大手印。正在修生起次第就必须按照生起次第的标准来回答，即本尊是某种力量的化现，是实有的，为的是要增加他的信心；修圆满次第就按照圆满次第的标准来回答，即他是心性的化现，是非有的，为的是破除他的执著；修大手印则按照大手印的智慧来回答，即他非有非空，是缘起性空的。不同根器提供不同的答案，目的就是让他开悟。

有人见到本尊就认为自己成就了，这是不对的。见到本尊是生起次第层面的说法，只能说明你的气脉发生变化了。如果你与本尊有所交流的话，就还有二元对立。真正修到一定的层次，你就是本尊，本尊就是你，无二无别，那时就谈不上交不交流了。交流意味着有两个或两个以上的角色存在，这样的话你是你，我是我，本尊仍然是本尊，这不是大手印。大手印没有二元对立，就好像通过修炼把瓶子打碎，瓶子里的空气和法界的空气融为一体，这时候它们就没有分别了，都是一体的。

帝诺巴亲见金刚持的时候，还没有证得究竟成就，他只是证

得生起次第成就。后来，他如法苦修，才达到究竟成就。达到究竟成就以后，他就是金刚持，金刚持就是他，我们就说他证得了金刚持果位。金刚持是一种境界。

事实上，万法唯心造，一切都是心的化现。有人如果因为看到了这个本尊那个菩萨，便认为自己非常超胜，并认为心外还有某个实体的话，说明他还属于生起次第的层次，没有证得大手印。

所有显现都是心性的化现，这是了义的。实质上，定境中看到本尊，有时只是气脉明点变化引起的一种反应。关于这一点，密勒日巴说过："一切诸法皆是自心，我亦如实悟到那自心就是明空之性。""你的这些经典（文字）我不会，我是以心为学习，所有外境显现均为经典，与显境不分离就是与经典不分离。显境的老师告诉我，外现诸境即是自心，自心即是明空。"他说得非常好。

真也罢，假也罢，法门可以有无数个，但所有法门的目的都是证到空性光明。所有方便法门只是帮助你见到光明的一条路，一种途径。见到光明之后，你就不用再走那条路了，所有的法到那时候都要放下。

8. 守护灵魂的誓约

当皈依了成就上师之后，最应该做的，就是守好三昧耶戒。

三昧耶戒是金刚乘最重要的基石。它是资粮道最重要的内容，同时，它又贯穿所有的修道过程。

梵语三昧耶，汉译为誓言，三昧耶戒就是誓言戒，它是总摄行者的身语意的根本戒，平等任运，三世无碍。它以众生本具的清净菩提心为戒体，法界秘密真言的功德为戒行，众生即佛平等一如、圆满无碍地任运为戒相。它是弟子与上师之间建立的誓言，如同双方生死结交的盟誓。

三昧耶誓约是真正的密乘根本戒。它是心灵的誓约。对于大手印行者来说，经上师开示后，你对上师的信心，对真心的守护，便是三昧耶戒。真心的特质是本来解脱，本来自在。就是说，我们并不是叫那真心导向解脱的，而是那真心本来是解脱的。要入真如之境，只能透过真如本身。所以，了悟真如的法身觉性就是一切誓约中最高的誓约。它不是手段,不是到达某个目的地的路径,它本身就是目的，本身就是解脱。

在金刚乘的传统里，将根本上师对弟子的所有教言，都列入三昧耶戒的范围。

我们将这一誓约比喻为智慧光道。我之所以能很快契入光明大手印，既源于我对上师的信心，更得之于金刚亥母的特殊加持和开示。那种智慧光明是超越名相的，在我契入那种殊胜光明并认知到它的殊胜时，那誓约便随之构成了。在此后的人生中，对誓约的守护，便成了我最主要的修炼方式。

当然，你也可以将那光道理解为一种象征。但在香巴噶举中，这种光道之说并不是象征，而是一种保证。按传统说法，当你和根本上师之间达成誓约之后，你和他之间、你和二十四个空行圣地之间，就形成了诸多智慧的光道。法界的加持之力就会源源不断地通过光道进入行者的生命。其原理，跟收音机接收电台的电波相若,我们称之为加持。许多时候,也会有人问我一些心性问题。我总是对他们说，你们还是去问你们的上师。因为，问答者之间没有构成三昧耶誓约，所有的开示都没有意义。即使他相信你世俗的人格而暂时相信你所谈的内容，因为没有形成三昧耶誓约的智慧光道，他也不可能得到源源不断的光明滋养。他的那点光明觉受可能很快就会消失于无迹。

没有无垢的清净心，便没有功德，也很难守护三昧耶戒。

不过，也不要把三昧耶戒看得过于神秘莫测，它其实是婴儿面对母亲时才有的一颗真心。它拒绝所有计较、算计、机心，质朴、清净、干净、清凉，崇尚天然，是无我的另一种体现。人生的不朽有两种：其一破除自我，其二放大自我。无论哪一种，都需要破执，而只有建立誓约、依托誓约的力量，才能破执。

三昧耶戒更是修习密法的底线，也是根本之戒，许多修密者，人不老，身先死，就是因为不守戒。当你和根本上师之间的誓约毁坏之后，信仰的殿堂就倒塌了，他对你的所有开示便失去了意义，那智慧光道也便中断了。这时，你生起的觉受便可能像太阳下的霜花那样消失了。这便是一些生起殊胜觉受的行者，最终却丢失了重宝般的悟境，甚至由悟转迷的原因。所以，三昧耶戒是加持的保证，是万万不能毁坏的。

为了建立和守护那誓约，便有了宗教仪轨，或观想，或持咒，或祈请，或保任，等等。

那诺巴虽然是那烂陀寺院的大学者，闻名印度，也有过无数的上师，但只有在遇到帝诺巴后，他才有了真正的根本上师。因为，使他明白心性的，不是那有着诸多显赫名相的上师，而是榨芝麻的苦力帝诺巴。为了守护三昧耶誓约，那诺巴大死十二次，小死十二次。他不背誓约，才得大成就。

最具有保护效果的誓约方式，便是祈请上师。有的人觉得祈请带了非常浓厚的神秘色彩，其实不然，它是一种功能态，有益于维护你与上师之间那种灵魂间的认可、默契和相应。而且，通过祈请，时常忆持上师及其教法，也能让你在面对这个世界上的许多诱惑时，不会迷失自我。当你像守护眼眸般守护那誓约时，子母光明才有了相会的可能，相会后光明的增长也才有了进一步的保证。换句话说，你的智慧种子只有在遇到适宜的土壤、阳光、空气和水分之后，才可能发芽、开花、结果；你的智慧之烛，也只有在得到更多的资粮之柴时，才可能燎原成智慧大火。没有三昧耶戒的保证，你那也许已经发芽的智慧种子就可能干枯或夭折，你的智慧之烛也可能被邪风吹熄。这便是那些明心见性后破了三昧耶戒的禅僧，由悟返迷、最终遭到恶报的原因。

9. 成就师与佛学家

从严格意义上说，真正的三昧耶誓约，只有建立在弟子与根本上师之间，正如太阳升起群星自然隐归一样，当一位行者的生命中出现根本上师，他跟以前所有上师之间的誓约，就融入了他跟根本上师的三昧耶誓约。因为，只有明心见性后的修行，才是真正的修行，才会得到究竟的利益。以是故，三昧耶才有“平等、警觉、圆满、除障”之能，而不究竟的其他誓约，行者是得不到究竟利益的。

所以，我们不能依止不明心性、或不为你开示心性的上师。在皈依之前,我们一定要善加观察,切勿轻率。不明心性的所谓“上师”，有时其实是恶友。我有几位学生，本来已经开悟，但遇到这类恶友之后，因受到污染，退失信心，而遭遇恶缘。

佛陀曾说，“依法不依人，依义不依语，依了义不依不了义”，要是得不到真正的善知识，你还不如靠持名念佛或诵经更为可靠。因为，许多时候，错误的选择很可能会带来可怕的后果。许多不明心性、执幻为实、终而走火入魔者，他们求生不得、求死不能，至于家破人亡、身败名裂者，更是屡屡听闻。当然，有些人也是因为不明戒律，不知不觉间，就毁坏了三昧耶戒，损耗了福报，招致了厄运。所以,一旦有了根本上师,就要把上师看得重逾生命。因为信仰是高于一切的，若是你在信仰之上，有了其他需求，那信仰就变成手段了。真正的信仰是无条件的，信仰本身就是目的。

当然，并不是说不给自己开示心性就不是真上师，因为开示心性是非比寻常的事，必须视因缘而定。如果机缘不成熟，上师是绝不会给行者开示心性的，否则便犯规了；相反，对于机缘

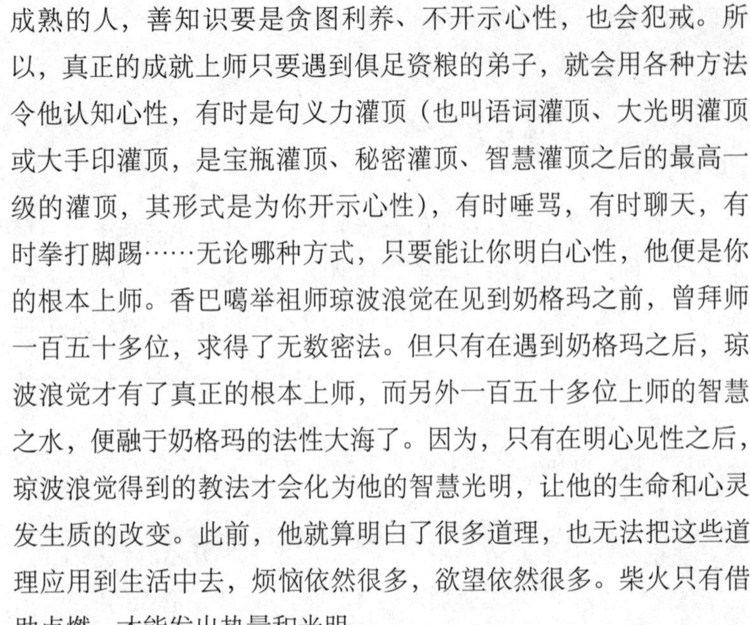

成熟的人，善知识要是贪图利养、不开示心性，也会犯戒。所以，真正的成就上师只要遇到俱足资粮的弟子，就会用各种方法令他认知心性，有时是句义力灌顶（也叫语词灌顶、大光明灌顶或大手印灌顶，是宝瓶灌顶、秘密灌顶、智慧灌顶之后的最高一级的灌顶，其形式是为你开示心性），有时唾骂，有时聊天，有时拳打脚踢……无论哪种方式，只要能让你明白心性，他便是你的根本上师。香巴噶举祖师琼波浪觉在见到奶格玛之前，曾拜师一百五十多位，求得了无数密法。但只有在遇到奶格玛之后，琼波浪觉才有了真正的根本上师，而另外一百五十多位上师的智慧之水，便融于奶格玛的法性大海了。因为，只有在明心见性之后，琼波浪觉得到的教法才会化为他的智慧光明，让他的生命和心灵发生质的改变。此前，他就算明白了很多道理，也无法把这些道理应用到生活中去，烦恼依然很多，欲望依然很多。柴火只有借助点燃，才能发出热量和光明。

要是有些人一辈子都没有开悟的机缘咋办？那么对这些人来说，并没有真正意义上的根本上师，那些为他灌顶、传承、教法、传授窍诀的人，其实是传承上师。我这里所说的根本上师，必须是能让你明白心性的成就上师。因为，要是你不明白心性，你其实还没有真正进入修行之门。许多不明白心性的修行，是很容易入魔的。所以，我们的生命很短暂，一定要找到成就上师，这也是赵州老和尚八十岁仍在行脚参访的原因。

这也要求那些没有开悟的人，不要轻易当啥上师，古人说“误人子弟，如杀父兄”，而好为人师的恶果，远比这说法可怕。

正如我们前面谈到的，虽然有许多学者、大成就师和空行母为帝诺巴和奶格玛传授过教法，但他们的根本上师是金刚持，他们的三昧耶誓约是跟金刚持缔结的。因为那教法知识，永远代替不了智慧。相对于解脱来说，知识的作用很有限。真正的智慧是那种能让你的生命焕发出光明的直观智慧，而不是一般的知识。

拥有知识者，我们称之为佛学家；真正证得空性光明的人，我们才称其为成就师。

好多佛学家并不是成就师。我们可以举个不一定妥当的例子，如果我们用文学中的名相来比喻，就可将佛学家称为文艺理论家，将成就师称为作家。好多文艺理论家精通各种文艺理论，可以讲文学概论、写作等，但他不一定会写小说。写小说需要进行严格的训练，只有不停地写，写到一定时候，自性里才会流出最好的文字。要是仅仅去读文艺理论，读上多少年，也成不了作家。

佛学家也一样，要是他仅仅将精力倾注到佛学理论上而不去修证，无论他有多好的学问，也不会解脱。千年前，密勒日巴就跟一些佛学家有过交锋和冲突，后来，一位格西（佛学博士）甚至毒害了密勒日巴。可见，格西还被欲望和执著所困，其名位和知识并不一定就等于解脱。当然，有些佛学家同时也是成就师，比如冈波巴大师，他在理论和修证上，都是独步千古的。那诺巴也是这样。

关于那诺巴，有个故事很有趣：那诺巴是个佛学家，他早已精通世间的所有佛法学问。有一天，他碰到了一位空行母所化现的丑妇。老妇人问他："那诺巴，你知道经典的含意吗？"那诺巴说，知道。老妇人非常欢喜，接着又问他："那诺巴，你知道经典的密意吗？"那诺巴又说，知道。老妇人却哭了，她说："名扬天下的那烂陀寺的大学者竟然说假话骗人。"那诺巴心想，难道我真的不知道密意吗？他这时已知道老妇人是空行母了，于是马上跪下磕头，然后问："你能告诉我，谁知道密意吗？"空行母让他去某某地方，找帝诺巴。于是那诺巴就辞了职，去找帝诺巴。这个帝诺巴是什么人呢？他是榨芝麻的苦力，但那诺巴找到他之后，仍然跪倒在地，向他求法。但帝诺巴偏偏一直不给他传法，还对他进行了种种考验。有一次，帝诺巴叫那诺巴从悬崖上跳下去，那诺巴就跳了下去，身体都摔碎了，但帝诺巴用神通把他复原了。又有一次，帝诺巴叫那诺巴跳进一个插满竹签的大坑里，那诺巴又跳了下去，所有竹签都从他身体里穿过，帝诺巴又把他复原了。类似的考验有十多次，那诺巴都通过了。帝诺巴才把那诺巴带到恒河边，授之以大手印，那诺巴如实记录，便有了现在的《恒河大手印》，那诺巴苦修多年，才从佛学家升华为了成就师。如果那诺巴执著于外相，没有皈依帝诺巴，或是对帝诺巴没有信心，他是不可能解脱的。

10. 加持：证量光明的传递

显宗和密宗有异有同，相同之处是密宗有显宗部分，都追求般若智慧。两者的区别在于方便法门。

前面说过上师相应法，上师相应法便是得到上师加持最直接的方法，它的作用，就是让你跟上师心心相印，让你亲身感受本有智慧、空寂明朗的果位证量，或者找到我们所说的真心。能感受到那个东西，并且能契入，你就进入了大手印的境界;感受不到，你就进不去，永远只能在文字里打转。

瑜伽行者认为，当我们真的能守候三昧耶戒时，就能得到上师的加持。

这加持，你可以理解为跟另一个伟大存在的心灵频率达到共振后，得到的外力磁化。对非宗教信仰者来说，这过程可能匪夷所思，因为他未曾经历过，但有趣的是，西方科学家发现，人类的脑电波、思维波、生物场和生物脉冲之中，承载了个体生命的所有气息,这意味着,只要弟子与上师在某种特殊状态下达成共振，弟子就能通过接收上师的思维波、生物场和生物脉冲，感受上师传递的智慧光明。

香巴噶举开山祖师琼波浪觉的成就很高，除了无量的咒语之外，他持得最多的，便是“奶格玛千诺”。历代成就的高僧大德们说，“念一万遍本尊咒不如祈请上师一次”。就是说，在修行过程中要始终祈请能让你明白心性的根本上师。你在明白前的所有本尊、上师和法脉，都要汇入根本上师的智慧大海，这时，你自然一门深入。要是你什么都修，什么都放不下，其状况，就很可能像到处挖井，因为每个井的深度都不够，当然见不到水。不过，根据根器和信心、虔诚程度的不同，圆满资粮道的时间也会有所不同。只要遇到非常好的上师和善知识，自己的根器又好，信心和虔诚心都足够时，你就可能瞬间圆满资粮，在上师的开示下明白心性。当然，这并不能让人改变因果律。它只能让人不再愚痴。它相同于电流，而因果律有点像用电的规则。电压不对，灯泡就会被烧坏。所以，即使有了加持力，你也不能违反规则乱用电。而且你不能仅仅依仗加持力，就算得到了上师的加持，你也必须积极用功，清除习气。只有当外因跟内因共生大力，最后无内无外、不生不死，才算圆满，而且那心灵的变化，必须体现为行为的改变。没有行为，便没有大善。口头上的善，只是在欺骗自己。行善而不言善，可能是大善，言善而无行为，则是欺世盗名。

所以，按老祖宗的说法，对有些人来说，灌顶是种下善根；对另一些人来说，灌顶则是入地狱的门票。修密如入管子，非上即下。要是修不成佛，便也可能入地狱。入地狱，当然是因为犯了密乘之戒，不过，要知道红尘中因无知而造业，而堕落三恶道的众生也比比皆是。所以，这还是要看自己如何取舍。但取舍之前，必须做好心理准备，就是去了解密乘戒律，并且守戒。

11. 筑好戒律之墙

我们继续谈戒，因为持戒是积累资粮的重要方法。

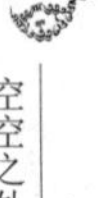

释迦牟尼佛曾说，只要世上有六个守戒比丘，正法就不会灭亡。戒不亡，法不灭。所以在修行首要的十件事中，第一件事，就是守戒。

对于每一个向往佛道的人来说，戒律都是最主要、最根本的基础。那么什么是戒？诸恶莫作就是戒。戒的本质是敬畏，其根本底线，就是不去有意地伤害别人。佛教中的许多戒，都是可以随顺世间法的，其中有许多与时俱进的内容，大多以对治欲望为主。

传统的戒有多种：菩萨戒、比丘戒、比丘尼戒等，大家可以看相关的书。

不懂戒律，不明戒律，不守戒律者，很难成就。为什么呢？原因很简单，如果我们把智慧看成一根点燃的蜡烛，戒律就好像四堵墙，它挡住了外面的风，不让它们把智慧的蜡烛吹灭。然后，再用这个蜡烛点燃你的资粮之柴，让它燎原出智慧大火。就是说，当你的定力不足以抵御外界的干扰与诱惑时，就需要借助戒律，避开一切污染源，保持心的清净。

所以，戒是自我拯救之法，它重在自律。无戒便会自我放纵，自我放纵者多害人害己。戒是守住灵魂的标杆，知道啥该做，啥不该做。

要知道，不管做啥，承受者都是自己。世间规律便是自作自受，种瓜得瓜，种豆得豆。想种善果者，便种善因。那避恶，便是戒；那趋善，便是慧；那妙用，便是定。在浮躁社会里修定，更需要戒。有了戒，就有了内心的守候，无需靠别人。

明心者，坚守真心，便是最好的坚守戒律。戒在于心，不在于形式。很多人，就是因为没有戒，才失去了生命的健康和自由。相反，守戒者，有时甚至可以解除命难，像当代的绝症病人，只要改变生活方式，大多可以得救。

要是不小心犯戒了怎么办呢？你也不要背上过于沉重的心理负担，最重要的是忏悔，不再犯。守不住灵魂标杆者，最终定然会自食恶果。

不过，既然戒律属于事，也就是一种因缘生灭的现象，它就必然归于空性。当你的智慧燎原成大火时。这时，世上一切都不能动摇你的真心，你便解脱成佛了。成佛之后，你破除了一切二元对立，起心动念无非利众，自然也就不存在什么戒与不戒的区别了，因为你已经没有了那个让你犯戒的东西——欲望。

《西游记》中孙悟空的头上戴着金箍。每次他要起猴脾气时，唐僧就念紧箍咒，逼着他收敛猴性。这就是戒律。等孙悟空戴着紧箍，艰苦西行，历经艰险，降魔伏妖，到达西天，成佛之后，金箍自然就消失了。

时下，许多喜欢所谓自由的人，总是不喜欢戒律。却不知，真正的自由——也就是佛教所追求的无条件的自由——只有靠戒律来实现，它是戒定慧的产物，是自性光明焕发后本体智慧的显现。没有戒律的约束，便没有终极的自由。

牛魔王虽和孙悟空本事相若，由于没有向往，不守戒律，就失去了许多机会，更上不了去西天取经这趟车，就只能是个妖精。无论多厉害的妖精，要是不进入那戒定慧的大文化体系，就永远不可能得成正果。

小乘对戒律的要求特别严，戒定慧三学中，戒为首位。持戒也是大乘的六度之一。因为，不守戒的人没有足够的定力，不能控制好自己的心，容易被外界的诱惑所污染。所以说，修行的第一件事，就是守戒。

居士一般守菩萨戒:不杀生、不偷盗、不妄语、不邪淫、不饮酒。这些戒，在儒学中，相当于仁、义、理、智、信，其实就是五种做人的准则。

道家也有许多戒律，基督教同样有摩西十诫。在任何宗教中，不守戒律都很难成就。戒律是修行的基础，就好像一栋楼房的地基一样，非常重要。

12. 斩断贪欲之根

集资粮的过程也是清理五毒的过程，虽然真正地清除五毒是在见性之后，但从集资粮开始，清理五毒，就是修行的重要任务，贯穿了整个修行过程。

贪是诸恶之源。

佛教对贪有许多比喻，例如贪结、贪欲、贪毒、贪病、贪缚、贪着心、贪欲盖、贪惑等等。人们贪恋因缘聚合之物，往往损人利己，因此尝尽苦果，不得解脱，这是贪结；无知地对待顺境，每有所得便想索取更多，这是贪毒；贪得无厌，不能知足，这是贪病；被贪爱的各种事物、感觉所束缚控制，不得解脱，这是贪缚；贪恋那些能让自己产生愉悦感受的人和事物，这是贪欲；贪恋世间男女色声香味触法及财宝等物，不能知足，心智受到蒙蔽，禅定善法都不起作用，甚至贪恋轮回，失去解脱的渴望，这是贪欲盖；贪恋色、声、香、味、触、法这六尘所带来的愉悦感受，不断渴望更多，无论如何都不愿放手，这是贪着心；因贪而无法明辨是非，这是贪惑。

总而言之，当你接触外面的世界，对某种东西产生了偏爱，想拥有、不想失去的时候，贪念就产生了。生活中的每一个细节，都能反映出人的贪欲。正是因为无法抵挡贪欲的诱惑，人才会听从妄念的驱使，做出许多违背善道，甚至超越道德底线的行为。所以，贪是诸恶之源。

那么，人为什么会生起贪心呢？因为人天生渴望永恒，人不知道世上是没有永恒的，一切都是虚幻无常的，一切都在变化着，没有任何东西能留得住。一切都像水中的泡影，时刻在变化着，人却想在万花筒一样的世界里，找到一个不变的东西，这本身就是痴心妄想。但大多数人都接受不了这一点，他们对自己在乎的东西总是不肯放手，费尽心机地想要永远占有，于是就产生了许多执著。正是执著的存在，令他们生起贪心，贪名，贪利，贪世间的一切。他们疯狂地追逐自己贪恋的东西，拥有越多执著便越多，于是堕入了恶性循环。这时，他们就像落进蛛网的蜜蜂，无论如何挣扎，都被牢牢地缠于其中，难以挣脱。所以，在佛教的说法中，贪欲与无明一样，是众生受困于生死轮回的根本烦恼。

但是，也有人把欲望视为推动社会发展的动力，说如果没有超出当下的渴望，人类的发展也就停止了。这种说法有道理，但不尽然。因为，人类的不知足分为两种：一种是利己的；一种是利众的。虽然两者都是贪，但后者是大贪，以众生和世界为参照系，对人类的发展有益，前者却会给人类带来各种灾难，泥石流、洪水、海啸、核事故……多少人葬身于群体贪欲所招致的恶果？这些灾难虽说看似人力所不可控，但它们也是世界在向我们展示一个真理：欲望的尽头，只可能是灾难，不可能是幸福。

对生命个体来说同样如此，我们所有的烦恼，背后都定然有着某种贪恋：贪恋名誉，便会受制于名誉；贪恋财富，便会受制于财富；贪恋爱情，便会受制于爱情……总之，你贪什么，什么就能主宰你的自由、幸福和快乐，把你玩弄在股掌之间，你是没有任何反击之力的，为什么呢？因为你放不下，你想要拥有它。一个人要想放下某种东西，就要接受它的无常，要知道，无论他放得下，还是放不下，它终将离你而去。所以，佛教的所有训练之法，目的都是教人放下。只有放下了，不再贪恋，人才能走出外物和自心的桎梏，不再受困于任何存在，不再迷惑于任何现象，不追求放下的人，是很难得到心的解脱和清凉的，因为，他始终会感到失落所造成的痛苦，和期待所带来的煎熬。所以，要想趋善避恶，要想解脱，贪欲之结是不能不破除的。

破除贪欲最好的方法，就是明白真理，明白世上一切都是无常的，不可能永恒存在，你无论贪婪什么，最终都会失去。那么，从一开始就不要贪婪，随缘地过好每一天，做每个当下最好的自己，

守住自己的人格，明白什么该做什么不该做，贪欲就会慢慢消失。贪欲一旦消失，生命中就没有那么多令你痛苦的事了。因为你知道，一切都在飞快地过去，哪怕当时令你很难堪，令你很苦恼，甚至让你觉得人生没有任何出路了，你也不用那么难过。因为一切都在过去，最好的应对之法，就是守住自己的心，管好自己的嘴，修好自己的行，做好眼前的事，尽量清醒地应对迎面而来的一切，不要当欲望和情绪的俘虏。

如果你不明白真理，或是接受不了真理，但你仍然有着自己的心灵追求，想要消解痛苦，想要实现价值，那么，你就要看好书，让好书中的智慧熏染你，让你心中的本有慈悲和智慧慢慢被激活。要知道，每个人本来都有智慧，但它被贪婪、仇恨、愚昧给遮住了，人见不到它，也听不到它的声音。虽然有人也能感觉到它的存在，甚至在某些瞬间，也能感觉到自己做的事情到底是对是错，但那仅仅是一种感觉，你读不懂自己的灵魂，也就读不懂这种感觉。因为你不清醒，你没有分辨的能力。那么，就站在巨人的肩膀上，借他们的高度来看看这个世界，看看这个世界是否还有你不知道的一面？你熟悉的生活，是否还有另一种解读的方法？你熟悉的那些人、那些事、那些行为，背后是否还有另外的一些信息？很多时候，当一个人的思维很单一时，他眼中的世界也是单一的，单一的人容易狭隘，因为他看不到世界的多元、博大和广阔。他也看不到，世界上有太多值得他关心、值得他献出爱心的存在，他才会长久地陷于痛苦之中。这是无知带来的一种情绪，但也是人生的另一种营养。因为，它会让你更加理解别人，一旦你为自己点亮了一盏心灯，你会发现，它同时也照亮了一些跟你一样的人。那心灯是什么呢？就是你的本有智慧。远离本有智慧的所有修行，都不能让你自主心灵、改变命运。

13. 熄灭仇恨之火

嗔为五毒之一，是众生做出各种恶业、被生死轮回所缚的其中一个原因。愤怒的人，跟酒醉的人一样，是失去了理智的。被怒火狠狠烧灼着的人，既体会不到爱，也体会不到快乐，所有对善的向往与坚持，都会被烧得烟消云散。这时，你的心是不清净的，你也不可能安住于本元心，这就是“火烧功德林”。你不要埋怨外部世界，是外部世界伤害了你吗？不是的，不管发生什么事，只要你不在乎得失，一味地完善自己，那么你就不可能受到伤害。所有的伤害，都是因为欲望没有得到满足。欲望造成了痛苦的假象，看不破欲望，人就超越不了痛苦，而仇恨的原因也在于此。其实，激起愤怒的那个瞬间，早就过去了。

所以说，忍辱在六度中非常重要。要是你不能忍辱，嗔火一烧，清净心就丢掉了，功德也就没有了。比如，有人讲法讲得非常好，戒律看起来也很谨严，可是有一天，他怒火中烧，大发雷霆，张牙舞爪，就原形毕露了。这时，明眼人一看，马上就明白他的境界了。

当然，发怒有两种：一种是示现，另一种是真正生起了嗔恨心。有时，为了调伏众生，善知识也会示现忿怒相，但实际上他心里是没有半点嗔意的，玛尔巴示现怒容打密勒日巴就属于这一种。

一点嗔心起，百千障门开。一发火，你的功德就可能消失。因为，真正的功德，不是有为之功，而是源自清净之心。比如，究竟的布施要三轮体空，施者空，受施者空，施的过程也空，三者都不执著，才能生起功德。就是说，布施仅仅是你的一种选择和经历，不是你身上的标签，也不是你用来换取尊重与功德的那个铜板。当你乐于布施而又不执著于它，心中也没有施者、受施者与布施这些概念的时候，你的行为才能真正生起功德。

清净心最大的敌人就是仇恨。当你生起嗔心的时候，清净心就没了，不清净的心中，是生不起功德的。所以，我们说：不要让仇恨蒙蔽你的双眼。

14. 清除无明之毒

痴毒就是无明，将虚幻之物视为恒常的独立存在，故而产生诸多执著，又因执著而生起各种欲望，再因欲望而诞生诸多烦恼。所以，佛教认为，无明是烦恼的根本。

无明的表现有两种：一是烦恼障；二是所知障。

贪嗔痴都属于烦恼障，其根源，多是生命本有的欲望。

所知障多源自无明的习气。它跟烦恼障刚好相反，被知识、经验、偏好等个人观点和社会共识所束缚，难以全然地接纳真理，对真理有质疑，妨碍了真心的显露，便是所知障，它是习气造成的障碍。被所知障妨碍的人总是用成见来分辨是非，所以，他们的观点带有很强的个人色彩，往往不够客观，也不够全面。

无论所知障，还是烦恼障，都是对真心状态的干扰和妨碍，都是应该从心里扫除的垃圾。但破除所知障比破除烦恼障更难。古人说“不识庐山真面目，只缘身在此山中”，所知障就是这样。它多由习惯、环境和学识熏染而成，经过长时间的积累，已成了无意识的行为，很难被发现，即使发现了，也很难改正。我们前面说过“狼孩效应”，所知障就像狼孩效应，习惯像狼那样看世界的狼孩，即使回到人类世界里，也很难完全拥有人类的智慧。因为，他被多年的狼群生活给污染了。这个障碍很顽固，必须用特殊的方法才能破除，比如香巴噶举法脉中的拙火、幻身、双运等修法。不过，不管用什么样的修法，都要做好长期训练的准备，不能有急于求成的想法。因为，修行是一种生活方式，是一辈子坚持的事情，如果你急于实现某个目的，就有了功利心，这种功利心会让你短视、让你计较结果、让你缺乏耐性。你要对治这种功利心，让修行变成生活方式。你不能把它当成任务，一旦有了完成任务的心态，修行就成了一种作秀。作秀是被动的，是做给别人或自己看的，其目的是博得赞美和认可，而不是灵魂的重铸。

我们要有真正的信念，要明白自己追求的是什么，清晰自己的追求之后，就要自始至终地对治自己，跟自己的懒惰作对，跟肉体的欲望作对，跟自己的成见作对。如果你有善知识，就要借助善知识的教导，对治自己的成见，破除自己的无明和习气。只要你能做到这一点，不要刚愎自用，欲望对你的控制力就会越来越小，你的自制力也会越来越强。所有自制力很差的人，都是自律性不够。只要有足够强大的信念，有足够坚定的梦想，坚信真理，不怀疑自己，也不怀疑善知识，又能自强自省自律，不再算计计较，专注于完善自己，你就迟早能改掉错误的心灵惯性。

这时，你也许再一次发现善知识的重要性了。因为他的存在，你的破除我执就变得事半功倍了。因为，你有一个标杆，你知道自己该怎么做，善知识也会言传身教地告诉你你该怎么做。但关键是，你对善知识必须足够信任，照着他说的去做。那么，他的智慧就会为你提供强大的助力，让你更快地消除心灵污垢。所以，净信上师、亲近善知识、远离邪见和恶友是极为重要的。

如果没有善知识，修行是很容易走错路的。一个小小的误解，就可能影响你。没有善知识指导的修行，也可能让你形成另一种所知障，它会强烈地干扰你心灵的自主、自由和安详，甚至让你痛苦不堪。比如，有个格西始终在思维地狱的痛苦和六道的痛苦，于是地狱之苦就成了他摆脱不了的梦魇，他非常害怕死后会堕入地狱。那么，他如果修得不好，不能破除这种心理障碍，他也许真的会下地狱的。为什么呢？因为他的心召唤了这样的命运。这种心灵惯性，也是一种愚痴。

所以，你要明白，看书是为了得到营养和启发，知道该怎么

做的，而不是形成另一种枷锁和障碍。如果看书之后，你反而产生了邪见，就不如不看。像那格西，他如果明白思维六道之苦、地狱之苦，只是为了让他生起强烈的修道、向上之心，而不是叫他陷入痛苦的，他就会放下恐惧，精进修行。如果他活着时为这些事情而痛苦，那么他死后也肯定会痛苦的。比如，临死的时候，或是中阴身的时候，他如果突然想起自己做了什么恶事，要堕入地狱，他就肯定会堕地狱。因为，究竟地看来，地狱是人的心和行为感召的。所以，对于某些人来说，地狱确实存在。所以，我们要多修炼自己的心，消除一些恶的心灵惯性。到了你真的实现了超越时，地狱在你眼中，就是本尊净土，地狱众生也都是母亲，那时，你也就不会害怕了。

15. 扫掉贡高我慢

傲慢的人，命运都不会太好。为什么呢？就是因为骄兵必败。骄傲的人也许有他骄傲的资本，但智者是定然不会骄傲的。智者哪怕有大海般的智慧，也不会贡高我慢，他会打开自己的心，汲取各种营养。智者的智慧很高、人格很高，但没有架子，因为他们知道，任何人都有独到的东西值得自己学习。而傲慢的人正因为傲慢，就无法从任何人身上学到东西。比起智者，傲慢者会少了很多学习、成长和进步的机会。所以古人才说，聪明反被聪明误。其实，会被聪明所误的人并不聪明，他只是有点小聪明。真正的大聪明者，永远都会从世界、从别人身上学东西——不管是经验还是教训——他们不会因为刚愎自用而拒绝学习。

修行很忌讳的一件事，就是贡高我慢。贡高我慢的人，容易心胸狭隘，心里装不下跟他不同的东西。他们很难打破自己的局限，容易产生巨大障碍，佛教称之为“我慢结”。

按照佛教的观点，慢是五毒之一。因为有了慢见，就会自视过高，觉得自己非常了不起，别人不行。假如有人认为某人比他行，他的心里还会产生不满、不甘、不服等负面情绪。这样，便生起了许多分别心，给修行造成诸多障碍。这种心态非常糟糕，因为他们不懂反省和忏悔，更不认为自己应该反省和忏悔，而且，他们缺乏真正的恭敬心，总是刚愎自用、一意孤行。这样的人，很难生起真正的向往。因为，一个人只有对某种精神保持敬畏时，才可能向往它，而这种敬畏心，其实也是智慧境界的体现。真正有智慧的人，分得清什么是值得你匍匐在它脚下的，那就是真理，也是释迦牟尼佛所代表的精神。这种匍匐，并不是自甘为奴，而是一种从心而发的向往。最高的敬畏，就是向往，也是一种自知之明——深深地明白自己没有释迦牟尼那么伟大，希望自己能像释迦牟尼那么伟大，因此愿意放下小我，打碎我慢。

当然，贡高我慢者也可能有善的向往，但他们的向往容易异化为炫耀，成为沾沾自喜的资本。有时，他们甚至连善知识的话也听不进去。贡高我慢的人哪怕只差一步就会掉进悬崖，他也不一定会听话。有些人就是因为一些小事上没听话，就铸成了大错，整个命运都改变了。所以，我慢是非常糟糕的。

不过，有一种慢不是修行的障碍，反而是证量的表现，那就是佛慢。佛慢者，坚信众生本是佛，证得我佛不二。它是一种王者之气，是自信的一种。他放下了很多红尘中的、与智慧本体无关的东西，真正地有了一种证量。要是没有智慧证量，就觉得自己非常了不起，觉得别人都不如自己，就是凡夫的另一种慢毒。

16. 清除怀疑之毒

我们先说疑虑结。

有疑虑结者几乎对什么都怀疑。首先是对正法的疑虑，怀疑正法，不相信世上有真理，不相信通过修习正法就能得到解脱。他们是怀疑主义者。其次，看到别人修行，不能理解更不相信，于是觉得别人很愚昧，其实愚昧的恰恰是他自己。愚痴的根源就是疑，即不相信真理，所以，有人把“疑”列为五盖之一。盖，即是修道的障碍。

为什么说疑是修道的障碍呢？因为多疑的人没有信心。他们要么怀疑正法，觉得真理绝对没有那么简单；要么怀疑自己，认为自己修不成，根器不行，这辈子都解脱不了。这都属于疑虑之结。很多人缺乏信心，都是因为有疑虑之结。疑虑是愚痴的根源，它会障碍光明之心。

还有一种疑结是：当你明心见性，或是上师给你开示心性之后，要是你的福报资粮不够，仍然不能破除疑盖的话，就会怀疑自己证得的东西。香巴噶举的传承上师杰刚巴早期就是这样，他的修证曾经因此遇到了很大的障碍，用了十多年时间才清除了疑结。

为什么明心见性后不相信自己证得的东西呢？因为，多疑的人不相信“平常心是道”这样质朴的真理，他们心中的“明心见性”远比真正的明心见性更加深奥神异，所以，当他们发现自己得到的东西跟想象不太一样时，便不由得疑惑丛生。所以，如果明心见性之后，还不能破除所有疑虑的话，他的证悟就没有意义，因为疑虑把光明心都盖住了。所以，修行之初，最重要的就是破除疑结，先解疑，才谈得上别的，疑不除，不可能生起信心，也不可能得到智慧。相反，如果消除了一切怀疑，对上师有无伪的信心，依师所授就能产生功德。所谓“信为功德母”，有信心，才有一切。只要有信心，即使只念诵“奶格玛千诺”，也能得到加持。有人甚至能在见到上师的瞬间，便契入大手印。我便是这样。

可惜，现在有很多人都在盲目地否定神秘未知，甚至不肯、或不敢为精神世界建立一个笃信的对象。他们被功利主义思想所腐蚀，价值观被异化了，总有各种担忧，生怕自己会受到某种伤害，或失去什么东西。事实上，只有改变这种心态，他们才能得到最为殊胜的利益。而这一点上的无知，正是当代人普遍缺乏安全感，活得焦虑抑郁的原因。

而关于解疑之法，佛教中有许多——比如，过去我是靠忏悔、做大礼拜来消除疑心的——只是必须实修。若不实修，便是有无上妙法，也不管用。正如你要是不肯照方吃药，纵然有再多妙方，也还是除不了病。

但要注意的是，毫无选择地怀疑不好，毫无选择地相信也不是好事，两者都是无知的表现，都源于当事人缺乏明辨是非的能力。当一个人不能明辨是非的时候，做事就没有底线，因为他的“信”完全是一种盲从，他不能分辨自己所相信的人到底是智者还是骗子。如果他遇上的是真正承载了真理的人，那么他的信就是好事；如果他遇上的是个骗子，把真理当成谋求名利地位的工具，那么他的信就是一场灾难。因为，他会成为骗子的帮凶，无意识地宣扬那种蒙骗了自己的谬论，诋毁与自己志不同道不合的人，使更多人受到伤害。

如何分辨智者与骗子呢？首先要看他的行为。一个人无论把话说得多么好听，他的行为都自然会暴露他心灵的状态。如果他口中的真理不能改变他自私自利的心，不能让他在所有行为上体现一种利众精神，那么他就是一个骗子。什么样的理由，都不能掩盖他行为上的自私。一定要明白这一点。如果你相信的是一个骗子，那么无论你对他的信达到了什么程度，都不可能因信得度，你反而还会因为这份盲目的信而堕落。所以说，一定要远离愚痴，明辨是非。

毫无选择地信是一种迷信，我们提倡的是智信，是经过理性分辨之后，选择一个行为举止都体现和承载了真理的人，然后信赖他，以他为参照物，一点点调整自己的心和行为。这时的信，才谈得上信仰，否则就仅仅是一种盲从。

迷信结和疑虑结是两个极端，有疑虑结的人不相信自己修习正法就能解脱，也不相信有人能引导自己走向解脱，而迷信者则将解脱寄托于心外之物。他们认为，自己的解脱要靠别人，或崇拜某人某物，或是崇拜这个神那个仙，全然不考虑自己应该做什么，更不会明白解脱是改变心和行为。

现在，许多宗教中，都有很多迷信者。他们不关心宗教的教义，不以宗教思想和实修来改变自己的心，却仅仅在宗教中寻求寄托与安慰。比如，在他们的眼里，皈依、入教就像是一种入会仪式，一旦你通过这种仪式加入了某个组织之后，就能享受组织成员的待遇，受到满天神佛的庇佑和偏爱。因此他们烧香、拜佛、做功德，为的只是用一个铜板换来健康、平安和金山银山。他们不明白，只要自己礼的仅仅是心外的佛，就不可能得到解脱。解脱永远都是自己的事，这跟别人吃饭饱不了自己是一个道理。

一定要明白，佛菩萨和善知识不可能代替你成就，他们仅仅是指路人，只能给你指个正确的方向，至于你自己走不走那条路，是另外一回事。不要把自己的解脱希望，都寄托在别人身上，也不要期待得到善知识的加持之后就一了百了。如果加持是万能的话，释迦牟尼佛早就加持所有的众生成佛了。目犍连证得了阿罗汉果，他也不能加持他的妈妈不在地狱里受苦。所以说，成佛做祖是自己的事情，重点是自己要如何修，自己要怎么做，不要迷信。要明白，一切解脱最终要靠自己的心，心解脱你才能解脱，因为，只有心变了，你才会做好取舍和选择。

不要迷信哪些人，也不要迷信哪些神，甚至不要迷信哪些佛。所以，禅宗认为，修到一定时候，佛来也杀，魔来也杀。什么意思呢？它是指，如果眼前出现佛时，不执著；出现魔时，同样也不执著。什么也不执著，因为他们明白即心即佛，自己的真心即是佛。即心即佛，非心非佛，平常心是道。这就对了。

17. 断除色爱

佛教认为，要想破除贪欲，还要断除色爱。

什么叫色？佛教中的色，常指物质世界里物质存在的总称，与心相对。它是五蕴中之色蕴，五位法中的色法，是有物质形体、能占有一定空间，且会变坏的东西。那么什么是色爱呢？贪恋一种有形的东西，不愿失去，想谋求更多，就是色爱。除了前面说到的色爱之外，修行人还有一种特殊的色爱，就是对修行境界的贪婪。

如果修行非常精进，那么到了一定的时候，欲望息灭了，执著止息了，就会进入一种清晰空明的境界。安住在这种境界之中时，你会觉得自己解脱了、自由了，欢喜不已，唯恐自己有一天会失去这种觉受。那么你是不是自由了呢？还不算。因为，这只是一种身体上的觉受，而不是智慧。你一旦结束有相的禅修，回到生活之中，就可能会感到红尘的挤压，那么红尘对你来说，就不再美好了。所以，贪什么都是贪，看到什么佛也罢，有了什么感觉也罢，都不能贪，一贪，就有了执著，有了执著，就会开始担忧，修行就出现了另一种障碍。相反，安住在大手印境界中，对明空乐都不执著时，才叫觉性。贪恋其中的哪一项，都会变成毛病。贪乐，将来会堕入欲界；贪明，则会堕入色界；贪空，又会堕入无色界。所以，无论哪种境界，一旦你产生贪执，就必然无法究竟解脱。凡有所贪，必无解脱；凡有执著，必无解脱。必须明白这一点。

远离一切执著，才是正道。《楞严经》中说的那五十种阴魔，大多像是修炼中可能出现的境界，甚至包括看到佛，也被称为阴

魔。为什么呢？因为你一旦对它产生了贪执，它就会束缚你的心灵，变成你的心魔，所以，经典中称它作“阴魔”——不是说禅定中不该出现那诸多的觉受，也不是说那境界不对，而是你不该贪婪，如果你不在乎它，那阴魔也奈何不了你。所以，是魔障，还是调心的道具，完全由你心的明白程度而定。

还要注意的是，你以为自己安住在大手印境界中了，心里有些飘飘然，那么你是不是真的在大手印境界中？不是的，你仍然陷在欲望和昏沉里，因为，真正的大手印，是没有任何贪执的，一有执著贪婪，就不是大手印。这非常重要。假如你不明白这一点，不从破执下手，而专注于修一种觉受，那么你哪怕修上一万劫，也仍然是欲望的奴隶，很难证得究竟，很难真正解脱。所以，修行是否成就的标准不是觉受，不是修行中出现的境界，而是你遇事时的反应，只有那反应，才能证明你的境界。如果你感到了红尘的挤压，觉得有一种东西在迫害你，你就要明白自己没修好，心中还有执著和分别，那么你就要继续修，修到有一天，不管遇到什么事，你都觉得红尘像天国一样美时，你也就真正地破除了执著。

有一位成就师，人称广钦老和尚，他死时说，无来亦无去，没有事。这就对了。因为他既不执著生死，也不执著解脱，没有任何执著，就像苏东坡临死时说的：“着力即差。”一旦着力，便有执著。只有无执了，才能融入法界，与法界一体，无来也无去。

如果有人说我要到佛国去，或是说阿弥陀佛来接我了，这也不是究竟解脱，比广钦老和尚的境界仍然差了很多。因为他仍然有二元对立。往生和解脱之间的区别，就在于那层对立，对立代表了执著，虽然它不是世俗的执著，但它仍然是执著，只要有执著，就必须继续修，才能真正地证得究竟解脱。所以，往生对修行人来说，只是成佛的中转站，而不是很多人所认为的终点站。当然，有些禅师为了让弟子们安心，也会不了义地权说往生，但那说法不能代表他真实的境界。大成就师真实的境界是什么呢？只有两个字，那便是：无执。

18. 改掉陈年陋习

什么叫积习？积习就是积累已久，很难改变的习惯，它的生理基础是脉结。脉结是习气的产物，你也可以将其理解为基因。从缘起上说，习气是生生世世业力的产物。人哪怕开悟了，那段历炼生命、重铸人格的过程也是免不了的，因为你身上还有很多细微习气，它们是你长久积累而成的习惯，比如难以改变的行为、语言和思维模式等等。俗话说，冰冻三尺非一日之寒，清除积习，也不是两三天就能完成的。但你必须清除它，因为如果你不清除，它就会妨碍你心的自由和明白，让你不能完完全全地自主。

那么如何清除习气呢？你必须首先发现它，这需要你时刻保持警觉，不要偏离你修行的目标。那目的只有两个字，就是破执。你要反反复复提醒自己，然后尽量做到时时观照，一旦对境生起了习气，你就要用正念、正觉、本元之心、明空之心观照它。有一天，当你终于从内心深处觉得习气没有自性，终究会消失，你就会变得越来越淡然。那情形，就像拿了刷子刷尿桶，刷一遍，臭味就会少一点，刷上无数遍后，臭味也就没有了。有个日本人曾说，马桶刷到一定次数时，里面的水就能喝了。习气也是这样，你只要用智慧对治它，它每发动一次，就会减轻一点，像弹起来的皮球一样，总会停下来的。所以不要怕。有一天，当你消除了所有的烦恼习气，你的心就会像西部大漠的夏日晴空一样干净。这时，各种迷乱都消失了，细微无明也破除了，你才真正成为自由之身，成为心灵真正的主人，达到大乘所说的十地菩萨的境界，这就是我们所说的证道。

不过，单纯从心入手还不够，因为，按照藏传佛教的说法，烦恼习气跟脉结有关，脉结就像心结，淤积而不通，人就会烦恼，临终时，人逐渐失去身体，很多脉结都会自然打开，许多嗔结、贪结、痴结都会渐次破除（详细内容我们后面会谈到，此处不赘），只要有传承和实修经验，那时便是解脱的良机。不过，我们希望做到的，就是在活着时能明白，能创造生命最独特的价值，能演好生命独有的那场戏。

经典中提供了一些对治习气烦恼的方法。例如，如果你很难集中注意力、经常胡思乱想，你就多修禅定；如果你贪爱比较重的话，就多修不净观；如果你特别贪恋财物，就多行布施；如果你起了破戒之心，就更要以戒律管束自己；如果你脾气急躁、容易发怒，就多修忍辱；如果你懒散安逸，就多提醒自己要精进修行；如果愚痴昏沉，就树立正见，以正见指导生活……烦恼是多种多样的，所以，相应的对治方法也有很多种。可见，对治习气烦恼，就是用对机的方法调整你的心，让你能够自主。

虽然对五毒的真正清除，是见性后才可以完全达成的事，但在修资粮道时，我们还是将清除五毒作为集资粮的重要内容，因为它既是修行的基础，也是修行的目的。

19. 发大愿方有大行

发愿就是发心，就是发誓要达成某个目标，相当于王国维所说的古之成大业者的三种境界中第一种，即“昨夜西风凋碧树，独上高楼，望尽天涯路”。望尽天涯路，然后发心，决定走那天涯路。没有这个发心，就不可能有后来的行为，它直接影响着一个人的命运和信仰。

真信仰者，有高远而具体的发心，有正见智慧的指导，有持之以恒的精进，有如理如法的修证。他不仅仅是学者，更是行者；不仅仅是利众精神的传播者，更是彻底的实践者。他的一生，是为了践约那精神，他的目标持久而专一，他的目光远大而务实，他可以舍弃一切的虚幻外相，而直奔精神的内核。那内核，就是他们的信仰，也是他们的发心。

虽然有了发心，但你刚开始修行，心性还没有完全成熟，信心还不够，所以修行还没有出现殊胜体验。一旦遇到生活的阻力，比如亲友的干扰、工作的忙碌等等，你就会倍感折磨，内心充满了萧条、冷寂、乏味、痛苦，就像口渴到极致了，偏偏没有水。你根本不敢想象，这样的你，真能实现那个解脱的梦想。你觉得，它美好神秘得就像童话，但你不后悔。只要不后悔，就没关系，因为后悔也叫退转心，是修行的大敌。

那么为什么你不后悔？因为你有一个愿望。这个愿望一直推动着你，让你能熬过每一段艰难困苦。你始终在期待着，有一天，这个愿望能够实现。这个愿望定然不是赚钱之类的俗愿，因为那没有意义，能让你升华、让你超越的，不能是世间法的东西。你如果追求世间法的东西，你的成就便不可能超越世间的层面。一个人的境界可能低于他的追求，但永远不可能高于他的追求。所以，一个人内心深处的追求，限制了他的过去、当下和未来。只有希望自己能像佛菩萨那样破执利众，人的心灵才会趋向佛菩萨的境界，人的行为也才会趋向佛菩萨的行为。

要注意的是，有发愿，也必须有行为，没有行为的发愿，很快就会被自己忘掉。因为激情也是一种情绪，如果你不加入行为资粮之柴，它很快就会熄灭。反之，如果你始终在行动，始终在追求这个梦想，那么你追求梦想时付出的一切，都会化为一种新的激情，不断让你那颗向往的心升温。而且，当你有了行为时，你就会拥有福报或功德。这就像你在心灵的田地里种下大愿的种子，然后用善行来为它浇水施肥，最后，它就会结出善果。也就

是佛教所说的，“种善因，得善果”，这才是良性循环。而大愿，便是那颗善的种子。

在这个过程中，有些东西你是一定要放下的，比如名利、得失、享受等等。如果你始终把“你”“我”分得清清楚楚，就很难真心行善。因为你有可能会受到诱惑，偏离自己最初发下的誓愿。所以，结果不重要，最重要的，是在利众的同时升华自己，同时把升华了的自己回馈给社会，更好地服务社会。有些人做了很多善事，但并没有改变心的本质，没有让智慧生起妙用，就是因为他们心里有执著。有执著自然放不下，放不下自然没办法明心见性，这是根本问题。你一定要知道问题出在哪里，然后对治那症结，否则，你永远都不可能明心见性。

换言之，一定要在利众的过程中升华人格。出世间法的修行必须以人格修炼为基础，远离人格修炼，修行就没有意义。因为，修行的本质，就是修正行为，让自己的行为能承载佛陀的圆满人格。

当然，并不是每个修行人都有这种追求的，有些人修行的目的，确实只是为了自利，也就是让自己离苦得乐。这样的追求，直接限制了他们的心量和行为，虽然他们或许也可以实现离欲，但他们不会有太大的人生格局，也不会有大的事业。这就像没什么野心的人难有大的发展一样。

发愿也是一种超越当下的追求。它是利众的，它无关金钱、名誉、权力、地位等等，托尔斯泰想通过文学和其他方式来改变世界，孔子想传播“仁”，实现救世的目的。他们虽然为了利众，但最大的获益者其实还是他们自己。因为，利众行为的反作用力强大了他们的心灵，他们在利众的过程中完善了人格、升华了心灵、提升了价值，成长为大作家和圣人。这种利己是最大的，也是最究竟的。所以，修行人想要解脱成佛，就要有利众的大心。有大心，发大愿，才会有大行，方会得大益。

菩萨全称“菩提萨埵”，意为“觉悟有情”，或指已经觉悟的有情众生，或指让有情众生得到觉悟。后者的方式有两种：一是语言，讲经说法，传播真理；二就是行为，用利众的事实来说话。不过，话说回来，所有的说话最终都必须落到行为上去，没有行为，就不可能真正地觉悟有情。相反，很多没有这些概念、不懂什么是菩萨、甚至不一定信佛的人，反而会无意中积累大量的功德福报，其原因就在于他们无求，他们既不求功德，也不求福报，利众本身就是他们的目的。这时，他们的行为带来的反作用力，反而远远超过了一般的修行人，赢得了千古不朽。为啥？因为，他们非常纯粹地信仰大善，他们其实是真正的信仰者。

古人认为人类可以用三种方式实现不朽：第一立功，建立不朽的功德，比如香巴噶举中建桥建寺的唐东喇嘛；第二立德，成为一代大德，为他人树立德行的典范，如释迦牟尼佛，当然，释迦牟尼佛是立功立德又立言，以人格魅力赢得世人千年来的赞誉和向往；第三立言，著书立说，利益众生。

虽然佛教不断强调诸行无常，但也提倡建立不朽的功德。它就像真理一样，是人追求信仰的基础。当你不愿沉沦在镜花水月般虚幻的生命状态中时，就会追求不朽的功德。

我曾用"大痴"来做自己的号，因为我所做的一切——在无常中寻找永恒，在虚无中建立存在，在虚幻中实现不朽——都是明知不可为而为之的。有人也问我，既然你明知不可为，为何还要为之呢？我告诉他，因为我知道自己是干什么来的，所以，我愿意花一辈子把这件事做好，演好我该演的戏。至于这戏中的一切，我并不执著。每个人都是这样。有了大的方向，也就是发愿，就不要执著于每一个细节，既要做好，又要随缘任运，这就够了，但也要注意，随缘任运，并不代表毫无原则。我从小就有明确的发心，立志成为一名对人类、对世界有益的作家。因此，我放弃了许多与这目标无关的东西，包括一些赚大钱的机会，我一直尽自己最大的努力向这个目标奋进着。

虽然我精进做事，但我对得失并不在意，这就是我的随缘。

20. 菩提心是可以培养的

发菩提心也是积累资粮的重要方法。

按香巴噶举的说法：所有外部的显现，皆是心的显现，皆归于空性。心若清净，则无处不净土。古人云："安禅不需佳山水，灭却心头火自凉。"降伏自心最有效的方法就是慈悲，发大菩提心。在每天的奶格玛五大金刚法修习中，行者必修"四无量心"："愿诸众生俱足乐及乐因，愿诸众生远离苦及苦因，愿诸众生与无苦之乐永不分离，愿诸众生远离爱憎亲疏住平等舍。"其目的，就是熏修出行者的菩提心。生起次第中间，就有这四无量心。发四无量心，也属于集资粮的内容。

这种希望众生离苦得乐，与乐永不分离的发心，建立在去除了分别心，平等对待所有众生（不仅是人，也包括动物等其他有情众生）的基础之上。在那四无量中，其实是没有对手和敌人的。阳光不会因为有人曾经躲在树荫下，就从此不给他一丝光明。开悟的圣者也是一样。所以，向往佛道的人就要朝着这个方向努力，放下自己的喜好和看法，给别人一份关怀和温暖。

《佛子行三十七颂》里有相应内容，比如：即使遇到难调恶业之众，贪心大甚，夺我财物，我也要不生嗔心，尤将受用善事功德回向于他，如同供养上师一样喜悦；即使我并无过错，他人欲断吾头，我也要不生嗔心，反而对他生起悲心，承担他的罪业；即使人恶意诽谤，造谣生事，无中生有，致使谣闻传遍三千大千世界，我也能如闻本尊真言法语，而能对他敬若上师，赞其功德；即使有人于大庭广众之中，来挑我之短，揭我之弊，其形汹汹，其言嚣嚣，我也要不生嗔心，视其为良师益友；即使我待其如子，他反视我为仇，我也要不生嗔心，像慈母对病儿，悲悯之情，胜于以往；即使有顽劣众生，我待他如兄弟，他反倒傲慢至极，侮辱于我，我也要视如上师，倍加恭敬;即使我才大于天，名广于地，富可敌国，也要视富贵名闻，皆是虚幻，而无丝毫傲慢之心，等等。

以上方法，可以训练自己生起菩提心。

在过去的多年里，我常常用上面的方法训练自己的心。我从来不管朋友如何对待我，无论怎么样，我都会用同样的态度对待他。我也不管他是什么身份。农民也罢，学者也罢，我都会像对待佛陀那样对待他。我觉得，这个世界上没有不慈悲的菩萨，更没有为达目的而不理他人死活的佛，如果你的修行不能让你变得更加豁达、宽容，对他人更加慈悲，那么你的修就是有形而无实。

当你真正修成了菩提心后，世上就再也没有能侮辱你、让你痛苦的人和事，那么你的心就自由了。你会像大阳一样，无毒草鲜花之别，而施以相同的光明温暖。你会觉得黄金与牛粪同值，大地与虚空无别。

与菩提心相对的烦恼，就是贪嗔痴慢疑等五毒。五毒一起，诸多的障碍就会出现，真正想成就的朋友，应该多发四无量心，多希望别人好，多希望别人快乐，对自己的利益和感受也就不那么执著了，毕竟什么都会过去的。

换个角度看，世界上无不是助缘，所有相遇的存在无不是菩萨所现，都是在帮助你训练自己，让你慢慢地放下一切，成就你的道业。

菩提心不是情绪，而是一种境界，也是一种证量，更是一种生命的超越状态，人心本具，只因被欲望执著所缚，而不得见。所以，发现自己不够慈悲也没关系，你可以训练自己，让自己的贪执变淡，善心增长，那么一切都会好起来的。

21.“自了汉”难有大成

前面我们说过，没有菩提心，是没法进行法布施的。那什么是菩提心？菩提心就是“无缘大慈，同体大悲”。“无缘大慈”，就是像关怀亲人那样，关怀跟自己没有亲缘关系的人。这个亲缘关系，除了亲人、伴侣、朋友之外，也包括了民族、国家、党派等千丝万缕的关系,也就是超出“我的”范围内的关系。“同体大悲”，就是觉得自己跟众生是一体的，你悲悯他们，就像悲悯自己一样，不会因为路边的老奶奶不是你的母亲，你就看不起她，或者觉得她怎么样都跟你没有关系。简言之，菩提心就是利众之心。

哪怕你已证悟空性，自己解脱了，如果没有菩提心，你仍然得不到大成就。有些经典甚至称这类人为焦芽败种，也就是烧焦的麦芽和腐败的种子。为啥？因为他不去传递智慧之火，点亮自己就心满意足了。那么，一旦他的生命结束了，他的火种也就熄灭了，消失了，就像烧焦的种子无法开花结果一样。大乘跟小乘的区别就在于此，大乘追求菩萨道，强调菩提心。所以，无论什么时候，都要发大菩提心，有大心才有大愿，有大愿才有大力，有大力才有大能，有大能终有大成。相反，没有菩提心，是不会有大力，也不会有大成的。有些人追求神通，追求智慧，唯独不追求菩提心，所以，他才得不到大成就。

所有大成就者，都发过普度众生的大愿，这个大愿，就是真正的菩提心。有了这种菩提心，人就不会只想着自己解脱，也会希望别人能解脱，所以，他会孜孜不倦地传播真理，也会绞尽脑汁地帮助别人，希望能解除别人的痛苦。这时，他会把胸怀、慈悲和境界看得比利益更重要，甚至比自己的解脱和命运更重要，他不会因为自己想活得更好，就去伤害别人、掠夺别人，反而会替别人着想，觉得别人的快乐很重要。这样的人，最终才可能成就菩提道。所以，利众的过程，其实也是修行的过程，懂得珍惜和创造利众的机会，是一种了不起的智慧。因为它会让你的人格提升，这是金钱、地位、名誉等东西换不来的。

释迦牟尼佛就是因为证得了大菩提心，所以证道后不急着涅槃，想要传递真理，让更多的人也证道。当时魔王知道这消息，就非常恐慌，怕自己的魔子魔孙从此会越来越少，因此就使出了很多手段，想诱惑释迦牟尼佛，让他尽快涅槃，但因为释迦牟尼佛已经不会被假象欺骗了，也因为他知道很多众生都在受苦，就发大菩提心，才有了光照千古的佛教。

关于菩提心，有个故事是这样说的：有一天，一个小乘师父带着徒弟走在路上，弟子走在后面，背着包袱心中暗暗发愿："我今生今世一定要普度众生。"弟子虽在心里发愿，但他心通的师父马上就把包袱取回，自己背了。走了一段路之后，徒弟又想："普度众生太麻烦了，我还是自己解脱吧。"师父马上把包袱给了他。于是，这个徒弟疑惑地问师父说："师父，你忽而自己抢着背包袱，忽而又把包袱给我，这到底是为什么？"师父告诉他说："你刚才发菩提心的时候，已经成菩萨了，我还敢让你背包袱吗？后来你退失了菩提心，又变成了一个凡夫，所以我又把包袱给了你。"

日常生活也是一样的，你有什么样的梦想，就会有什么样的行为。梦想的境界，直接影响了你的行为。比如，要是你只想舒舒服服地过好小日子，就不会想方设法地利益众生；相反，如果你想传递善美，就会挖空心思地做利众之事；如果你希望自己能变得更高尚，你就不会不择手段地做一些事情……人生的轨迹、人的价值，就是这样构成的。

修佛法必须有菩提心，即使修出离心，要远离人群，也不能没有菩提心。因为，没有菩提心，不热爱众生，你就不可能达到很高的境界。有些人修本尊法时执著于本尊法，却没有慈悲心，也没有空性智慧，最后就修成恶鬼，所以菩提心是非常重要的。至于如何培养菩提心，前面已经谈过了，此处我们不再赘述。

不过，有个小故事还是值得跟大家分享。

以前，我总认为自己跟别人差不多，但在某一天，我终于发现了我跟别人不太一样。我和几位朋友一起到广东樟木头看房。他们看房的标准，是自己如何住得舒服；我看房时，想到的却是如何在里面建一个禅坛，让更多的人受益。这种不同的意图，就构成了我们不同的人生。至今，那些朋友都住得很舒服，而我看中的那房子，也建成了"雪漠禅坛"，让更多的人得到了益处。

老是想着自己跟老是想着别人，定然会产生不一样的人生价值。

时下，城市人最大的问题不是别的，而是空气污染。我认为，最大的污染就是实用主义和功利心。我们如果有了功利心的话，就会丧失利众之心。所以，要用戒律保护自己，并不断加入资粮之柴。当你的智慧引燃资粮之柴，燎原成智慧大火时，吹你的"风"，就不再是邪风，而是另一种资粮之柴，它会帮助智慧大火燎原开来，所以我们说烦恼即菩提。所以，我们做事，不要有太多的功利色彩，当认真做而不执著结果时，就是最好的修行。

22. 善缘的力量

广结善缘同样是资粮道的重要内容。

所谓结善缘，就是让一种善的力量充当你的助缘，当善缘与我们的发心和努力内因和合，就能产生一种善的结果。要明白，善也是一种因缘，只有结善缘，才能得善果。有人这样说过，如果拿破仑没有手下的那些将军和士兵，他就只是个很容易被打倒的矮个子匹夫。确实如此。任何一个伟大人物都无法单枪匹马地建功立业，任何一项伟大事业的诞生，都少不了多方面的支持。不管个体多么伟大能干，都必须有许多善缘的帮助。因为，无论事业也好，功勋也好，都是因缘和合之物，想要实现它们，就要先聚合各种必要的因缘。

举个例子，团队的不断成长，不仅需要一个有能力、有愿心、有操守的决策者，也需要一班积极向上、富于创意的团队成员。那么，成员之于决策者来说，便是善缘；同时，决策者之于成员，也是善缘，因为，成员们在团队不断成长的过程中，也实现了个人的成长。

当然，这善缘，也指善知识和适合你修行的法门等，没有这些善缘，你是很难解脱的。道教修炼中强调的“法财侣地”，讲的便是修行之法、维生之财、志同道合的伴侣及适合修炼的场地，这些都是修道的善缘。只有结善缘，才能增益善根本。

什么叫善根本？“根”,像树根一样。“本”如同树干。结善缘，就相当于一棵大树有了根和树干。根能吸收土壤里的水分和营养，树干能长出树枝，树枝又能长出树叶，树干再将根部吸收的水与养分输送给树叶，再由树叶进行光合作用，大树的生长便会愈加茁壮。可见，只要有了根本，就能不断吸引更多的善缘，智慧之树定然会长得枝繁叶茂。俗话说“一个篱笆三个桩，一个好汉三个帮”，无论是做世间事业，还是做出世间事业，都必须结善缘。

当我们翻开历史上任何一部伟人传记时，会发现一个有趣的现象：每一个伟人，在人生的关键时刻，都有一个殊胜的契机，或遇一贵人，或进入殊胜环境，或直接或间接（比如读书）跟大师接了善缘，少有例外。人类之智慧，亦如火种，其传承，自有其传承规律，虽有得之于天授称为天骄者，也必于尘世中有特殊因缘。生命因善缘而改变。所以,我总是提倡与人为善。许多时候，我们小小的一个善行，改变的，却可能是别人的生活甚至命运。

23. 明因果：趋善远恶

积累资粮还要明因果。

因，就是事物产生的原因，也是发生和合作用的各种因缘；果，就是各种因缘聚合产生的结果。比如，先有父亲与母亲的结合，才有了我们的诞生，那么父母以及双方的结合就是因，我们的诞生就是果。

不过，我们这里所说的因果，并不仅仅是现象的起因与现象之间的关系，也包括了轮回之说。轮回之说告诉我们：如果你前世种下了恶因，今世就必然品尝恶果，恶果便是地狱之果、畜生之果、饿鬼之果；如果你前世种下了善因，今世就必然品尝善果，善果有非天之果、人趣之果、天趣之果。

现在，关于因果报应，也有另外一种更为现代的说法，就是作用力与反作用力：当你向这个世界施以某种作用力的时候，世界就会以相应的反作用力来回应你。

虽说修行人能够变心变命，但因果报应，却是修行人也无法回避的。禅宗有个故事：某一老僧因说错了一句话，而堕入了畜生道，投生做狐狸。他说错了什么话呢？五百年前有人问他，大修行人还落不落因果？他回答，不落因果。简简单单的四个字，体现了他在见地上的错误，故而他最后堕入畜生道。

法界有点像时下的网络世界，它也是一个信息世界。在互联网时代，每一个信息，都会永久地保存在互联网世界里，没有人能够删除。在这个意义上，每个人都是永恒和不朽的个体，正是因为有了无量的数据库的有意和无意的保[illegible]们的任何信息，一旦生成，永不消失，真的是“信息生成永不灭”，它会一直伴随着每一个个体而存在。我们的法界，是一个比互联网更为精密的信息世界，善恶行为，也同样是“信息生成永不灭”，那业力如影随形，一直会伴随着我们的生命“ID”，从而构成了因果率：善有善报，恶有恶报，善恶因果，分毫不爽，一切都是自作自受。不过，只要我们离恶趋善，证得大智慧，我们的生命同样能从根本上改变，由凡入圣，由迷转悟。即使过去有不好的行为，也不影响你终极的解脱，你同样会赢得千古敬仰，同样会建立不朽功德，像龙树菩萨和密勒日巴的人生经历，就验证了这一点。

当你明白这一点后，就该趋善远恶，诸恶莫作，众善奉行，以众生的利益为衡量坐标，约束自己的行为。这样一来，你那颗善的种子，就会得到好的营养，一天天开花结果。否则，你就会像漏器一样，无论往里面倒多少功德之水，都会漏得一干二净。所以说，不以善小而不为，不以恶小而为之。

24. 离外道：远离邪见和恶友

在资粮道的修习中，远离外道邪见是最基本的要求。

什么是外道？佛教以外的其他宗教，以及所有不明白即心即佛而心外求法者，都被称为外道。需要强调的是，这里所说的离外道，主要指的是要远离那些没有正知正见的人，也就是恶友。恶友会污染我们的正见，会摧坏我们的信根，这比杀我们的肉体还可怕。这就好像你穿着一身很白的衣服，来到一个遍是黑灰的地方，这件白衣很快就会被污染。我们的心灵亦然，近朱者赤，近墨者黑。许多人就是因为经常亲近邪见外道，无法进行正常的修行，以至于虽然与佛结缘，却仍然空过一生。

因为，信为功德母，当你的信根被毁坏之后，你是很难生起正知正见的，没有办法清净恶友对你信根的污染。可见，在智慧的修炼当中，恶友的邪见甚至等同于魔。

这个魔字，也有多种说法。有的说法是，它泛指一切扰乱身心、障碍修行的事物，像代表贪嗔痴的烦恼障、代表烦恼妄想的五阴魔、代表生死无常之威胁的死魔、欲界第六天的魔王波旬；有的说法是，它泛指一切恶徒邪术；有的说法是，它泛指一切障碍修行、偏离正道的思想行为；还有的说法是，所有远离真心跟随欲望的行为，都是魔事。

简而言之，所有干扰清净心的行为和事物，都是应该从心里驱出的魔。其中，最应该远离的，就是外道的邪见。

那么，如何区别外道与内道呢？佛教中用"法印"来区分外道与内道。佛教认为，凡符合法印的便是佛法，违背法印的则非佛法。佛教发展过程中出现过一法印、三法印、四法印、五法印几种不同的说法，但它们不过是佛陀随顺不同场合需要所作出的特殊处理，本质上并没有什么区别。它们实际上是对佛教正见的简要归纳：诸行无常，诸法无我，有漏皆苦，涅槃寂静。

至于恶友，《佛子行三十七颂》中专门讲了区别恶友和善知识的方法："伴彼若使三毒长，并坏闻思修作业，能转慈悲令丧失，远恶友是佛子行。依彼若令恶渐尽，功德犹如初月增，则较自身尤爱重，依善知识佛子行。"

简言之，能让自己减少和息灭贪嗔痴等烦恼的人，是善知识；反之，则是恶友。那么，恶友究竟有多恶？老祖宗有种说法，有时遇了恶友，可使一个人万劫不复。这当然是指要是那恶友让他丧失信根，远离正道，造下大恶，或者亲近了恶友，致使自己遭遇寿难，丧失人身，自然是万劫不复了。

事实上，许多选择了恶友的人，得到的，大多是佛教所说的现世报。就是说，在他们活着时，就得到了选择恶友带来的恶报。至于受恶友蛊惑，坏了信根，大做恶事，更是会陷入万劫不复的境地。按佛教的说法，那便不是断了一生的慧命，更会断了生生世世的慧命。所以，在没有修得足够的定力和慧力之前，修道者一定要远离恶友。要知道，真正的恶友是很难被转化的，尤其当这种恶友拒绝了忏悔和自省的时候。许多时候，想转化恶的人，最终得到的可能是被诋毁、被欺骗、被伤害。所以，当我们不能转变恶时，就远离恶缘。佛教称之为“远离恶友，亲近善知识”。释迦牟尼便用“默摈之”来对付恶性比丘,即不要理睬,远离他们。

当然,应该远离的,也有世俗意义上的恶友,其原因同样是“近朱者赤，近墨者黑”。他们会用自己的卑鄙，来污染你的单纯，所以，要守护心的干净，有时也不能亲近太多贪欲执著很重的人。

貌似信仰者也属于恶友，我称之为骗子。

区别骗子和信仰者，一要看他能不能自省，即反省自己的不足，进行忏悔，这便是毛泽东曾提倡的“批评与自我批评”。在任何宗教中，忏悔都是第一个必修的内容，基督教更是将忏悔贯穿于生命的始终，每个教徒临终的最后一课，便是忏悔。没有忏悔，便没有救度。佛教中也有大量的忏悔礼仪，如大悲忏、金刚萨埵净障法、大礼拜、阿字净障法等。基督教亦将忏悔视为主要功课。没有忏悔,便没有自省。所以,不自省也不忏悔者,肯定没有信仰。

二要看他能不能自律。真信仰者为了真正战胜自己的贪欲，会约束自己的行为，这样便有了行为规范，宗教中称戒律。儒家有三纲五常，基督教有十诫，佛教有诸多戒律，等等。在宗教修行中，在没有战胜贪欲、证得无漏时，信仰者必须靠戒律来约束自己。没有戒律约束者，必然是假信仰者。

三是要看他能不能自强。自强包括两个方面：一是心灵上的向往，二是行为上的积极。向往是信仰的根本。向往一种伟大的存在，行为上使自己实现升华，接近或达到向往的目标。如基督教的向往天国、佛教的向往净土和即身成佛、道教的羽化成仙等等。没有向往，就没有信仰。真正的向往，必须同时体现在积极的行为上。向往的目的是实现自强，得到超越。

综上所述，自省、自律、自强是所有信仰的根本。自省是发现过去的不足，自律是把握自己的现在，自强是创造美好的未来。没有这三者，便没有信仰。

25. 打好无为之基

积累资粮时，要发愿追求究竟的解脱、究竟的真理，不要执著于那些无常的物质与现象。那么，什么是究竟真理呢？实相，真如。世界的本质是流动的、多变的、无常的、具有无穷可能性。它不离事相，渗透于事相之中。故而，很多人都能从缘起缘灭的现象中窥见一点真相，但少有人能将此感悟付诸于生活。不能付诸于生活的真理，就像纸上的烧饼，解决不了灵魂的饥渴。如何才能解决灵魂的饥渴？将真理付诸实践，用对真理的日渐了悟来改变心灵、影响自己的生活方式，这便是通达真理。

有为是因缘聚合之物。那么何为有为功呢？忽生忽灭，有因有果，依托于因缘和合而生，具有虚幻无常的外相，便是有为功。世俗福报为有为功，名利为有为功，物质享受为有为功，它们都是无常的，都会像露珠闪电一样，随着因缘的解体而消失。《金刚经》故说："一切有为法，如梦幻泡影，如露亦如电，应作如是观。"

当你执著于忽生忽灭的有为法时，就已远离了正见，远离了真理，将幻觉当作了恒常的存在。执幻为实，只会为你平添无法解决的痛苦。试想，即便你不断为有为功的留驻——如福报、名利、事业、享受等——寻找恰当助缘，但世上一切因缘，又岂是你能控制的？即便你能控制，衰老死亡你又如何控制呢？在无常中寻找永恒，本来就是巨大的矛盾。因缘的流转，必定会冲走注定消散的现象，能长存世间的，唯有真理。

但需要强调的是，在你没有证得无为法时，你还是需要有为功的熏染。你必须学会用正念代替杂念，用正面的精进来拒绝负面的诱惑。等你凭借有为法达成了三昧时，那最后的一点执著才能破除。要是你不肯脚踏实地地苦修，只是狂妄地追求所谓离相，是很容易流于狂慧的。狂慧者理上明白，非常像开悟，在事上却生不起妙用。他仍然贪嗔痴俱足，又有了口头禅的资本，有些人就会借此招摇撞骗、敛财害人，引起很多不好的后果。这种人比不明空理的凡夫更可怕。《大般若经》上说，犯错之人如果没有见到实相光明，相信因果报应，知道忏悔，还可以洗净罪业；如果他已经见到实相，却仍然生起了邪见，就连佛都救不了他。因为他自认为证得了光明，证得了空性，超越了因果，可以做恶、可以不忏悔了，但事实当然不是这样。他仍会受到业力的牵引，那六道对他来说，就是真实存在的。所以，菩提心、正见和出离心是修佛的根本，没有菩提心的狂慧是非常可怕的。

26. 精进：恒养真心不放逸

积累资粮，需要精进修行。

何为精进？踏踏实实在行为上用功还不够，这仅仅是增强定力，还要时时提起正念，安住于止观双运。否则，就算你一天修上十几个小时，也不是正精进，而且，如果不能提起正念，盲目精进反而会着魔。我们提倡的修行，是松弛有度地修，但不能有懒散放逸之心。无精进，无法修道；无放下，不能成道。精进是行为，放下是心态；精进是行履，放下是超然；精进是脚踏实地，放下是实现超越；精进是修建播种莲子的池塘，放下是欣赏池中长出的莲花；精进是积极进取，放下是积极后的随缘；精进是战术上的落到实处，放下是战略上的终极关怀。

我开悟前的精进，除圆满四加行外，以修香巴四信偈为主："生生世世，护持上师；无计无执，净信上师；尽我身命，庄严上师；行住坐卧，祈请上师。"在开悟前的很长一段时间里，我每时每刻心头滚动的，都是它。后来，它甚至成为我的生命程序之一。这对圆满我的资粮，起到了决定的作用。即便是在现在，它仍是我每天早晨念诵的重要内容。后来，在《无死的金刚心》的琼波浪觉身上，你可以看到那时的我。

我开悟后的精进，是日常生活中的不离明空，却又能随缘应对诸种境界。我的放下，是不离明空，却又不执著于明空；不离事相，却又不纠缠于事相。在日常生活中，能时时不离明空无别之境，这便是精进；但那明空本身，却是破执后才会出现的境界，这又是放下。

27. 修十善

修十善是资粮道修行的重要内容。

前些日子，我在微信中看到了一则短信："诵了十年经，未曾布施人；念了十年咒，未践半句行；烧了十年香，未消嗔恨心；拜了十年佛，未拜父母亲；磕了十年头，未感人一恩；拜了十年山，未访一次贫；合了十年掌，未合一个群；再修亿万年，还是愚痴人。"

出现上面情形的原因，是行者身口意未合一的结果，许多人只是在口上修，而不在心上修；有人在心上也修了，但不体现在行为上。于是，修了百年，仍是愚痴，仍是贪婪，仍是仇恨。

我在修行的二十多年里，除了座上修（我的一日三四座禅修是常态）和日常生活中保任空性光明之外，还将修十善做为积累资粮的重要方法。在我的一生中，这是我必须坚守的底线。对于任何一个修道者来说，这也应该是底线。

十善者，指十种好的行为。它可以清净你的身业、口业、意业。简而言之：身不作诸恶，口不出恶声，心不生恶念。不对他人生起嗔恨心，不对他人作恶，在日常生活的做人处事中生起功德。

下述十善：

第一，不杀生。不但不杀生，还要行放生之善，要尽己之力，尊重并帮助所有生命行使生存的权利。

第二，不偷盗。不但不能窃取他人财物，还要行布施之善。

第三，不邪淫。不放纵情欲，不做邪淫欲事，还要自净其意，精进修行。

第四，不妄语。不说谎骗人，而且还要真诚、坦诚地对待别人。

第五，不两舌。不谈论是非，更不挑拨离间，反而要尽力协调他人之间的矛盾。

第六，不恶口。不口出恶言，不辱骂他人，并且要以平淡柔和的语气与人交谈。

第七，不绮语。不信口开河，也不吹捧他人，要诚实、坦率地对待别人。

第八，不贪欲。不贪恋情欲，也不贪图享受，还要自净其意，精进修行。

第九，不嗔恚。不对别人发火，也不记恨于人，还要以慈悲忍耐的心来对待他人。

第十，不邪见。不生偏邪异见，不执非为是，并且还要时时提起正信正见。

十善是佛教认为最基本的十种善业行为。这属于一种基本道德规范。其中，前三种是身善行，不妄语、不两舌、不恶口、不绮语属于口善行，后三种则是意善行。可见，这十种善行不但重要，而且还是别具深意的，它们除了规范你的行为之外，也是在用戒的力量，帮助你清净身、口、意的污染，使你远离各种恶行、恶业，为你实现终极解脱奠定良好的基础。

按佛教的说法，十善业道增时能令内外诸物增盛。也就是说，当你遵循这十种善行而行善时，便会得到善的反作用力，这样一来，无论内境、外境，各种善的东西都会随着你的善行而增加。可见，行善确实能让人感到快乐。哪怕你只是有了利众的念想，这想法本身也是一种行为，它会产生善的思维波，带来善的反作用力，而这种善的反作用力又会增益你的智慧和定力，为你的解脱大厦添砖加瓦。所以，我们提倡发善愿，发大愿。

前些时，有人问我，当一个人明白自性后，还要不要修生起次第仪轨？我告诉他，当然需要。像香巴噶举五大金刚合修法的生起次第，就是从明白心性后起修的，直到你成为七地菩萨。我即使在契入大手印后的多年里,也一直在修生起次第。因为那仪轨，是一种智慧程序,需要装进我们的生命,来指导我们的行为。所以，对那些内容的观修，是非常必要的，直到那智慧成为我们的生命本能之后，你的观修才算圆满。

你也可以日行一善。在过去的很长一段时间里，我要求自己做到一日一善，就是每天至少做一件有利于众生的事。这也会让人形成行善的习惯，增长内心善的力量。

当你远离邪恶，趋向善道，具备十种善业之后，也就俱足了成就无漏心的基础。“漏”是欲望，“无漏心”就是离欲之心、无求之心。一旦清净了心灵的所有污染，破除了对红尘的所有贪恋和欲念，你也就看破了红尘，红尘中曾让你百般享受的一切，都会变成你趋向佛道的拖累，上求佛道的你，只愿意过一种清净的生活。这时，你的执著心也就渐渐破除了。所以，十善非常重要，它是修行的基础。

我常说，“大善铸心，命由心造”，就是用大善来炼铸你的心：一方面就是修善行，修人格，修做事；另一方面，就是实践真理。心控制着你的行为，行为构成了你的命运，只有心利众了、明白了，才能心想事成。相反，如果没有心的改变，就绝不会有命的改变。

28. 矫正错误的行为

在日常生活的修行中，因为我们要跟人打交道，还需要注意行为。我称之为威仪。威仪是心和人格的真实体现，而非表演和虚诈行为。有的人为了博取别人的尊重与赞扬，刻意摆出一副傲慢严肃的姿态，以为这便是威仪，但其实这只是装腔作势。

真正的威仪，是严格守戒之后，从清净心中生起的一种仪态，是真心的流露。它所展现出的，是对真理的深信不疑，以及对身心的强大自主力，是六根调柔的产物。这时候，仿佛他就是真理，他就是宇宙间一种更为神圣的存在，他就是究竟智慧的化身。你对他的敬畏，也是对究竟真理的敬畏，对神圣的敬畏。他的威仪，是一种息灭贪心之后所流露出的正直坦然，你从对他的敬仰中，便能生起对真理的信赖与向往。这正是向往菩萨道、发愿利益众生的人之所以要修习威仪的原因。

在佛教中，有“三千威仪，八万细行”之说，要是真的能注重威仪的训练，是可以让人们对佛教产生净信的。

修习威仪虽有诸多要求，其目的，也是为了让你放下一切尘缘，安住于明空当中，在行住坐卧中调伏身、口、意所生起的一切欲念，毫不昏沉，也不散乱。久而久之，你便会远离红尘中的一切贪欲与染污，清净长久积累的诸多业障。这不仅是对身体的磨炼，更是对心灵的锻炼。

身不造恶业，口不造恶业，心不造恶业，三业都清净了，对红尘中的六尘，即色、声、香、味、触、法，也能视而不见，听而不闻，要是你仍然精进地禅修，息灭烦恼，忘记身体，你会越来越宁静，禅定功夫也越来越深，心性也变得恒长专一，再也不会被任何现象干扰心的宁静，你已经品到了“主人公”的味道。这种自主并不是固执与封闭，而是洞察世情后的主动选择。你并不排斥一切，但一切又无法在你心里留下牵挂。这时，世间的诸种行为和思想就很难束缚你了。你感到前所未有地自在。这种自在，就像大海般淡然、博大，它持续得越久，便越为牢固。

如果你有恒久的信心，而且定心越来越好，定功也越来越深，明白自心是本来空寂、本来无我的，你便会达到一种心境两相忘的境界。

你既不执著外物在心中的化现，也不执著自己的心念，你知道一切都是暂时的，一切都在哗哗变化，因而内心一片光明，像镜子一样，不动不摇。这时，世界就很难吸引你，也很难左右你了。但即使到了这时，你也仍然要充满信心地实践上师的教法，要俱足戒德，必须守戒。戒德精严、身口意都很如法时，你才能具足真正的威仪。有一本戒律书叫《大比丘三千威仪》，里面专讲修戒律。戒守得很好时，看起来是非常庄严的。

有一天，你会发现自己面对“世间八风”时非常淡然，无论是利益、赞誉、称道、乐事，还是衰减、毁谤、讥讽、逼迫，都不能动摇你的宁静，真的应了庄子的话，整个世界都赞美你时，你不会沾沾自喜；当整个世界都诋毁你时，你不沮丧难过，做到了宠辱不惊，处之泰然。这样，你就有可能完完全全地断除烦恼，证得阿罗汉果，你从此超越了红尘中所有的欲望。修到这个层面的人，也被称为无漏、离欲，或者杀贼。所谓“离欲”，就是超越所有的欲望；而所谓“杀贼”，就是把眼、耳、鼻、舌、身、意这六个生起欲望、招致烦恼的贼都杀了，那么，六根六尘六法就再也无法干扰他了。

29. 种福田：积累资粮之柴

种福田的目的是为了助长菩提心。

什么叫福田？福田便是你的功德和福德。积累功德和福德的过程，就叫种福田，也就是上供下施。当你有了布施之心和行为时，你的心就和某种伟大力量融为一体，从而得到伟大力量的帮助——这就像小河汇入大海，自己也变成了大海——你的愿望便能达成，你也将得到相应的福报。换言之，布施就是把善的种子种到田地里，让它开花结果，最后，它就会献给你相应的果实。所以，布施和供养才叫种福田。

布施有很多种方式，放生、捐助、鼓励、传播真理，诸如此类的各种善行，都属于布施。其中，捐助财物是财布施，鼓励别人是无畏布施，传播真理则是法布施。

所谓财施，就是不但不夺取别人的财物，还能将自己所拥有的饮食、衣服、田宅、珍宝、钱财等物质施予他人。这种行为看起来是舍，实际上更是一种得。因为，当你把财富供养出去的时候，这个行为本身就会形成一种反作用力，给你带来巨大的福德。

一篇叫《历史上最伟大的赚钱秘密》的文章中说："如果一个人一直为他人的利益服务，甚至这种善行已经成为他下意识的习惯，那么宇宙中所有的善的力量都会汇集到他的身后，成就他的事业。因为除了布施，再没有任何声音可以更为洪亮地向宇宙宣示你的自信、富足和爱。""而当宇宙听到的时候，更多的美好会加赋予你——不是作为奖赏，而是因为你真正地相信你自己的富足和爱。""布施时间，你将收获时间。布施产品，你将收获产品。布施爱，你将收获爱。布施金钱，你将收获金钱。""所有的富人都会布施，我觉得不是这样，而应该是说，所有布施的人都会成为富人。"

所以，布施是世上最伟大的功德，是世上最伟大的善行，也是世上最伟大的赚钱秘密。

那么法施呢？释迦牟尼佛说，若以充满三千大千世界的珍宝供养三世如来，其功德不如把《金刚经》的智慧传播给世人。可见，法布施——也就是毫无执著不计回报地传播真理——比财施更加重要，因为，财施的作用是有漏的、无常的、会消失，只能解决一时所需，法施却能助人开启智慧，也就是"授人以鱼不如授人以渔"。而且，法施能实现古人所说的三不朽，也就是：第一立功，建立不朽功勋；第二立德，以道德为示范，为人类作出表率；第三立言，著书立说。总之，就是自己因实践真理而获益了，就通过行为、语言或文字的形式，把真理的火种传递出去，让它点亮更多人的心灵，改善更多人的生命质量，甚至帮助别人改变命运。所以，真正的法施者，必须有一颗利众的菩提心，才会建立无量的功德。

换言之，所谓法布施就是传播真理，让他人明白。而要叫他人明白,你自己首先要明白。要是连你自己都没有觉悟,没有明白,整天陷入烦恼痛苦，不能自拔，你还谈啥普度众生呢？所以，有正见指引地精进修炼是必要的，只有觉悟了，才可能究竟地利他。当然，有些人能在世俗生活中助人为乐，这也是值得称道的。

功德只能从清净心中生起，清净心中自然有慈悲大爱，也自然俱足了菩提心，但是对菩提心和清净心，我们也同样不能执著。

菩提心是利众之心，其本质就四个字：无我利众。发愿利众，而不是只利自己,才是菩提心。利众行为有很多种,最简单的利众，就是从帮助身边的人做起，向他们传播真理，进行财布施、法布施、无畏布施等等，让他们快乐，让他们明白，让他们远离痛苦、远离烦恼。在此基础上，才谈得上其他意义上的利众。

进入大手印所追求的明空智慧境界时，你的心自然是清净无求的，那么，你的利众行为就俱足了无量功德。如果你进不了这种状态，或是心中还有某种功利化的期待，你的行为就只能带来福德，而不能带来功德。

很多人容易混淆福德和功德，其实它们是两回事。福德多带有功利色彩，比如求福、求报、求寿。很多人入庙拜佛，都会跪在佛菩萨脚下，心里念叨着：佛菩萨请赐给我这个，佛菩萨请赐给我那个……诸如此类的祈祷，都是在求福报，在这种心态下无论供养什么，都只能得到福报，而无法得到功德。如果你不求这些东西，心很清净，你的善行所积累的就是功德。

虽然很多人追求福德多于追求功德，但事实上，功德远远大于福德。福德利益于眼下，而功德利益的，却是你的生生世世。当你积累了一定的功德，你就能破执，你的慈悲也会增长，你的心会跟你跪拜的佛菩萨无二无别，这时，如果你还能将你的心用行为表达出来，去利益别人，让他们也能明白觉悟，也能拥有这样的一颗心，你就能像佛菩萨那样不朽。

很多人一生富有，也做了很多善事，但他们没有功德，没有智慧，也实现不了不朽。为什么？因为他们心有所求。心有所求，就只能生起福德，福德是有漏的，是无常易失的，很难有永恒的价值。

功德重精神，其生起的外现是：第一，执著少了；第二，贪、嗔、痴、慢、妒少了；第三，心清净了；第四，利众的慈悲心增长了。其中，以执著的破除最为重要，因为破执就是证悟。一旦破执，你也就明白了。明白什么呢？明白眼前一切都会很快过去，所以，你更懂得珍惜当下，不去计较明白和慈悲之外的东西。这时，你就会把别人当成你的亲人。

在某次对话中，我谈了自己的一些经验：“父亲死了。我再也看不到他的笑了，每一想起，就想落泪。有时，一看到街头寒风中行乞的老人，我在心里就会不自觉地念叨：我再也没个爹爹了！心中就会涌起一种浓浓的悲哀。我就会给那些老人一点钱。要是我给的是硬币的话，我总是很小心地放进他们的碗中，我怕那响声，会令他们不快。那时，我眼中的他们，都是跟我父亲一样的老人。我总是在那些仍在经受苦难的老人身上，发现我死去的父亲的影子。所以，我很感激那些向我行乞的老人，是他们给了我一种孝敬父亲的感觉。”

当你真的把众生当成自己的父母时，你的奉献也就没有丝毫的作意了。因为你看到他们痛苦时，你的心也会疼痛，你当然真心真意地想叫他们快乐。当然，最究竟的快乐是觉悟，只有觉悟了，人的快乐才不会被善变的外现所打碎。

30. 远离退转心

积累资粮、寻求解脱，就像追求一段缘定三生的爱情，即使经历无数挫折，也不后悔当初的决定，甚至宁愿舍弃生命，也要追寻到底，生死不渝。但事实上，面对肉体的欲望和外界的干扰，还有根植于灵魂深处的愚痴，人很难保证自己没有脆弱的时候。

我常说，所谓天才，就是朝着定下的目标不停地跋涉的人。瞅中目标，每天做完自己该做的事，然后无求无住，坦然入睡。

在过去的多年里，我发现了无数天分比我好的人，他们只要一努力，肯定比我强，但多年过去了，他们还是他们，只是老了。我虽然也老了，但我改变了命运。我们的区别，仅仅是我对梦想没有退转。我一直在朝那个目标前进。几十年过去，也就有了几十本书。

去西天的白龙马和磨道里拉磨的驴子每天都在走路，但几年过去，马升华为八部天龙，驴子却变成了老驴，区别仅仅是白龙马有了走路的目标——发愿。当然，要是单纯地发愿，而不去走，那个目标也仅仅是墙上画的火把，永远点亮不了生命。

始终要明白，你依仗火把的光明走夜路，但火把不能保佑你走出黑夜,走出黑夜的,是你自己的脚步。你要沿着那光明的方向，一步又一步，踏踏实实地走路，不要急躁，坚定信念。坚持下去，便会有正信且有定力。

修炼不仅仅是发心、观修，更多的应该体现在生活方式上。因为，修炼是为了影响你的生活，改变你的生命状态，只有具备了相应的行为，才能证明你是在升华自己的身心，还是走错路、堕落了。通过修炼，将身心的升华付诸于行动，一天又一天地坚持下去，智慧之火就会把你所有的烦恼都销毁掉，然后，你就会证悟实相——也就是明心见性——通达光明，之后才是证得光明大手印，实现生命的终极超越。

在修行的过程中，警觉是非常重要的。因为只有警觉，你才能拒绝时时诱惑你的念头。你要能觉察到念头的虚幻，千万不能跟着它们走，因为，你一旦放纵自己，放松警惕，它就会用许许多多的理由来迷惑和诱惑你，让你对自己做出的决定产生怀疑和犹豫。很多时候，障碍修行的正是心的犹豫和怀疑。但有时，也是心的冷漠。如果无着菩萨的心很冷漠，他生不起救那癞皮狗的心，或是对虫子的生命不闻不问，他可能就会越过癞皮狗，真正地退转下山，回到红尘之中，很快被庸俗和功利所腐蚀，他永远不会知道，自己在某个瞬间曾经那么接近解脱。那么，他的故事就会变成悲剧。但他终于还是演好了自己的故事，那故事直到今天，仍启迪着那些没有耐心的修行人，让他们能一直坚持下去，这就是故事的意义。

下面，我谈谈我常用的一种修资粮道的方法：

心极法依止，思维暇满时。
无常若现前，除法无依止。
法极穷依止，沦为乞丐时。
亦不舍正法，永无退转时。
穷极死依止，牺牲身命时。
一心系正法，富贵勿贪痴。
死极依荒沟，弃尸荒野时。
如狗无尊严，正念无顾忌。
事前无牵累，事后无愧悔。
同行无执著，金刚无能摧。
出于人群日，入于狗伍时。
舍弃诸尘累，圣位正晰晰。

这是我每天念诵的内容，是我的上师传给我的一个修行要诀。

如果有修法的因缘，又有修法的时间，却不修法，就叫虚度光阴，是非常可惜的。因为无常一旦来临，除了正法，什么都靠不住，你必须自己面对死亡，面对业力对你的牵引，只有能自主心灵，你才能选择未来的归宿。所以说，有了好的因缘，就要好好修法，要懂得珍惜，更要懂得分辨什么才是最重要的。哪怕穷困潦倒沦为乞丐，哪怕身患绝症命不久矣，哪怕死后像动物一样被弃尸荒野，得不到风光大葬，也不会贪图富贵享受、对正法正见产生任何怀疑，更不会舍弃正法。要永不退转。修道想要成就，就必须有这样的发心，有这样的行履，有这样的行为和信念，无论在世间法层面，还是在出世间法层面，半途而废的人都不会有任何出息。

很多修行人虽然一开始确实有雄心壮志，但是经过红尘历炼，经过内心污垢的纠缠，其信念会不会发生动摇，就说不清了。因为正见对很多人来说，只是知识，并没有真正地进入其生命，在面对红尘诸事的时候，人难免还是会陷入惯性思维，比如，为了做得不够好的事情而懊恼不已，为了捉摸不定的未来而担忧焦虑，好多人的烦恼就是因此而来的。何必呢？明天的事情，还是交给明天去想吧！

因为，无论执著过去、现在，还是未来，它都会变成你的累赘。不要整天想着明天要做什么，不要让无穷无尽的计划填满自己的心，不要时时牵挂。事情做完之后，就把它全然地放下，因为它已经过去了。

所以，不要在乎过去、当下和未来，要明白人有无穷的可能性，但那个巨大的可能性，永远都只会发生在前行的脚下。

所以，放下一切担忧和焦虑，让自己走起来，做那些你觉得有意义的事，不要用自我否定扼杀某种美好的可能性，要用行为激活你所有的激情和活力。

31. 智信的生起

前面说过，修生起次第的目的也是集资粮，通过皈依、发心、修四无量心、观修本尊等等，进而俱足信心，得到相对宁静的定力，去除一些粗分的烦恼障，明白自己本来是佛，而生起佛慢。

当然，我们这里说的是真正的信心，它是一种智信，而不是迷信，不是对满天神佛的盲目崇拜，是明白后的理性抉择。只有这种智信，才能产生清醒的大力，没有真正的信心，便没有一切；没有信心，更没有菩提心。没有菩提心就没法修习佛法，因为正见、菩提心、出离心是佛法的三根本。真正的法器，必须是真正的信仰者，是愿意以佛教真理为生活方式，愿意用生命实践佛教真理，愿意用佛教真理改变信念与言行的那些人。

只有树立了这样的信念，修行才可能有成，但好些人虽然在修行，却并不知道自己在修什么。就像某人不知道月亮为何物，人家指向月亮来向他解释，他却认指为月，不去看月亮，老在研究那根指月的手指。因此，有的人闭了很多年关，念了几千万遍咒子，却比没有闭关的人更加贪婪、更加愚昧、更加仇恨。他们太重视自己有没有跑完全程、跑得够不够快，却没弄清自己到底要跑向哪里。

修行的内容无非有四个方面：第一是信心，第二是定力，第三是智慧，第四是慈悲。

有了信心——它同样要体现在行为上——之后，实质上就完成了资粮道。然后是加行道，加行道以修定为主。定功非常扎实的时候，止的任务就完成了。

我们在修生起次第时，只有上师开示了心性，你也会进入止观双运，也可能明心见性，契入光明大手印。当我们止的功夫很好时，一旦见到空性，就不会经常丢失。

对于俱足信心又得遇善知识的行者，开悟并不难，难点在于开悟后的保任。如果我们生起次第修得非常好，拙火修得非常好，那么在未来开悟之后，就很容易保任。

对香巴噶举的祖师奶格玛有信心的行者，也以持诵“奶格玛千诺”为集资粮的重要方式。有很多持诵“奶格玛千诺”获得大益者，更有人经历了诸多神奇。按香巴噶举传统的说法，奶格玛是证得了究竟佛果的空行母，她曾发愿，加持所有对她有信心的众生，令其离苦得乐，契入大手印。奶格玛以虹光身的形式住世，智不入轮回，悲不住涅槃，只要虔诚祈请，均得大验。祈请奶格玛跟祈请观世音菩萨一样，是无须灌顶的。读者中若有对奶格玛生起信心者，不妨以持诵奶格玛名号积累资粮。等有了机缘，还可以进修五大金刚。

加行道以专一瑜伽为主，其中包括许多东西，比如拙火、宝瓶气等等，都属于专一瑜伽和加行道。要是你还不明心性的话，你仍然没有进入真正的修道，你只是在为明心见性做准备。

在真正解脱之前，如法地修习是必需的，就像学武功一样，早期的基本功训练和套路修习是非常必要的。当你真正地达到最高境界时，达到无形无相无法无我时，自然就无招无式了。

所有的宗教仪轨，都是为了让我们提升人格、重铸灵魂。在宗教仪轨的熏染下，我们参照佛菩萨的精神，渐渐远离贪、嗔、痴等五毒。在这种顺缘里，你会越来越清净，就有了悟道的因缘和可能。所以，刚开始修行时，我们还是要严格地按照仪轨修，借助仪轨中善的力量，来熏修你的心。我们举个例子，仪轨是一坛酱油，你是一个萝卜，把你放到酱油里慢慢泡，仪轨里善的东西就会腌到你的心里，慢慢改变你的心。

我以前说过，在契入光明大手印之前，我一向反对将宗教神秘化。那时，我眼中之宗教，是哲学之最高境界。对上师，我视为导师。得师加持，契入光明大手印后，我从此进入的，是一个全新的天地。我热恼顿释，迷闷顿消，心如无云晴空，明广如天，清蓝如海，不起云翳，不生波浪，每有所欲，却无不随缘示现诸种境界。期间虽也有为文坛污染带来的热恼，但我很快就能窥破虚幻，破除执著，趋向宁静之乐。即使在深入生活时，我也不离禅悦，诸显与空性合一，动静一如，心无尘滓。

我三十二岁后的所有作品，都是它们自己从宁静中流出的。所以，从特殊意义上说，我是个不会创作的人，是作品自己从心里流出来的。在我游遍凉州搞社会调查的多年间，我从不拿念珠，诵咒终日，到夜间，却悉知诵咒几万。游遍凉州，阅人无数，却心无挂碍，空明灵澄，出门如上禅座，归家如入禅室，将偌大天地，视为清修道场。后来，十世班禅大师的一位弟子印证说：许多人终其一生，都很难修到这种境界。再后来，经上师印证，我契入的，正是香巴噶举之光明大手印。这一切，都源于正信的力量，正是有了这种力量，我才得到了香巴噶举诸上师的智慧加持。

我的一切，都得益于我资粮道的扎实基础。

32. 真正地圆满三种信心

在资粮道的最后，我还是想强调一下信心。

信心是真正的资粮，也是修道的基础。“信为功德母”。信愿行中，信心是第一位的，它直接决定了修行人能不能成就。

信心有多种，一是对上师有信心，认为上师是佛，无计无力地净信他。这种信心最为重要，如果没有这种信心，你就根本无法证悟。相反，如果你对上师拥有无上信心，视其如佛，破除我执，达到用生命供养也无悔的程度，还能荣辱由师尊，死亦不退心，就是说，连死亡都不能让你的信心退转，而且，你的信要体现于行为，而不仅仅是作意，那么你就会得到加持，修行也会事半功倍。

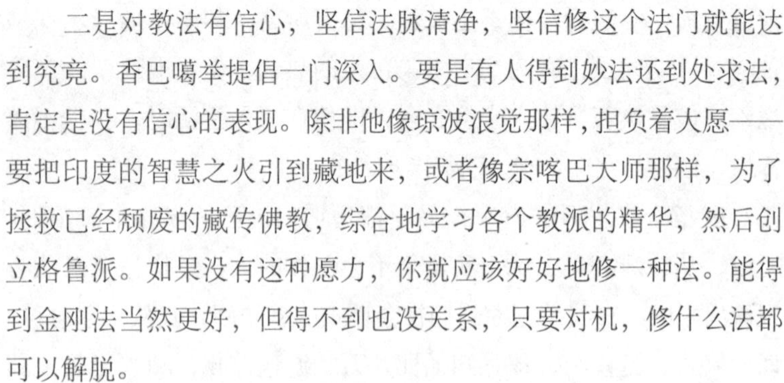

二是对教法有信心，坚信法脉清净，坚信修这个法门就能达到究竟。香巴噶举提倡一门深入。要是有人得到妙法还到处求法，肯定是没有信心的表现。除非他像琼波浪觉那样，担负着大愿——要把印度的智慧之火引到藏地来，或者像宗喀巴大师那样，为了拯救已经颓废的藏传佛教，综合地学习各个教派的精华，然后创立格鲁派。如果没有这种愿力，你就应该好好地修一种法。能得到金刚法当然更好，但得不到也没关系，只要对机，修什么法都可以解脱。

三是对自己有信心。如果你对上师有信心，对自己没信心，同样没法修道，因为你随时都会产生退转心。反之，如果你俱足了三种信心，也就圆满了资粮道，要是得到上师的证量加持，就能契入大手印了。

所以，资粮道最大的敌人，就是疑——无论是对上师、对自己，还是对教法——大手印就不再有意义。当你脚踏实地地依照上师的教法修行，慢慢地，就会拥有一种体验，体验是信仰最好的保证。一块顽铁，只有进入磁山之后，才可能被磁化。单纯地学而不炼，没有多大的意义，望梅是很难止渴的。而当你真正有信心时，你也就不渴望成就了，因为在具信者眼中，成就跟成年男人长胡须一样自然。我从来没有求过上帝赐我以胡须，可那胡须，仍疯长个不停。具信者的成功亦然。

我天生就很有自信，从不妄自菲薄，当然也不狂妄自大。但我一直坚信，我想成为啥人，就一定能成为啥人。如果能生起无伪的信心，能够出离，你就不会渴求欲望的满足，你想得到的，仅仅是智慧的觉悟。

我发现，对于忙碌的当代人来说，按传统修行，可能会比较困难。因为圆满四加行需要很多时间，当代人又不一定有殊胜因缘修金刚法。那么，对于这部分修行人来说，修大手印虔信瑜伽就是一个很好的选择。

大手印虔信瑜伽包含了四加行中的皈依、发心、供养，和上师相应法，是一种非常殊胜的法门。没有虔信，就没有相应。那些所谓的开悟者最后流于狂慧，由悟转迷，甚至破戒，就是因为他们没有虔诚的信仰。

所以，行者必须借助各种方法，将心中的怀疑和各种障碍尽快清除，用一颗干干净净的心，去全然地接纳清净的有传承的教法，才能圆满资粮道。

第二章 加行道：寻找光明

1. 串习力与熏修

加行道以修定为主。

我们前边说过的四加行，更多的是在修资粮道，而宝瓶气、拙火等以修专注力为主的法门，就属于加行道。资粮道以修信心为主，加行道虽也修信心，但更多的着眼点，是修专注力。

专注力的修法，是以修串习力和熏修为主。

串习力是熏习后的产物，是指通过某种事物和行为的连续熏染，使另一事物和行为发生变化。修行的目的，就是通过智慧的熏习，修出智慧的串习力。

熏习有两种：染法熏习与净法熏习。染法熏习是无明和妄心熏习，净法熏习是正念和真如熏习。正是由于无明对真如的熏习，遂有有漏的世间法；更由于真如对无明的熏习，才使得解脱成佛有了可能。

净法熏习的目的，首先是让自己成为好人。要是你连人都做不好，还谈什么成佛？所以，古大德云：“直心是道场”“平常心是道”。念佛、念咒和观想固然重要，但这类仪式是为了让你拥有一颗直心和平常心，而不是为了得到什么神通。

要是没有智慧和慈悲，单纯机械化地念佛、念咒和持宝瓶气，起不了多大作用。念佛机整天念佛，汽车轮胎整天持着宝瓶气，它们照样成不了佛。我们修习仪轨的目的，首先是改变自己的心，进而由定发慧，或者由慧摄定。

所有宗教仪轨的目的都是熏染你的心灵，让你慢慢地消除贪婪、仇恨、愚昧，破除执著，走向博大和崇高。无论哪一部经典，如果你不能明白其中的道理，机械地念诵意义不大。眼下，好多信徒还执著一些技术性的东西，整天争来斗去，讨论一些跟心性无关的东西。如果出现这种状况，说明他们还在心外求法。

前面我们说过业力，业力就是行为的反作用力。无论是功德、福报，还是罪恶、罪业，都会在八识田阿赖耶识中留下一粒种子，其中有善的种子,也有恶的种子。这个种子会伴随着我们的心气(心分和气分)——包括物质和精神——转到下一世,遇到合适的气温、土壤、湿度，它就会发芽、生根、开花、结果，这就叫因果。所以修行之初，就要净障。

净障既是资粮道的重要内容，也是加行道的重要内容。

香巴噶举的净障有多种方法，常见的一种是诵奶格玛百字明；还有一种,是念“奶格玛千诺”。你观想奶格玛的心轮有一个莲花，莲花上有一个日轮,日轮上有一个月轮,月轮上有个藏文“吽”字。你念诵“奶格玛千诺”的时候，那个“吽”字里流出像牛奶一样的甘露，充满你的整个身体。你一边念“奶格玛千诺”，一边观想甘露在沸腾，像开水一样在沸腾，为你净障。你也可以持着宝瓶气念诵。一口气持完的时候，你就观想所有的障碍、疾病和业障，沿着你的会阴穴或肛门,变成黑水,变成毒虫,流入地狱,化为甘露，去供养地狱众生。你每持一口宝瓶气念诵“奶格玛千诺”一百零八遍，就这样净障一次，这就是常见的净障法。

净障法的目的，就是借助观想——虽然观想时用的是意念，但净障真正的力量并不是意念，而是信仰，长久地观想就可建立信仰，进而跟上师相应。

持咒的作用也是这样——持咒，用自身的力量以及外界的力量——我们称之为自力和佛力——把你灵魂深处、阿赖耶识中罪恶的污垢清洗掉。病有病因，病因也可能藏在潜意识深处、我们称为八识田的地方。种下善种子，就有善的果实；种下恶种子，就有恶的果实。修行就是通过一层一层地熏染，最后进入生命的深层，把恶因清除掉。

净障到一定程度，某些生理的隐患也可能转化，但你必须在能够改变——也就是恶果没有成熟——的时候改变它。一旦业果成熟，就很难改变了。我们要在业果还没有成熟的时候好好修行，尽量净化自己，做到“上工治未病”，意思是最好的医生是在病人没有病的时候教他们进行预防和保健。

按时下科学的说法，人的生理受神经系统的支配；而人的神经系统，又受语言系统的支配。当我们有了正面的意念时，就有可能转化一些负面的东西。

修行就像酱油泡萝卜一样，刚开始酱油只能泡透萝卜的表层，但经过长期的泡，天长日久，就把这个萝卜腌透了。表层意识我们称之为第六识，中层称之为第七识，萝卜心为第八识。随着长久的熏修，智慧的力量会进入意识、潜意识，最后进入第八识。这样修下去，就能真正地清净污染。

2. 要有纯正的法脉

不同的法脉传承，在加行道有不同的修行方法。

法脉传承很重要。一个灯泡，只有在进入合格的供电系统，接通电流，打开开关之后，才可能放光。

电流是法脉承载的精神，也包括我们所说的加持力。如果有这种精神，法脉就有了意义；如果没有这种精神，所谓法脉就只是没有水的空管。同理，修行人如果能够明白法脉的精神，并且去实践，修行就有了意义，贪嗔痴慢妒就能破除；如果他们不明法脉承载的精神，或是不去实践，修行就没有意义。

很多时候，法脉都代表了利众精神、平等精神、博爱精神和超越精神。超越精神代表的，是佛教最精髓的智慧——超越智慧。清净法脉中承载的力量，能让真正的行者体会到从释迦牟尼佛时代传递到今天的佛之心印。好多大德都有心传弟子，心传弟子的心，就是真心。上师把真心传递给你，为你印证，就是印心。

虽然很多人看我的书时，也会有一种感觉，得到磁化。这是可能的，因为文字也是一种数据线。但事实上，真正的印心，不一定非要借助于文字。它甚至无需借助于教，也无需借助于仪轨，是超越仪轨、超越传法、超越灌顶的，光明大手印的本质，便是印心。如果上师合格，弟子也合格，那么只要弟子对上师有足够的信心，上师就能以心传心，跟弟子心心相印，弟子就会证到一种光明。当弟子尽量放松，同时不失警觉时，就能安住光明，其生命中的黑暗就没了。加行道的目的，就是达成这一点。

奶格玛曾对琼波浪觉说，所有对她有信心且虔诚祈祷者，无论何时何地，她都会出现在他面前。对此，香巴噶举的行者深信不疑。每日的清修中，他们都会念诵一篇长长的祈请文，祈请包括奶格玛在内的所有上师。行者深信，所有上师——无论他是否住世，都会应请而来，加持弟子早日成就佛果。

在我的实践中，切实地感受到了与上师的相应。这上师，包括自金刚持、奶格玛之后的历代宗师。见到上师之前和之后，是我人生的一个分水岭，无论宗教修证还是红尘诸事，都有天地悬殊之隔。我能明白地理解诸上师的心。我确信自己和诸位上师已完全相应，心心相契。

我得遇香巴噶举教法之前，虽多方求索，终无所得，每每哀叹尚未找到堪为灵魂之依怙。一经灌顶，我便视师如佛，其间有许多宗教体验，《光明大手印：实修心髓》一书中虽有点滴透露，但大多内容，因戒不宜宣说。

我虽然没像奶格玛那样，一遇上师，顿成虹身，但我觉得确实达到了相应如一。我曾于见到上师的数日之内就契入光明大手印。这是多位成就大德印证过的。我于是明白，跟上师相应，主要在于信心和虔诚。宗教是以信仰为前提的。首先是信仰，其次才是理解。一次，众弟子求密勒日巴："上师呀，请加持我们。"密勒日巴说："弟子呀，我需要你们的虔诚。"

在加行道的修持中，祈请上师是最重要的方法。

3. 散乱修：息羽去听经

在没有通过加行道修炼之前，行者还没有真正得定，一般都还在散乱修。比如，很多人单纯念诵生起次第仪轨，也是在散乱修。

散乱修是修行的第一阶段，在资粮道和加行道，都可能经历这个阶段。在这个阶段，对于觉悟光明的寻找，就像在堆满了细小杂物的房子里寻找一颗纽扣。因为你的杂念还很多，安静不下来。很多人开始都这样。

杂念多时，烦恼自然也多，你当然希望早日离苦得乐，于是你终日寻觅，愁眉紧锁，心里充满了困惑和担忧，你始终进不了

那种浑然忘我的境界，观修也没什么进展。有时，你用力地观，也观不出什么图像。但是没关系，大脑需要一个开发的过程，有人快些，有人慢些，这些都不要紧，重要的，是你每天都在做。哪怕你暂时感觉不到清凉，看不到希望，也得不到什么安乐，觉得自己在熬。

修加行时，世间八法也可能会把你的心搅得一塌糊涂，你忽而想做这个事，忽而想做那个事，一切现象都在诱惑着你。你的心也可能越来越焦躁，觉得自己像卧在冰窟里的荆棘上一样。这时，是修行最苦的阶段，但因你资粮俱足，就不会生起退转心，你仍在痛苦中向往光明。你可以想一想无着菩萨的故事，他觉悟前苦修十二年，却没有一点感觉，但觉悟还是在刹那间发生了。所以，你也不要担心，要有耐性。

在这个阶段，因为心里充满了对解脱的渴望，杂念又在纠缠着自己，你就想放下一切，专注地诵经、持咒、修法。但一开始，你仍然不能自主，你心灵的翅膀老是耐不住寂寞，一次又一次地扇动着，发出巨大的声音，在你想要平静的心湖上掀起波浪。这波浪，就是你放不下的执著，和止息不得的妄念。你只好不断打扫心上的灰尘，但你没有足够的定力，无法控制自己的心，无法做到完全地随缘和真正的清净，眼前一切都会激起你强烈的反应，甚至把你裹挟进去。好的一点是，你始终没有扔下修行，始终在努力收回自己的心，希望找回心灵的自主权。那么，你的心灵终归会一天天强大起来的。到了那时，你就有了定力，一旦决定做某事，你就能完完全全投入其中，把其他事情全都放下，任何干扰都无法分散你的注意力。但这需要一个过程，因为只有在心灵的力量足够强大时，肉体才会听心灵的话。你很可能会发现，自己明明想怎么样，但肉体的反应偏偏不是这样，这让你苦恼极了。其实你也不用苦恼的，因为这很正常。你只要坚持修心，强化训练专注力，心也就慢慢强大了。身体就会听你的话。意志力特别薄弱的人，可以每天让自己做一件有益的事情，日行一善，久久成习，便会有了定力。有了定力就有了自信，变得坚定，你才能在生活中管好自己的心，专注于眼前的事，不再被欲望、陈旧观念和社会共识所动摇，也不会被纷扰的世事闹得心神不宁。这时候，你也就得到了清凉慧光的滋养，在生活中渐渐学会随缘了。

其实，你可以想象自己在水中画画，你会发现，自己所画的东西，在画下的同时就消失了。你说它没出现过，但水里有了波纹；你说它存在，但水面又很快归于平静了。杂念也是如此。不要因为念头生起了，就跟随它越走越远，你只要不跟着往下想，它很快就会消失。这就是念去不随，让它来者自来，去者自去。对待生活中所有的事情都要这样，要有出离红尘的勇气，要明白任何事都是一点现象，一点记忆，很快就消失了。得也罢，失也罢，也是一点记忆，很快就消失了。只要你愿意实践，渐渐不去执著，不要让自己的心被束缚、被牵走，你就会像古人所说的那样，“宠辱不惊，闲看庭前花开花落；去留无意，漫随天外云卷云舒。”

不过，这需要慢慢来，因为你还没有见性，也还没有足够的定力，你必须给自己一点时间。遇到不顺心的事情时，你仍会不由自主地被牵走，你仍然会热恼熏心。你的心仍然在风中飘荡，杂念还是占据了你的大脑。你修行的状态不太稳定，还是看不到觉悟的光明与希望。注意，这时，你正处在修行的重要关卡上，顺利过关之后，你修行的状态就会趋于稳定，一切都会慢慢好起来。

很多修行人都处在散修的阶段，修生起次第时也在散修，会供时也在散修，有些人在散修的时候还会睡着，有些人甚至在关房里跟别人打架。这就是因为没有学会对治散修和昏沉，还没学会如何破除执著。这时，有些人会非常痛苦。

需要注意的是，在任何方式的修行中，你都必须保持警觉。如果你没有警觉，就容易陷入昏沉糊涂，丢掉那光明。大手印有很多方法帮助你提起警觉，禅宗也有很多方便法门。例如参话头就非常好。参话头可以参到物我两忘、能所俱空，生起疑情。当你生起疑情时，你就会始终被一种巨大的疑团笼罩着，这时，你也就进入了大手印的专一瑜伽。

4. 用信愿来破除执著

要将上师、本尊、佛国、菩提心、发愿和修行一直放在心中最重要的位置，时刻牵挂着它们。

有人问我，这难道不是一种执著吗？我说，是的，这种熏染也是执著，但它是对真理的执著，执著于真理，就会放下真理之外的一切，包括妄想、贪婪、仇恨、嫉妒、傲慢等等，很多烦恼都会因为这种执著而消失。所以，只要你向往佛道，最开始就要执著于成佛，无论做什么，心里都要念着佛国，念着修行，念着利众，不要放下它们，以一念代万念，以一执破万执。

在修行阶段，我们也可以把这种对真理的执著称为信愿。

如果你行住坐卧都在追求觉悟，都在寻找灵魂依怙，都在追问生命意义和活着的理由，都在追求光明，到了一定境界时，你就会发现，周遭一切似乎真实存在，但不论好坏，都会很快过去，不可能真正永恒，也留不下任何痕迹，像梦境一样。你就会产生一种如梦似幻的感觉。当你真正体会到红尘如梦时，也就不再迷惑了，你也就在理上明白了。理上明白，就是所谓的无梦。梦幻之物，未必是梦。因为梦是一个名相，什么时候不再执著于梦幻般的现象，你的人生才会有大的改变，智慧之光才会照亮你的生命。那么，你就能渐渐感受到生命的真谛。

从究竟意义上来说，就连佛国、空行刹土和能修所修也不永恒，它们也跟轮回和涅槃一样，都离不开自性的显现，故而是个巨大的梦幻。如果有人神神道道地说这个本尊跟他说了话、那个佛跟他说了话，还是不究竟的。因为，所有的显现，都只是自性的反映，离心无佛。再者，佛是指导你认识究竟真理的导师，他们的存在，是为了让你明白，让你发现自性，让你证得空性。如果你觉得佛是离开心性的一种永恒不变的神奇，你就错了，变成外道了。要知道，真正的佛教，是信奉“诸行无常，诸法无我”的。

同样，世界和人生、喜悦和痛苦也是虚幻的，它们同样是巨大的梦境。就连我们生存的星球，也不过是茫茫宇宙中一个微尘般的存在，跟其他东西一样，也会崩坏，最终消失于无际。所以，整个世界、有为的一切，都是巨大的谎言，很多人追逐的永恒其实根本就不存在。执著一个注定要醒来的梦，是多么滑稽的事？想要抓住那终将要吹走的风也是愚蠢的。

有趣的是，即使喜悦和痛苦的本质是一样的，都是真理的显现，但人们更容易通过体验痛苦而接近真理，却很少能通过体验喜悦来接近真理。从这个角度上说，痛苦比喜悦或许更有价值。但不管入口在哪里，不管你在哪里收获了那张门票，你接近的那个真理本身都是一样的，都是一种光明、宁静、不需要交换的大明白、大快乐、大宁静。

5. 在虔诚祈请中融入大我

需要强调的是，要是你看了我上面的内容，就认为佛仅仅是一种空泛的精神或概念，也是不对的，因为在我的实践中发现，法界也确实有一种觉悟力量存在，是一种呈功能性的存在，也许，它也属于暗物质、暗能量吧。关于这一点，佛陀在《华严经》中描述甚详。

如果你成为密乘行者，上师就会叫你观想一个佛或菩萨，并持诵与他们有关的咒语来修行。但这些佛菩萨不是外道的“神我”，你可以理解为佛教精神与智慧的载体。比如，观音菩萨是诸佛慈悲的总集代表，文殊菩萨是诸佛智慧的总集代表。

奶格玛则是香巴噶举光明大手印的总集代表，当你向往奶格玛的时候，就念“奶格玛千诺”，慢慢地，你就会跟奶格玛和根本上师相应。在这种相应中，你的心灵会一天天成长，有一天，你就会变得像奶格玛那样伟大，这时，你便成就了。

祈请上师是从资粮道时就开始的，到了加行道，我依然强调这一点。事实上，无论资粮道、加行道，还是见道、修道，祈请上师都是最重要的内容。不过，前提仍然是你对上师很有信心，否则，你就会以小人之心度君子之腹，觉得上师这么说、这么做，也许有什么意图。如果你真有这种想法，就说明你还有分别心和执著，也说明你的福慧资粮不够。这时，你就要净化自己，净信上师。当你的信心像烈火那样熊熊燃烧，足以烧光所有怀疑时，你的祈请就会产生真正的意义，你就会与上师相应。这时，善知识所说的一切，才会产生作用，因为你只有俱足信力，才会重视他的话，照他说的去做。如果做不到这一点，就说明你的福慧资粮不够；而福慧资粮不够，就说明你的信心不够，因为有信心才能积累福慧资粮，没有信心，就无法积累福慧资粮。这虽然听起来有点像悖论，但实质上，所谓的悖论，只是思维设定的僵局，当你超越概念、超越思维，简单去做时，你就会发现，智慧是个奇迹，它是超越凡人想象的。你不能困于概念，觉得自己福报不够、业障太深、存在疑心，所以肯定没法开悟、没法修行、没法与师相应、没法净化杂念、没法当下破执、没法战胜欲望，因为，人毕竟不是机器，人是有自控力的，人只要有了指引，就会一天天强大起来，就能改变自己的心。所以，你要明白自己该选择什么，要及时为自己增加正能量，不要顾及结果会怎么样。欲望之所以强大，是因为你没有足够强大的精神力，也没有足够强大的向往力，没有一种精神图腾的力量。只有精神图腾，也就是宗教精神，才能让人超越小我，不执著得失，这时，人才可能超越思维的悖论，超越概念的封锁，进入智慧的领域。所以，忘了一切，忘了可能与不可能，简单地祈请上师吧，用灵魂中最真诚、最热切的声音，像危难中的孩子叫妈妈那样，呼唤成就上师的眷顾和加持。

大德们公认，祈请成就上师甚至比持本尊咒更好，他们还认为，不修上师瑜伽，而欲证心的本性，如隔海盗火，如北向迎日，如飓风里燃烛，如污浆里白衣，虽有所欲，但难如愿。俱足信心时，上师的点滴言语，都是证悟助缘；上师所有显现，皆同本尊无二。上师本身就是见解脱，上师法语就是闻解脱。修生起次第、圆满次第都是为了相应，所有密法都是为了相应。所以，你要把祈请意识贯穿到生命的每一个时空，让它变成你生命中摆脱不了的氛围，这样，你就会一直进入定境。永远不要丢掉它，就是最殊胜的修法。

那么如何祈请呢？你可以持咒，比如念诵“奶格玛千诺”或“喇嘛千诺”。“千诺”的意思，就是“请加持我”“请顾念我”。当你虔诚祈请一个成就上师的加持时，就会得到所有上师的加持，得到所有本尊的加持。持咒持到最后，证得三昧，无时不在念，无处不在念，念而不执著念，正如无时不在祈请，无处不在祈请，又不执著于祈请，与上师本为一体，达成这种觉受，用智慧调伏自己的心性，才是真心。

具体来说，你可以祈请上师、本尊、空行护法护佑你，让你生命中所有的逆缘——也就是困难、挫折，甚至苦难——都成为顺因，成为开启智慧的助缘；还可以祈请上师、本尊、空行护法开启你的智慧，让你的愚痴化为光明；或祈请上师、本尊把慈悲宝库的钥匙交给你，让贪婪和仇恨永远从你的生命中消失。

这些都是祈请发愿，也是皈依发心的内容。也许有人会觉得疑惑:这不是最早该做的事吗？实际上，这部分内容跟前面不一样，它包含了让你跟师尊相应的必要仪轨。换句话说，你不仅要有这

样的心念，还要把心念转化为仪式。当你通过这种宗教仪式长期反复地训练自己时，你的心性才能真正改变。即使你明心见性了，也要恒常地训练自己，如果不训练，就容易流于顽空、丢失觉性，这样就很难得到相应。祈请发愿是宗教仪式中经常出现的内容。

曾有人问我诵仪轨的意义，我问他，你知道电波的发射吗?他说知道，我说诵仪轨亦然。在那个时候，你是一个电台，正通过念诵的方式向你自己、向法界发射电波，虽然世上有很多不听广播的人，但电台也会有不少跟他有缘的听众。我也将如法的念诵观修比喻为给自己或他人的生命装程序。

此外，你也可以观想。观想佛的形象，让他所代表的精神影响你、熏染你,让你渐渐被这种精神同化。另外,经西方科学家证实，观想还会激发人类的大脑潜能。所以，观想是在开发大脑的同时，为行者提供一个干净、大善的环境，帮助行者拒绝欲望化的集体无意识，否则，行者很容易被环境中潜在的恶所污染。很多恶，是积攒在行者的潜意识层面的，是外部环境对内在性格的激活。正如佛菩萨能激活行者内心的善一样，恶的环境也能激活行者内心的恶。人一旦趋于兽性，就会因为贪婪而变得愚痴，不知道自己在做什么，看不清眼前在发生什么，即使情绪过后，人发现自己做错了事，很懊恼，但恶的种子也已经种下了。所以，人要让自己沉浸在大善的氛围里，不要忘了向往。要知道，如果一个想要自杀的人，突然看到别人在奉献、在牺牲小我成全大我时，他就有可能因为生起向往、跃跃欲试，而不去自杀。有时，他的一生就会被这点善念改变。所以,正能量是非常重要的。佛教的世界，就是一个正能量的世界，相对于充满欲望的[illegible]社会，它就像一方净土。当你进入正信佛教时，你会感受到许多与时下不一样的东西。你会在不知不觉间升华生命，因为，跟你在一起的，是一个向上的群体。尤其是当你置身于上师、本尊的世界时，你的生命和心灵更会有相应的提升，你的选择、行为都会因之改变，你的命运也会因此而改变的。

这就是祈请、持咒、观想与命运之间的关系。

6. 在虔诚的呼唤中相契

你一定发现了，我一直在强调心性。这是香巴噶举光明大手印的特点。它不管别的，直接从心性入手，告诉你什么是觉悟，让你明白快乐于当下。

密勒日巴也是这样。冈波巴曾问过密勒日巴，说：我看到了佛。密勒日巴说，这是气入脉轮了。冈波巴又说，我感觉到母亲在受苦。密勒日巴说，这是喉轮明点的反应。为什么呢？因为，冈波巴看到的一切，都是他心性的显现，如果执著于这些显现，就错了。后来冈波巴有弟子时，也会首先给弟子传大手印，让弟子直接修心性，他的弟子中就出现了不少成就者。相反，很多修行人就是因为修了一辈子，却不知道修行的根本，心里的贪欲一直没有破除，精通教理反而喂养了他们的我执，让他们变得邪恶贪婪，比如毒害密勒日巴的格西。所以，追求解脱者一定要明白，修行修的是自己的心，靠的也是自己的心，而不是别人或外物，也就是“心外无佛”。

有人这时就会问，那么成就的人间上师呢？对于行者来说，成就的人间上师最重要，他不但能为你开示心性，让你真正走入修行，你还可以观察他的一言一行，调整自己的行为，纠正自己的认知，在他那承载了大善精神与无上智慧的强大磁场磁化下，一天天远离无知，你的本有智慧就会显发，你的命运也会改变。换句话说，就是依其教言，改变心灵，改变行为，进而积善成德，改变命运。当你跟他相应时，他可以把智慧证量传递给你，让你直接体验到他的证境，但你还是得自己修行。如果不实践，再好的智慧也会变成知识，再好的体验也会变成感觉，而改变不了行者的命运。

所以，我们要从生活中修，要在事中修，要在生活中出现的实际问题上叩问自心。当你叩问自心时,你会发现“我”并不存在，它是时刻变化的，牵引你的那种情绪也消失了，你的想法已经变了，所以,“我”是一个幻觉，是多种因素组成的假象。如果能真正看破这一点，就不会再去执著自己的得失，也不会再生起是非之心，而只会在事上用功，将生命用于做有意义的事，在生活中修行。这时，你就会对身边的人越来越好，你会感谢他们帮助你调整心性、增长智慧和慈悲，你会发现，身边的人都是佛菩萨的化现，没有与他们相处的点点滴滴，你见到的真心就是纸上谈兵，是生不起妙用的。当你的这种理悟真的作用于生活,在事上无碍了，再也不生烦恼疑惑了，你对佛菩萨的虔诚、对真理的追求、对明白的求索，也就在生活中体现出来了。

这时，师尊就像红尘中的尘粒一样，时时出现在你的生命中，每一粒灰尘都是上师本尊，你的内心就充满了宁静的快乐，你有了一种太虚般浩瀚无垠的境界，有了无云晴空般的明空觉受。你的眼前不再是咫尺天空，你的视野变得越来越宽广，你终于开始和师尊相应了。

前面说过，所有密法的目的，就是让你跟成就上师相应，所以在所有密法之中，上师相应法是最直接的。只要你跟上师相应，你就能契入大手印，就能得到究竟解脱。在加行道中，最重要的，仍是对上师的信心。从某种意义上说，信心是根器的标志，大根器者，才有大信心。而真正的业障，就是障碍你对上师生起信心的那种东西。例如，有人心中盛满了五毒尿液，他却以为那是无上甘露，上师要他倒，他还舍不得倒。这时，上师的加持和慈悲就很难装进他的心里，即使加进去一点，也会很快被污染掉。什么是五毒尿液呢？就是每个人积累多年的执著、经验、成见和衡量事物的标准等等。假如你不肯放下自己的执著和成见，就难免用这些东西来衡量上师教给你的一切，从而影响你对上师的信心。只有当你净信上师，倒去自己心灵之杯中的尿液，再把那心灵之杯洗干净时，上师的智慧程序才可能装入你的生命。这时，才会有真正的相应。

当然，你也可以把本尊或上师观想到头顶，让他发出红光，加持进入你的中脉，你的整个身体都变成一团红光。在这种状态下不断祈请，不需要诵别的咒。据说，在祈请的时候，信心的“数据线”就接通了弟子和上师，只要信心和因缘俱足，二者就会相应。上师的觉悟和光明，就会源源不断地通过“数据线”进入你的心里。当然，这仅仅是一种方便说法。

据说，要是某个上师和本尊跟你有缘，你一见到他，或是听到他的名字时，你就会有一种涕泪交流的感觉。按照传统说法，当你得到真正的根本上师，别的咒就不用诵了。《菩提道次第心传录》中也说，念一万遍本尊咒，不如祈请上师一次；修一万座生圆二次第，不如修上师法一座。

所以，对密乘行者来说，最重要的就是对上师生起信心，相信上师无论做什么，都在利益自己，让自己断除造恶业的机缘，让自己少一点愚痴，为自己清除一点业障。有这种信心，很多障碍都会自然破除的。因为，很多障碍都是心的愚痴导致的。当你心里充满了慈悲、大爱和智慧，世上一切都会朝你微笑，都会张开双臂拥抱你。所以，要想改变自己的命运，让自己变成大海，有大海的气象，就要建立真信仰。

有了真信仰后，要把对上师的爱扩散开来。在日常生活中，要把你的亲人当成根本上师，去尊重他们；把你的邻居当成根本上师，去尊重他们;把所有人都当成上师，去尊重他们、爱护他们、关心他们；把你每天做的事当做修行，安住于明空去修炼，把眼前的世界当做一个调心的道具，看你的心动不动，你是不是真能

如如不动、心如明镜？如果你能安住于那种宁静空灵的状态，即使你在做事，也是最好的修行。不要认为躲开这个世界、或到静处去坐禅，才算修行。要是你真能安住真心，你会发现所有的静和动都是真心的妙用。

在加行道的修行中，尽量学会把分别心打碎，把动静的二元对立打碎，把一切过去学到的概念扫掉，不要追求花里胡哨的方法。要是不能明心，学那么多的法有什么用？修所有法的本意就是为了见到真心，为了调心，为了扫除概念的束缚，并能在行住坐卧中持咒观想。能把佛像观出来很好，观不出来也不要紧。观不是目的，而是手段，观的目的是让你能契入空性。观时尽量不要昏沉，能观得很清晰当然很好，说明你没有昏沉；观不上说明你想象力不行，也不要紧，只要你祈请、聆听、警觉就行了。你要始终记住一点，扫掉过去的束缚，沿着能够入道的这条路深深扎进去，扎开一个口子，慢慢地，你就会看到光明，然后让光明越来越大。当光明像天空一样广大的时候，你就证果了。当然，我说的光明是智慧光明，而非物理光明。我说的智慧也不是一种感觉，还有慈悲、三身、五智等，这些都要俱足，才是真正的成就。

7. 我执障光明

人的许多烦恼都是我执引起的，人们会习惯地把“我”对世界的解读当成真相。而我执结，就是习惯以“我”为出发点，衡量世上一切，用所有心力来维护“我”和“我的”，不惜伤害别人、伤害其他家庭、伤害其他民族、伤害其他国家。我执结造成了理解上的代沟，让人在很多时候失去了同理心、同情心，不懂得悲悯了，比如屠杀动物的时候，比如观赏血腥游戏的时候，比如争权夺利的时候，比如发动战争的时候……因为我执越重的人，就越是在乎自己的得失，它只可能带来纷争。同时，也因为万事万物不免生老病死，我执带来的一切，终究只能是痛苦。

所以，打碎我执的幻影非常重要，我执一旦打碎，很多建立在小我基础上的烦恼和痛苦就会消失，人会变得宽容、博爱、平和，俱足一切乐与乐因。这就是君子总比小人更快乐的原因，君子坦荡荡，小人常戚戚。一个人越是能放弃小我，他得到的反而越多。但是，假如他以得到得更多为目标，努力地放弃小我的利益，他的所谓放弃就只是一种形式，而缺乏真正的意义。因为他的发心始终是利己的。

一个人抱着利己之心时，是不可能伟大的，除非他将提升人格、贡献世界视为最大的利己，这时，他越是利己，他就越是伟大。所以，价值观决定了一切。

树立正确的价值观，就需要明白世界的真相，那就是小我不可能永恒，小我的得失也不可能永恒，所以不值得去执著，也不值得去维护。当你不在乎小我，能够放下小我的欲望和偏见时，你才能看到更大的世界，看到这个世界光明和美好的一面，看到许多人身上的闪光点，并且把那些闪光点都视为自己的力量，因为你可以学习他们，让自己也闪光。所以，放下小我，才能拥有广阔的天空、美好的生活，而每个当下都会是充满了惊喜的新开始。这时，人生当然是充满激情的。

一旦破除了我执，你就证得了阿罗汉果，但想要走到这一步，仍然不是那么容易的事情。不过，至少你要慢慢尝试，即便在作意的行善当中，也要渐渐忘记自己的得失。我们只有忘记自己，心里才装得下别人。当然，首先装下的，必定是那些跟你关系最为亲近的人，比如你的父母、爱人、好友等等，你要像对待佛陀一样对待他们，与此同时，还要学着将身边的人也当成你的父母、爱人、好友，对他们怀有一份由衷的善意与关怀。就像爱父母那

样爱别人，像爱情人那样爱世界，然后，你就慢慢把这份爱波及至更广泛的人群，直至遍及整个世界——如果你同时还破除了法执，那么你不但证得了阿罗汉果，还达到了佛菩萨的境界，你的心里也就不再有烦恼了。

8. 让自己静下来

掉举，就是散乱，难以专注的意思。

我举个例子，刚开始，你的心还比较清净。过一阵子，你就开始走神，忽而想这个，忽而想那个，杂念纷飞，心乱如麻，怎么都宁静不起来，就像水面上刮起了大风，波涛汹涌。这时，你的精神也是不能自主的。不能自主，就谈不上生起定境；不能生起定境的话，你真心的光明就无法显露，更谈不上用智慧照亮你的生命。所以，一定要选择恰当的方法，来破除掉举之结。而选择恰当方法的前提，就是弄清楚为啥会产生掉举之结。

当代社会很浮躁，人容易产生忧虑，而忧虑正是掉举的一个重要原因。如果一个人习惯为大小事担忧，不管事情跟自己有没有关系，都会感到焦虑，那么他就非常容易产生掉举之结。例如，孩子出门在外，父母总有操不完的心，怕他们吃不饱，怕他们穿不暖，怕他们累坏了身子，怕他们不懂得照顾自己，担心他们被别人欺负。除此之外，人们还有诸多的担忧和焦虑，比如对生存的担忧、对衰老的担忧、对健康的担忧等等。这么多的事情需要你操心，你的心情怎么可能平静呢？

还有一个常见原因，也会造成掉举，那就是对往事不能释怀，不断地追忆。比如，鲁迅小说中的祥林嫂一直接受不了儿子的惨死，她始终觉得，自己如果小心一点，儿子就不会死，于是，她每时每刻都活在对痛苦往事的追忆之中，不断用回忆来伤害自己。

有心理学专家称，这种心态非常危险，它容易诱发一些严重的心理和生理疾病，严重时，甚至会危及生命。这种不健康的心理习惯，只有靠智慧来改变。

什么智慧呢？空性智慧。

《金刚经》中说过："过去心不可得，现在心不可得，未来心不可得。"就是说，你无法控制未来，也无法改变过去，就连现在发生的事，你也无法控制。因为，每个当下都像梦幻泡影，都在飞快地变成过去，飞快地成为记忆，记忆又在飞快地消逝，万事万物都是你执著不了的，所以，不要为了尚未发生，或很快过去的事情担忧和不能释怀。再者，人是必然死亡的，面对随时有可能发生的死亡，很多得失都可以忽略不计，因为你即使计较，也计较不了什么东西。计较权力的，一退休，权力就换了主人；计较地位的，一失势，地位自然变了；计较才华的，死亡一来，才华也没意义了……所有的计较，都是在降低自己的人格，而唯有人格，是可以跟自己一辈子的，因为你是你人格和行为的总和。每个人活在世界上，都要自己尊重自己。我在《西夏咒》中写过一个乞丐，那乞丐虽然露宿街头、衣不蔽体，但我买了蛋糕拿去给他吃时，他却高贵地拒绝了，这行为赢得了我的尊重。因为，他即使在生存非常艰难的时候，也有一份拒绝的尊严，这不是所有人都能做到的。当一群人都在伸手乞讨的时候，那个高贵地拒绝的人，自然会显得与众不同。所以，他就走进了我的小说里。这个人物也是有原型的，那原型是凉州的一个乞丐。

当然，这只是道理层面的对治，方法论层面的对治，便是多修禅定。在没有修出真正的定力前，想要实现心的出离，就要首先做到身出离。没有身出离，便没有心出离。每天至少要空出一两个小时来专修，实现暂时的出离，否则，是很难得定的。真正得定时，你本有的智慧就会开启，你就会明白世事的虚幻，产生真正的出离之心，也就是厌离红尘、不再受到诱惑的心，这时，

诸多杂念都会自然止息，你便可安住于静寂之中，让真心随缘生起妙用。

9. 乐不是修行的目的

修行跟慢跑、骑单车一样，是一种锻炼身心的方式，它能改造基因、锻炼心灵。例如，美国科学家通过若干组试验，验证了打坐、冥想对人脑结构的改造作用。他们指出，半小时高质量的冥想，能使大脑中某种掌管压力等负面情绪的物质减少，使某种掌管快乐、幸福等正面情绪的物质增加。俄罗斯的科学家还通过研究解释了大脑超时空传递信息的可能，这也许就是加持的科学原理吧。科学证明，修行确实能改变基因，修复染色体缺陷，让人正面积极地应对人生和生命。

比如，当我们如法如量——也就是严格按照修行要求训练自己——地修行到一定程度，实现了气入中脉时，就会生起四喜四空，这时，你会觉得身心都非常舒服，体内荡漾着一种温暖喜悦的感觉，在这种感觉的涌动下，你不觉得孤单，不觉得寂寞，也不感到急躁，你只想静静地品味它，任身心融化在喜悦之中。但你不能满足于这种状态，更不能沾沾自喜。如果你沾沾自喜的话，就会立刻丢掉智慧的观照，反省和警觉就可能丧失，你就可能丢掉明空。你要明白，即使这时你觉得自己很自由、很陶醉、很放松，疑惑没有了，桎梏也没有了，但它只是大脑结构发生变化时，身体的一些反应，它不代表你的智慧在增长，也不代表你的心灵已经改变。真正的改变是什么呢？是遭遇坎坷挫折时不再烦恼，生活态度也变得正面积极，处理任何事都能随缘任运，不再磕磕绊绊了。最直接的表现是，当你正在享受那觉受时，假如突然有人来找你，你会不会生气？会不会觉得那人来得真不是时候？如果会，说明你只是有了一种觉受，觉受是不能应对外来刺激的，只有本有的空性智慧才可以，这需要心灵真正的改变。

那么觉受是什么呢？是因缘聚合的产物，它依托于肉体，是有生有灭的，条件一旦变化，觉受就可能消失。所以，你要记住自己在追求什么，不要理会途中出现的风景。如果你被觉受之类的东西所迷惑、所束缚，忘掉自己追求的是智慧的解脱，你就会停在那里，很难升华了。这就像登山，途中，你可能会看到很多美景，如果你总是眷恋美景，不再攀登，你就永远登不上山顶。要知道，有时的留恋，也是愚痴的表现，因为你不知道，更美的风景其实在山顶。正如人贪恋觉受或神通，仅仅是因为他们不明白，智慧的解脱比什么都要重要。

任何宗教的修炼都是这样。比如，西方有些神父也会修拙火，他们很快就会生起暖乐。生起暖乐时，他们会觉得非常舒服，就再也不想离开那大乐了，但上师会告诉他们，一定要跳出来，不要执著乐，因为，只要有执著，就不究竟。贪大乐和贪图世间享乐本质上是一样的，都是执著，只是执著的对象不同而已。而且，有人因为贪图大乐，把警觉、正见、觉性都丢掉了。这时，他们就会被大乐的觉受所迷惑，甚至会觉得这样也足够快乐逍遥了，不需要往下修了。他们最后会怎么样呢？他们死后，仍会堕入欲界。所以，修行一定要记住自己的目的，不能被任何现象所迷惑。这也是前面一再强调破执的原因。

如何才能不被乐所迷惑呢？明白它虚幻的本质，才能不受迷惑。要知道，禅乐虽然美妙，却只是依托肉体存在，是无常的，本质上跟吸烟、喝酒的快感是一样的，因为它们都是无常的。大多修行人之所以要苦苦修行，就是因为他们不追求无常的东西，他们追求的是解脱，也就是出世间意义上的自由，所以，他们才会选择修行，而不是喝酒抽烟。他们知道，那快感很快就会消失，命运之绳仍会捆住你。肉体的享乐，有时还会损耗身体，对生命本体来说，它没有正面的意义。有意义的是什么呢？是清净之乐，也就是不依托肉体的快乐。一旦所有妄念都止息了，心安住在一种任运的明空中，又能生起警觉，随缘生起妙用时，才是清净之乐。能生起清净之乐的修行，我们称之为正修。

所谓的正修，就是保任明空、观照自心的修行。其中，观照自心就是警觉。当你体会过禅乐之后，你就会明白人是多么容易贪图禅乐，因为那时所有烦恼都消失了，身体也很舒服，那是一种高于世俗享乐的乐。当你没有足够的警觉，不知道自己已经生起了贪恋时，你就会下意识地在修行中寻找它。这时，你的修行就变质了，不是在破除执著，反而是在强化执著了。所以，你要养成观照自心的习惯，唯有如此，你才知道自己什么时候懈怠了；什么时候懒惰了；什么时候生起了嗔心；什么时候生起了贪欲；什么时候变得傲慢了……当你发现那苗头时，就要毅然决然地拒绝它，不要让它发展下去，也就是不要跟随那念头，这样，你才能保护好内心的净土，不让欲望的尘埃把它污染了。

当然，前面也说过，修行是不能太紧张的。即使知道贪嗔痴的危险，也不能惶惶而不可终日，你要反省、警觉，知道自己有没有生起贪念，知道贪的过失，还要放松，不要纠结。不然，你就会搅在里面，越陷越深，甚至被禅乐给牵走了心。所以，关键就在于契入本元真心，用明空觉性观照起心动念，时刻知道自己的心灵处在什么状态，还要懂得对治。而且不能生起我慢之心，假如生起了我慢之心，觉得自己了不起，就要调整心态。因为，沾沾自喜会让人远离涅槃之道，所以一定要警觉，也一定要明白，真正的所得，是心灵的升华，它是智慧层面的事情。

我们要让心中的污垢渐渐消融，化为远逝的风。面对那充盈天地的圣明之乐，所有文字惨白无力。我也想从心中挖出那境界，放入每位读者的胸中，可我明白，这念头，是最大的妄想。从释迦牟尼佛传道至今，万千大德或开宗，或著书，或棒喝，或厉斥，也仅仅是在传达那觉悟。但这是世上最难的事。因为，心灵的真诚需要真诚的心灵才能感悟。

10. 幻觉来了怎么办？

当你的信心与日俱增时，你的修行状态就会越来越好，但与此同时，你又会产生另外一种执著——对法的执著。这是一种非常感性的东西，不够虔诚的人还不会产生这种执著。但是，不管出于什么样的原因，生起执著便不是一件好事。

比如，有些人说他们看到了本尊，看到了很多光，看到了佛，等等。这些感性的东西很难从逻辑上解释，它们都可能是法执所致。或许是因为他非常偏执或者对法相当执著，而且紧张到了极致。这时，他的心理就会发生变化，他的气脉明点也会随之发生变化，于是便出现了幻境。对所有幻境，无论内容如何，好还是不好，你都不要执著。如果执著幻境，你就会认假成真、执幻为实，进而可能入魔。

你要牢牢记住，修行目的只有一个，就是调伏你不听管束的心。因此，不管什么样的觉受、什么样的神通、什么样的境界，都不会比你的平常心更加重要，也不会比你的智慧有没有增长更加重要。当你想知道自己修行状态如何的时候，就观察自己的心，看看贪、嗔、痴、慢、妒是不是少了一点，对世界的爱是不是多了一点，心量是不是更大了。换句话说，在修行的路上，只要是跟心性无关的东西，都是一些附加作用。你不要因此而沾沾自喜，也无须因此而惶恐不安。你只需把它当成路人，放宽心，静静观察，渐渐平复你的狂喜、不安或散逸的心。慢慢地，你就会发现，任何殊胜觉受都是标签，你不需要标签，你真正需要的，仅仅是一颗坦然、寂静、清明的心。

假如出现了幻境,你就提起正念,用你的智慧之剑来斩断虚妄。对此，禅宗老说，佛来也杀，魔来也杀。正慧自然会把虚妄之境斩断的，所以你不要执著、不要惊喜，也不要害怕。你要明明白白地知道，那只是一种幻境而已。同时，你要养成时时保持警觉的习惯。适度的警觉是你最好的防护雷达，只要你用好它，就能护持好你的身心。

不过，你在明白一切都是幻境的同时，也要提防自己陷入消极的虚无主义。虚无主义偏空，跟执幻为实相对，都属于偏执。佛教中称偏执之见为边见：执著于空，你就会陷入顽空、无记，变得不辨是非，极为无知；执著于有，把虚幻无常之物看作恒常存在，你就会产生诸多执著、贪欲，生起无穷烦恼。所以，什么东西过了度都不好。就像我们所说的警觉。你时常要生起警觉，又要注意不能过度警觉破坏真心的本体，否则你就会很紧张很累。所以说，要做好一件事情，掌握好度是非常重要的。

那么，如何才能掌握这个度呢？你必须在修行和生活中慢慢摸索,慢慢调整,就像调色,如果说边见是极端化的观点,非黑即白,那么度就是中间的灰。多少黑配上多少白，才能调出最悦目的灰，需要你自己慢慢研究。黑太多，或是白太多，都不对。换句话说，不管执空还是执有，都不对，都是边见。而只有安住于中道，你才能实现修行最终的目的：自主心灵。

11. 大手印见本身就是解脱

我常说，大手印属于见即解脱，那么什么叫见即解脱？

所谓解脱，就是身心的真正清净，它并不需要你在心中增加什么，也不需要你在心中减去什么。简单说来，你仅仅是换了一种殊胜的眼光，能对烦恼等问题进行全新的符合解脱智慧的解读。

当你有了殊胜的眼光和殊胜的见地，并能指导自己的行为时，你就明白了我们说的心性。我说的殊胜，是指一种能增益智慧的特质。可见，殊胜的眼光也好，殊胜的见地也好，都是一种智慧，与神异没有任何关系。大手印就是智慧，拥有这种智慧，本身就是解脱，这就是见即解脱。

真修行人穷其一生，甚至生生世世苦苦修行，为的无非是拥有这种智慧，并能运用这种智慧来指导自己，来应对世界。为什么？因为，当你能智慧地看待世界时，你自然不生烦恼，自然能任运随缘，这时，你也就不用去找一个形式上的解脱了，你甚至也不觉得自己需要从哪里解脱出来了。

有人说，死了就解脱了，这只是说法的一种——我们在后面将会详细谈到死亡和解脱之间的关系——死不一定是解脱，也不一定要等到死了才能解脱。事实上，只要你能轻松自如地面对世界，不造作，不执著，不功利，精进做事，心中不留任何执著痕迹时，你也就解脱了。就是说，这个见地的妙用和解脱是同一个东西，你不需要离开正见，去寻找另一个叫做"解脱"的东西，就像电脑的运用，就是程序的运用一样。

我前面所说的很多内容，都是在强化你的理悟，让你能打破固有思维，接受一种新的思维。这个思维，就是见地，就是确实发现世上一切都是假象，是虚幻无常、没有自性的。换言之，就是让你发现自己惯有的思维原来是个谎言，当你发现它是谎言，不再相信它时，它也就不能伤害你了。比如，过去你觉得生命能恒常、财富能恒常、爱情能恒常，当你拼尽一切，放弃所有，去追逐那些你觉得能恒常的东西，却发现它们变化了的时候，你就会失落痛苦，后悔自己不该抛下真正重要的东西，但人生却不能从头再来。那么，如果从一开始，你就知道一切诱惑都不可能恒常，你也就不会放弃那些真正重要的东西——比如真情、梦想、健康、人格等等——去追逐那些注定不能永恒的东西了，至少，你会享受它们当下的存在，不再患得患失，折磨自己。所以，明白虚幻，就不会受到诱惑；不受诱惑，就能放下；能够放下，自然解脱。这就是大手印所说的见即解脱。

正见是超越逻辑和概念的真理，是隐藏在现象背后的真相。它是超越时空地域的。知识能让你知道有它存在，但知识本身不是它。想要认知真理、妙用真理，你只能通过某种适合自己的方法，让自己先静下来——又不是昏沉——亲身见到它，并能安住那智慧境界时，你就会发现眼前诸种现象都是无常的，你的一切疑惑就自然消失了，各种执著束缚也就破除了，你就不会受到世间万物的诱惑，没有任何东西能让你偏离人生的方向，于是就得到了解脱。

换言之，解脱是一种智慧程序的妙用，不要把它看得过于艰难，也不要有任何懈怠甚至亵渎，因为道理虽简单，但千万年来，真正做到的人，却寥如晨星。所以，解脱需要的，是拒绝任何借口的坚持和清醒。

12. 明静：觉悟的曙光

只要能够通过痛苦的散修，我们就会进入第二个奇妙的阶段。

这时，你会发现念头突然断了，心里出现了一种从未有过的清明和宁静。可是，这种宁静有时又会忽然消失。注意，这种时断时续的宁静，还不是空性。但你已经可以感受到一点点轻安了，可惜它忽而有，忽而无。你的内心还时时如黯淡的云水，不见光明。许多时候，这黯淡的云水还暗涌不断，妄念仍不能止息。

只有找到真正的根本上师，并净信上师，得到相应之后，你才容易安住了。那时，你才能从各种名相中超脱出来，放下一切，真正破相，才能见到自己的明空之心。也就是说，要想得到心灵的解脱，你只能找到并安住自己的本元心。

不过，许多时候，人们普遍看好的，却可能是一些重名相者。这个世界永远是劣币把良币驱出市场。经济学有这样一个规律：劣币驱除良币，最后市场上只流行假币。为啥？因为，假如真币含金量是百分之百，而假币是百分之十，人们就会把真币收藏在家里，把假币花出去，这样的话，市场上就会流行假币。也就是说，真正的修行人一般都明哲保身待在家里，那么这个巨大的市场就空出来了，一些骗子就趁机招摇撞骗，这就是市场为什么流行骗子的原因。任何一个时代都是这样。所以，我们要生就一双慧眼，不要看重那名相。不要管他是什么身份，不要管他说过什么，要看他的行为，看他是不是在利众，看他是不是真的放下了。

究竟智慧就是要破除所有名相，诵《金刚经》的目的也在于此。因为，所有名相在人心中的反映，都是念头。只要学会对治念头，不受念头的牵引和控制，不被念头搅乱了心，慢慢就可以破除名相。一旦破除名相，真心之光就会自然显露，人就能实现超越。所以，只要把心定住，就能开启智慧，就能觉悟。不要因为当下杂念纷飞，就觉得自己无法觉悟。要知道，佛教八万四千法门，每个法门都是定心的，每个法门都能让人觉悟。具行禅人只念“阿弥陀佛”，就证得了阿罗汉；马祖让嫂子拴了个鸡蛋吊在半空，叮嘱她，要专心盯着那鸡蛋，哪天鸡蛋发出声音，就行了，他嫂子就天天守着鸡蛋，有一天，绳子忽然断了，鸡蛋“啪”地摔碎了，他嫂子就刹那间开悟了。他嫂子没修任何法，但她相信马祖，所以，修行的形式不是最重要的，最重要的还是心，是精神的东西。

我们再回到前面的话题。

得到明静之后，状态不一定稳定，也许是时断时续的，但你不能着急，也不能刻意追求，只能耐心等待，过于紧张，它就会消失，甚至会求之不得。所以，你不要在乎它啥时候出现，你只管收回纷飞飘摇的心，品味息羽听经的觉受。

只要能把心收回来，世界就静了，大梦也醒了。你会觉得，

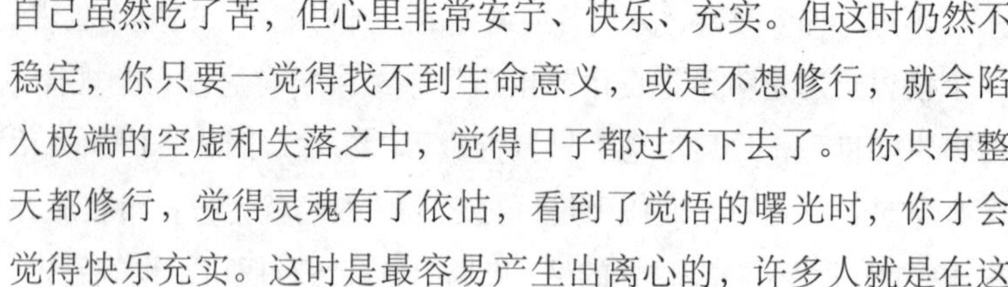

自己虽然吃了苦，但心里非常安宁、快乐、充实。但这时仍然不稳定，你只要一觉得找不到生命意义，或是不想修行，就会陷入极端的空虚和失落之中，觉得日子都过不下去了。你只有整天都修行，觉得灵魂有了依怙，看到了觉悟的曙光时，你才会觉得快乐充实。这时是最容易产生出离心的，许多人就是在这时出家的。

因为，真正能用心修行的人，大多已厌倦红尘了，他们如果心中不离上师、本尊或空行佛国，就能品尝到明静之乐。明静之乐是一种能把寂寞人生变成极乐净土的体验，进入这种状态之后，烦恼和苦闷就会全部消失了，人是不会觉得寂寞的。修净土的老太太之所以很快乐，也是因为这个原因。她们心里不离阿弥陀佛，老是想着往生西方极乐，所以她们也能进入这种状态。只是，她们没有上师的指导，不知道再往下修，也不向往更高的东西，就没法进入修行的下一步。不过，她们把下一步交给了阿弥陀佛，也很好。

13. 呼唤光明，告别迷惑

谈到破诸结的时候，我曾解释过“疑虑结”的可怕。在这里，我要再次强调这个问题。为什么呢？因为，即使到了加行道阶段，不少人仍然会出现怀疑、犹豫，也会出现昏沉、糊涂，这都是觉悟的大敌。

怀疑、犹豫是无知的表现，糊涂、昏沉同样如此。为什么我一直强调观察与警觉呢？就是因为只有这样，你才能管好自己的心，才能时刻明白你的心处于什么状态，是不是生起执著了？是不是怒火中烧了？你一旦昏沉、糊涂，就无法时时了知心灵的状态，还会失去辨别是非的能力。当你不能明辨是非时，就可能放纵了欲望、愤怒、傲慢等等，事后你会很后悔，但做时，你是没有自觉的。因为你发现不了内心的状态。你放纵了情绪，给自己找了借口，也没有想过这么做的后果，换句话说，你当时的头脑“短路”了，有点昏沉、糊涂，所以果报一旦来临，你就会痛苦后悔。人的很多厄运，都是由一些错乱的、放纵的行为造成的，假如提高警觉，不让自己丢掉觉性，无惑无昏地保持正念，你也就不会受制于欲望和情绪了。这也是修行人为啥放弃红尘享受，追求觉悟的原因。修行人已经受够了心被现象所控，行为不能自主所带来的烦恼和痛苦。

达摩祖师曾说，外息诸缘，内心无喘，心如墙壁，可以入道。他指的就是安住于中道，心不偏不倚、不动不摇，不随外缘和欲望乱动，世间所有的幻相因缘就进不了我们的心，妄念烦恼也就息灭了。这时，就可以找到入道之门，明心见性。此前，你要养成良好的观照习惯，那么真心显现时，你才能及时捕捉，进而认知它。当你观察它，体悟你牢牢记住的道理，体悟因缘流转的真相，体悟心的智慧，体悟心性的光明时，幻相就不能迷惑你了，你心灵的愚昧也就被驱散了。这就像太阳一旦升起，黑夜同时消失一样。

这时，你错认为恒常的世界，就会显出虚幻的真相。你会发现因缘在随时随地和合与解体，很多看似恒常的存在，其实并非确实存在的独立个体，只是因缘和合形成了一时的存在，才展现出虚幻无常的个体属性。比如，叶子上的露珠虽有个体属性，但它很快会蒸发，世上就多了一小缕水蒸汽，水蒸汽升上天空，遇到冷空气又会凝固，变成云，或者变成雨，回到地上，或滋养大地，或融入江河湖泊，所以，万物的自性是空性，心的自性也是空性。

当你专注地观察心性、空性，并能忆持空性、甚至融入空性时，你就会渐渐俱足殊胜见地。这时，你心如虚空，明镜般朗照万物，那些个人化的观点也就慢慢消失了，取而代之的，将是智慧的妙用，一切是非分别都会消失，妄念也就停止了。但你一定不能紧张，也不能产生半点怀疑与犹豫。你要坚信，这就是正确的体悟，坚信它就是本元心——当然，你的坚信必须由上师印证——当你安住于这种状态，并生起警觉时，世界就变得越来越清晰了，曾经迷惑过你的现象，也会化为流水般的因缘，悄悄在时光中消逝，因为你知道，没有任何事物现象能够停留。于是，你的执著也就变得无关紧要了，就像你不会在乎骗子对你承诺的一切。你一定能感受到这份明白带来的轻松、自在和逍遥。不要怀疑它，也不要犹豫，品味它，抓住它，让它在你的生命时空中，放射出无量光明，照耀你的整个人生，照耀你身边的世界。你该相信，这就是你不断追索的本质。当你的本元心放射出无穷光芒的时候，你就看到了心的本体，你因而明白了如何看待问题。要知道，这么一点点变化，就能让你的人生不再迷惑。

你也要知道，解脱不是幸运儿的故事，每一个众生都是潜在的幸运儿，因为每个众生心中都有解脱的种子。只不过很多众生不明心性，才会认假成真，最终堕落，陷入轮回。所以，解脱的种子虽然种在每个人心里，却不一定都能发芽结果，想要让它发芽结果，你需要精心地培育它。

14. 让人生融入梦幻

虽然道理说了很多，但真正修到上面所说的无修道，是要很长时间的，人如果没有那种梦幻泡影的真实觉受，你告诉他，眼前一切都是梦，他就需要一个接受的过程。那么，如何才能让这种观点变成生命习惯，去除烦恼呢？你可以试试香巴噶举的“三支法”。这三支法，我们在前面也略微说过，要诀便是：确信一切都是上师化现，确信一切都是本尊化现，确信上师即是自性，确信自性即是空性，确信一切都是幻化。

原文如下："上师道中，在做过相应之精勤观修与祈祷后，胜解一切显现即是上师，于此得决定见；胜解上师即是自心，于此得决定见；胜解自心性即是空性，于此得决定见。""正修本尊道出定时，观自己已转成本尊双运身。胜解一切显现都是本尊佛父佛母，显而无自性，坚固胜解，观向其供养。带大宝瓶气，开始默念本尊咒语，观想一切佛父佛母（即一切显现之事物）亦同作持诵。观想一切音声皆是诵咒之'嗡嗡'声，并作胜解。""（进一步地）胜解一切所显、所闻都是自心，而自心性即是空性，如是精勤观修，得决定见。""上师道与本尊道之座下瑜伽要求是：顶上不离上师，自身不离本尊，口中不离咒语，所食不离甘露，所念不离梦幻，己前不离护法。""如幻道的内容为决知一切显念皆是自心，决知自心即是幻化。白天修幻身，晚上修梦境。推究六根与其所对六尘之自性，则见其自性空，空而能显，（显不异空，）显无自性，即如幻化。如是如幻而修，断除执著分别，于显空无执中入深禅定。"

修此三支法之功德：会对上师生起不共之净信；无造作观见一切如幻；于梦境中能悟本性；白天光明大印自显，夜晚光明幻身自显。就是说，这样持续地观下去，你就会形成一种全新的世界观，你会真的觉得一切都如梦如幻，不管在现实中，还是在梦境里，你都不会再执著了。

其实，所有法的目的，都是为了让你通过专一进入离戏的境界，进而体悟那种如梦如幻的境界。那时，你眼中的整个世界就是幻化，你自然就不在乎那水泡般生灭的一切了。这种体验，是高于书本知识的，虽然好书也可以磁化你，但真正彻底的改变，还需要实践，对修行人来说，就是智慧的修炼和行为的利众。

最好的修，并不是座上修，而是动中修。很多闭关的人，修到后来竟在关房里打起架来，出关后变得愈加愚痴我慢。有的进关前还有信心，出关时却连信心都没了。所以，除了座上修之外，行者还应该把世间法的所有行为，都变成出世间法的事部瑜伽，它跟我们的火供、会供具有同等意义。因为，当你在所有行为中利益众生，永远不离善念，再根据香巴噶举三支法的内容去修时，就会觉得一切都是幻化的，一切音声都是本尊咒声，一切形象都是本尊的化现，渐渐就会破执，而契入大手印。

15. 暖相：智慧之树开始茁壮

我喜欢给朋友们题“息羽听经”，其中的“羽”，代表心，我们要把自己的心收回来听经。你虽然渴盼成就和觉悟，虽然像饥饿的狮子寻找猎物那样，满心盼望着早日觉悟，获得终极解脱，但在“事”上，首先应该收起心的翅膀，止息所有妄念，把心定下来，好好修行。因为，只有心定下来，才谈得到以后的修行。

心定下来之后，你要专心修行，认真听经——这个“经”字，代表一种智慧和真理——在智慧之光的照耀下感受真心，感受智慧的熏陶。渐渐地，你仿佛被一种没有来由的快乐和喜悦所包围，你变得非常喜悦快乐。生活中的一切也随之变得非常美妙，树林、小草、野花，甚至只是一滴水，都变迷人了，散发着美丽的光芒。一切都让你很快乐。这时，你不仅仅是高兴，也有了一点定力，被别人夸一句，你不再沾沾自喜，被别人骂一句，也不会感到沮丧、伤心或者不甘。名、利、色等世间八风已很难吹动你的心。因为，你已经不在乎它们了，你真正尝到了修行的快乐。你不再贪恋，也不再执著六道轮回中的任何东西。达到这种境界之后，天人也罢，魔鬼也罢，怕的不怕，贪的不贪。世界就无法诱惑你，也无法动摇你了。唯一让你迷恋的，是修行中的明静和禅乐。如果你侧耳倾听，也许还能听见觉悟之门开启前，那若隐若现的鼓声。没错，你离明心见性不远了。

到了这一步，你就会经历见道前的诸种境界。例如暖相。

什么叫“暖”？“暖”是四加行位之一，也就是四加行阶段中一种证量的体现。

心一旦安定下来，品尝到修行的喜乐，暖法就会慢慢出现，你也会得到暖相。得到暖相之后，念头就慢慢少了，善根越来越增盛了。这时，你就会一心想利益众生，帮助别人。这样做，你觉得非常快乐。你的善根会越来越好。智慧的树也开始茁壮成长。这时，圣道之火现前了，虽然还没有到来，但它离你不远了。这个“火”是智慧之火，说明马上要看到智慧了。这时，你还没有见性，但那自性之火已接近了你，它已渐渐把你的一些疑惑烧掉了。紧接着修下去，就容易明心见性。

你的心清净了，能够禅定了，而且非常喜欢禅定。你可以整天闭关修行，非常快乐。以往，你觉得佛教的各种教义非常深奥，“缘起性空”“苦集灭道”等教理，你总是似懂非懂。现在差不多在理上能明白了。你开始体会到真理的光明。就像一个从小就失明的人，一直不知道什么是太阳，无论别人费多大力气去形容，他心目中的太阳，都只是别人口中那个会发光的球体而已，甚至连绿草的样子，他也无法想象。但是，一旦他能看见东西，见到了光明，无论太阳还是绿草的含义，他都会瞬间明白。

以前总觉得人被命运的车轮推着走，苦是无可奈何的事情，但现在发现，其实苦由心生。你会觉得你太幸运了，竟然能从红尘之苦中超脱出来，不再为那些没用的东西而执著，而烦恼。最让你快乐的，是发现了“我”的虚幻，之前你那么在乎自己怎么样，但现在你觉得“我”跟外物一样，是不断在变化的。现在好，不代表一直都好；现在不好，也不代表一直都不好。没有对外界的欲望，你觉得自由多了，因为，你可以像孩子玩橡皮泥那样塑造自己，你可以做每个当下最好的自己。你也清楚，外界的一切，都是你的心和行为造成的，得不会一直得，失也不会一直失，再者，得和失都在不断消失，你便慢慢地不那么在乎了。你还发现，“法”也是这样，也在随时变化着。名利财位，你没有一样能留得住，你的快乐和明白也不需要依托它们，所以，你对它们的贪恋也就渐渐淡了。

这时，你渐渐感受到了人无我、法无我，但这只是一种理上的明白，事上，你还没有完全破除我执和法执。当你真正地证得我空法亦空时，智慧的超越就会真正地发生了。

如何判断自己有没有超越呢？如果你“事在人为”之后，还能“顺其自然”，就说明你超越了。如果你光是“顺其自然”，而不“事在人为”，或者“事在人为”后不能“顺其自然”，那么你就没有真正地超越。因为，前者是消极，后者是执著，都不对。真正的智慧，是以出世的心，做入世的事。就像我，我不在乎世界，也不在乎规则，但我做啥都容易成功。因为我做什么都不执著。我是一个随缘的人，该做的事情做完之后，一切就顺其自然，成，哈哈一笑；败，哈哈一笑。这些结果影响不了我的心。我在做任何事时，都像坐在禅座上，不离明空之境，经历许多事情，心里也了无牵挂。我的意思是，做任何事，都可以保持一种自由宁静的心态，和世界保持平等，不要去侵略它，也不要被它干扰你，但可以对话。当你的心灵强大成一个独立世界时，你就有可能实现一种自由。这时，红尘中的许多事都会在心灵世界里有所反映，但它别想再侵入你的世界。因为，它们是有着各自主权的独立世界。

无论你如何执著结果，好多东西都不是你执著得来的。当你面对世界不生任何执著时，你就实现了真正的超越。

16. 谈谈顶法和忍法

俗话说：“站得越高，望得越远。”等你站在山顶上时，俯瞰四周，许多东西都会尽收眼底。进入顶法阶段时也是这样。这时，你就会突破过去的局限，对很多东西都了然于心，不再迷惑。那么，你就会慢慢尝到超脱红尘负累的喜悦。

顶法的修行，包括了四念住的正见，即观身不净、观受是苦、观心无常、观法无我。你会发现，一切都是假象，一切都是梦境，便再也不会被身边一切所牵制。这时，你就会品尝到禅定的法味。若是修本尊法，你的所缘境到这时就相对坚固了，你的持咒便不再散乱，你的观想也会非常清晰。

随后，就会进入忍法的修行。

忍法亦称“忍加行”，进入此位后，即能印可四谛之理，真正发现苦谛至道谛的真正含义。

忍加行修炼的本质，当然以忍为主，出现什么你都不要执著，不要让心被外界的事物给带走了，也就是我们常说的“念去无随”。你只要学会随顺因缘，就会证得“随顺三摩地”，别人想骂你，你就让他骂；别人想打你，你就让他打。来者也好，去者也好，一切随缘。也许，有的人会觉得这很傻，很吃亏，但这就像吃榴莲一样，有人觉得是享受，有人却觉得榴莲的味道很臭，吃榴莲是一种折磨。侮辱跟榴莲一样，之所以它会让你感到愤怒痛苦，是因为你觉得自己受辱了，你很在乎自己的脸面。如果你不用常识来判断它，它就不会对你产生任何影响，更不会让你愤怒或痛苦，你的心就会始终安住于专注安详的宁静之地。这时，你要注意分辨自己是真的不在乎，真的随缘，还是在压抑。如果你是在压抑，在强忍怒火，那么到了一定的时候，烦恼就会像被压在水里的皮球那样，你稍微一松手，它就会弹得更高。所以，你不能压抑自己，要看破烦恼的本质，也要看破让你烦恼的现象的本质，那就是无常。因为明白无常，智者眼中是没有辱的，如果你认为有谁侮辱了你，说明你还有分别心。所以，你要一直训练自己，忍到没有忍的概念时，你便忍辱成就了。

其实，有啥好忍的呢？在死亡面前，很多东西都没有意义，虚名没有意义，财富、权势、美貌也没有意义，都是虚幻如梦，并无实质的，何不好好品味，明白清凉，无执无着，快快乐乐地活在当下？这才是真正的忍。当你做到这一点时，你也就不再执著任何的外相、能取、所取了，那么你也就安忍了。同时，因为你已发现了红尘之苦，也生起了喜乐，你就不再执著红尘的一切，遂有了安乐之心和安乐之相。只要你这时继续往下修，就会进入世第一法。

17. 世间法的最高境界

进入世第一法的阶段，也就进入了世间法修炼的最后一关。通过这一关后，就会进入出世间法的修炼。所以，它被称为“世第一法”。这时，各种障碍、傲慢、愚痴都会渐渐断掉，你就非常接近开悟了。

不过，这时你已不执著那一切了，你看着各种障碍的破除，就像看着一片叶子掉到水里，顺流而下，渐渐消失，你不会试图抓住它，不让它走，只会喜悦地看着它，就像看着一朵花慢慢地绽放。

可惜，现在有很多修行人不明白这些，所知障就像白内障那样，遮住了他们的眼睛，让他们看不到真理。更可怕的，是他们不知道这是一种愚痴，自己的烦恼正是因此而起的，反而对此毫无警觉。他们掌握的知识蒙蔽了自己，无论做什么，都用自认为的东西去衡量，就像蚕织茧一样，把自己和世界、和真理分隔开来。唯一不同的，是蚕很快会破茧而出，但人在发现自己的愚痴之前，却很难破茧而出。所以，很多人都见不到光明。

因为看不到光明，人有时就会产生很多烦恼障：贪婪给他裹了一层蒙眼布，仇恨再裹一层蒙眼布，愚昧又裹一道蒙眼布，各种欲望、怀疑、嫉妒更裹了一道道蒙眼布。这层层叠叠的蒙眼布，让他越发看不到一点光明。他看不到光明，就会乱冲乱撞，不知道自己该往哪里走。这就是众生痛苦轮回的原因。

虽然可悲，但他怨不得别人，因为这是每个人自己造成的，只能说明他不明白，看不破，被迷惑了，而不是别人把痛苦强加给他。有些迷信的人总是搞不清状况，有点小痛苦，就觉得是别人的不清净带来的。这种人非常愚蠢。其实，痛苦只是一种情绪，它是由心生起的，本质是自己的愚昧和愚痴。所以，要消除痛苦，只能从去除无知入手,若是把痛苦归咎给别人,只能加重这种无知。

不过,就像前面所说的,就算破除了烦恼障,习气还没有除掉,就还是没有解脱，必须继续修行。在继续修的过程中，你会因为变得越来越善良而感到强烈的快乐，你甚至觉得世上的因缘都断除了，心已经寂灭了，世界也好像空了，你对外境内境都不执著了，世界和心也仿佛打成一片了。但事实上，这还停留在身体感受的层面,仍然属于世间法,还没有升华到能真正破执的智慧层面,更没有上升到出世间究竟解脱的层面。但是，这时已非常接近出世间法了。

你的身体快乐，心也快乐，已经不在乎自己在修什么法，要怎么修了。因为你已经没有烦恼了，心好像也寂灭了。这个时候，有些人就觉得自己得道了，成就了，可以不修行了，但事实并非如此。你的心看起来虽然寂灭了，但烦恼的种子其实还在，它也像冬天的草地，虽然看起来草都枯萎了，没有草了，但种子还在地下，春天一到，草又会长出来。所以，你还要继续修，只有继续往下修，你才能明心见性、真正入道，进入出世间法的修行。

说到这里，我们必须重温资粮道和加行道的修行要点。因为，这对明心见性及其后的保任会起到非常重要的作用。

首先，积累资粮建立信心；然后，由加行修定力、专注力。没有加行，就没有定力，是证不了道的。有时，你虽然明白那感觉，但你保持不了。这就是没有修加行，没有定力的缘故。有的修行人常常念叨着“我之前挺有感觉的”，但为啥感觉又没有了呢？就是因为定力不够。也有人在智慧上明白什么是明空，但同样保持不住，也因为他没有修专一，即使身体能体会到那状态，感觉也会很快丢掉。所以，打好开悟的基础是非常重要的。

18. 智慧的净光

得到喜乐之后，再往后修，就能出现一种净光。净光出现时非常像开悟，但不是开悟，仍然属于世间法。不过，这个层次已经很高了，你变得清凉快乐，智慧也开始发生作用了。实相光明很快就会像第一道阳光那样，穿过层层云霾，冲破黎明前的黑暗。

进入这个阶段时，你会觉得修行的速度非常快，就像能夜行千里似的，可实际上，你还在尘世的系绊之中。为啥？因为你的心里还有“我”。只有证得无我的智慧，破除我执，你才能看到自由的星辰，获得终极解脱。如果破不了我执，净光就只是身体的感觉，没有上升到出世间智慧的层面。肉体一旦消逝，觉受就没有了，所以，无论多么殊胜的觉受，都不应该是行者的追求。

需要注意的是，虽然这时已经到了凡圣的分水岭，再跨出一步，就能开悟，但这时的净光仍然有可能丢失。一旦丢失，行者就会迷失在久远的黑暗之中。有些人就会说，“那时我修得多好啊，但后来又没有了”。伤感的慨叹换不来觉悟，想要觉悟，唯有一如既往地珍惜和坚持。要知道，修行是生活方式，不是暂时的游戏，你要有一辈子这样活的勇气和笃定，最终，你才能证得智慧光明。所以，你不要执著于这时见到的那点光明，更不要沾沾自喜。你要明白，这时的净光虽好，却仍是虚幻无常的有为法，它不是真正的大手印净光。这时的净光只是觉受，大手印净光却是智慧，它会摧毁分别，让你窥破虚妄，这才是修行的目的。如果你放下对尘世万物的执著，却苦苦地追求开悟前的净光，那么你就还是没能破除执著。所以,你要继续修,等你连这时的净光都不执著时，你就会见到实相光明。

第三章　见道：发现光明

1. 找到自家明珠

我前边说过，真正修行之前，我们必须明白什么叫真心，怎样才算明心，怎样又是见性。对此，我们不但理上要明白，事上也要体验得到。这种体验必须清楚明了,不能模模糊糊、一知半解,唯有如此,才能保证你确实能够保任,在生活中真正做到不丢真心,不会被欲望迷惑。

我举个例子，遇到事情的时候，你心里虽然不紧不慢，非常宁静，没有任何念头生起，更没有产生什么情绪，但这时，你能分得清自己是顽空无记，还是契入真心吗?

如果契入真心，当然很好，但有些人并没有契入真心，自己又不知道，于是就一直保持那种糊涂状态，保持一辈子，糊涂了生，又糊涂死，产生不了任何价值。如果教坏了人，叫别人也像他那样糊涂，那就是误人子弟。

我认识一位禅宗和尚，他是寺里公认修得最好的人，但他所谓的开悟，不过是一种顽空无记。长期坚持这样的修行，保任这样的状态，是不可能解脱的。所以，修行是必须有成就上师印证的，只有经过印证，你才知道自己认为的那个东西是不是真心。你也才知道，什么是真心生起的妙用。你千万不要将顽空当成真心，否则，你无论修上多久，也无法放下执著。要是你仅仅是在心里压抑一些东西，那按在水中的烦恼皮球，终究会有浮上来的一天。

也有一些人，他们压到最后，对什么事都没感觉，变得非常消极迟钝，躲在屋里啥都不愿做，也不愿见人，觉得自己一个人就可以很开心，很清静。如果不怕寂寞，又不追求世俗的种种欲望，那么真的会很开心，但要是你不能贡献社会，你开心的价值就很有限。同时，你也永远不会知道，面对自己执著之物时，你是不是还能如此淡定？是不是还能自主心灵？所以，如果追求佛道，追求无为利众的生活，明心见性是必过的一关，只有那颗无需压抑对抗，任运随缘，又能生起各种妙用的心，只有那种活泼的智慧和慈悲，才能给你一个自主精彩的人生。

试想，假如修行让你像块石头一样，毫无感觉，碧海蓝天都不能让你生起喜悦，美食对你来说形同嚼蜡，美声对你来说只是噪音，那么，这样的人生难道不是一种折磨吗？真心不是这样的，它让人能够品味生活中的一切，又不生执著烦恼。

所以说，不明白心性的修是瞎修，它会让你执幻为实、认假为真，还会让你心外求法，把一些邪魔外道的东西，当作佛法来求。比如，有的人不明白心性，就为一些神乎其神的功能所着迷，一天到晚津津乐道，一旦自己的修行中出现了一些神异，就沾沾自喜，不肯放手。这种执著，比对物质的执著更加可怕。

不明白心性前的修行是在积累资粮，为明白心性做准备。明白心性之后，就意味着你已经知道方向，知道路该怎么走了，那么，就要开始走路。这时，你就能独登高楼，望尽天涯路，而且，你从此不会迷路了。

不明白心性，很容易走错路，甚至会南辕北辙，越走离目标越远。像藏地有好多很精进的人，只因不明白心性，执幻为实，反而离真正的成就越来越远，执著越来越重，贪嗔痴慢妒越来越重，死后就变成了厉鬼。这就是不明白心性的原因。世上万法，只有从心性上入手，才会得到究竟的改善。单纯的技术，永远代替不了大道。决定成就与否的，不是诵咒的多少，也不是观修的专注，更不是神通，而是心量的大小、心的善恶、心是否开悟。心决定命，决定了成就，也决定了事业的大小。心大者，事业也大，心小者事业也小。一个长有老鼠心的人，其命运，充其量只是个老鼠。老鼠腹内是孕不出狮子的。我在长篇小说《猎原》中，写了一个道理：心变了，命才能变；心明了，路才能开。所以，我们修行人要常发大愿，常发善愿，愿力是能够改变命运的。

2. 明白解脱的内涵

前边说过，真心与妄心是一体两面，浊世与净土是一体两面，执著与解脱，实际上也是一体两面。所以，不执著的同时，就得到了解脱，而不是离开破执，再去找一个叫做“解脱”的东西。

如何得到解脱？放下就解脱了。当下放下，当下解脱，所以放下就是解脱。明白心性者，就会得到大手印见，就会得到解脱。解脱并不是一件多么复杂的事，它比好多人想象的都更简单，它仅仅是心灵的一种智慧转换，但正是因为过于简单，所以很多人都不愿意相信。

我说过，解脱分为两种：一种是因信得度，一种是见即解脱。两者之间并没有优劣高下之分，仅仅是各随因缘，度化那些相信通过这种方法就能得到解脱的众生。

所谓因信而得度，如净土宗，相信有个极乐世界，相信自己念佛就可以往生极乐世界，从此不用再回到人间受苦。这就是因信而得度。因信仰和虔诚而得到救度，得到救赎。

我这里讲的见道，则是第二种：见即解脱。为什么大手印能让人见即解脱呢？因为，当你证得大手印，便洞悉了无常的真相，你就会明白，欲望是一切痛苦的根源，但欲望也是虚幻的假象，它总会消失的。我们的智慧快乐是本有的，不用依赖世界，要是我们没了执著，欲望就会越来越少，心也会越来越清净，我们就能远离痛苦，得到快乐，所谓有漏皆苦，无欲则刚，只要我们消除欲望，破除执著，自然就没有痛苦。当然，这种见地不是知识，而是踏实的生命体验，必须在理上和事上都了悟真理，用生命实践验证自己的所悟，理悟才能与事悟融合为一。

所以，我们要层层净化自己的心，把世间的一切，都转化成一种通达和妙用。通达就是真正地明白真理，明白眼前一切都是虚幻的，都是假象，都在过去；妙用，就是因为明白，让自己不生执著，不被贪念嗔恨所蒙蔽，知道该做什么，不该做什么。只要不断地追求做到这一点，心就会越来越清净；心一旦清净了，烦恼就会变成菩提，行住坐卧等世间法的行为，就变成了利众。这时，转识成智，五种烦恼就化为佛的五种智慧。

不过，烦恼难断，习气难除。所以说，明心见性之后，我们必须时时提起正念，一层又一层地净化我们的心灵，要安住于明空当中，消解我们的诸多猜测与怀疑，将世上的一切——无论顺境还是厄运——都化为妙用，滋养我们的心灵，拓宽我们的心量。

当我们如法修行，久而久之，心灵上的污垢就没了，我们就会得到自由。

佛教解脱的真正含义便是自由，但它跟许多人理解的自由不太一样。人们通常认为，外界制约了自己的语言和行为，所以他们才感到不自由；但佛教认为，自由应该是完全能自主的，可以有一种纵横无碍的境界。佛教提倡的自主，是一种心灵的自主，是觉悟后不再被虚幻的外相所动摇的自主，是一种主动且坚定地做出选择的智慧，而不是一种盲目的固执。不过，人们普遍认知的自由与佛教所认为的自由之间，还是有相通之处的，那便是两者都强调要摆脱束缚。两者也有不同之处：一些人认为，束缚是世界强加在我们身上的，所以他们希望世界能改变，甚至要求世界发生改变；而佛教则认为，束缚是人因为认假成真而生起的执著，是自己施加给自己的东西，所以，真正的佛教信仰者们向往心灵的改变，也追求心灵的改变。在他们眼中，真正的解脱，应该是放下外物，放下执著，好好活着，专注于内心的明白和清凉，不要盲目狂热地崇拜心外的所谓神佛。这世上，拯救自己的，永远都是自己的明白和觉醒。不留恋过去，不计较未来，仅仅安住于每一个当下，做到清明、快乐、放下的时候，你就得到了解脱。因为，我们的生命正是由每一个当下组成的。当我们能在每一个当下无执时，我们就自由了。

很多人靠征服世界赢得自由，大手印行者则靠净化心灵，让自己变得足够博爱、完美、大气，来实现自由。他可以微笑着对世界说："世界，我不迎合你。"就是说，无论世界如何变化，他的心都像明镜一样如如不动，不会失去主宰自己的能力。这时的他，才是自由的。

3. 登上山顶窥万相

见道不是一个漫长的过程，是在刹那间发生的，就像一开灯，屋子里的黑暗就没了；也像登山，"不识庐山真面目，只缘身在此山中"，可一旦你登上山顶，山下之景，就一目了然了。"会当凌绝顶，一览众山小"，这是一种境界。

那么，为什么有人一生苦苦修行，也不一定能修成正果呢？

因为屋子里太黑，他不知道开关在哪儿，加上屋里充满杂物垃圾，他会磕磕绊绊，虽然百般寻觅，花了很多工夫，但仍然不能如愿。

这一点也像登山，为了那俯视山下的了然，你必须历经登山的艰险，穿越荆棘树林，战胜毒蛇猛兽，还不能对自身的懒惰和烦躁妥协，这个过程，并不是所有人都能熬过去的，况且你要是不知道上山的路，走了半天，遇到悬崖，或是迷路，你就得花费大量的工夫去寻觅和攀登。这便是我们修行的过程，许多人弱小的心灵，也正是在这过程中渐渐强大的。

密勒日巴最初在山洞中苦修多年，每次想要休息一下，或到村里看看，都会记起自己当初的誓愿，终而坚定意志，继续苦修。他为了节省时间，甚至以青草为食，以致遍体泛绿，最后终于超越一切束缚，获得了究竟解脱。你不一定要入山苦修，也不一定要忍饥挨穷，但你至少要明白，修行不能应付了事，必须脚踏实地。不过，不管多么艰难，你都会渐渐发现，你为修行付出的一切，包括肉体之苦和灵魂之苦，都是值得的。因为，你会像浴火重生那样，从折磨心灵的所有烦恼中解脱出来，你不再贪婪，不再嗔恨，也不再迷惑，世间一切在你眼中都变成了梦幻游戏，你一目了然，因而自在逍遥。于是，苏东坡发出了"人生如梦"的感叹。明白这一点，才算看到了世界的本质。

我们眼中的世界，其实是外部世界投射在我们心中的影像，是六根六尘和六识和合而成的产物。

世界的形成是因缘的和合；世界的改变是因缘的重组，所以，世界的本质就是无常，心的本质同样是无常。数学法则告诉我们，如果 A＝0,B＝0,那么 A＝B; 可见, 如果"世界 [illegible]""心 = 无常"，那么"世界 = 心"，换句话说，世界和心都归于空性，本质为一，没有对立。当你的生命证到这一点时，你就进入了一味瑜伽的境界，一切对立都烟消云散了。这时，你与世界的差别消失了，众生与佛陀的区别消失了，解脱与轮回的区别也消失了，轮回就是涅槃，涅槃就是轮回，你得到了一元智慧，你便证得了大手印。

4. 为何说万物皆空？

对于有真信心的人来说，见道并不难，它是智慧达到某种境界后的自然呈现。关于见道，有两种说法：一种说经上师开示明白心性即为见道，一种说通过生、圆二次第修到拙火、幻身得到光明的时候，就契入见道了。这两种说法，各有标准，境界不一，但皆有道理。这两个层次，只要有信心，肯吃苦，都能达到，但需要真正的、了义的善知识为他印证。一些经典中，也把幻身后的光明认为是证道，是金刚十一地到十三地。

我自己认为，无论有着什么样的名相，只要理上和事上明白空性并能忆持安住空性，能生起妙用，即属于见道。在我的眼中，行为上的用是必须要达到的标准。没有智慧慈悲的菩萨道行为，就不是见道，因为见道之后，你就是登地菩萨，但这世上，还有没有菩萨行为的菩萨吗？

一切诸法皆是心性的化现，自性本空，这是佛教的世界观，是本体的东西，属于基本理论，离开这个就不叫佛教。这就是佛教“四法印”中的“诸行无常，诸法无我”。

空性和万相没有本质的区别，都是一味的，因此是和谐的。万相就是空性，空性就是万相，空性和万相本为一体，十分和谐并无内外之分。除了本觉之心，除了世界归于空性这一真理，除了空性之光，其他东西只是缘起上的显现，并没有永恒不变的本体。它的存在只是一种因缘、一种幻影、一种显现。就是说，不管眼前的事物看起来如何，它都是因缘和合的产物，因缘散灭时，那外现就会像梦一样消失，它最终是归于空性的，它的本体就是空性。

明白这一点后，我们其实不需要再去对治什么了，因为既然轮回归于空性，涅槃归于空性，我归于空性，法归于空性，高楼大厦归于空性，高级房车也归于空性，山、河、田、土、草、木都归于空性，就再也没有什么值得你执著了。当你真正明白一切都归于空性，不再执著时，就必然解脱，无须再去对治，这就是“当下解脱”的真正原理，也是大手印顿入法真正的原理。所以，解脱的真正力量是生起正见。而真正的正见便是:所有的外现和妄心，都是虚幻无常的。

因为，既然你知道一切都归于空性，还执著什么？如果没有任何执著，还解脱什么？就像你明知日出总会日落，就不会渴望二十四小时都沐浴在阳光下，同样道理，知道一切必然会变化，也就无须解脱，也不会执著贪欲及贪婪之物，便能生起万善了。

如果还没有真正地明白，也就是还会生起迷惑，怎么办呢？那么，当所有外现在你的识心中显现时，你要当下直契明空自性，因为外现也是自性的显现；当你的贪嗔痴慢妒五毒生起时，你同样要直契自性，因为它们同样是自性的显现，你只要契入空性，五毒就会自解。一切都是如此，世上的幻化外境和你的幻化之心相遇时，你只要契入明空，就会像奶油融于奶油一样，一切幻相依幻而自解，就像水定能溶于水中。这个过程独一无二，只能自己验证，当你明了自性，看透纷繁万相的虚幻，自会当下证入究竟之觉。比如，当你断了心结，那么百种妄念意识之结也会解开。所以，唯一究竟的解脱，只能来自你的本觉之心，无法依托他人他物。

当行者能恒常处于当下的实相光明中，并坚定这种见地，保任那觉受而不离开，做任何事都不离空性时，就是禅定，无需疑惑，也无需思维分别，就如一杯水进入波浪滔天的大海必会和大海融为一体。所以，不要把空性与生活、工作分开，要明朗于当下，觉醒于当下，不一定再去依靠有为的修法，一直安住明空，就是很好的修行。如果你离开自性去别处寻找解脱，寻找心外的智慧及所谓的功用之法，你就会重被假象迷惑。所以，不要心外求法，心外求法是大妄心。

你只要破除对一切现象的执著，便能感受到万物的本质，那种空性之境会自然显现。你在那显现中入定观察，就会发现万物在缘起的同时不离性空，性空的同时却示现缘起，并不是只有缘起或只有性空，而是两者一体，并行不悖，这样，你就能远离断常二边。你也会知道，六道轮回的本质也是空性。

你就这样认真观察,无论那六根（眼耳鼻舌身意）和六尘（色声香味触法）显现出怎样的现象，都会明白它们的无自性也即虚假性。这样，你就不会执著它们，你就留意观察它们的本来面目，并契入空性。你会发现，世上万事万物无不如此，无论有怎样的缘起现象，其本质都归于空性。当你在座上消除断见常见和戏论，将正见智慧注入你的生命，哪怕你在出定之后，这智慧仍会观照你的人生，你会发现，眼前的一切都是虚幻无常的，像镜花水月一样虚幻，跟海市蜃楼一样了不可得，跟彩虹一样只是幻化。你就会发现，诸种事物虽有不同显现，但其本性却归于空性，了无实质。那缘起的现象不离性空，那性空的本质不碍缘起。究其本质，你是幻觉，我是幻觉，他是幻觉，时间是幻觉，空间是幻觉，生命是幻觉，世界也是幻觉。我们留不住任何东西，一切都在时时变化，一切都像风中远逝的黄狗那样，渐渐消失。我们经历的一切都在变成记忆，而记忆也在渐渐被遗忘代替。

以自心直观自心的境界是超越一切的，能安止于这样的境界，即为“观”，亦是安止于大手印的自性。此时，不牵挂过去，不挂念未来，安住于当下的和谐之境，远离一切妄想，直观自心本性。它超越二元、能所等所有相对概念，它便是大手印追求的究竟智慧。

直观自心时，有时也会妄念纷飞，但你不要执著它，也不要分辨它。任它来者自来，去者自去。不以善喜，不因恶悲，不压抑，不排除，你只要观照它的本质即可。这样，在刹那间，我们就能直接契入原始本然的清净本性。如果你明白如何安住于自心本性，能掌握住一个个刹那，才算进入了真正的修行。

安住于无念无执的禅定之中，绝不是不省人事的无明，而是要安住于自心本性之中。自性远离戏论，单纯一味，此为法身之境；自性清净明朗，为报身之境；而这明净并非实体，而是有种种化现，虽是空性，却有诸多缘起，此为化身之境。换句话说，心的离戏一味是法身，心的明朗清净为报身，心的无终无止则为化身。

安止于自性，为诸法门之要旨。一法通晓，完全解脱，若能安止于此，无需再学他法。久而久之，烦恼渐消，智慧渐长，慈悲智慧也将更为广大。所有无明和贪嗔痴，都会自动地解开。

5. 生命无需造作

何为造作？因为二元对立，所以凡事算计计较，这便是造作。远离分别心，从心的造作中解脱出来，凡事顺其自然，安住并保任宽坦任运的明空之心，用平常心应对万事万物，便是大手印。

大手印认为缘起性空，即缘起有，自性空，远离执著空和执著有的边见；其大能包容一切，觉得世上一切圆融无碍，都归于空性，无所不包，只要在这种见地上坚定下来，就等于明白了佛法的精髓。

大手印它既是见地，又是法门，并不是一个简单的名相。它涵括一切众生，无论贫富，无论贵贱，无论男女老少，所有众生都具备觉悟的潜能。“手印”二字则是象征，代表佛之心印，只要修持大手印，就能参透佛陀的智慧，不修其他法门也没关系。大手印中，便包含了一切法门的精要。它像满月一样圆满，像空气一样无处不在，像天空一样涵盖一切，像大山一样不可动摇。只要行者如法实修，证悟就是必然的。就像生在帝王家的太子，无需勤奋耕种，却自然拥有富足生活。同样，修持大手印者，自然能得到内在增长之悟性的加持。

修到最后，大手印行者就会打碎一切心灵束缚，不再受到外物的奴役，也不再被外物所干扰和动摇，反而能将世界化为己用，让自己成长。我说过：心小则举世皆绊索，心大则世界皆营养。这句话的意思是，当你打开心门，不偏执地拒绝一切，也不盲目地迎合一切，而是在世间纷繁的现象之中，锻炼自己的心，汲取有益心灵的营养，你的心就会变得越来越大，再也没有任何现象能羁绊你、束缚你，你在面对世界时，也就不会生起烦恼。相反，假如你关上心门，偏执地拒绝你不喜闻乐见的东西，就会把世界看成牢笼，把现象看成洪水追兵，觉得四处都是铜墙铁壁，一切都在挤压你，你找不到可以休憩的地方，也找不到自在的居所，那时，你将会陷入无穷无尽的烦恼。

所以，想要活得快乐积极，就要打开心门，包容一切，将世界视为调心的道具，而非锁人的镣铐。唯有如此，我们才能实现一种纵横无碍的大自在。不要把自己关在独立的小世界里，也不要觉得自己很特殊。要明白，你跟世界本质上并无不同，大家都是归于空性的，都在时时变化，因此大家无所谓彼此，更没有必然的隔阂，所有看似存在的隔阂，无非是妄心制造的幻相，分别心一除，隔阂立消。

我就是这样，直到今天，我既不是教徒，也不是信徒。我常说，不要把我归入一个小小的教派，或者大大的佛教，或是多多的宗教。我不是教徒。我只是一个信仰者，在我眼中，没有什么教派局限，也没有什么民族局限，人类所有的优秀文化都是我的营养，它不会成为我的枷锁，不会变成绳子，把我的心灵捆住。我把所有东西都当成营养，让自己尽量地大起来。大到最后，所有桎梏、所有局限、所有控制心灵的因素都会被打碎，这才是自由，才是解脱。所以，本书中所讲的一切，虽然是见地，但也是一种生活方式。有了这种见地之后，就要照着去做，光有见地是不够的。因为，

许多时候，你的心并不听话，你的身也不听话。就像一个男人明知道吸烟的害处，却总是戒不了烟。解脱就像戒烟，它同样需要我们进行专门的训练。

我上面所讲，虽也涉及到修道内容，但也是见道时必须明白的东西。

6. 觉悟就这样发生了

关于见道，有两个有趣的故事：

有位僧人，一直在求觉悟，但总是求之不得。有一天，寺院里举办法会，来了好几百位僧人。也不知道怎么的，他突然觉得腹中冷气翻腾，如万马奔腾。他很想放个屁，但因为人太多不好意思，他只好硬生生地忍住。谁知他的上师发现了这个情况，还冷不防地在他的肚子上踢了一脚。他受了惊吓，终于忍不住放了个响屁，好多人哄堂大笑，他一下进入了一种难以言表的境界。这时，上师马上对他说："记住，就是这个。"原来，在那一刹那，他的所有念头都断了，心中只剩下一片光明，这时他才真正地明白了空性。

还有位修行人也一直求觉悟。有一天，上师喝得醉醺醺回来后，他就请求上师给他开示心性，于是上师把他抱起来，狠狠摔到地下，狠狠地骂："你这条老狗，心里在想什么？记住就是它。"原来，摔到地下的一刹那，他的念头断了，心中只剩下一片光明。从此之后，这个人就把自己的法名改为"老狗"。

为什么觉悟会发生在这种时候呢？因为，海面掀起波浪时是妄心，大海平静时自然是真心。真心和妄心本为一体，迷和觉也本为一体，你无需刻意去追求，只要不迷，就是觉；只要妄心息灭，真心自然显露。所以，当你追求觉悟时，便执著那觉悟，有执著便不可能觉悟；当你害怕迷失自我时，你的觉知也清晰明了，那么你也没有迷失。但不管是追求，还是畏惧，都会成为你执著的原因和修行的障碍。只有当你不畏惧迷，也不求觉，破除所有执著放下一切时，你才可能见到实相。当你见到实相，而上师又在身边时，他就会像上面故事中的两位上师那样，告诉你："注意，就是这个东西。"那么，你就开悟了。

觉悟在任何时候都可能发生,说不定打一个喷嚏,你就开悟了。所以不要觉得自己开悟不了，也不要把开悟想得太神秘。但你最好还是找到能为你印证的善知识。理由我们前面已讲过了，就是怕你走错路。

古人说："朝闻道，夕死可矣。"就是说，只要能开悟，哪怕早上开悟，黄昏死去，我也满足了。可见，开悟有多么重要。那么开悟为什么这么重要？因为，一旦开悟，见到实相光明，如法修持，烦恼障慢慢就破除了。"若无闲事在心头，便是人间好风景"。不过，烦恼障易除，所知障难破。见性后，容易清除源于后天环境熏染的分别我执，但源于先天基因的俱生我执则要经过长期修行。后者是一项脱胎换骨的艰难工程。老祖宗有个比喻，尿桶里的屎尿易倒，马桶上的臭气难刷。我们要想清除那与生俱来的烦恼习气，必须要扎实修行。两种烦恼都彻底清除之后，才会真正地彻悟。

需要说明的是，实相是本有的，本元心也是本有的，不是观想出来的。生起次第中的观想，还有作意的成分，是有为法。你真正彻悟的那个东西，是本有的智慧光明，不是观出来的。

7. 无念是不是开悟？

曾有人问：正念是不是没有念头？不是。《六祖坛经》中，有一个"无念为宗"的说法。对此说，一些人提出了批评。他们认

为，无念虽然无欲，但没有念头还不行。因为，没有念头，真心就无法生起妙用。而且，不思考，不分辨，人不就跟愚痴的动物没有任何区别了吗？但这里也存在一个盲区。什么盲区？对"无念"二字理解上的盲区。慧能的无念，跟凡夫的无念不一样：他的无念，是证得实相后的无念，他的心中连"无念"的念头都没有，但同时他的真心又会随缘生起妙用；而凡夫的无念，就容易流于无记和顽空，这才是为人所诟病的那种"无念"。

《六祖坛经》中的"无念、无相、无住"，是证量上的表述，对于证得了明体的六祖来说，就是对的。但是，对于一般凡夫来说，要是得不到真传，片面地去修，就会偏空。为什么呢？六祖证到了空性，证得了那种究竟的智慧。他安住于明空时的无念、无相、无住是对的，而凡夫的无念、无住、无相就可能流于无记和顽空。换句话说，当一个人证悟之后，在那种本体智慧的观照下，无念、无住、无相是智慧的妙用，而愚痴者的无念、无住、无相仍然是愚痴，所以，我们不能认为昏迷者就是开悟，也不能认为冬眠的动物就是开悟。

因此，至少要先明心见性，才能生起大的妙用。一般人要是没有开悟，或是没有传承，却片面追求所谓的"无念、无住、无相"，是很可怕的事，因为，它容易导致顽空和无记。如果陷入顽空无记，修得再好也不过堕入无色界，而大部分顽空无记的人，却会越修越愚痴，堕入畜生道。这一点，凡夫当然看不出，只有真正成就的上师才能印证和分辨。

无念、无住、无相，实际上就是破相，破相就是破除对假相的执著，明白一切都在变化，你找不到任何值得你执著的永恒。在明白这一点，并能契入空性时，你就会契入大手印。

禅宗跟大手印有相同之处，两者的修行都从心性入手。两者的不同之处在于，大手印行者也注重气脉明点的修习，且多修有相瑜伽，从生圆二次第入手，最后契入大手印；前者则要求行者有更高的根器，同时得遇真正的大善知识，这时，行者就容易离相破执，证得实相大手印。否则，禅宗行者就容易流于顽空无记，故祖师云："有禅无净土，十人九蹉路。"可见，师承有多么重要。过去的禅宗就很好，从达摩祖师到六祖，每一代都实现了心心相印，都从上一代宗师那儿得到了智慧心印，知道了什么是空性智慧，才能真正地实现"无念、无住、无相"。

没有实证功夫的思维理解不是空性智慧。要是没有契入空性，无论你怎么追求"无念、无住、无相"，也只是口头禅，会偏离真理。比如，大乘和尚在藏地与莲花戒的辩论中，就显示出了一种偏空的东西。他以"无念为宗"，但事实上，单纯的"无念为宗"是不究竟的。

一些朋友可能不太理解什么是顽空和无记，我可以举个例子来说明，顽空无记有点像电脑的死机，虽然也没有杂念，但死机了，生不起任何妙用。

早年，一些学者对大手印也产生过另一种邪见，说大手印之"我无念"亦是念，还说人不可能做到无念。事实上，真正的大手印并无"我无念"之念。那种空明的生起和空乐的充盈，并不是行者的观想和作意，而是自然的显现。如天空从来不曾将自己观想成虚空一样，光明大手印是一种本体的显现，非诵非观非着意，甚至无大手印之名相。这才是真正的大手印。

8. 智慧无需压抑

什么是真正的无相？远离概念、形式、一切外相，就是无相；不再受外相的干扰与左右，就是无相。安住于真心状态时，你的内心世界有如万里晴空，空寂明朗，你便自然而然地处于一种无相境界。这时，你的目光不再停留于事物表面，你的心不再被现

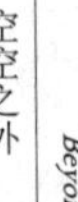

象所迷惑，更不会跟着忽生忽灭的现象左右摇摆。你心里很明白：无论什么现象都是归于空性的。因此，世界在你眼中，才会如掌纹一般清晰。这便是无相。

但无相并不是真心的全部，它仅仅是真心的本体，安住于真心状态的时候，你还必须让它生起妙用。不能生起妙用的真心，便不是真心。好多人正是在这一点的理解上出了问题。他们专注于无相与顽空，误解了真心，表面看起来得定了，专注于无相了，但事实上不是这样的。他只是什么都不想，就像石头一样，什么感觉都没有，什么都忘记了，正念也丢掉了。最危险的，是他不但觉不出自己走偏了，还对这种境界产生了贪恋之心，觉得自己不会再受外相干扰，再也没有烦恼了。有些人甚至以为自己契入大手印了。他们不明白，自己只是依靠一种理性的按力，强行压住那些烦恼念头，而不是通过止观双运，让自己得到究竟的智慧。这种人无论修多久都不会解脱，死后会堕入无色界。所以，一定要注意分辨，要能发现自己到底是明心见性了，还是陷入了无记和顽空。

当然，没有明心见性的人，是很难辨别自己是不是真的明心见性了的。有些人将类似于明空觉受的状态当成了开悟，也有一些人见到真心了，却不能认知，以为真心不会那么简单。个中的区别，是非常微妙的。但也有一条很简单的辨认之法，便是看他能不能生起妙用。即使他真的见到真心了，如果生不起妙用，在他生不起妙用的那个瞬间，他就肯定不是在真心状态之下，那么就观察自己，看看自己有没有一种灵动的智慧，有没有澎湃诗意的情感，有没有一颗柔软的、容易感动的心，能不能推己及人地关怀别人。如果不能，他就没有明心见性，至少他没有在行为中验证他见到的那个东西。

那么，如果发现自己生不起妙用，该怎么办呢？

必须明白，顽空无记是意识昏沉的状态，其特点，就是昏沉，也就是迷迷糊糊、糊糊涂涂的，什么都分辨不出，善恶也辨不出，活得冷冰冰的，像是一块木头。这是一种笼罩了智慧的无明。对治之法，就是止观双运，证得智慧。至于止观双运的方法，我们前面说过许多，后文中，我们也将公布一些方便之法，易于在生活中实践。而在这里专门以一节来强调，足见这一点的重要性，希望大家在修行中不要掉以轻心，因为，哪怕我们不谈死后，只谈活着，假如你陷入了顽空无记，活得像是一块石头，心灵没有温暖，情感也被牢牢地封锁，流不出来，你就很难跟身边的世界打成一片，那么你的生活和工作都会出现问题，与人交往时也会矛盾频发，这是非常危险的。所以，我们强调修行要找到自己的善知识，自己胡来的话，是很容易会出问题的。

9. 开悟是本有光明的焕发

当我们破执之后，就会发现世上万物不过梦幻，由此而生起喜悦，如从梦中醒来，见到自性。自性虽然大默，大默却有大声，此声震天震地，能惊醒梦中之人，可惜世人执幻为实，认假成真，如盲者不能见日，如聋者不能闻声。待得智慧觉醒，振聋发聩后，则世上万物，皆明明朗朗，无不是自性的反映。

开悟是一种本有光明的焕发，像玉石本有的光泽。本元心是一块晶莹透亮的白玉，在尘风的吹拂下变得越来越新，轻轻敲击，它发出的声音清澈辽远，能惊醒梦中的迷乱之人。这便是修行人的心。它一如无瑕白玉般真诚，在尘世的历炼中，没有放弃灵魂的追索，也绝不与信仰背道而驰。久而久之，它终于显发出一种智慧，为修行人带来清凉。

由于看破了虚幻，开悟者定然有颗平常心，其行为大多真实、自然、质朴、率真、无我、自在，其内与外、言与行、身与心皆

达到了惊人的和谐。其心博大而虚灵恬淡，其情专注而去留自在，一切无非缘聚缘散，触目应心无不广大清明。因能安住自性，禅者语多清净，见地超迈，其智慧人人本具，多为客尘所覆，不能显发。悟后客尘不见，光明新发，透彻玲珑，这便是那些禅僧大多具备诗才的原因。到了这种境界，人间无处不是净土。

悟境非作意，非造作，非表演，非发明，非主观，非客观，非原始，非童蒙，非语言，非概念，它是无限的可能，是无穷的超越，是无尽的明光，是本有之存在，是无上的召唤，是无边无际的清净之流，是大破大有后的创造，是本真存在之魂魄，是大我思想的实现，是存在本有的发言。

俗话说得好："机会只留给有准备的人。"对于见道来说，必需的准备就是找到你的善知识。好多人就是因为没有得到善知识的指点，不知道眼前的就是"净光明"，才会与它擦身而过，错过的人简直多如牛毛。

你只有在得到善知识点拨，明白你的所得是对是错时，你才会有正确的修行路线。当你在善知识的点拨下，认得眼前光明，并能保任它时，你的眼前才会豁然开朗，疑惑顿消。这时，你无论做什么，心里都是明明朗朗的，因为你已经开悟了，你的知识也开始升华到智慧的层面。这时，你才证得了子光明，进入见道。

假如你修不到这种层次，一切都是假的，知识是知识，你是你，二者不会成为一体。你还是会因红尘诸事而烦恼，你得不到自由，做不了自己的主人。

见到实相之后，你的心灵才能化成火把，照亮所有你走过的路和即将要走的路。在这智慧的圣洁火光之下，你再也不会被世界上的任何假象所迷惑。你也终于可以度众了。

真正的禅悟，非木非石，而是于净境中充满无穷的活性和灵动。此时，万籁俱寂，烦恼已息，但自性的太阳却没有醉眠，仍在源源不断地传递着一种光明。而行者心中，也能感到那自然之风的细腻和温柔，那是充满慈悲和智慧的天籁。那微风，那静泣，那晴阳，那消息，诸种因缘，一时齐备，智慧的光明才会源源不断地流向我们的心中，驱散我们心中的黑暗。

开悟之后，世上的一切都是慈悲和智慧的显现。还有一种说法：得道之前，如同死了父母；得道之后，也如同死了父母。前者因没有依靠，后者想达成救助。因为明白之后，你本是宁静而快乐的，但又因众生的烦恼而感到悲悯。这时，即使你只是安坐于某个寂静的角落，也会听到无处不在的觉悟之声。当然，这只是一种比喻，真正的觉悟是无声的，却又似发出无量的大声，能惊醒梦中之人。而你心灵的火把，也终于能照亮你走过的路及即将要走的路，还能照亮众生了。

10. 开悟应当明因缘

千年之前，佛陀的大弟子舍利弗在拜佛陀为师之前，听到有个沙门说到《阿含经》里的一个偈语："诸法因缘起，诸法因缘灭。吾师大沙门，常作如是说。"便马上证得了法眼净。

法眼净是什么呢？它是一种境界。经典中说过，所谓的法眼，便是以毫无个人立场的眼光观察世间一切，如明镜般地，将世上一切如实映照在自己心中，清楚其中的原因与必将导致的结果，也清楚众生的解脱缘分别是什么，并能分别对其作出相应教授，使之能够依法而获得解脱。可见，所谓法眼净，指的是一种洞察世情的智慧境界。

在以前的婆罗门教义里，没有舍利弗听到的这种说法。当时，古代印度盛行"邪因缘"与"无因缘"两种法执：前者认为梵天创造了世间一切；后者认为世间一切都是自然产生的，无须借助因缘，也无须借助造物主。《阿含经》中的偈语则传达了一种完全不同的讯息：它认为，世上的一切法、一切事物、一切现象，都是因缘聚合而生的。因缘聚，法就生了；因缘散，法就灭了。舍利弗一听到这种全新的说法，便明白它是真正的真理。于是，他就拜释迦牟尼佛为师。不久，他便证得了阿罗汉果。促使舍利弗走向觉悟的，正是“缘起性空”的真理。

前面我虽然讲过“缘起性空”，在这里我仍然想强调一下，因为在不同的修行阶段，可能会对“缘起性空”有着不一样的体悟。在资粮道、加行道和见道，对真理定然有着境界上的差异。“诸法因缘生，诸法因缘灭”，是说世间一切都是因缘和合的，没有因缘的聚合，就没有现象的诞生，因缘一旦解体，现象也会随之变化。真正明白了“因缘”二字，也就明白了什么是无常。

比如大家住的楼房，表面看来是实有的，但实质上，它是由各种因缘聚合而生的，因此它的“有”是一种“假有”，是一种条件聚合、并无不变本体的“有”。砖头、水泥、钢筋、人力、工程师的设计等等，各种因缘聚合，然后建起了这幢楼房。那么，楼房建好之后，是不是就变成实有的了？是不是就永恒不变了呢？不是。几十年之后，这栋楼房会变得残旧不堪，如果有人要在这个地方修新的建筑，这幢楼房就会被拆除，那么以前聚合的那些因缘就该解散了。因缘解体后，楼房的存在就会变成一种记忆，百十年后，人们也会忘记它。所以，楼房是无“我”的，是没有自性的，它没有永恒不变的本体。

那么，因缘是什么意思？因缘就是条件。我们举个例子，若是我们把眼、耳、鼻、舌、身、意这六根当成“因”，那么，六根所对应的色、声、香、味、触、法这六尘则是“缘”。当“因”碰到对应的“缘”时，它们就会共同作用产生“识”，即对外缘的解读，这些解读决定了我们如何面对和应对外部世界；而我们的态度和行为对他人来说，又是一种外缘，这种“外缘”与他们的“内因”结合，于是他们心中也会产生一种“识”，这种识又将影响他们的选择与态度……这是同一经历让一些人觉悟，又让另一些人更加迷惑、甚至堕落的原因。

所谓的因缘相续，就是说，我们每一种选择、每一个行为的后果，都是下一种选择、下一个行为的原因，所以说，因果的循环未曾有过一刻断裂，这也是世界的运作、世间的变化不曾停顿的原因。

当我们在定中观察诸种现象的时候，就会发现所有因缘都是相续的。也就是说，它们并不是消散后就永远消失了，而是会产生一种新的因缘。一种因缘的消散，往往是另一种因缘的开始。比如，露珠在阳光下蒸发了，变成水蒸汽升上天空，空中多了一缕润湿。无数的润湿遭遇了冷空气，或许又会成为云，恰逢适当的助缘，再变成雨，回到地上。

随着因缘的流转，有了时光的推移，有了记忆的更替。这种流转，像流水一样相续不断。孔子曾在河边叹息说，所有的时光都像流水一样，昼夜不停地流淌、消逝着。是的，一切事物、一切现象都如水泡一样，生的生，灭的灭。人类死掉一茬，生下一茬，生生死死，死死生生，就像是水面上的光波一样，闪烁不停。

除了听佛的讲法而证悟的阿罗汉外，还有一种独觉罗汉——也叫缘觉罗汉——不听佛讲法，他们也能证悟。他们之所以能无师自通，就是因为他们在观察世界时，发现了因缘的流转：春天叶绿了，秋天叶黄了，世上一切生生灭灭，幻化不停。他们观察现象而见道证道，不执著现象而证得涅槃，就叫独觉罗汉。

独觉罗汉所观察的世界，我们归纳为“十二因缘”。它指的是从缘起到缘灭的十二个环节：

第一是无明，即无知、愚昧，它是人受困于各种因缘的根本原因；

第二是行，即说了什么话、做了什么事、有了怎样的思维；

第三是识，即如何解读外缘，这跟一个人的心有关，是滋生行为的种子；

第四是名色，即与眼耳鼻舌身意无关的固有概念与观点等等；

第五是六入，即通过眼耳鼻舌身意这六根来获取外界信息，借以认知世界；

第六是触，即触觉，以及接触的瞬间所形成的感受；

第七是受，即承受、接受某种感受或者某种后果；

第八是爱，即贪恋、陶醉，甚至沉迷于一种感觉或情绪当中，不愿放手；

第九是取，即追逐欲望，索取更多；

第十是有，即拥有或存在，这是一种虚幻的“拥有”与“存在”，相当于和合作用的开始；

十一是生，即一种虚幻的出现、诞生、产生；

十二是老死，即构成事物、现象的因缘解体，事物、现象随之发生转变。

明白了这十二个环节，你就可以通过两种方式来观察因缘：

一、生观法：我们的无知导致了各种行为、语言和意识，这些东西会形成我们对世界的解读，久而久之，形成固有的概念与偏见，当你通过眼、耳、鼻、舌、身、意接触世界时，你就会在固有概念与偏见的影响下，对世界产生偏颇的认知。你的这些认知，又将影响你接触事物时的感觉，你贪恋这种感受的时候，就想保住它，甚至想索取更多，然后，你就会在这种欲望的推动下做出选择，选择将会产生一个结果，但结果产生的同时，又意味着它会随着以上因素的改变而改变。

二、灭观法：生观法所提及的整个过程，就像一条沾满汽油的棉线，当你点燃了棉线的源头——用智慧看破无明的时候，火焰就会一直蔓延下去，把整条棉线烧个精光，这时，你的心就从没完没了的轮回中解放了出来。所谓：“无明灭则行灭，行灭则识灭，识灭则名色灭，名色灭则六入灭，六入灭则触灭，触灭则受灭，受灭则爱灭，爱灭则取灭，取灭则有灭，有灭则生灭，生灭则老死灭。”

你一旦能用这样的眼光看待事物与现象，就会发现世间一切都不曾、也不能脱离缘起缘灭的规律，都会成、住、坏、空——大至一个星球的诞生、发展与灭亡，小至一段关系的开始、发展与结束——这样一来，你的所有迷惑都会随着一次又一次的观察、一次又一次的了悟而慢慢被破除。

不过，世上有一种存在，又是超越了因缘、不随因缘生灭的，那就是无为之法。大手印的空性光明便是无为之法，故而无坏无灭。凡属随缘生灭者，皆为有为之法，是必有坏灭、必会离散的。而解脱的秘诀，也正是藏在这看似消极的规律之中。

11. 开悟就明白“即心即佛”？

在香巴噶举的传统教法中，成就有多种：一种是出世间的究竟成就，一种是世间成就。世间成就包括增益法成就、息灾法成就、敬爱法成就、诛杀法成就，此外还有八种成就等等，它们是世间成就。这时行者还没有证得空性。究竟成就，只有在证得空性后才可能达成。

现在，好多人都不知道修行是为了什么，也不知道修行要达到什么目的，他们的修行总是在原地踏步，大多就是这个原因。其实，不管是参话头也罢，修大手印也罢，都是为了消除执著，融入法界光明。

在八十四大成就者中，有人听狼的声音能证得大成就，有人扫地能证得大成就，有人弹琴能证得大成就，有人吃鱼肠也能证得大成就。因为对他们来说，方法已经不再重要，他们清楚地知道，他们所做的一切，都是为了见到光明，逐步接近光明，证得光明，最后融入光明。无论用哪种方法，走的是什么样的路，其修行的终极目的都是这个。

那时,你就会发现所有的业障都归于空性,因果也像梦幻一样,归于空性。虽然在显现上可能还有因果，比如获得究竟解脱的大成就者还是会生病，也会受报，但因果的体性也无自性，所以说它也是幻化的，也是缘起性空的。

欲界、色界、无色界都在心中，没有什么可出可不出，没有什么分别心。菩提与觉悟我也无所求了，因为我已经得到了。佛、人和非人，一切众生的性相都是平等的。这时候出现了“一味”，因为佛也罢，人也罢，非人也罢，他们都为一体，是平等的。你不会因为看到佛而欣喜，也不会因为看到非人而逃离。众生是佛，佛是众生，再也不会认为人、佛陀、非人在性相上有什么区别。

当我们安住明空本元心时，任何的思维、思虑、分别都不执著了。本元心就是大道，不分别它，不思虑它，不执著它，不分析它。安住于本元心，却又不执著这种安住。沿着这条光明大道前进，你才能迎来究竟的自由。

要是我能安住明空之心,看到实相,这时我和佛是无二无别的,没有比佛多一点,也没有比佛少一点。我就是佛,佛就是我。这时候,才谈得上“即心即佛”。

所以，并不是说一个凡夫的心就是佛。只有证得本元心之后的那个心才是佛，佛才是心。没有证得本元心，充满了欲望与妄念的心，仍是凡夫之心。

“即心即佛，非心非佛。”这个心叫做平常心，而平常心就是道。有执著的那颗心不是平常心，懒散、散乱、糊涂的心也不叫平常心，只是凡夫之妄心。遇到挫折时，人们常说的“要以平常心对待”，指的也是无分别的本元心。你看，智慧之光早已零星散落在每个生活细节之中，你要做的，就是专注于当下，静心体会。不要盲目狂热地崇拜心外的所谓神佛。

我们要明白，这世上，拯救自己的，永远是自己的明白和觉醒。不要把解脱的希望、改变命运的希望建立在别人的身上。在升华灵魂这条路上，你必须独行，因为死亡一旦来临，除了你自身的信仰和明白，没有任何存在能帮助你，包括深爱你的子女、父母、亲友。所以，放下万物，明明白白地活在当下吧。因为一切都在飞快地流逝。生命不会给你太多的时间，不要犹豫，不要怀疑，像飞鸟那样冲上天空，你要相信自己，相信佛性众生本具，相信掌握方法、精进苦修，必能战胜自己，必能解脱成佛。

12、放下今生所有的执著

虽然契入见道之后，你已经明白了本元心，但你可能还会执著一种"空"的状态，没有离开对空性及空性之境的执著。你可能还会贪恋"空"的感觉。你对自己看不上的人，还会不由自主地感到厌烦；对自己欣赏的人，也会更加宽容和偏爱。但是，这些东西你必须扫除。盲目贪恋有相之佛者，最后必因此贪恋而堕入轮回。

佛教中有个故事：某个和尚，苦修净土。某日，看到阿弥陀佛托着莲台来接他。他正要往那莲花里跳，他的上师一把拉住了他，并将一个金刚杵投入莲花中。当夜，寺院里的一头母牛生产了，生下的正是那个金刚杵。要是那位僧人当时贪恋莲台而跳入其中的话，他就会堕入牛胎。

这个故事很有意义，它告诉我们：任何贪恋执著都会使你堕落，无论你贪恋所谓的善还是所谓的恶。因为你眼中的善恶，也是由你的喜恶来界定的。许多时候，你认为善的，可能恰恰是恶。所以，真正的修行人修到后来是佛来也杀，魔来也杀，破除一切执著。

不能破除一切执著的话，你就会生起一种分别心：看不起不

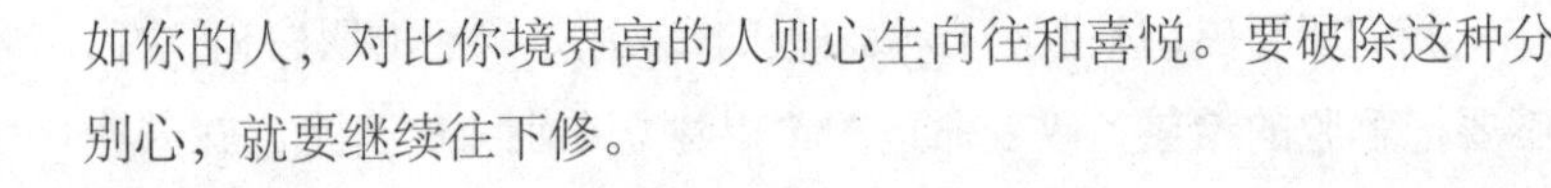

如你的人，对比你境界高的人则心生向往和喜悦。要破除这种分别心，就要继续往下修。

这时候，你一定要把那种虚幻的感觉打破，而不是执著它。以前你执著实有的感觉，认假为真，苦恼地追求一些不会永恒存在的东西，比如房子、车子、财富等，患得患失，每天都过得不快乐。现在你又执著这种虚幻的感觉。其实，无论是执著于虚幻还是实有，都是执著，有执著必无解脱，所以要把它们都打破。

当你有诸法如梦幻的感觉时，也要把它扫掉。把外部世界、情器世界、自己的开悟，以及明白的感觉都扫掉，不要执著它。因为它们又会变成另一种妄念，束缚你的心。这时，不执著如梦如幻的感觉，也不执著你证得的那个东西，得到它而不执著它，就是《金刚经》所说的:“阿那含能作是念,我得阿那含果不？”“阿罗汉不作是念，我得阿罗汉果。”《金刚经》说得非常清楚：“即非阿罗汉，是名阿罗汉。”因为当你执著自己证得阿罗汉果时，实质上并没有得到。当你得到某种东西,并执著它时,就会害怕失去它,这时，你认为得到的东西就会反过来把你捆住了，所以说要把得到的东西也扫掉。

同样，你如果执著空的见地，它同样会把你捆住；当你执著开悟的感觉时，这种感觉也会把你捆住。无论是证到的，还是明白的，都要把它洗净，都不要去执著它。当你的心里不再有执著的时候，心才会变得自由。正如扫清覆盖在宝珠上的灰尘，宝珠才能放出光明。这里的“灰尘”，指的就是你的执著。

当你把剩余的东西全部扫掉之后,得到的便是空性。在此之后，你便不再执著虚幻的外部世界，心中也无任何执著。于是，轮回不怕了，涅槃不希望了，解脱也不追求了，堕落的行为不再有了，贪婪的心也消散了。无论是否增加了钱财、功德，还是会损失这个、那个，都不再介意了。因为这样的分别心已经没有了。世界上的一切幻相，都已经无法干扰你的心了。这时才算是真正地见到空性，真正地进入见道。

13. 什么是真正的见性?

无记和见性有什么外现上的区别呢？无记的时候，你不知道身边在发生什么事，有人跟你说话，你也是浑然不知，有人用力拍你，你还会吓一跳；见性的时候，你知道身边在发生什么事，也听得见身边所有的声音，但这一切都不能影响你“不取于相，如如不动”的境界。

每个人明心见性的因缘都不同。有人修行时可以见道，有人做自己喜欢的事情做到非常陶醉，物我两忘，心中充满了快乐，像天空一样明净自由时，只要有具缘的善知识开示，他就有可能契入本觉。因为，那时他没有任何杂念，没有任何分别，心灵达到了极致的自由宁静。这时，遇到胜缘，他就有可能见到真心。

为什么有些人的无念会是无记呢？因为他缺了明，处于无意识状态，没有正念。这时，善知识就会说：注意，听远处的那声鸟鸣。善知识之所以让你听鸟鸣，不是希望你知道远处有小鸟在叫，而是要你感受听时生起的那份警觉。假如你能体会到这一点，就远离了无记。这当然还不是见性，仅仅是一种入道的方便。真正的见性，除了理上的明白，身体也会发生一种变化，在密乘中，会有一种“气入中脉”的要求。

任何作意的觉受都不是真正的见性。真正的见性不是发明，而是发现。那是你自己本有的智慧，只是这种智慧需要发现，需要我们花功夫去发掘。正如清儒李二曲说，有功夫才有本体，有真功夫才有真本体。就是说，在未有生活历炼之前，本体只是一个想象中的可能性。到有功夫后，本体才会渐渐展开，愈有功夫则本体愈明。因为你在生活中验证了。你能用它对治生活中生起的一切烦恼，能做到无我无分别了。这时，真理在你心中也就明

明朗朗，不再是一种神秘而殊胜的、令你心醉神迷的觉受了。这才是智慧真正的意义。

但这时还只是开悟，不是证悟。证是生命中体验并认证空性，认证到光明大手印的胜义光明，也就是一种远离任何知识、执著、分别的最究竟的空性。

如何认证？你在无波无纹的本觉中，心如虚空，明朗如镜，遍照万物而如如不动时，还有那份警觉存在。安住在这样一种状态里，就有可能见性。任何时候都要安住在这种朗照万物、心如虚空的状态，这个东西永远不变。你可以用那份警觉应世，随缘示相：写作的时候，用那份警觉观照你写作，就会喷出一种心灵中的、自性中的东西，无须去想，笔下自然有字；绘画的时候，用那份警觉观照你的绘画，就可能有神来之笔……所以，那份警觉永远也不要丢失，不要陷入无记和昏沉。

需要说明的是，我上面说的那种光明，只会出现在有清净传承和成就上师的修行者生命之中。也许，在清净的有成就上师的传承中，会有一种类似于电流般的加持力存在，能让你这个合格灯泡发出光明。这是我的一种体验。在见到上师之前，我也能入定，但它更多的是一种作意；见到上师之后，我不执著入定，也能安住空性了。那是一种神秘的体验，就像沐浴在暖阳之下，不用作意，也会感受到太阳的温暖。所以，对于一个修行者来说，传承和成就上师高于一切。单纯地读书虽有意义，但只能得到有限的利益。若是想成就，必须进入清净的传承系统，必须净信成就上师。

我在见到上师之后，妄心就消失了，没有任何杂念，只有一份明白、快乐、光明，没有时间、空间，没有一切的分别心。空中有明，明中有空，明空不二，警觉放松。永远处于真空察妙有的状态，然后用警觉的那份明，去观照世界。做事的时候进入那种状态，用“明”去聆听；吃饭的时候进入空明中，用那份警觉专注于味觉；烦恼生起的时候，进入明空之后，慢慢地观察烦恼，烦恼是经不住观察的，一观察就没有了。不过，真正的明空是子母光明会后的明空，那时节，智慧气进入中脉，又进入了不坏明点，本体光明完全显发，空成就法身，明成就报身，空明的种种显现成就化身。

在香巴噶举的说法中，将禅宗追求的明心见性称为实相大手印，将经生圆二次第的引生空乐智慧的大手印称为和合大手印，将子母光明会后的大手印称为光明大手印。虽然，在有时的修行中，三者有递进关系，但在我的实践中，三者并列的成分居多。因为我自己，就是先契入光明大手印，而后又实践了另外两种的。当然，我的实践，主要是出于传承教法的原因。我想把那路再走一遍，虽然花了十多年时间，但我终于窥到了全貌。

14. 用通达：世界是调心的道具

见道之后，你便拥有了两种智慧：一种是无分别智，这是出世间智慧，在这种智慧光明的观照下，你会发现外部世界是虚幻无常的，对境生起的所有意识及觉受也是虚幻无常的，这种智慧是所有智慧的根本，也叫根本智，它是一种不执著于外相、透过现象看本质的智慧，也叫空性智慧。但是，当你需要认知世界、回应世界时，就必须倚仗另一种智慧，它叫后得智，是一种妙观察的智慧，在这种智慧的观照下，你便能从外相上认知事物，并对世界作出恰当的反应，这种智慧是真心的妙用。

我说的用通达，是根本智和后得智的妙用。真心明世上万相是虚妄存在，都归于空性。后得智是真心的妙用，是六根与六境和合的产物，在它的帮助下，我们就能迅速从相上认知事物。不过，这认知，必须建立在真心基础上，因为只有认知了真心，你才能获得无分别的智慧，这种智慧让你能客观平和地看待事物，不会被个人偏见、欲念等东西所影响和蒙骗。

真心一旦生起妙用，真心的本体又不动不摇时，你便能对诸相了然于心，同时不生分别心。这时，你才真正变得达观，不再狭隘，也不会只懂一种法，就去批判别人。现在，好多人老是吵架，就是因为观点与立场不同，比如修净土的骂密宗，修密宗的骂显宗，这些都是不如法的。真正的修行人应该坦然接受不同的观点、理念和方法，你可以不选择它们，但你不应该抨击和反对它们。因为法法皆清明，法法皆圆融。八万四千法门，必然有各自的用处，只不过有些人暂时不对机。

所以，我们在生活中，不但要保任空性，也必须生起觉性，否则就会像石头一样，无法理解和分辨很多事情，更无法正确地处理很多事情。

见性之后，我们必须在事中实践。不懂理，你便如盲人骑瞎马，夜半临深池，容易迷路且十分危险；没有事，就无法验证你的觉悟，也无法验证真理是不是改变了你的心。所以，即使理上明白了，还要在事上用功，最后做到理事无碍、事事无碍。理上的明白，就是知道一切都会过去，你留不住；事上的明白，就是行为的放下和利众。

要知道，理是为事服务的，事就是行为。很多时候，说一句不如做一事，说得行不得，等于无信仰，做才是得到。所以，我在乎别人的见地，更在乎他们的行履。但前面说到的那些狂慧者、口头禅，恰好就是语言上的巨人、行动上的矮子，他们控制不了自己的心。他们的悟，就像墙上的画饼，充不了饥；也像纸上的火炬，点不亮别人。能迷的悟，不是真悟。真悟必须以人格为基础，以信心为资粮，以上师为依怙，以智慧为明灯，以戒律为根本。那些自以为悟的人，其实并没有悟。更有甚者，一些人自称的“悟”，仅仅是骗人时的一个理由而已。最简单的标准，就是世上的悟者都有道德底线。

一个人想要改变命运，只有心灵依怙还不够，还要激活自己内心的力量，让自己的灵魂成长。如果只是向外找自由、快乐和幸福，你定然会失望的。因为，物质世界是无常的，观点、念头、情绪、欲望等，都是无常的。除了一颗明明朗朗、湛然空寂的真心，什么都在不断变化着。这真心中，也藏着一切答案。善知识既代表了你的真心、你认可的真理，也代表了你修行的方向，只要你有清晰的向往和目标，有了真正的善知识，有了努力追求的行为，你就会成长。所以，时刻都要提醒自己，要以自己的真心为明灯，要以自己的真心为依靠，不要依靠外物。要以真理为依靠，不要依靠其他无常之物。只有以真理、真心和佛法为依托时，你才会有真正的皈依。此外，世上找不到真正能永恒依托之物。要安住真心，精进行持，你才有可能到达安乐之彼岸。

见道之后，你就会发现，心也罢，空也罢，都为一体，世界和心也为一体，开悟者自身已圆满俱足佛的三身，他就是佛，佛就是他，他就是法界，法界就是他。他的心性中俱足了佛教的八万四千法门。像恒河沙那么多的功德，也是由心生起的。戒也罢，慧也罢，定也罢，都在本元心中俱足了，安住真心就自然圆满了戒定慧。真正的解脱必须破除所有执著，有一丝执著，就无法解脱。

第四章　修道：走向光明

1. 说说宗教体验

宗教体验贯穿于五级证道中，不同的阶段，有不同的宗教体验。宗教有四个要素：除了宗教哲学外，还有宗教行为、宗教体验和宗教组织。这四条中，缺了任何一种要素，就不是宗教了。

以是故，在由四川省统战部、宗教局、藏传佛教研究会举办的第一届藏传佛教论坛中，我将香巴噶举称为学派，而不是教派。其理由，就是因为它没有宗教组织。目前，国内对于它的研究和弘扬，更多的是在哲学和文化层面，我视其为中国传统文化的重要组成部分。虽然我进行过漫长的生命实践，但这种实践，是东方哲学的特点决定的。

东方哲学的特点，就是用生命实践自己信仰的东西，像孔子、老子、庄子、墨子、王阳明、曾国藩等等，他们既是学者，又是行者，无不是这样。

近些年，很多学者说我是西部文化的集大成者，事实上不是这样。我经常说，不要把我归于一个小小的教派，或者大大的佛教，或是多多的宗教。不是这样的，我不是教徒。我是一个信仰者，我信仰人类的至善，在我的眼中没有什么教派局限，没有什么民族局限，所有人类非常优秀的东西都是我的营养。我不需要枷锁，不需要捆住心灵的绳索。我要打碎所有的桎梏、所有的局限、所有的控制心灵的因素，当一个好作家。

我之所以多宣传香巴噶举，只是因为它被历史埋没了，需要一个声音大而且懂它的人说几句话。对于它，我是在挖掘、研究、实践一种优秀文化，这是一种文化意义上的继承和抢救。所以，千万不要把我归于哪个教派，也不要归于哪个宗教。除佛教经典外，我还系统研究过道家经典、儒家经典，以及从苏格拉底起一直到海德格尔时代的很多哲学经典，也研究了世界上其他宗教的很多经典。至于文学经典和其他大文化经典，更是我一生的最爱。我所汲纳的文化营养，是人类和世界文化，而不仅仅是哪个教派的文化。我的文化格局，真的是海纳百川的。

《宗教学原理》称："宗教是上层建筑的一部分，是一种特殊的社会意识形态。"宗教滋润的，是人的灵魂。在灵魂层面，体验是最为重要的。当一个人没有宗教体验时，他懂得的宗教仅仅停留在知识层面，并没有成为智慧。这时，宗教体验就不会磁化他的人生。反过来讲，当一个人有了宗教体验时，那种体验就会磁化他的人生，就会让他的心灵和身体都获得大益。

宗教体验和迷信行为有着本质的区别：前者的体验既符合宗教教义和观念，是宗教行为的产物，又反作用于宗教行为，最终将那体验反映在宗教行为上。它既有修炼者的个性特征，又有宗教教派的共性特征。而后者，仅仅是迷信思维或臆想等的产物。简言之，前者是宗教修炼证量的标志，后者则是愚痴和迷信的产物。

美国哲学家詹姆斯认为，人一旦有了宗教体验——也即个人宗教——便能彻底"极化"或"磁化"人生，使他把握事物的本原和存在的意义。因此，宗教体验是"对人之本体的想象"，它可以唤起信仰，确证信念，是宗教最本质的东西。几乎所有宗教的创教者都先有"个人宗教"，然后，其创立的教派才形成"制度宗教"。

当一个人没有宗教体验的时候，他所懂得的宗教就只停留在知识层次，并没有成为智慧。当宗教停留在知识层次时，宗教体验就不会磁化他的人生。只有吃到了苹果，你才能汲取苹果的营养，仅仅是研究苹果，或是谈一些苹果知识，收益是很有限的。

当一个人真的品尝过智慧后，他的信仰就可能很坚定。修行中出现的很多能量，神通也罢，上师的加持也罢，都是源自信心的。如果一个人没有信心，他就不会得到上师的加持，更不可能得到究竟的智慧解脱。

2. 本觉是发现非发明

在大手印的体系中，找到真心并能安住才是子光明。证得光明大手印，是修成的子光明和本体的母光明融为一体后的产物。

修道的过程，就是保任真心的过程，是发现光明之后，走向光明的过程，等到有一天你融入光明、化为光明后，你就是证果。

修道的过程同样是为了安住自己本有的觉性。这觉性不是外来的，是众生本有的。

以前讲过的真如、明空、真心等都属于本觉。本觉是很难描述的。佛说："不可说，不可说，一说就错。"老子说："道可道，非常道。"因为一入概念，就不是本觉了。本觉是本来如此，不是你观想出来的。要是你陷入概念和观想，就不是本觉了。你要想真正明白本觉，就必须找到真正的善知识，请他为你开示心性。

要知道，所有的觉受都是有为法，是无常的。再者，觉受并不是我们修行的目的，通过修行获得出世间智慧，从而得到究竟解脱，这才是我们的目的，再好的觉受也是虚幻无常的，而真正的光明大手印则是无为法。

证得光明大手印也是证得本觉，而且那明空智慧中，必须同时具备佛的五种智慧（法界体性智、大圆镜智、妙观察智、成所作智和平等性智），这才算是真正的明空。五智融合，明空不分，三身俱足，才是真正的大手印。大手印的本觉不是观想出来的，不是有为法。它不是发明，而是发现。它虽然有身体的觉受相伴，但更主要的是智慧的觉醒。那种不谈智慧而只讲感觉的荒唐开示，只会贻误世人。让我们担忧的是，时下许多所谓的密乘上师，却老是拿那种虚幻无常的感觉来代替真正的智慧感悟。

在悟明空之心后的修行上，宁玛派和噶举派有分歧。两派皆承认，空是心体，明是心用，明是气分的化现，故明空之中，本俱法报化三身。二者的分歧在于：宁玛派认为，悟明空之心后，法尔本然，无须苦修，只要保任，三身自显，无须别修报化；噶举派却认为明空之心虽本俱三身，但那明空之悟有高低之分，低层的开悟，不易显发佛之三身五智。若以密乘的方便，则易破除障碍，即身成佛。修习奶格六法及大手印等法门，就能将本元心转成大乐体性的本元身，化粗身为最细身，身心合一，现证三身。

宁玛噶举两派的说法皆有道理。契入明空之后，明法尔本然，宁玛说的保任过程，便是噶举派说的修。若是能恒久地保任，便是恒久地修，若是不能保任，便是修的中断。若是不能保证恒久地保任，永不退转，或是悟到的，不是真正的明空，而是想当然的所谓明空，那么就要像噶举派提倡的那样，借助诸多方便法门来修了。时下，有许多自己还没有真正开悟的所谓上师，却想教导别人开悟，老是谈“本觉”“空性”，狂慧多而无实证，这样，越发显出噶举教法之难得了。

在《密勒日巴道歌集》中，密勒尊者对冈波巴大师说：“心中莫要不适，且把你的心识松之又松，宽坦而住！不要陷入到妄念和我执的罗网中去了！怀疑的死结让它自己去解开吧。你应斩断二执绊结之极微细处；钻破并粉碎那极细微坚固的根本习气！莫要东想西想思念太多，应该松松地将心置于宽坦不整治的本然上。”这段话就是对“本觉”最形象的阐释。

3. 无分别智的修炼

那么，我们该如何破除妄执呢？首先要学会观因缘。

当我们契入见道之后，就要像独觉罗汉那样，安住在真心之中，不断观察变化的世界，不要专注于自己的得失，在不断的观察中，你就会逐渐明白，并接受“缘起性空”的真理：不管你是否愿意，当旧因缘离散、新因缘聚合时，世界必然会发生改变。世界的变幻无常，会让你对一切都感到越来越淡然。对金钱也好，名利也好，其他的一切得失都好，甚至对自己的生命，你也渐渐不去在乎了。这种不在乎，并不是束手就擒，而是不强求也不执著的智慧。在这种智慧的观照下，你会认真专注地生活，但不强求结果，也不强求某一状态的永远留驻。这时,你便可安住法性当中,随缘任运,宠辱不惊。

那么,什么是法性?法性就是世界的真正面目,它不会随着因缘的生灭而改变,它就是真如、真心、实相。它是世间唯一的永恒。而所谓的以智慧改变生命,就是认知法性、保任法性,然后慢慢融入法性。当法性即是你、你即是法性的时候,你的生命状态也就自然改变了。

当你有了明空智慧,时时可以警觉时,就要安住于那种明空状态。做任何事时,眼耳鼻舌身意都要关注当下的行为。这就是大手印的修行。明白之后,要把所有生命活动都变成调心的方式。当你觉得世上一切都是本尊、诸佛菩萨的化现,你时时都不离明空时,你就进入了真正的修行。你要安住空性,生起一份聆听,但你听的不是具体的声音,而是一种警觉状态。换句话说,是要品味那法味,感受那快乐及安详。这里的快乐不是俗乐,而是在明白和破执的前提下,高高兴兴地面对世界,高高兴兴地与世界达成一味。如果做到这些,你就没有了分别心,佛来一样,魔来也一样。

就是说,对待父亲、对待乞丐、对待诸佛、对待榆木脑袋、对待绝丑之人,甚至对待坏人,你都是一样的,都不离明空,用你全部的生命去感受他,享受你们的相遇,享受相遇时发生的一切。在大手印行者眼中,任何人、任何事都是调心的道具。比如,喝茶时,你要仔细体悟其中的茶味,同时把自己的生命融入茶味,然后让你的舌头变得像天体“黑洞”那样,消解贪婪、仇恨、愚昧。不要觉得自己不是在修行,事实上,这才是最好的修。因为,修行的本意就是专注、破执。专注为定,破执为慧,有定有慧便是定慧双修;明空的明为慧,空为定,明空合二为一,则为定慧双修。智慧和慈悲也一样,都要融为一体。当你融入明空状态,像做梦一样面对多变的世界时,你做任何事都不会执著。你还要觉得自己在为佛菩萨做事，心要非常坦然，就如同冬天里坦然地晒着温暖的阳光，但同时，要把一切执著都消解掉、破除掉。任何时候都要做到不执著于修，也不懊恼于不修。你要明白，只有这种智慧是自己的，只有心灵的清凉、明白、快乐、宁静是自己的，其他的一切，都会很快过去。有形之物，必然有聚有散，但无形的精神和灵魂，却可以因为出世间意义上的相契和相融，而实现永恒。

所以，你不用管什么时候是入定、什么时候是出定。入定也罢，出定也罢，都应该守住真心而无纵无擒。当你守住真心的时候就是常定，当你离开真心的时候就是散乱。无论是座上守住真心，还是座下守住真心都属于常定。无论你座上散乱，还是座下散乱都不叫常定。有些修行之人在关房里妄念纷飞，千般计较，百般牵挂，这不叫闭关，更不可能得定。打坐的目的，是为了让你守住真心；不是为了让你牵挂，而是为了让你放下，能安住于当下，了无牵挂，快乐无忧。

无论是座下还是座上，无论是有座还是没座，都要安住于无分别智。不要执著任何东西，不要对任何东西有分别心。没什么漂不漂亮，也不要觉得这个好那个坏，而是要安住于真心状态。就好像镜子会照出整个世界，可对于镜子而言，并没有好与坏，也没有美与丑，更不会因为遇到美就哈哈大笑，遇到丑就皱起眉头，也不会因为看到火就觉得自己要融化了，看到水就害怕自己要淹死。心要像镜子一样，不管万物是来是去，你都只是明明朗朗地做个妙观者。

4. 如何对治分别心？

见道之后，虽然我们明明白白地知道了真心，但分别心还是会时时地占据我们的智慧领地。这时候，我们的修行重点，还是要对治分别心。

什么是分别心？概念比较之心就是分别心。我们几乎所有的智慧修炼，都是在对治分别心，以及分别心的眷属，也就是贪婪、仇恨、愚痴、傲慢、怀疑。这些罪恶的种子撒在黑暗的角落里，不断被世间八风和妄念滋养着，于是，人间就出现了各种纷争，比如那些战争、屠杀、堕落、罪恶……六道轮回便出现了。

那么如何对治分别心呢？

第一是暗示法。你要安住真心，一发现有分别心生起，就暗示自己:这是分别心，分别心是修道最大的障碍，是不可以生起的。你安住在湛然之境中，观察那生起的分别心。当你观察它、思维它，暗示自己不该生起它的时候，分别心便会像艳阳下的霜花儿那样消失了。因为，无论什么样的分别心，它的本质都是无常的，是归于空性的。当你用真心智慧观照它时，就会发现它是了不可得的。

你就在这样的真心定境之中，不要动摇。身不动摇，心也别动摇。你要不思过去，不念未来，安住于当下，不要患得患失，不要将世俗的痕迹留在心中。对任何事物，也不要起分别之想，不要有任何希望，也不要有任何怀疑，更不要有任何欲望。这种状态不是昏沉，也不是无记，不是什么都没有。你不要堕入顽空，那种冷水泡石头似的顽空是没有意义的。真正的正定不是昏迷，不是冬眠，不是无记无念的顽空。你系念于此，不动不摇，但同时，你又要生起另一种智慧，来观察你自己是否如法，是否昏沉，是否散乱，是不是有了杂念，你的心是不是开始摇动。你的观察之心要像空中发现猎物的鹰隼一样，心的每一个变化都不要放过。你要跟踪它，监督它，观照它。

不过，你要注意那观察的度，就是说，你的观察之眼不要过于强势，不要伤害你那止寂的心。当你的观察之眼过于强势时，你的止寂之心就可能动摇。二者的关系很是微妙，过犹不及。就像我们之前说过的，它很像弦乐器上的那根弦，太紧了，有可能断；

过松了，却弹不出音。你要时时提起那智慧观照的正念。什么正念？明白世上一切都如梦幻泡影，虚幻无常，分分秒秒地改变着，你无须执著。

当然，相对于止，那观也是分别心的一种，它们是两个对立的概念，但刚开始禅修时，不能没有这个分别心，就像你在真正证悟之前，不能不给自己树立一个善恶的标准一样。因为，这便是人们所说的正念，它像看家护院的镖师一样，为的是防止盗贼的进入。你要善于动用这个真心正念，用它来消灭其他的不速之客，出现一个，消灭一个，久久成习，那些纷纷而至的细分别心就渐渐少了。跟咆哮的大海终究会平息一样,你的妄念会越来越少，最后，你的自心以及它对外部世界的观照就融为一体，达到了止观双运，你就会观中有止，止中有观，亦观亦止，亦止亦观。最后，你就连那正念也不再执著了。

还有一种对治分别心的办法，可称之为杀贼法。意思是将所有分别心和杂念都当成贼，你不用去观察，也不用去分析，它一出现在你的心中，你只管一棒打杀了它。这里的打杀，是指提起正念，安住真心。用那真心之棒去杀那烦恼之贼。只要发现它一出现，你就提起正念，将那专注力维系在你的所缘境上。什么是所缘境？就是你修行时的关注对象，或是佛像，或是咒子，或是佛号。你只管念佛，或是持咒，那么，杂念就自然而然地没了。我们不去管它是怎样的分别心，也别去管它该不该生起，我只要主动地系念于所缘境，分别心自息。说白了，就是不要想太多。

用这种方法对治分别心的时候，你也一定要放松。要是你紧张的话，你的观照力就会过强，反而会破坏和影响了止。这就叫喧宾夺主。要记住，观是为了更好地止，止是主导，观为辅助。要是你没有分别心和杂念，就把那观变成一丝警觉，千万不要过度。当你的心过于紧张时，观的力量就会过强，你就会丢弃你最核心的观修目的。

因此，你一定要放松。你一定见过弹琴，那琴弦不可太紧，太紧则易断，你的紧张就是那琴弦太紧了。你一定要放松，但你的放松也要有度，你千万不要放松到懈怠和懒散的地步，琴弦太松时，琴师也是弹不出调的。你一定要做到松中有紧，紧中有松，松紧适度。那情形，很像你握了一只麻雀，握得过紧，就会捏死它；握得过松，它又会脱手飞走。你要在那种松紧适度的状态下安住于正念，深入禅定。

还有一种说法是，正因为我们的心被各种分别心捆缚着，才得不到解脱，而解脱的字面意思，就是要从束缚中解放出来，所以，这种说法提倡一定要放松，说是只要做到真正的放松，再放松，而不离警觉，你就会得到禅定。

在这种状态下，你再观察那分别心的本质，就会发现它跟世上任何一种事物一样，是没有自性的，是无常的，不是实有的。当你明白了这一点时，那分别心就会消于无际。你就这样一次次观察、一次次消解生起的分别心。你甚至不用着意去对治，它只要生起，你就观察其自性，你就会在发现它了不可得后进入禅定。这便是般若波罗蜜的修法。那情形，很像渔家船上的鱼鹰。真心为船，鱼鹰为分别心。船入海之后，那鱼鹰虽然也会时时飞起，但它们飞呀飞呀，无论飞多高、无论飞多远，终究还是会落回船上。同样道理，我们只管专注于真心正念，任那鱼鹰一样的去飞，只要我们明白那分别心的本质，不去执著，那么所有的分别心便早晚会消融于真心之中。毕竟，无论怎样的分别心，究其实质，也是水中月、镜中花，觅其实质，是了不可得的。

你只要这样修持，久而久之，就会进入一种全新的境界。你会感到无云晴空般的光明与朗然空寂，不再有任何障碍，智慧也会像虚空一样无边无际。你不再执著于自我，更不会为世上万物所迷惑。但你不要执著于此，虽然你也能安住于这种境界，但你一定要记住，这仅仅是第一步，距离终极解脱的究竟境界还很遥远，你还有漫长的路要走。

5. 筑起戒律之墙

明心见性之后，同样要尽可能远离心灵的污染源，要依托智慧之光，清除心灵上的污垢。污垢包括两种：一种是心灵上的烦恼污垢和习气污垢；第二种就是恶友污垢。修离垢地的时候，要慢慢地远离各种烦恼和习气，对治它，还要远离恶友。这时，你必须建起戒律之墙，一般要闭关，禅宗中说不破初关不闭关。破了初关，就有了闭关资格。精进是修道的保证，没有精进，便不可能有成功。

为什么一定要闭关呢？因为闭关容易成就，因为别人污染不了你。你心灵的蜡烛虽已点燃，但是容易被风（邪风、邪见，即诱惑你远离真理的一些思想）吹灭，所以这时一般要闭关。不过，实在不能闭关也不要紧，你可以一直观想本尊，持着咒子进入那种状态，时刻保持警觉，不要被外境所迷惑。这时候，一方面远离自己的习气和烦恼的污垢，一方面要远离恶友，不要让邪风把你心中的蜡烛吹灭。因为，人是欲望的动物，要是你没有智慧的抉择和定力，恶友会轻易激活你的欲望，帮你放出你心中的恶魔，毁了你的信根和道业。

人说近朱者赤，近墨者黑，信然。有时，有的人会有意无意地给你灌输一些不正确的观念和不好的思想。你就会因此觉得痛苦，而且它还会给修行带来一种障碍。我们将这种传播邪见者称为恶友。恶友会用他的那种谬论来影响你的心，甚至让你产生一种邪见，这属于修行中的一种障碍。

所谓的恶友，就是增加你的贪婪、仇恨、愚昧的那种人，而不是世俗所说的不吉祥者。有时，世俗认为的不吉祥者，也许正好是我们的善知识。如天主教宗教裁判所烧死的那些“魔”，其实是伟大的有益于人类的科学家。我们所说的恶友，是指那些让你增加贪婪、仇恨和愚昧的人。

比如一个人对你说："人活着就要赌博，挣了大钱，就可以住高楼大厦，就可以拥有美女。"当他的这些话激起了你极大的贪心，让你变得愈加贪婪，从此挣了百万想千万，这个人就是恶友，因为他增加了你贪婪的欲望。还有一个人对你说："某某某特别的坏，他天天都在我面前说你的坏话。"于是，你便因此而记恨他说的"某某某"，那么这个人也是恶友，因为他增加了你的仇恨。更有一个人，也许会给你带来愚痴。他对你说："修大手印没有用，你要像狗撒尿那样把一只脚立在墙上整天站立，才可以得到解脱，死后才能上天堂。"于是，你真的放弃了大手印，每天都像狗一样傻傻地站在那里。他增加了你的愚痴，让你远离了正法而去实践那些莫名其妙的东西，这也是恶友。

不过，等真正成就的时候，你眼中也就没有了二者的区别，因为别人的言语或行为已不再能影响你的心，再者也没有了二元对立。那时，就是一片光明，达到大圆满了。就是明白本觉之后，当下就是圆满，我就是佛陀，三身五智俱足，快乐无忧，觉醒于当下，明白于当下。

一般情况下来说，安住当下，不离明空，就会万事随缘。

比如，你早上能早起最好，晚上早一点睡，睡下的时候也要进入那种明空状态。这时，你如果需要一个所缘境的话，就专修拙火；如果你不想有所缘境的话就进入那种状态，能睡着就睡着，睡不着就躺在床上，进入"大手印摊尸定"。"大手印摊尸定"就是像尸体一样非常放松地躺在床上。如果一直有杂念的话，如果你对奶格玛有信心，你就开始祈请奶格玛，只诵"奶格玛千诺"就行了，不需要诵别的，祈请她加持你。你一直保任这个状态。睡不着的话你就正好修行，修大手印。这是过去老祖宗常用的一种方法，或许能解除当代人的焦虑啥的。

当你能进入大手印的定慧之境后，一切行为都是大手印的妙用。当你明白这一点，坚信这一点，并如此去做的时候，就超越了许多修行的概念。你不一定专修，你只要在日常生活当中，时刻忆持那份明空，体会那份明空，提起那个正念，应用那个观察，你就是在修行，而且是最好的修行，这就是大手印。

6. 不离红尘也可闭关

有段时间，闭关成了时髦词。老听这个说闭关，那个也说闭关，仿佛闭关成了时尚。如果这只是一种说法，代表你拒绝外缘，专做一事，也无可厚非。如果你说的是宗教意义上的闭关，可就要慎重了。因为，古人不提倡胡乱闭关。

宗教意义上的闭关，必须具备两个条件：一是有开悟的善知识护关；二是有正见或明心见性，两者得其一，才能闭关。否则，闭关意义不大，许多修行人不明心性却死命闭关，甚至有可能导致严重后果：有些人认假成真、执幻为实，结果走火入魔，得了精神病，生不如死，有些人甚至家破人亡。有个女孩，为了修行不结婚，闭了两年生起次第关，将五百八十万遍本尊咒诵了两轮，但在闭关圆满将出关时，仍跟关房里的人打架。这说明，她的心并没有因此而改变，这样的闭关有何意义呢？没有开悟，不明白该怎么修，却一门心思乱跑，这是很容易掉下悬崖的。时下，多有盲上师，带着一群瞎徒弟，真所谓“盲人骑瞎马，夜半临深渊”。

所以，历代大德不提倡过早专修。他们大多要求弟子先明心见性，因缘俱足时，再及时为弟子开示心性，之后，才令其闭关专修。冈波巴大师就是这样。有些上师即使不能为弟子开示心性，也会叫弟子去参访某个能为他开示心性的善知识，待其明心见性后再开始专修。禅宗中有许多这样的故事。

那么，为什么刚开始时要闭关专修呢？因为那时还没有大力，你还没有能力守好自己的正见。要是遇上恶友，或是恶的环境，你觉悟的蜡烛就有可能被邪风吹灭。“光明大手印”书系出版后，有些读者在阅读时契入了真心，后来，有些跟我做事的，一直能安住下来，而有些人因为环境的污染和恶友的影响，慢慢又迷了。后来，我才明白了历史上那么多的大德为什么提倡做事，因为那做事的过程，是最好的保任和成长的过程。当我们的安住真心不能成为我们的生活方式时，是没有意义的。一切的觉悟，都要建立在戒律和人格基础上，才有意义。

所以，刚开悟时，要建起戒律之墙，以防邪风的侵入，更要增添福慧资粮之柴，让光明之烛燎原成智慧大火。因为，你虽然开悟了，但在得到坚固之力前，你的心即使明白该怎么做，身体也做不到。这时，你必须离开闹市，找一个安静的地方修炼，也就是闭关。

我常说，慈悲心是热爱人类，出离心是远离人群。有时，心的出离是以身的出离为前提的。如果开悟后能闭关一段时间，就能把理悟上升为事悟，就是说，既明白真心，也真正见性，能保任真心，让真心生起妙用，在事上也明白了。因为，明心和见性既有相似之处，又是两个不同的概念。

明心见性之后，有些人是不稳定的，心还散乱着，这时就需要到远离人群的地方闭关一段时间。定力不坚固的时候，一定要远离闹市，居住在非常安静的地方，然后慢慢把你体悟到的东西，把你认证到的东西——空性稳定下来，然后让它坚固。

开悟的心，就像燃着的蜡烛，一定要小心守护，别让邪风把它给吹灭了，然后不断为它添加资粮之柴，让它成为一个火把，进而成为一个火堆，最后变成宇宙劫火那样巨大而强烈的光明。那时，你一边对治各种烦恼和习气，一边经受红尘的考验，看自己在红尘中是不是仍能驾驭自己的心，看看诸多的诱惑是否还能影响你的心。

前面所讲的内容好多人都懂，但他们该发牢骚时照样发，该烦恼时照样烦恼。为什么呢？正是因为他们没有坚固之力。想要得到坚固力，就要找一个安静的地方专门去修。当你的专注力越来越强时，大手印见地就慢慢坚固了。遇到问题的时候，你也就自然懂得如何解决，甚至很多问题也不存在了。

在俱足清净心的行者眼中，所有追问都是由分别心产生的。世间法的需求和追求，同样源于分别心。任何问题，都是分别心使然。所以，“一尘才起大地全收，一花欲开世界便起”。不离开真正的大手印见地，才是殊胜之中的殊胜。

当代人在没有闭关条件时，也可以学一些方便法门，比如前面所说的三支法。这种方便法门能让你在做任何事情时，都可以修行。那时，你眼中一切的显现都是上师佛陀的化现，喝茶时是本尊的甘露，风吹时是本尊的加持，听到鸟鸣时是本尊的咒音……修成功时，你的行、住、坐、卧，都会安住于真正的觉性之中。你眼中的红尘，也就成了佛国净境。

真正的闭关除了睡眠和吃饭之外，其他时间都在禅修。要是你学会了梦观，那么，二十四个小时都能修了，因为你能控制梦境之后，修行还可以在梦中进行。我在闭关时，能在梦中也知道持咒，梦中不用念珠，但知道自己诵了多少遍咒子。那时节，还能经常在梦境中前往自己想去的地方，甚至能进入别人的梦境，看到他在做啥梦。这是一种奇怪的心理学现象。

有差不多二十年时间里，不闭关时，我每天也要在座上修四座，每座两三个小时。座下也可以持咒观想，也可以做一些其他事情。我的写作，大多就是在禅修的间隙进行的。

闭关时可以走路，可以行动，但不能说话，不能外出。闭关时，除每天四座之外，大部分时间也要持诵与观修。闭关时间可以自己定，几个月，或者几年、十几年不等。我在过去的二十多年里，除了一些非去不可的大型活动外，我几乎都用来闭关了。我有一

个连家人都不知道的独立关房。我二十多岁后的大部分时间，就独自在关房里清修。这种远离家庭的生活方式，我保持了二十多年，也将一直保持下去。我是在以在家人的形式出家。

现代人没有那么多的时间禅修，但你可以坚持每天早晨封闭修行一个小时，让心安静下来。要知道，在修行的过程中，座上修是非常必要的，如果没有座上修，是不容易得定的。进入生活和工作时，你同样可以禅修。这时的禅修，便以破执为主。凡事要认真地做，不要过于执著，一切都要像彩笔描空，画时认真，但空中留不下任何痕迹，你的心中也是这样，不要牵挂做过的事，做了便做了，再不要去执著它。久而久之，便可在生活中得定了。

7. 细微无明的破除

见道之后，粗分的烦恼就容易破除了，但我们还需要进一步清除细微无明。

要是你仅仅是从理论入手，即使明白啥是空性，也很难达到最究竟的地步，因为你的悟是理悟，不是证悟，只要是理悟，就可能存在知识和细微无明构成的障碍，这就是所知障。我们说烦恼障易破，所知障难尽。大手印行者要求通过身心修炼达到某一层次，直接证到空性，这个空性是超越知识和概念的。

读书不能机械化地读，死读书就会变成书呆子。我们需要深入灵魂的阅读，从中收获道的营养，不仅仅是获取知识，让自己在术上进步。所以，任何时候，都不要丢掉道，不要只是追求术，不要背诵概念，要记住自己修行的目的。

在破除细微无明方面，密宗有很多方便道，但这种障碍仍然很难破除，有人说，十地菩萨最后仍然需要诸佛灌顶，方可破除细微无明——这是破除细微无明的第一种方式，属于借助传承内的加持力破除无明；另一种，便是通过密法修炼激活生命能量，比如修光明、修幻身、修拙火证得四喜四空。还有一些说法，经典中都有，此处不赘。

要知道，各种教派的终极目标是一样的，都是破执，所以，不能说密宗就比显宗高明，因为显宗同样可以证果。比如，阿罗汉就通过苦集灭道和观十二因缘斩断了爱欲，证得了无漏。这就像自行车的链子只要断掉一个，整部车就走不动了一样，只要斩断因缘链，便可以了脱生死了。

也有人说，阿罗汉只破除了烦恼障，没有破除所知障，这一点我们仍然不加评论。因为，阿罗汉已经超越了二元对立，没有这些概念了。他们即使没有达到密乘的一些要求,也不要紧。因为，他们走的本来就不是密乘的路子。目的地不同,修行方式就不一样，经过的途径也不会一样，比如，我们去加拿大坐飞机，有些人却坐轮船，但大家都能到达加拿大，这就够了，我们不能用飞机的路线，来衡量其他交通工具的路线。而且，虽然阿罗汉只破除了我执，证得了我空，没有破除法执，但他们依然可以解脱，他们依然是出世间的智者，但有些修密的人，连我执还没有破除，死去时依然非常愚蠢，整天追求觉受、神通等莫名其妙的东西。

有些人修行会有一些殊胜觉受，但觉受不是开悟，智慧才是开悟。当他修到离解脱只差一张纸时，你只需把那张纸捅破，他就会明白，就会得到解脱；但对于有些人而言，就算你给他开示心性，他也会不以为然，这时，他就会失去开悟的机缘。他为什么会不以为然呢？因为他追求的不是真理，而是心外的东西，比如神通带来的利益，当他追求这种东西时，就会多了执著，他的解脱之路就会平添障碍了。

所以，不能说密乘高于显宗。修什么，是根器决定的。根器适合密宗的人，就修密；根器适合显宗的人，就修显宗。就像一些人感冒了要吃感冒药，一些人胃不好要吃胃药，另一部分人得了风湿病要吃治风湿病的药。吃药的目的，都是为了健康，只是病症不同，选用的药也不同而已。所以，不要看轻显宗，显宗的印光法师就是一代大德。

8. 警觉与放松的平衡点

光明大手印除了一些传统上需要灌顶才可以耳传的窍诀外，多提倡正念。不懂正念的修行，是瞎修。

经典中如是定义正念：一是世俗意义上的善念、善标准；二是对明空之心的忆持和安住，也就是修大手印时的正念，它是出世间的，本书强调的，就是这种正念。

那么，如何安住呢？就是不管眼前有什么样的景象，都要告诉自己，一切都会很快过去，给自己选择一个所缘境，专注于它，让自己静下来。当心中的波澜平息下来，心变成了宁静的水面时，你就能看到真相了。你便把那分别心当成智慧的妙用，而不要纠结于它，就会实现另一种意义上的转识成智。要明白，心如果强烈地波动着，你对自己的所有说服，都会增强心的对立，你心中会充满纠结，这时，你是看不到真理的。人们称之为短路。所以，修炼就是要让心静下来，不管泛起什么样的波澜，都任它自己落下，那么，你才能看到清晰的世界。修行有两种：一种是修中求见，从修定入手，慢慢得到智慧；另一种是见上求修，就是先明白这种智慧，然后安住于光明空性之中，稳固智慧的定境。

拥有智慧之后的观照和警觉，就是真心、分别心相融无二的妙用。此时，不管是谁到来，都不会影响你心的宁静、光明和朗然。不会因为某人的到来，真心就开始狂跳不止，六神无主；更不会因为乞丐到来，真心就看不起他。这时，原来生起烦恼的分别心，已转化为佛的五种智慧了。

这个过程中最重要的，就是警觉，时时警觉，保持正念，就是精进。很多时候，人之所以做错选择，就是因为那个瞬间他的头脑“短路”了，所以，警觉的时间越长，清醒的时间就越长，人就越是知道该怎么取舍。不过，你也不能太紧张，要放松一点，不能因为深信因果，就神经紧绷地生活。因为，你如果过于紧张，反而就会失去心的清明，就会不断做出错乱的行为，陷入不自主的命运。智慧是什么呢？是你能看到命运的管道，但你不害怕它，你清清楚楚地知道，此刻的自己只是一个幻相，你牢牢地相信，善知识教给你的，是改变一切的钥匙，你深信天道酬勤。你深信只要让心不断地趋向善，让善火温暖你的心，那个答案就会像美丽的莲花那样，盛开在你的心里。所以，不要让自己太紧张，不要让强烈的渴望干扰你随缘的宁静，不要压抑自己，甚至不要在下意识里压抑自己，要放松下来，让自己的灵魂知道，一切都很好，世上本无事。通过压抑得到的宁静，不是真正的宁静，石头般的不思不想也是错的。后者所谓的静，就像是一潭死水，毫无鲜活的生命力，也无法生起妙用。你要时刻忆记无常的真理，在见到内心你不随喜的念头时，也不要下意识地反抗，你要接受它，不要恐惧它，因为它代表了此刻的你，你如果不关爱它，它就会一直向你发脾气，它就像一个反叛的孩子，相反，你吸引了它的注意力，让它静下来，那么所有躁动的情绪，都会像纷飞的雪花一样落下、融化。所有污垢——不管多么庞大、顽固、可怕、恶心——的存在，都是因为有欲望，消解了欲望，真正了知一切的无常，不断坚定自己对真理的确信，一切信念自然俱足。因为，你的世界完完全全由你自己控制，告别了愚痴，就告别了奴隶般的命运。不要忘了那神圣的向往，那么对真理的确信，就会真正地让你放松下来。所以，你一切的训练，就是像调试琴弦那样，寻找放松和警觉之间的度，找到那个让人保任真心的节奏，那么，你就进入了修行。

正念有两个特点：一是无执的放松，二是智慧的警觉。一旦放松不再紧张之后，你就很容易见到自己的本元心，你必须用警觉之心观照它。

警觉与放松，要有个度，哪个都不能过度。一般情况下，放松的成分多，警觉的成分少，就是说，你要以宽坦任运为主，保护真心的本体，与此同时，再加上一点点警觉。一旦警觉过了度，心就会不由自主地紧张起来。所以，在日常生活的调心中，寻找最适合自己的度，就是修行，这个度，便是中道。

当你将真心生起妙用时，一定要注意度。就是说，你的真心之用，不要损伤你的真心之体。要做到止观双运。要是观照过强，行为便会处于妄念当中；要是没有观照，真心便很难生起妙用。所以，应该以无分别的真心为体，以有分别的警觉为用，这是典型的一心二用。但是，无论如何，你都不能体用倒置，你的用不能伤了你的体。这就需要你掌握好观照的度。当你掌握好那度，你就会发现，没有人能把情绪和烦恼维持很长时间，当你用智慧的警觉观察它，它就会消失。所以，最重要的就是止息妄念，让真心显现出来，让自己认知它。

如果不能保任真心，人就会被妄念牵走，妄念的背后是欲望，是执著，是属于兽性的那个假我。很多人的心灵渐趋死亡，肉体虽然还能移动，有人甚至也活得很风光，但他的心灵却是冰冷的。他们没有灵魂的热度，没有生命的激情，没有爱心，没有担当。他们的存在，仅仅是被一种惯性驱使着，新鲜的血液很难添加。如果他们没有自省和警觉，就会在不知不觉中真的“死亡”了。虽然他也能在世上多存活一些时间，也仅仅是多浪费一些资源而已，对社会、对人类并不能贡献什么。所以，对大手印行者来说，修行也是在真心观照下的利众行为，不计得失，放弃个人享受，在贡献的行为中消解自己，将自己融入大我，为社会贡献更大的价值，相应的，人也会不断进步，不断变得更加无我，进入更广阔的舞台和世界，有限的生命也会因之而精彩。因此，在我开办雪漠禅坛时，有人问其特点，我就这样回答："雪漠禅如何？离相重精神。文化为载体，贯通古与今。随缘得自在，安住光明心。妙用大手印，行为利众生。"

9. 在生活中提升专注力

修道这一章所说的专注，不仅仅是专注于当下所做的事情，更多的，应该是专注于明空的保任。假如你专注于保任明空，只要有警觉，就自然会专注于当下所做的事情；但假如你仅仅把注意力放在眼前的事情上面，就未必能专注于明空的保任。因为，你或许会由于对外物的过分专注，而忘记对明空之心的保任。当然，如果你还没有认知明空，就先用专注当下之事来定心，等待开悟在不期然间降临。

专注是一种定力。你在训练自己对眼前之事的专注时，也是在加强自己对心灵的控制力。当你的专注之心达到一定程度时，你就会发现，自己不再轻易被外物所干扰。不过，专注之力并不是在对抗中产生的。

那么，如何在生活中提升专注力？这就像你在工作中提升竞争力一样。你不应该在外部世界寻找自己的对手，也不要管别人比你强还是比你弱，你应该只把自己当成对手，将所有注意力都集中在提升自己上面，向世界学习，而不对抗世界。少了许多比较，你就不会被自卑、嫉妒等负面情绪所影响，就能积极地成长了。这时，你就会形成一种真正的自信——而不是盲目自负——既能毫无杂念、一鼓作气地强化自己的优势，也能从外部世界吸取营养，弥补自己的劣势，你的竞争力就自然会得到提升。你不用理会外面的干扰，哪怕它影响了你的心也不要紧，你只要在每一次产生

杂念时，都提醒自己回到眼前的事情上去，久而久之，你自然会拥有专注力。这种专注力是鲜活的，不是因为你只看见眼前的一点东西，才专注它，而是既专注于眼前的事，又能敏感地感受到万物，但你对一切都不执著。

当你以专注之心，达到静的极致时，就会产生一种妙慧，所谓定能生慧。当然,这种专注,仍然是一种警觉与放松并存的状态,是止观双运的专注，是明空之心的专注，而不是世俗所说的那种专注。

专注时，会产生一种智慧光明，在那光明的朗照下，你便启用那洞察之心。那么，你启用洞察之心洞察谁呢？洞察跟你有关的万事万物，观察你意识所及的万事万物。然后，你就会有洞见，即能清楚地看到某种真理，那便是事物的本来面目，也叫实相。本来面目，就是真实的状态。事物的实相是什么呢？诸法无我，诸行无常。就是说，世间所有显现、一切现象，都是没有自性、虚幻无实、无常变化的。所以，见到实相的时候，你便自然会领悟到世间万物空寂的本性，明白一切都将归于空性。一切解脱的钥匙，都在如何让自己达成专注无执之上。这是最考功夫的事情，但值得花费精力，毕竟，它能让一个人脱胎换骨。只是，你要做好拒绝一切诱惑的准备，让心灵达到高度的宁静和专注，不受任何干扰地，让自己心灵的光明焕发出来，照亮这个世界。

这时，就算你不能选择一个清静的环境也没关系，你也可以好好工作。好好工作，便是修行。要知道，真正的修行如呼吸，并不曾离开过你。

10. 并不神秘的宗教礼仪

宗教礼仪非常重要，它是通过某种特殊的形式，对行者进行心灵和行为的训练与熏染，也叫仪轨。对修行者来说，仪轨是非常重要的，没有仪轨的修行，很多心灵污垢都清不掉，反之，如果正确地修行了仪轨，那么你就能远离愚昧，远离污垢，证得光明。观想就是一种仪轨。许多人之所以坐而论道、夸夸其谈，最后却反复退转，就是因为他们在观修仪轨上没有用功。比如，有一种仪轨会叫你将诸多的上师、本尊、空行护法（护法分为世间护法和出世间护法两种，前者有分别心，你供养他，他才会帮你；后者没有分别心，你明心见性后，就会和他融为一体，并具有金刚大力）观为一体，成为某个上师或本尊，他身上发出无数的光明，像清光一样进入你的身体，把所有的烦恼、业障、疾病、痛苦都洗刷干净，从而让你俱足智慧光明。

不过，行者在见到空性之前，对自己和佛菩萨是有分别心的，于是密宗就借助仪式提醒行者：你不要忘了自己在供养佛菩萨，这有助于保护你的恭敬心。在宗教修行中，恭敬心非常重要，你要通过一切方式，去培养和增强你的恭敬心。而当通过精进的观修之后，供养就会变成你的生命习惯，你便无时无刻不在供养了。还有一种修法，是直接把自己观想成食物，让上师、本尊、空行护法们享用。其目的，同样是增强你的恭敬心。这时，你的肉和会供物品是平等的，生命中的地、水、火、风，都成了供养的仪式，除了生起恭敬心之外，这还有助你破除我执。

明心见性之后，就不用执著于形式了，一旦执著于形式，就错了。比如有些人老是在皮皮毛毛上下功夫，例如供护法时怎么弹指？弹哪个部位？这些是最开始要学的东西，但你仍然要知道仪式的目的是什么。如果你执著于形式，就容易丢掉仪式真正的目的，而变成修行上的“熟练技工”。要知道，修炼不是让你形成盲目的新习惯，更不是让你长生不老、返老还童，而是通过特定方式，用大善、大爱、大美的真理改变你的心，让你在日复一日的熏染中，变得更加博大，人格更趋完善。修到后来，你明心见

性了，没有分别心了，也就没有那么多的讲究了，弹哪儿都一样。而且，到了这时，你跟本尊护法就是一体的，他们永远和你在一起，不但会供时不要跟他们分开，任何时候都不要跟他们分开，要始终跟上师、本尊、空行护法在一起，无论走路、吃饭、睡觉还是在干什么。这时，你就是他，他就是你。达到这种状态时，好多东西你也就明白了，不会迷惑了，也自然会知道什么是无二无别，心里再也没有上下、左右、佛我之分了。这就是大手印中的一味瑜伽。它不是作意的想象，而是修到一定时候，自然就这样了。

11. 在心物一体的境界里

真正的大境界是无求的，无求便无梦，所以圣者是无梦的。因为，圣者已经成就了，去除了所有的烦恼欲望，不需要用什么东西来填充自己，让自己得到满足了，所以，圣者做了很多事，却像什么都没做过，从不把任何事放在心上，更不会觉得自己做了多大的事。佛讲了四十多年法，心里也像什么都没讲一样，一点都不执著。真正的明白，就是这样，不牵挂任何东西，包括真理，一片朗然空寂，但清清楚楚的，谁也骗不了他，谁也左右不了他。

你也是这样，要放下一切，不去贪婪任何东西。要知道，有些人死前执著一些东西，不想分享给别人，却不知道，自己过几天就会死去，那东西终究不会属于他，但他不给的那个行为，已定格成了他的标签。所以，每个人如果想给世界留下一个光明坦荡的背影，就要反思自己，在来得及的时候，改变自己。要让自己进入明空状态，不牵挂过去，不执著未来，忘了自己，忘了得失，仅仅停留在当下的坦然安详里，尽量做好眼前的事。这就够了。当你真能做到这一点时，你就会进入前面所说的离戏状态，远离世界这场盛大的游戏，有一份自主和清醒，不再被那游戏所牵引，而失掉你真正的那个自己。

不执著世界的诸多景象，想要远离它的那颗心，就叫离戏之心。顺从离戏之心，用这种心态看待你的世界里发生的一切，包括你自己，心中就不会牵挂任何东西，因为你知道，一切都是幻觉，这就叫随顺。这时，你的心就跟心外的世界融为一体了，你既不懒散，也不计较结果和得失，不会纠缠在过去的某个点上，无休止地折磨自己、折磨别人，你就会变得轻松逍遥，对人也很好，也能随缘地利众，这时，你就会进入一味瑜伽的状态。

如果你不在这种状态，你又会怎么样呢？你会用“我”来衡量一切，你会跟外界的一切比较，执著于自己的感受与得失，这时，你就会很辛苦，也少不得跟外界发生矛盾和冲突，那么你又会生起无穷的烦恼。所以，要让自己进入明空之心，什么都不要在乎。诀窍就是：放松中有警觉，警觉中有放松。因为放松很容易契入空性。如果只有警觉，就会出现执著；如果只有放松，就会进入顽空无记。警觉且放松，才容易进入禅定之门。

当你找到这个状态时，你就要记住它，在这种状态中体会人生百态，也就是你身边的人和物。为什么是体会而不是观察呢？因为观察用的是眼睛，观察时你是你，他是他，还有二元对立；而体会时，你就是他，他就是你。比如，当你体会太阳的光明和温暖时，你就是太阳，太阳就是你；当你体会天空的明净和空旷时，你就是天空，天空就是你；当你体会大海的蔚蓝和博大时，你就是大海，大海就是你……这时，你就容易进入一味瑜伽。当然，这时还要有真正的发心。

过去，有些大德为了让弟子明白什么是空性，就带他们到外面去，让他们躺在地上仰望无云晴空。最后，弟子和上师都化为了无云晴空，融为一体了。这是一种完全放松、毫无杂念的状态，也就是所谓的“物我两忘”。这时，很远很远的地方传来一声狗叫，上师便说，听那狗叫。其实狗叫本身不重要，重要的是听的行为，

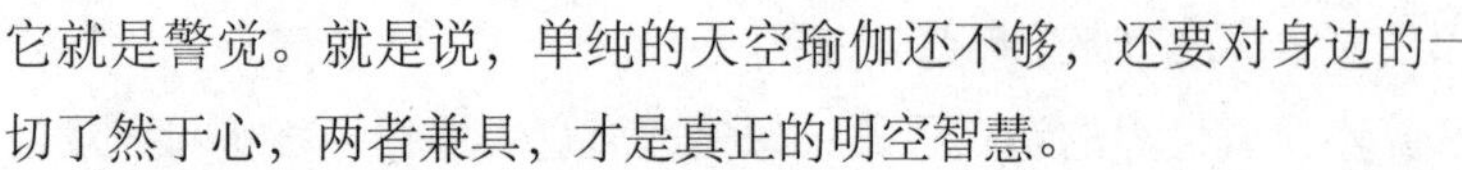

它就是警觉。就是说，单纯的天空瑜伽还不够，还要对身边的一切了然于心，两者兼具，才是真正的明空智慧。

当你进入这种状态时，你就能宁静地关注这个世界，体会世上发生的一切。比如，人们隐藏在平静笑脸背后的沉重，老人那粲然一笑背后的沧桑，每一扇亮着灯的、或是没亮灯的房屋曾有过、或正在发生的故事，淡黄的街灯下曾伫立过多少独行者，他们的生命中又藏着多少故事？……世事如潮，不断涌动着，世界就像大海，也在起起伏伏着，所有的喧嚣，所有的喜怒哀乐，都不断被一个叫无常的东西吞没着。瞬息间平静了，但须臾间，一切都会开始。一切都在循环着，一切都在发生和结束着，人生就像一个巨大的闹剧。其间有美，你品味到了；有甜，你也尝到了；那苦，叫你心底滴着血；还有那酸，像你心中的一根丝线，悄悄抽动着，在你心里抽出一种隐隐的疼。一切就这样涌动着，安静，而又波澜壮阔。只是一切都将平息。当你发现这一切时，你就会慢慢享受到许多过去没有的快乐。这时，你的生命之中，就充满了另一种滋味。什么滋味都要去享受它。不要计较结果。结果是什么呢？结果也是没有结果，在你走向坟墓之前，一切都不是真正的结果。第二天又会日出，又有新的故事发生，未知永远等待着你，永远会吞没过去的那个你，无论你留恋，还是不留恋。这就是人生。你当一切都停在朝阳的跃跃欲试中，一切便真的充满朝气；你当一切都停在夕阳的暮气霭霭中，一切便真的陷入死寂；你想如何过人生，由你的心决定，由你智慧的境界决定，但一颗充满了慈爱和智慧的心中，一切的好都是好的，一切不好的也是好的，什么都是生命最圆满、最应该的状态。生命中便没了厄运。

困难也罢，厄运也罢，疾病也罢，都是生命大戏的片段，把整台戏推向了高潮，所有的升华和堕落，所有的痛苦和幸福，都是令人难忘的剧情，虽已结束，却留下了难以磨灭的灵魂印记。但谁又会记得呢？所以，不要期待，不要渴望，不要试图让自己满足，当你想要得到满足的时候，你永远都不会满足。可当你坦然的时候，你本来就很满足。你想想，当一切都尽善尽美时，还有什么成败呢？这是你能做的所有了，那么就不论成败哈哈一笑，你不是玩了一场心跳吗？像个孩子，少点得失之心，品味那人生吧，在一种老人般的沧桑中，在潮水退去的空旷寂静中，在无人的旷野中，在繁华后的沉寂中，你才能发现生命的真相。那真相是什么呢？就是，埋不掉的终究埋不掉，泡沫永远是泡沫，这不是你开不开心就可以控制得了的。所以，放下欲望，做你自己，让生命散放它最真实的芬芳，这是你能留给世界唯一的东西。

12: 流水三昧的温柔

流水三昧，便是《金刚经》中的“应无所住而生其心”，就是不要执著眼前的念头，让它来者自来，去者便如河水般流走。“应无所住”就是不要执著它，不要执著任何念头。这就是流水三昧。密勒日巴坐在河边进入流水三昧，说的也是这个状态。世上万相和诸多念头像流水一样过去，他一切都不执著，不执著过去的念头，不执著未来的念头，当下的念头也不执著。做到《金刚经》所说的：“不取于相，如如不动。”

《金刚经》中的“过去心不可得，现在心不可得，未来心不可得”，指的是什么心？真心。某典故中有人问一和尚：“你点的哪个心？”那僧人无法回答，其实，他应该“点”的，便是那个无执无舍的当下真心。只要你始终安住无所住心，那么无论你是在大喝，或是啐唾，甚至做出其他看起来不太平静的事情，你也仍然有可能入道。也就是说，无论你在大骂，还是大哭，只要你不执著于骂的念头和哭的欲望，安住于了无牵挂、毫不执著的状态，就可能进入流水三昧。藏人于是说：圣者行了凡间事，他的心仍是圣洁的。

《金刚经》中讲的，实际上就是大手印，非常了义。多诵《金刚经》，自然就会减少执著。或仅诵最后四句偈“一切有为法，如梦幻泡影，如露亦如电，应作如是观”，也能产生相应的效果。这就是前面说过的三支法中的“如幻道”。把一切都观成本尊的化现：一切声音都是本尊的声音，一切都归于空性，一切都是幻化的，幻化的还是自己的心，还是空性，如此去观，就很容易证得智慧。

其中的要点，便是心不能执著。这就像你拿剑斩水，虽然水有一个瞬间确实被斩断了，但提剑的同时，它又会复原，心也要这样。当你做得到这一点时，你无论经历什么事，虽然经历时会产生某种情绪或感觉，但过去也就过去了，你的心里留不下任何痕迹。

所谓的流水三昧，就是任万物如流水不停歇，自己只管享受和体会的那颗心——那颗如如不动、却又了了常明的真心。

这时，你的心像天空般渺茫浩大，像明镜般没有任何灰尘，空旷光明，宁静如水，博大似海，各种因缘像潮水般涌来，但你心不摇动，只管随缘而为。如果有人听法了，你就给他讲一讲法；如果有人想明白道理，你就给他点拨一下；如果有人需要安慰，你就安慰一下。就是说，需要时，你就做一做，随做随了，随了随做，也就是随缘，不攀缘。能做到这一点时，你的心就处于三昧之境了。

最开始当然做不到，它需要一种观察的训练。

过去，我就在净境中做过这种训练。首先，我观无我，破我执。如何观呢？寻找一个不需要条件的我。当我观察自己的生命，发现哪里都找不到“我”时，我也就发现了“我”是个巨大的假象：父母结合，才有了“我”，但“我”的所有细胞都在新陈代谢，分分秒秒都在变化，我从小孩长成大人，最后白发苍苍，脸上也长出皱纹，我的见识喜好也在不断改变，小时候喜欢的东西，现在不一定喜欢了，小时候认可的人，现在也不一定认可了。那么，哪个才是真正的“我”？所以，我跟万物一样，也是因缘聚合的产物，是一个幻觉、一场梦，而所谓的人生，更是梦中之梦。观到这里时，再观这个世界。先是逐一地观，到了后来，就成了一种习惯，一种自然状态，类似于呼吸。你就会觉出世界的虚幻，因为你发现它一直在变化着，就像做梦一样。在这种梦幻觉受中，你就会破除执著。久而久之，你就生起无分别智了。无分别智，就是空性。

你还可以观想在自性的觉海中，有一条小鱼在游动。这就比一般的止观多了一份警觉。行者一边安住于自性，一边保持一丝警觉。你可以观想在心性的海洋中，有一条非常小的鱼在游动。你在观察小鱼时要一边体会，一边保持觉性。这也便是我们提到的那份警觉。一定要在明空之中，保持一种放松后的警觉。

八十四大成就者故事中，就有这样的情况。比如，有个成就师把中脉观成大海，海面上有一只自性化成的小鸭子在游动。经常观这只小鸭子，观着观着，他便成就了。观想小鸭子代表警觉，他就不会昏沉，不会陷入无明和愚痴。相反，如果光有无念，却没有警觉的话，就会无记和顽空，前面说过，这是很危险的情况，是要特别避免的。所以，警觉非常重要，一定要止观双运。

13. 斩断纠结之心

劣慧者很难定心，只能走渐修的路子。这时，他需要正确的见地，和对机的方便法门。比如香巴噶举的“无身空行母法”，这种法门源于古老印度的无身空行母，金刚乘的所有修持都涵括其中，非常珍贵，无论思维还是默诵，都有无与伦比的加持力，所以一定要善加体会。

无身空行母的体性是大手印。没有大手印见地，你是很难证悟的。

那么，什么是大手印见地呢？

那见地是：你的心灵本来清净，心性本自成熟，有着不曾染污的究竟明性，就像明净的天空一样纤尘不染。但因为妄想乌云的遮蔽，你看不到本有的心性。经过正确的修持，你就会除去障碍自心本来功德的困惑，了悟你的自心明性。那障蔽你清净自性的大网，都是由分别心造成的，那二元对立的思维和习惯，成了捆绑你自然觉性的绳结，那是你必须要斩断的。

你只要不被那妄心欺骗，就没有什么可努力的。你所有烦恼都是妄心给你打的心结，你才看不到真心的原貌。帝诺巴大师不是说了吗？芝麻里有芝麻油，佛性同样存在于心性中。当你抛开一些可笑的纠缠后，真心的原貌就会自然显现。所以，要成熟自己的心性并得到解脱，最主要的就是斩断纠结之心，也就是执著之心。一定要让心放松，不要去在乎名利等东西。

当你明白这些道理时，妄心就再也无法欺骗你了。反过来讲，如果你执著这些东西，就会被妄心欺骗，你会以为执著地追求能让一切成为永恒，因此在你心中，解不开的结会越来越多。所以，你的心要像墨水染不了的虚空一样。当你的心归于空性，明白诸行无常，世上万物就不会把你污染。

简言之，不是要解开纠结，而是本来就没有纠结；不是要破除执著，而是本来就没有执著；不是要解决问题，而是本来就没有问题。为什么这么说？因为无论你执不执著，一切都会过去。所以，本来就没有纠结，本来就没有执著，本来就没有问题，一切的纠结、执著、问题，只是你迷惑后生起的分别心。所以，见地比技巧重要很多。

诸教派各有其理论根据，其立宗立命必须有所依的经典。我们千万不要削足适履，用别派的见地指导自己的修行。你选择了什么教派，就要照着什么教法修行，比如，香巴噶举行者的行动指南是大手印见地，其所修的所有法门，皆应以大手印见地为指归。

有些人总是用别派的鞋子，来套大手印的教法之脚，纷争便由此而起，更可怕的是，在另一种理论的指导下，有些大手印行者真的会丧失信心。不过不要紧，当他们的心性真正成熟，并以大手印之光为依归时，他们的悟境才会像雪山那样不可摇动。

关于这种悟境，有个故事很有意思，那是我在一次光明净境中的经历：我去一个圣地。一位空行母正在为一群人印证各自的成就。她对一个人说："你是生起次第成就，了不起。"又对另一些人说："你是圆满次第成就，了不起。"她还指出有的人没有成就，并告之原因。当轮到我时，她大吃一惊，说："你连空性也不要了！"你可以把这个故事当成象征。真正的大手印行者，是连对大手印的执著也扫掉。他可以证得空性，但又不能执著空性。

需要说明的是，我离自己想达到的境界，还有距离。我一直在跟自己的习气较量，至今，我仍在用空性智慧扫除习气带来的无明。

我有一首诗，也说了大手印的三种境界：第一是"大风吹白月"，大风吹过后云开雾散，看到了圆圆的月亮，这就是明心见性；第二是"清光满虚空"，你不但看到了光明，还让它充满了整个虚空法界，在禅宗里，这叫"打成一片"；第三是"扫除物与悟"，就是把对万事万物——包括语言、概念，甚至包括大手印本身、真理本身——的执著都扫掉，这时才是真正的大手印。到了那时，你就对整个世界都不牵挂了，当然没有任何存在能动摇你。

那情景，就像用墨去染天空，虽有染的动作，但虚空是无法污染的。

需要强调的是，大手印见地是非常了义的，当你善加修持大手印，那见地就会更加深刻地融入你的生命。当你用大手印理论和实修相结合时，那原本被你视为障碍的事物，便会自然解脱、自我解消了。因为，绳子的纠结尚需人来解，蛇身的纠结却可自然解开。众生心中的纠结同样如此，只要契入大手印，了悟二元

对立和自心的本质没有差别，他们就会发现，自己的心就像蛇那样，可以自己解开所有纠结。为什么？因为分别心消融时，便没有迷惑了，觉得到处都很吉祥，这才是真正的解脱。

14. 别让身体拖累你

身心合修法有两种：一种是大手印和三支法，它们是心性影响身体，注重见地和心性，修到一定时候，就能心解脉开；另一种通过修拙火、观本尊咒轮打开脉结，修得四喜四空，契入空性。

金刚乘所说的脉结，从某种意义上说是烦恼结，有什么样的烦恼，就会产生什么样的脉结。当然，脉结只是一种说法，它更接近一种象征。我们不能从解剖学意义上看待它。当你解剖身体时，你是发现不了脉结的。三脉五轮和脉结，其实是功能性的存在，你是不能从解剖学层面验证的，因为所有被解剖者都不可能是活人。我们不能从死人身上寻找活人的功能性存在，就像你不能砸碎手机，寻找网络和网站一样。所以，你不能因为解剖不出脉结，就说脉结不存在。任何如法修炼生圆二次第者，都会发现三脉五轮和脉结的存在。所以，它们不是生理概念，而是一种功能。

当然，也有不修脉轮的成就者，比如，有些人不修脉轮，只观想一个“阿”字，照样能证得空性。但你要是修金刚乘，就必须尊重金刚乘的话语，因为金刚乘有金刚乘的追求，自然就有金刚乘的修法。前面也说过，金刚乘重视身心双修，金刚乘认为，之所以有些人心明白了，但事到临头仍会惶恐无助，就是因为身体的障蔽。身既是修道的大宝，大患也是这身体。所以单纯修心很难究竟，还要修气脉明点。你当恒常观修那三脉五轮，靠咒力打开诸多脉结。那纠结的脉结其实是烦恼，心解脉开才会光明历历。要是你的脉结没有活力，要是它们如纷乱的麻缕，它们就会障碍心的光明，你的心悟也不会彻底。许多时候，心中的烦恼也可能是身体的原因，你的基因有时也决定你的感情，有些人天生快乐，有些人多愁善感，就是这个原因。所以才要修身，打开那诸多的脉结，赋予生命一种活性。

要知道，人的身体受制于神经系统，神经系统又受制于语言系统。当你的修炼达到某种境界，你的自我暗示就会发生作用。如果你心里明白却改不掉毛病，说明你没有修好你的身体，那么就要精进地修炼，让生命恢复本有的活力。

我早年抽烟很凶，一般纸烟已不能满足我的需要，我就抽莫合烟，也就是旱烟渣子。当我写长篇文章时，我手中的烟总是离不了。写多久，就必须抽多久烟，最后，我觉得自己抽得都要死了。后来，我契入大手印，想戒烟，也就戒了，而且轻而易举，没有任何痛苦。因为，我的修炼，肯定使我的身体也起了变化，心起了戒烟之念，身体才会配合；还因为我有个习惯，当我离不开啥时，便一定要戒掉啥，许多时候，念头一动，事总能办成。其中，也许有某种神秘力量在起作用。比如心印法师，她遇到我前也是烟鬼，一直想戒烟，老戒不掉，后来见到我，我想叫她戒烟，她便在一次奇怪的呕吐后戒了烟。戒烟后，并没难过，反而觉得像是从未抽过。其原因，也许是身体听她的话，当然，也许还有种外力的作用。

我在修行实践中发现，这宇宙中，似乎真的存在一个信息场，有点像现实中的网络世界，不知是不是佛陀说的华严世界？

香巴噶举的奶格玛五大金刚法中，有许多方便善巧的法门，都可训练行者的气脉，宝瓶气、奶格体操等法门，也可用于身心的修炼。当你善用内在的微细身，清净负面的气脉，就会增益你的明空。当脉结中的明点被激活时，本觉的大乐就会生起。所以，无论付出多少代价，你都要善加守护你的菩提心。你要像国王那样，从坦然放松的心中自然现出脉道的功德；你也要像战士，借助运动和姿势调整气脉。当大乐消融各种心结，你本觉的光明就会牢固。

15. 简要的修身三法

修行跟打仗一样，在战略上要藐视敌人，在战术上要重视敌人。就是说，见地上可以更超远、超绝、博大一些，但做的时候还是要扎实一些，不要因为你有大手印见地，就忽略实修。行履一定要扎实。

前面说到修炼气脉明点，香巴噶举有很多相关法门，比如宝瓶气和拙火法。严格地说，拙火修炼属于生命科学。

道家修炼中也有拙火，但他们不叫拙火，一些道人在修的时候，也会生起暖乐，但其目的不是暖乐，而是炼精化气。而金刚乘修拙火的目的也不是生起暖乐，甚至不是生起拙火，而是让智慧的拙火烧去很多烦恼。这需要真正的善知识开示。

如果你现在不能专门闭关修拙火，那么平时你就要用多种形式来观修它。你如果能观想三脉五轮，就修三脉五轮，你的胸部和腹部像炼钢炉的炉膛一样，持着宝瓶气，小腹——也就是道家的丹田部位——要经常有火，火就像烧红的铁水一样。刚开始可以观得粗一点，慢慢就要变细，细得像是三九天里狐狸的毛，火红火红的，摇动时，你身上会发痒。你还要始终持着宝瓶气，无论座上还是座下，都尽量安住所缘境，把三脉观成烧红的铁棍，但它们是彩虹般如梦如幻的，不是实体的，也像是芭蕉杆子，里面是空的。五个脉轮里都有本尊，甘露四溢，像火焰喷射器，往五个轮子里溅射着火焰。要一直这样观。座上时，要观那团狐狸毛般的火焰在密轮处晃动，久而久之，就可能生起暖乐。

走路时，你可以观想全世界充满大火；坐车时，汽车充满大火，座垫也燃烧着，周围的一切都燃烧着。始终要这样观修。外大火虽然生不起暖乐，但只要那个火的形象存在，你的觉受就能保任。

要是你得到传承，能在大手印悟境中观想大火。修到一定程度，你的密轮和脐轮便能生起暖乐了。生起暖乐时，火焰要慢慢上升，每天上升一公分，或一寸。这时，就可以持刚猛宝瓶气了。当然，传承不同，方法也可能有些差异。按传统的说法，暖乐的生起，全靠上师的传承加持。其性质，同样像灯泡与电流之间的关系。只要身体健康，精进观修，信心俱足，都会生起拙火的，有的人甚至第一座就能生起拙火。反之，如果没有信心的话，好多年都生不起拙火。信心和精进程度决定着能不能尽快生起拙火。

有人说，拙火是将性能量转化为热能，所以每逢有性冲动时，便是修拙火最好的时机。阴茎在无欲中勃起时——也就是道家所谓的活子时——如果心清净，道人们就会披上衣服开始修法，慢慢把那种冲动的性能力通过收缩肛门，提到会阴，持气，观想三脉交汇处的生法宫，让性能力在那里转化为火苗子，让它慢慢向上燃烧。如果性冲动很强烈的话，就把它向头顶提，供养三脉五轮中的本尊，让它变成智慧之火。你也可以经常这样观修。训练有素之后，便生起拙火了。

至于宝瓶气，它是通过控制气而控制心的，气住而心住，气定而心定，气静而心静。当你修宝瓶气生起拙火，生起四喜四空，到俱生喜出现时，就会生发出俱生智。依此俱生智，可契入大手印。但这仍然不一定是究竟的大手印，因为此时你可能仍然执著于乐，有执著，便不是真正的大手印。当你破除那执著时，也便真正地契入大手印了。修光明愚钝自省时，你也可能契入光明大手印，但要是你专一瑜伽修得不好，那光明就不稳定。

宝瓶气是密法的基础，分为好多种。我静时多修刚猛宝瓶气，动时多修柔和宝瓶气，看书、写作、行住坐卧间，几乎都要持气。刚猛宝瓶气就是上气下压，下气上提，住气于脐间。柔和宝瓶气类似于中住气。宝瓶气始终不要放尽，始终存一部分气，类似于道家的气沉丹田。持气时，你要目瞪口呆——只是显得目瞪口呆，而非真的目瞪口呆——地望着虚空，脑中没有任何分析，要不思善不思恶，但同时，又明明朗朗地觉醒着。久而久之，就能见到真心。当然，这仅仅是我的经验，我的修法不一定适合别人，有兴趣者还是去问自己的上师。

还有一种修身之法也很好，叫大礼拜。很多人都知道大礼拜。藏人一路磕大头到布达拉宫，是旅人眼里最美的风景之一。我也很喜欢大礼拜，据说它很容易消业障，也容易打开脉结，属于动中之修。我修四加行时，每天都修大礼拜，坚持了好多年。当然，我修的时候，不仅仅是为自己消业障，还观想自己带领六道众生在修，在为他们消业障。这种踏实的修炼，给我后来的契入大手印打下了很好的基础，因为，我一旦契入，就不容易丢失。许多人只知道我在见到上师的数日内契入光明大手印，却不知道，我在这之前，曾进行过十分扎实的修炼，即使在安住于大手印觉性时，我也仍然进行了生起次第和圆满次第的严格观修，所以，我一旦契入光明大手印，它就成了我生命中不曾摆脱的光明。

理上的顿悟，永远都不能代替事上的渐修。

16. 幻相般的身子

生起次第也罢，上面三种修身之法也罢，目的都是清净脉道，打开脉结，让你气入中脉。一旦气入中脉，行者就能见性。当然，圆满次第虽然兼有方便道和解脱道的内容，但它也是为了让你见性、契入大手印，因为只有见性了，才可能成佛，而且是真正的解脱，不是往生净土。所以，见性是成佛的必要条件。如果不能契入大手印，就绝对解脱不了。

即使选择了同一个教派，也可能会借助不同的方法入道，这是因为根器的问题。比如，有些人只能修方便道，通过持宝瓶气修拙火，生起四喜四空，达到俱生喜，产生大空。空乐和合之后，就可以见性。见性后仍需持宝瓶气保任空性，行住坐卧间不离大手印。梦光明、幻身修法也是这样。宝瓶气修到最后，出现四喜四空之后，有些人就会修成金刚幻身，但有些人就很难。这是一种内在之身，前面说过，它跟道家的阳身非常像。幻身一般人看不到。只有你修到跟他同等水平，或境界比他高时，才有可能看到幻身。证得幻身之后，需要光明心和幻身双运。虽然幻身是心气构成的存在，但光明却是破执后的无为。

由心气构成，说明幻身是因缘聚合、没有自性的，但香巴噶举认为心气属本有，承认“不坏明点”，是故幻身也是不坏不灭的。在香巴噶举看来，心气无自性是世俗谛的说法，就胜义谛说，心气不生不灭，从无始以来便存在，将来成佛亦不会断绝。其中心是精神，气是物质，两者合一，不曾分开，互为依托，互相终始，虽有显分，但无自性。

按照传统的说法，想要幻身成就，就必须修生圆二次第。生起次第修到一定程度，身体的细微之气就会和心性结合，心和气就会构成另一个身体，它就是粗幻身；再继续往下修，就会相继修成净幻身和清净幻身；清净幻身达到真正的如梦如幻时，才能修金刚幻身。金刚幻身是成就报身的物质基础，其基础是本元身，亦称为“不坏明点”。不坏明点是生命的任持者，位于心轮，无论怎么转世，也不坏不灭，但修至快要成佛时，它可转成幻身，亦可变化为佛国刹土。所以，修气脉明点证得幻身之后，层次就很高了，这是即身成佛的标志之一。香巴噶举中有金刚幻身的修法，修成之后，光明心和幻身双运，可以智不入轮回，悲不住涅槃，幻身不生不灭，直至轮回未空，广行利众事业。

修成拙火和幻身，才有可能真正地心气自在了。

17. 调动爱与性的力量

前面我说过大乐，真正的大乐，就是智慧和大悲。大空大乐、大慈大悲是一体的，当你得到大乐的力量时，你就能破除诸结，消融诸种烦恼。

有一种和合大手印，是一种传说中的双修，看起来很像男欢女爱，但它其实不是男欢女爱，而是证悟者通过特殊方式加持双修的另一方，让他直接品尝到空性。但有时的修，也不一定要跟真身女子（叫业印），而是跟观想出来的空行母（叫智印），而整个双修的过程，也多是在光明境中由观想完成的。那种状态就是与法界融合为一，所有二元对立都消失了，这时的喜乐就不需要任何条件了，不像俗乐，还得依托外物存在。

那么双修的目的就是得到这种喜乐吗？不是的，双修的目的，或为了认知空性，或是为了打开脉结，或为了破除所知障。前面说过，所知障就是诸多的概念、知识和经验造成的障碍，简言之，我以为怎么样，其实不是怎么样，这个“我以为”，就是所知障的一种。双修调动了生命本有的爱与性的力量，能让人超越所知障，瞬间品到空性的滋味。很多人可能不知道，爱与性的力量非常强大，远远超过了生命中的其他力量。

前些时，网上传过一个由爱因斯坦的女儿公布的她父亲的遗言中，说：“有一种无穷无尽的能量源，迄今为止科学都没有对它找到一个合理的解释。这是一种生命力，包含并统领所有其他的一切。而且在任何宇宙的运行现象之后，甚至还没有被我们定义。这种生命力叫爱。”不论这遗言真假如何，其观点是正确的。有一则新闻里曾经说过，某位母亲为了营救自己的孩子，竟然独自抬起了一辆汽车。这是常人难以想象的，那位母亲也绝对想不到自己可以做到这一点。

所以，调用爱与性的力量，就可以轻易冲破一些理性造成的障碍，让人真正地见到空性。

当然，双修并不是实现这一点的唯一方法，而且它的要求很严，并不是灌了顶就可以双修的。好多人借双修而行淫，按传统说法，这是要堕金刚地狱的。双修虽以贪欲为道，但要求极严格。除了一些宗教意义上的具体规定外，至少还要做到两点：一是修双运的主体必须有内证功德，必须明心见性，你只有见到了空性，才谈得到乐空双运，要是你连空性是啥都不知道，那就只剩下俗乐了。真正的空乐双运是将大乐和空性融为一体，做到乐空不二。所以修双运者的主体必须是证悟者。二是必须能持住明点，能做到不漏。前者为内相，后者为外相，缺一不可。此外，尚有多种要求，此处不赘。

另外，按传统说法，常行漏乐的人，死后荼毗时是不会有舍利的。不断淫根者，更得不到禅定。佛说，不断淫而欲得禅定，如欲煮沙成饭，纵然煮上万年，沙亦不能成饭。所以，淫戒是修行之大戒。

18. 有牵挂便无解脱

除离苦得乐之外，修道的终极目的只有两个：阶段性解脱的往生和终极的究竟涅槃。光明大手印追求的是后者。不过，在香巴噶举的教法中，大成就三身俱足，只要他有发愿，他可以依托修成的幻身，智不入轮回，悲不住涅槃。

佛法有教有证。所有教理，一定要体现在事的解脱上，才有意义。就是说你遇事时不生迷惑，也不感烦恼了，你就是真的明白了。当下的契入本觉，同样需要事上的证来体现。在教理上需要逻辑思维，在证上反而要破除逻辑思维，因为逻辑思维就是所知障。而证是一种直观的智慧，无须思考，自然可以把道理上的明白运用到处理生活、工作的所有事情当中。没有善知识指导时，应当研教以明理，比如阅读一些经典，从中思考和分析道理；有善知识指导时，善知识的开示就是教。

比如，要是有了某种机缘，一些外道也会产生类似于明空的觉受，那他们是不是证得了明空大手印？显然不是。要知道，大手印是佛教解脱独有的智慧产物，没有破执的外道，无论他们产生怎样神奇的觉受，只要不破除对“神我”的执著，就不可能得到解脱的妙果。有执著，必无解脱。执著，就是牵挂，就是你心里放不下、总在念想的事物，就是会打破你内心平静的东西。

哪怕他牵挂佛国而往生，也不是究竟的解脱。如果某个上师临终，要往生到某个空行佛国，你觉得他境界高吗？他是不是比慧能高？书中充满了这样的大成就师，最后要往生某个空行佛国，这是不是究竟的解脱？难说。要是他还有往生的地方，就代表他还不是究竟解脱，不是最究竟的成就。一来他还有二元对立，二来也没放下所有执著。要是他真正究竟成就了的话，那他肯定不是往生到极乐世界或别的什么地方。为什么呢？因为有相瑜伽修到后来，修成某个东西而执著于它的时候，是很难破相的。但难也要破，因为破不了就不能解脱。所以你必须明白它们都是不究竟的，是梦幻泡影一样的东西，舍弃它，只保任住这颗湛然空寂、了了分明的真心，才能轻松自在地迈向光明的彼岸。但这彼岸其实一直都在你的心中。不过，一些大成就者说往生，有的是自己的发愿，有的是在安慰弟子。

所以，了义地说，有往生就不是究竟的。有往生就有牵挂，牵挂将往生的地方，这说明还有二元对立，[illegible]把极乐净土与娑婆世界分开了，认为它们是二元的，你要离开这里，去那里。这是还没有完成一味瑜伽的表现。圆满了一味瑜伽之后，就没有分别心了，没有我佛，没有二元对立。

不过，佛法需要对机，有什么样的烦恼，就需要什么样的佛法来对治，但这些佛法都是平等的。对每个人来说都不遥远。如果觉得遥远，那是你心中的所知障作祟，它给你造成了心理负担。也不要觉得做什么事很困难，困难同样是心中的所知障作祟。心里没有它，做的过程中就感觉不到它，所以要当下快乐，当下明白，同时也随缘于当下。要知道，迷了就是众生，觉了就是佛，觉悟只是一念之间的事。

当然，许多成就者为了度众，为了行大愿，也有发愿不入轮回、不住涅槃，而行菩萨道者，他们可能会以往生或其他世人能接受的形式，实现自己的利众大愿。许多大菩萨不住涅槃，非不能也，是不为也。他们是为了更高意义上的度众和利他，如地藏王菩萨、观音菩萨、文殊菩萨，如琼波浪觉。

也有一些大成就者虽然证得了究竟，但仍然说自己往生佛国了，这属于一种方便说法，因为涅槃是无法言表的超越状态，世人无法理解，那么他们就用世人所能理解的往生之说，来安慰弟子和世人的心。香巴噶举诸上师传记中的往生之说，即属于此类。

19. 唐僧为何能当师父?

《西游记》中的取经之路非常像修道，唐僧的三个徒弟都是神通广大，虽然毛病很多，但由于对师父的信赖，就能认准目的地，取到真经。

我跟陈亦新有过一个讨论：唐僧为什么能当师父？结论是：唐僧的慈悲、无我、宽容、目标明确、能拒绝诱惑等等，保证了取经团队的最后成功。

西行路上困难重重，有好几次，团队要面临散伙了：孙悟空要回花果山，猪八戒要回高老庄，沙僧要回流沙河，这时，只有唐僧信心不退，拒绝诱惑，决意西行。没有唐僧的坚定，就没有

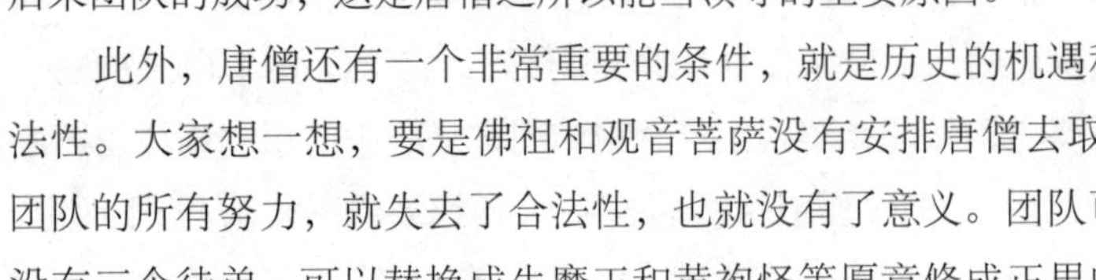

后来团队的成功，这是唐僧之所以能当领导的重要原因。

此外，唐僧还有一个非常重要的条件，就是历史的机遇和合法性。大家想一想，要是佛祖和观音菩萨没有安排唐僧去取经，团队的所有努力，就失去了合法性，也就没有了意义。团队可以没有三个徒弟，可以替换成牛魔王和黄袍怪等愿意修成正果的妖精们，但要是没有唐僧，就没有去西天取经这个平台。这便是历史机遇和合法性的重要意义。一旦猪八戒们因为信心和选择的原因，离开了取经团队，他们便永远是个妖精。

要是没有对上师的信心，大手印的所有修行都没有意义。就像没有对唐僧的追随，猪八戒无论如何努力，也仅仅是个妖精，他甚至会因为他的努力，造下更多的恶业；沙僧亦然，在流沙河的时候，他甚至还会吃人呢；至于孙猴子，神通越广大，捣乱越厉害，连天宫都能搅得一塌糊涂呢。

金刚上师要具备唐僧的所有特点：慈悲、无我、目标明确、能拒绝诱惑、有合法性等。其中，合法性便是清净的传承和历史的使命。需要强调的是，我这里所说的上师，是真正的成就上师，而不是时下的那些貌似上师者。上师不一定要有出家相和法王名头，但他一定要有智慧和慈悲，一定要彻证空性智慧。

关于上师的重要，在金刚乘的书中常常谈到，上师法是修行各阶段中最重要的内容。在密勒日巴的故事中，对上师的虔信和祈请贯穿了他的一生。

所以，我老说资粮就是信心。要多亲近善知识，一旦找到了善知识就要保持净信，信根一旦坏了，法缘就尽了。密勒日巴在大圆满上师处就是这种情况，上师告诉他："我和你不相应，你到玛尔巴那里再去求吧。"马祖道一跟前有很多弟子都开悟了，但有一些人，他就没有办法让他们开悟，因为他们对马祖没有信心。

有时，因为长时间跟善知识在一起，弟子看到上师又是感冒，又是打喷嚏，弟子就可能产生邪见，认为善知识肯定没有证悟，要不怎么会跟凡人一样呢？这时信心就会退转，生不起信心就不会产生任何功德。这时弟子一般会离开，去找别人。这也是为什么许多人乱投师乱学法的原因。这是非常糟糕的。许多人就成了佛油子，到处乱跑，貌似有信仰，观其行履，却不如一般人。

因此，许多教派提倡一门深入，除非你有特殊的大因缘，得到上师许可，否则不提倡乱学。

在我的《光明大手印:实修心髓》和《光明大手印:实修顿入》中，我讲过菩提心，也讲过三昧耶戒，实质上，菩提心虽然很重要，但三昧耶戒比菩提心更加重要。违背了上师教言、毁坏了三昧耶戒，就是动摇了根本。当你毁坏了根本戒时，你是不可能生起菩提心的，因为上师是佛教精神、文化、教法、思想的载体，上师不仅仅代表他自己，他是佛法僧三宝的总集代表。因此，成就的前提，是对上师保持足够的敬畏和尊重，其中最重要的，就是为你开示心性的那位上师。

在金刚乘的传统中，开示心性也称为大光明灌顶，是所有灌顶中最殊胜的灌顶，也称为句义力灌顶或语辞灌顶，或者叫大手印灌顶。在上师为你开示心性的那时，在你心光焕发的那时，你就跟上师构成了三昧耶誓约。这是你日后源源不断地得到法界诸佛菩萨光明加持的保证。有了它，你的智慧之烛才能燎原成智慧大火；没有它，你对心性的理解便仅仅停留在"理"的层面。因为，所有佛菩萨的加持，只能以你对根本上师的信心为依托。没有相应，便没有加持。要是你得不到佛菩萨的加持滋养，你单纯的理悟便容易流于狂慧。所以，你一定要破除所有名相，准确地认知谁是你的根本上师，明白你究竟跟谁构成了三昧耶誓约。你千万不要受知识和概念的左右而错认了定盘星。要知道，那为你开示心性的根本上师的体性是报身佛。

你要无我地实践根本上师的教诲，要像守护眼眸一样守候你的三昧耶誓约戒。你一定要俱足清净的心地、强烈的信心和无缘的慈悲。慈悲和信心应该贯穿于你的一切行为之中。当你如法地实践从根本上师那儿得到的心性教授，忆持和守护从根本上师那儿传递下来的光明时，慈悲和智慧才可能生起。记住，传承的清净和对根本上师的信心是金刚乘的成就密钥。离开它们，根本不可能有成就。当你对上师的信心一断时，传承中的加持力就断了，好多东西也就丢了。你可以理上明白，但永远证不到那个东西，这就变成了一种狂慧。有人谈密说空头头是道，观其行履却一无是处，他自然证悟不到那个东西，这也是世智邪辩才，这是佛教所说的八难之一。

密勒日巴有个太阳般的弟子冈波巴，还有一个月亮般的弟子，叫惹琼巴。惹琼巴很了不起，是大成就师，一辈子跟着密勒日巴修行。密勒日巴圆寂的时候对惹琼巴说，你还得三次到人间，因为你三次违背了上师教言，还要再转到人世，做三世的大班智达。因为惹琼巴的所有成就，都来自于密勒日巴一袭上师的传承中的加持力。按密乘的说法，违背上师教言是最不吉祥的。热系大威德金刚首传祖师热罗上师之所以要转世再修，原因也是如此。

我有个学生，已明心见性，开始也很稳定，可是他有怀疑，遂去禅宗寺院印证。印证的高僧也认为他开悟了，问谁让他明白心性的，他不好意思说是一位居士，就说是一个有影响有名气的活佛。以是因缘，他就退转了，总是怀疑真正的大手印不会这么简单。这就是修大手印常出现的四种错误之一。后来，他亲近恶友，就把所悟丢掉了，他定力丧失，杂念如雨，永远安住不了真心，后来诸病缠身，无法修行了。这就像灯烛虽然亮了，但油太少，很快就燃尽了，油一枯，灯就灭了。要是有足够的信心，能真正相应，就像是灯泡接入了供电系统，有了合格的电路、电流和灯具，一开启开关，灯就亮了。灯一亮，黑暗就没了。只要电流不断，线路灯具不坏，光明便无量了。

有一些进入见道的人，一旦对上师丧失了信心，便立马堕落了。可见，开悟的那点儿烛光要是没有信仰的力量，很快就会被邪风吹熄。在过去的多年里，我身边也有一些明白真心者，但后来真正能坚持并成就者，比例并不大。因为即使在明心见性之后，要是对上师的信心不足或是丧失，他得到的一切都会失去。有一些人，没有明白心性时，还能有信心，像个信仰者，一旦明白心性，他们反而会生起邪见，堕落下去。因为他们不相信，明心见性会如此简单。当然，也有一些人，因为狂慧，而堕落得更远。也许因为这个原因，密乘中有个根本戒律，不对机缘不成熟的人开示心性或谈空性。时下，有一些培训机构，不管学员根器如何，乱谈空性、觉性，随便谈密说空，虽然得到了一点儿效益，但种下的，也许是堕金刚地狱的种子。有不少人，就真的导致了不吉祥。

有时候，一些朋友机缘虽然成熟了，也明白了真心或心性，但由于信心的丧失或戒律的失守，他们仍然会由悟返迷，甚至丧失慧命。而一些人要是破了三昧耶戒，往往会招致不吉祥，有几位朋友的命难，便是破戒的结果。几十年前，我看传统的金刚乘经典书时，发现书中老是谈到破戒导致的恶果，那时我以为是大菩萨度众的方便，后来发现，那些破戒者，竟然是真的遭遇了厄运和命难，有些甚至是立杆见影。我身边的朋友，都能举出许多例子。也许，老祖宗的说法，是有其道理的。这是我多年来观察的结果。

所以，当我们真正修习一种教法时，一定要遵循它的规矩和戒律，这就像我们坐飞机，必须通过安检一样，违犯规定带违禁品上机，或是不遵守规定者，必然会受到惩处。

此外，一定要明白，成就是一种生活方式。唐僧取经团队的修行之路就是向西天跋涉，孙悟空的修行方式就是保护唐僧降妖捉怪，这也是他们的生活方式。

哪怕你真的成就了，要是你不去利众，那种所谓的成就，也仅仅是自娱自乐而已。所以，真正的成就，必须建立在净信上师、放下执著、利益众生方面。

成就之前，我们要“寻找”成就，铸就成就；成就之后，我们实践成就、展示成就。成就者要用一生的时间——我差点说生生世世了——来为世界展示如何成就、什么是成就、成就之后怎么样。所以，我老是对我身边的志愿者说，你们不仅仅要读我的书，还要看我如何活着，看我如何对待他人和对待世界。我要求他们：我怎样对待你们，你们就怎样对待世界。没有生活方式上的无我利他，没有对执著的破除，就没有成就。很多熟悉并了解我的学生和读者，之所以对没有披袈裟的我特别有信心，愿意看我的书，除了从书中能得到智慧营养之外，还因为他们知道了我是如何活着的。从每天凌晨的睁眼开始，一直到睡觉时的闭眼，我做的所有事情，都是无我的利他和奉献。而我对世界的索取，仅仅是中午的一点儿饭菜和零食。要知道，这不是一天两天，是经年累月的生命常态，是几十年如一日，所以我才有那么多的著作，还做了那么多的事。

有时，我也会遇到一些诅咒我仇恨我的人，我对待他们时，仍然有着对待父母那样火热的心。

一天，一位朋友问我，雪漠是佛还是魔？我说是魔，但我希望你也当我这样的魔，每天都去做无我利众的事，而不要做你这样的佛，每天吃喝嫖赌。所以，许多时候，你做的事，会证明你自己。

2016 年 1 月，我在网上开了一个微店，由我自己打理。早上上厕所时；或是中午饭后休息时，我处理订单。每天总要花一点时间，但我在花这些时间时，也是安住真心，持着宝瓶气，这样一来，也就算是修行了。一位朋友不理解我，问，雪漠，你为啥用黄金买不来的时间开微店？我说，因为我们有几十号人要吃饭。我学习那些禅宗大德，背米上山，供养僧众。因为早年广州市香巴文化研究院的所有开支，都是我自己的稿费。后来，一些朋友成为理事，或是购些字画，就解决了部分费用，但大部分经费，包括那些巨额的翻译经费，大多都由我解决。我也将做这事，当成了一种调心工具。儿子开了淘宝网店，我要了过来，研究院用。儿子开了微店，我也学习了，自己再开，目的是我想通过自己的劳动,帮助更多的人。儿子玩笑说,爸爸总是从家人口里抢出食物，送给别人。我笑道，正是因为这一点，才能当你爸爸，你应当骄傲才是。

真正的成就，是一种生活方式。

20. 真心即是心头的佛

见到空性之后，要安住于本元心，在那种自在的状态下行住坐卧，触目随缘。你可以观想，也可以持咒，但要安住于本元心，安住于明空状态，安住于明空之心，保任它就行了。这时候，不要贪婪，不要仇恨，不要忧愁。要快乐无忧，我即是佛。

释迦牟尼佛的好多经典，都讲了这个内容。在二十五个圆通法门中，也有许多修法。它通过眼耳鼻舌身意，和色声香味触法，以及各种其他因缘，观四圣谛，或者观缘起性空等真理，证到光明，实现寂灭。心寂了，烦恼便息了。就是说，三藏十二部所有的经典，就是让你明白烦恼之因，然后去除所有烦恼。在明白这个道理之后，你就去实践它。如果不明白的话，这时出现的所有神通都没有任何意义。而且，有时神通反而会成为一种魔障。见性之前，你如果拥有神通，是很难破执见性的。因为你一旦拥有神通，很大程度上就会执著这个神通，一有执著就很难见性了。这时候，神通会成为一种障碍。

比如，见性前你要是有了他心通的功能，总能知道别人对你到底是喜还是恶，就难免会产生烦恼，因为这时你还有分别心。

要是你把这个神通应用在生活当中，便会对它产生依赖，多了一种执著，更难以明心见性。所以，在弟子明心见性之前，成就上师不希望他出现神通。如果出现这种状况，成就上师还要帮弟子马上把它扫掉，以免出现障碍。

我的几位学生，在见到我之前，有一些神通，但见到我之后，他们发现那神通没了。还有几位朋友是萨满，有附体现象，身体一直不好，但跟我接触后，那些神秘现象都消失了。他们不解，问我，我开玩笑说：我把他们都收为护法了。

究竟智慧源于明心见性。证道之后，把习气也除掉，那时才会有真正的大神通。只是到那个时候，你已经不再执著这些了。因为你眼中的万事万物，皆归于平常心的大海。有了平常心，一切便了无牵挂，连成就都不牵挂了。

这里所说的平常心，是指证得空性的心，是证得空性而不执著空性的心。最后在无学双运中证到的那个，就是平常心。这个平常心，当然也是“即心即佛”的那个真心。由保任真心而证得空性，真心和空性合二为一，真心即空性，空性即真心。

圣者坦坦荡荡，心中了无牵挂，名利和世间一切都不能在我心中留下痕迹，不能牵绊我的心。因为在纵横天下时，圣者也安住于本元心。不过，你不能因为因果不离空性就去作恶，就去偷东西杀人。因为，因果性空相不空，种善因者，得善果;种恶因者，得恶果。作恶者是很难解脱的。所以，无论你看到了什么，都要安住于本元心中，不动不摇，不要被现象所牵引，把所有事情都当成随风吹来的柳絮，不要管它，更不要执著地想抓住它，任风把它吹到别的地方去吧。

《五灯会元》中讲了这样一个故事：某僧问大随法真禅师，劫火洞然，大千俱坏，不知“这个”——佛性——还坏不坏？大随说:“坏！”这个和尚有些不明白，又问道:“那么就随它去坏吗？”大随说：“是的。”和尚不明白，佛性不是不生不灭吗，为什么会坏呢？后来，他去请教投子大同禅师，投子禅师一听，马上燃香，向西方礼拜，说："想不到西川有古佛出世。"不过，在大手印的体系中，真正的佛性是超越了好坏、善恶等二元对立的，佛性也超越了坏与不坏的局限，犹如虚空，虚空不坏，佛性亦然。

什么意思呢？就是说，所谓好坏也是自性的显现，是分别心生出的概念，所以不要用分别之心判断眼前一切，更不要因为这种判断对它们或喜或恶，要一切随缘，不生分别，安住于真心，观一切的起起落落。这是大手印的修法之一。它强调心外无佛，所有的佛、所有的菩萨、所有的净土，其本质都不离我们的本元真心。佛是心，心是佛，但那心不是凡夫之心，不是整天胡思乱想的妄心，而是真如之心、明空之心，不生分别俱足慈悲的那颗心。真心中无美丑，同一幅画，有人认为美，有人认为丑，只因观者心中各有自己的尺子。

如果不硬是给自己一个名相，那么妄心从何而起？如果生不起妄心，用真心面对世上一切，而不是用分别心审视万物，这个世界就非常美好了。当修到这一阶段的时候，心一定会达到自由自在的状态，并因此而快乐无忧。这时，既不要执著世界，也不要想方设法去对治它。无论觉得这个不好要把它消灭掉，还是觉得那个好一定要得到，都不对。假若如此，就是没有摆脱分别心的控制，没有达到心气自在。要达到无执无对治，你的心才叫做常住法身。这时，你就证得了法身，朗然空寂，光明四射，了无牵挂，空空荡荡，触目随缘，快乐无忧。到这时，才是真正的即心即佛，我就是佛，佛就是我，我就是本尊，本尊就是我。

再次强调，这里的心，不是凡夫之心。如果一个凡夫说，"佛就是我，我就是佛"，那就错了，是狂慧。在没有证得空性前，你的心还只是凡夫之心。当你证得了空性，有了明空智慧之后，你的明空之心和上师的明空之心、和本尊的明空之心才是一体的，到那时，才可以谈到无二无别。

21. 大手印是心灵的王道

前面我们说过两种修行方式：一种是顿悟渐修，大手印便属于这一类；一种是渐修顿悟，道次第便属这一类。两者的关系，有点像道家所说的先修性和先修命。性，就是心性;命，就是身体。古人大多提倡性命双修：有些是先修性，后修命；有些是先修命，再修性。不管先后如何，修到最后，都要达到性命双修。

再举个例子，假设我们被困在一个代表六道轮回的玻璃瓶子里，找不到出去的路，只能在杯子（即轮回）里转呀转。修道次第相当于在瓶子中选一个地方凿洞,菩提心、正见便是凿洞的工具。我们一直凿，直到生起次第圆满，然后再凿，凿到证得幻身，得到光明，洞就凿通了，你就能从瓶子里跳出来，才算成就了，解脱了。那么光明大手印怎么做呢？当你见到具德上师，并信心俱足（相信上师是佛，相信自己是佛，相信修习正法即可成佛）时，便仿佛有了一把信心的铁锤，这把锤子会被赋予神圣而巨大的力量,你只要全心全力一击,就能一下把瓶子砸碎。瓶子被砸碎之后，你就获得解脱了。

这两种方法，最后证得的东西是一样的，无论你选择哪一种，都可以得到解脱。只是情况不同，对治的办法也不一样而已。如果明明是后一种情况，却仍然教前一种方法，一部分人就会被耽搁，浪费大量时间。所以，道次第和大手印无分高下，都非常好，只是因缘不同，才有了选择上的差异。禅宗的慧能和神秀，便是一个先顿悟再渐修，一个先渐修再顿悟。结果都一样。所以，最重要的不是药方本身，而是对症下药。

神秀的观点跟道次第相似,他认为“身是菩提树,心如明镜台,时时勤拂拭,勿使惹尘埃。”噶举派提倡道次第,也讲大手印。比如，当弟子去见冈波巴的时候,冈波巴就先像本书中这样,从心性谈起，让弟子首先明白什么是真心，什么是本来面目，然后让弟子直契大手印。因为上师证得了大手印，他就能把他那种证量传递给你，让你见到空性，直接契入大手印，并不断加持你。没有证悟大手印的人，是没法让人明心见性的。这时，他也可以去持咒，或修本尊法、修生圆二次第，通过拙火等见到光明。所有法都是为了让行者见到光明、证得光明的。

光明就是空性，也是我们所说的真理，它是法界的本有真理。不同宗教有自己的本源，但除了佛教之外，其他宗教的名相虽异，本质和表述却很相似，西方称之为天主、上帝；有些教派称之为真主、梵天。佛教跟其他宗教不同的，是世间法和出世间法的区别，其他宗教不追求最后的破执，相信有一种真实存在的本体，例如上帝、梵天、真主等等。但佛教连对佛、对大手印、对智慧、对空性的执著都要破除。佛教修行就是扔掉心里的垃圾，比如贪婪、愚昧、欲望、傲慢、嫉妒、仇恨，和诸多其他的习气，扔到最后，就只剩本有觉性，它明白、干净、朴素，它就是大手印。

有人问，大成就者最后连大手印都要破除吗？是的。但我们是破除对大手印名相的执著，而不是不承认智慧。修习拙火，证得幻身之后，再精进下去，就会证得光明。这时，光明和幻身双运圆融，会进入无修瑜伽的境界，这就是果位大手印。这时的大手印已不是理上的大手印了，不是游离于生命之外的存在，而是生命中摆脱不了的空气和光明，你无须记住呼吸，也自然会呼吸，所以你无须记住大手印，也自然在实践大手印。这时，你就进入了无为法的阶段，你的光明也不会丢失了。但是，在打碎所有执著，包括对大手印的执著之前，你还到不了这个层次。

在我心中，心和世界是一味的，心就是世界，世界就是心。我和别人在一起时，从来不把他们当做游离于心外的存在，我感觉我在和自己对话，不会因为前面坐着美女，心就砰砰乱跳。这时，所有外现已经无法干扰我的心了。我绝不会挖空心思地想要说些什么话，达到什么目的，我只是随缘地说话，仅此而已。只有当

心属于自己，没有任何束缚时，你才能做到这一点。这时，你也就解脱了。但这颗心里，还有一种独有的、证得的东西，我们称之为三身五智。它不仅仅包括世间法，更重要的是出世间法，这也是那些达到“耳顺”“从心所欲不逾矩”的人，跟出世间证悟者的区别。只要有矩在，那就有牵挂。

香巴噶举将空性称为光明，只有你证得那光明的时候，才升华到了出世间,否则你会永远停留在世间法层面。有些人修得很好，品行也特别好，也能达到一种境界，但如果没有证得空性，就仍然属于世间法。

我刚才说到，当一个孩子非常灿烂地向母亲笑时，那种真心状态很是难得，但孩子不是成就者。同样，世间法修得很好的人，也可能达到婴儿状态，道家称之为“赤子之心”。“复归于婴儿者”可能得道，但真正的婴儿不能得道，因为他没有智慧，没有慈悲，没有大力。历炼红尘，然后看破红尘，证得空性，复归于婴儿般的纯净，就有了超越，再把超越的名相也扫除之后，就可能得道。没有这个修炼的过程，婴儿就还是婴儿。那超越的部分，就是大手印的出世间法。

有些圣人虽然一开始修的是世间法，但他们照样可以得到出世间法的成就，因为他们有清净心，也有正见，所以能契入出世间法。世间法和出世间法的区别，重点就在于正见。当有了正见之后，接下来就要拥有菩提心、出离心。在这三点中，正见是最重要的，有正见，才谈得到别的东西。如果一个人没有正见，他就仅仅是个庸人凡夫。菩提心、出离心和正见是解脱必不可少的三个要素，而所谓解脱，就是大手印。要是有了前三者，即使没有大手印的名相，他证得的也是大手印的境界。反之，就算一个人名义上在修大手印，他如果离开前三者，就绝不会解脱。

总而言之，佛教认为，让人找到真心、证得空性的，就是正修;在真心之外找别的解脱，就不是正修。比如，让身体变得很美，寻求心外的东西、寻找生理的感受、寻求佛祖的保佑，或是寻求其他东西，修行就没有终极意义。有些灵修领域也有很好的老师，但要是不能达成升华，不能破执，就停留在世间法修炼的层面了，不是终极成就。只要你追求心灵绝对的自由和解脱,你就必须破执，否则，你就有可能因欲望而堕落，或因有所依托而失落，你的所谓解脱也不会彻底。比如，有人念咒子就很快乐，观想佛像就很快乐，或是把自己关在房子里，不见人就很快乐，但他不念咒子就不快乐，不观想佛像就不快乐，见了人也不快乐，那么他就是不自由的。不管你依托于外在的什么条件来得到快乐和自由，你其实都没有解脱。而这种依仗外物的修炼，在佛教中，也只是初级阶段,甚至可以说还没有进入真正的修行。真正的修行,是破执。

所以，佛教是非常积极的，它追求的，是打碎心灵所有的依赖性，证得无条件的快乐，让人成为心灵的王者，而不是世间法追求的离苦得乐。这种没有条件的快乐，就是涅槃之乐，它是超越苦乐的大宁静、大自由、大安详，因无为无执而不可动摇。追求这种境界的，就叫正信；想通过满足某种欲望，比如得到某种心外之物来得到快乐，就不是正信。

当然，佛教也允许追求那种不究竟的快乐，我们称之为世间法，比如人天乘就是这样。但它不能代表佛教的终极追求。佛教的终极追求是涅槃之乐,也是一种“无缘大慈,同体大悲”的境界。在《西夏咒》中有这样描述：“有大快乐而无欲望，有大悲悯而无烦恼。”到了这种境界，你的心才真正属于自己，你才是自己心灵的王者。

22. 你的智慧能用于生活吗?

你真能做到心如明镜朗照一切，但内心不起波澜时，你也就认知了真心。但这时,你仅仅是得到了修行的门票,也正是在这时,你会清清楚楚地看到自己的习气，因为你渐渐有了智慧，能观照自己的起心动念了，那么你就有了反省的能力，知道自己有什么毛病了。于是，你也就真正踏上了心灵的战场。

八十四大成就者中的卢伊巴，曾在这个时候专门吃鱼肠，为的就是打碎最后的一点分别心，打碎自己的傲慢。如果你有上师，上师可能会对你进行各种你意料之外的训练。比如，有些上师可能会表现得非常狂妄，但狂妄只是他的一种表演，他们的内心其实像天空一样明朗无执。那显现上的狂傲，只是对治一些人的习气而已，像冈波巴刚拜密勒日巴为师的时候，密勒日巴就用这种方式打碎过冈波巴的傲慢心。当时，密勒日巴要给冈波巴传大手印，但冈波巴说，我学过噶当派的大手印。密勒日巴便说，那算什么大手印？你还是跟我学大手印吧！当时，密勒日巴就显得非常狂妄，但实质上，这只是为了破除冈波巴的慢心。有时，如果某个弟子的毛病怎么都改不了，那点污垢怎么都擦不干净，上师也会找一把“嗔忿”的锤子，一下把那个东西给打碎。这时，你一定要相信上师，不能误解上师，要仔细地保护自己的虔诚心和恭敬心。

当执著完全破除时，真心就会朗照你的生命，你就会契入大手印。当你进入离戏瑜伽时，你的烦恼障就渐渐消失了，你就会强烈地体会到世界是一个巨大的假象。我在契入光明大手印后的多年里，心里没有任何欲望，整天就像生活在梦幻之中，人就像影子一样地飘，觉得没有任何东西值得执著。后来，我连这觉受也不执著了，只是随缘做事，不生分别，快乐无忧，了无牵挂。当你的生命中能恒常地这样时，空性智慧才真正地生起妙用。如果没有稳定的智慧体验，书上的东西就还是书上的东西，跟你没有关系。

所以，在修行上，我们要做到“战略上藐视敌人，战术上重视敌人”，那“敌人”不是别的，正是我们的分别心。就是说，我们在见地上可以更高远、更超绝、更博大，但实践起来，则要扎扎实实，把自己当成小学生，仔细观察自己的起心动念，不要因为你有大手印见地就沾沾自喜，也不要因为你见到真心就有所懈怠，更不要认为有了上师的加持、有了殊胜的密法，就能不修而证悟，这是不可能的。不修行就没有定力，诱惑一来，你就会丢了真心。要知道，扎实的行履，是你历炼红尘最好的保障。

历炼红尘时，你一要修忍辱，二要清习气，目的都是破执。

忍辱是六度中很重要的内容。这一关很不好过。有些禅师修成后，会在山上专门养一群猴子整天折腾自己，看自己生不生气。这就是为了修忍辱。如果你连别人的侮辱都不在乎，仍然能保任真心，你的悟境就很坚固了。关于这一点，我常跟学生们说，要把自己化成一粒尘埃，低到泥土里，任万人践踏。因为心一旦低到尘土里，你也就有了无数的老师。这时，谁都不能让你生气，谁都不能折磨你，你可以完全掌控自己的心，你怎么可能不自由呢？当我们把自己变成尘埃，化为污泥，任人践踏之后，还能在污泥中长出超越的莲花，我们才算成就了。所以，西部人说“水低为海，人低为王”。

当我们转换一下价值观，就会发现忍辱这一关的重要性。佛祖前一世曾被称为忍辱仙人，那仙人专修忍辱，修到后来就没有忍，也没有辱了，忍和辱的概念都破除了。任何事对他来说，都不再是侮辱，也不能伤害他的心，他也就自由了。但这一关确实很难过，有些人都修到一味瑜伽了，习气还是清不掉。所以，对大部分人来说，这一关都会非常漫长。

在古印度八十四大成就师中，大多用了十二年时间来清除习气，之后，他们证悟的光明才会真正照耀他的人生。也许，十二年跟人的生命规律有关，所谓的改造基因，是需要时间的。

我常说，成就是一棵树，它的达成需要时间。这一点也像人

的成长，像我的孙女陈清如，今年两岁多，虽然很可爱，但没有成人的大力，她要想长成美丽的少女，着急是没用的，还需要时间。修行也一样，我们不要着急，只要我们坚定信仰，不断努力，成就会像成年男人长胡须一样自然。

前文中说过禅宗的破三关,破除初关,也就是刚刚明心见性时，行者是必须闭关的。因为他要借助清净的环境，让那个东西稳定下来。但稳定下来之后，因为没有经过验证，他还没有完全彻悟，这时,他就要到生活中磨炼心性,看看自己能不能在事上打成一片。到了真的事事无碍时，他才算成就了。有一位高僧，讲法时头头是道，谁知一遇到事情，就立马痛哭流涕，情不自已。这说明什么呢？这说明，他理上明白了，但事上还没有坚固之力。

那么，坚固之力从何处来？从每天的定时修炼中来。我的上座修行，可以说是雷打不动的，不管生活中发生了什么事——哪怕我的弟弟去世了，我受到了毁灭性的打击——我都一定要修炼。你也要这样。不要说你可以在行住坐卧中保任,这在后来是可以的，但在最初,你的智慧还没有那么牢固。你哪怕每天只修一两个小时，也要坚持修下去。那么，你安住的时间就会慢慢延长，你就能渐渐地把光明打成一片。到了后来，哪怕走路、吃饭、穿衣，你也安住在空性光明之中。到了最后，你也就真的不动不摇，行住坐卧都是修行了。所以，我一直要求陈亦新和他妈早上共修，每天都雷打不动。虽然鲁新云每天要诵六遍《金刚经》，但这是她自己的功课，代替不了早上的共修。

禅宗二祖到了晚年，把教法传给三祖之后，就进入屠门妓院修行，看自己身处屠门之中，遇到杀猪时心会不会动；看看身处妓院，听到风情万种的妓女们打情骂俏时心会不会动；看看自己遇到世间的纷繁万物时，心会不会动。慧能同样如此。他开悟后的舂米,就是在保任真心;五祖为他讲《金刚经》,就是在给他印证，并进一步为他开示心性；之后，他到猎人堆里待了十多年，这十多年既是保任的过程，也是磨炼心性的过程，十多年过去后，他的证悟就非常稳定了。世上万境，都不能改变他本有的那种明空智慧了。所以，悟道后的坚固力非常重要，而修坚固力的方法也很多，此处不作过多的讲解。

前面说过，拙火和幻身就是修定力的方法，但修大手印时，是没有幻身或拙火这种说法的，它们属于方便道。大手印只有专一瑜伽、离戏瑜伽、一味瑜伽和无修瑜伽这四个阶段，每个瑜伽都有三个台阶，所以大手印分为十二个台阶。要是我们修五大金刚生起次第，圆满之后，你可以修幻身和光明。在身远离、意远离、语远离之后，就出现幻身，证得光明。所以，二者是两套不同的话语体系。

幻身跟道家的阳身有点像，但阳身在道家修炼中不算最高的阶段。道家修阳身，只需三年左右，但“虚空粉碎”可能要九年以上，加起来也是十二年。

虚空粉碎和我们讲的破执很像，就是要把对修成之物的执著给破掉。不执著时，就容易契入空性。道家没有契入空性的说法，但虚空粉碎不执著一切后的“炼神还虚”和“炼虚合道”，都非常接近明心见性——至于能否真的明心见性，还需要开悟者为修行人开示心性。

在道教行者之中，只有上根之人才能从心性入手，其他人一般从小周天入手。幻身和阳身的区别在于，幻身无执，阳身有执。在《光明大手印：实修心髓》中，我曾具体介绍过幻身等修法，有兴趣的朋友可以去看看那本书，此处不赘了。

我说过，真正意义上的保任，其实是守护你跟上师的三昧耶誓约，能够守约，才能打成一片。所以，对行者来说，明白真心并不是最难的，保任才是最难的。对保任功夫的考验，在于环境，在于信心，也在于生理。许多时候，心理上的烦恼，也是生理的疾病。按金刚乘的说法，便是脉结的纠结。所以，你既要安住自

性，不离祈请，最初时也要打坐，更要守护信心。只要信心俱足，悟境就不会丢失，就像火一旦点燃，只要不被邪风吹熄，而且有足够的柴火，那火总是会燎原的。那邪风，就是恶友。所以即使明心见性了，也要远离恶友。

23. 触目随缘，快乐无忧

有些人明心见性之后，就会从里向外渗透出一种喜悦，哪怕某种外现的东西有时可能会影响你的情绪，也不过是一种表面的东西,你内心的喜悦很快就会把它冲淡。那诺巴有一个很好的比喻，他说，明心见性之后，就好像把一棵大树的树根斩断了，那妄念的树枝肯定会枯萎的。

那诺巴说的那棵大树就是妄心思维之树。虽然树根被斩断之后大树仍然活着，但它会慢慢枯萎。就是说，当一个人明白心性之后，他那棵思维之树、轮回之树就会慢慢枯萎，虽然那过程也许是漫长的，但是在此过程中，他会变得越来越稳定，越来越明白。因为，好多习气都被清除了。有的人也可以不经过这个渐修的过程，就顿悟顿证，即开悟和证道是同时的，比如成就者奶格玛。

修大手印时，当你真正见性，在见地上明白之后，只要做到两个字就可以了——“放下”！当下放下，当下解脱，所以放下就是解脱。放下对外部世界的各种贪求，修炼自己的心灵。要知道，哪怕一个人有生理缺陷——比如那些残疾人——只要他有一颗明白的心，他得到的快乐、幸福，也不会比健全者更少。因为，幸福与否，取决于心灵。

所以，每天都处于空性的觉悟之中，清明于当下，自然能触目随缘，快乐无忧。喝茶时，你专心体会那柔滑如丝绸般的暖流，以及悄悄发散开来的浓郁茶香；走路时，你专心倾听车声、人声，不远处惹人怜爱的鸟啼，甚至一块小石子的滚动声；下雨时，你专心感受从天上掉落下来的那些晶莹剔透的水滴，聆听它们溅落在水泥地上、草叶上、窗台上、伞面上的响声……心无杂念，专注于每一个当下，你就会发现自己变得像孩子一样，生命中的一切，都能让你心生喜悦。但当下很快就会过去，下一个当下又有不一样的快乐。人的一生，就是由这一个个当下构成的，就像一块块砖头，构成了生命的大厦。抓住每一个当下的快乐，就构成了快乐的人生；抓住每一个当下的幸福，就构成了幸福的人生；抓住每一个当下的明白，就构成了明白的人生。因此，你不再执著地想要留住当下，也不再执著当下让你喜悦之物，只是专注而快乐地感受每一个当下。这便是触目随缘，快乐无忧。

那么如何做到这一点呢？首先，就是不要在心外找快乐、求富足，不要问任何人要快乐、要富足，甚至不要向佛菩萨要。永远都要明白，当一个人始终伸出手去问世界要东西时，他是一个乞丐，他是贫穷的。只有当他放下心外之物，连心物的区别都放下时，真正的快乐才会出现。这时，他也许会很想要贡献世界，也就是我常说的做事。至于做事的方式，每个人可能有所不同。有的人会选择物质，有的人会选择精神，我觉得都很好。我自己，也会随缘选择任何一种。身边有些向上、向善的孩子需要物质帮助时，我就尽力帮他们一把；有些人希望我解答一些心灵层面的问题时，我也会随缘告诉他们一些东西。我只管提供助缘，不求回报，也不计结果，因此总是快乐无忧。如果你也能做到这一点，就会像我一样，活得逍遥、自在、明白、快乐，同时也能实现你活着的意义，创造一种能留下去的价值。所以，你要问自己，你选择了怎样的生活方式，你就是怎样的人。当你做出选择之后，你就别管过去，别念未来，督摄六根，做好眼前的事情，简单、朴素、干净地活着。因为，世上一切

都是幻觉，生命和人生也是巨大的幻觉，你留不住的，既然留不住，何不快乐些活呢？

当你能做到这一点，能放下一切时，你也就契入了大手印；如果你做不到这一点，你也可以从训练专注力开始，慢慢地开启智慧，追求做到这一点。你甚至可以尝试一些方便道，比如拙火，修拙火有助于契入大手印。修拙火的目的是证得四喜四空。当在四喜四空中出现俱生喜和俱生空时，如果善知识能为你开示心性，你就会由此明白空性。明白空性之后，就以保任空性为主。当然，还可以摄气入中脉，入不坏明点，达成子母光明会。我们所说的光明大手印的光明，便是生起幻身之后的光明。

虽然香巴噶举教法中提倡系统地修习，由奶格玛五大金刚合修法，经拙火成就法、幻身成就法、光明成就法、梦观成就法、迁识成就法、中阴成就法系统而修。但实质上，在明白心性的前提下，只修任何一法都可以得到究竟成就，修拙火也罢，修幻身也罢，到最后都可以证得究竟解脱。这里说的只修一法，并不是说可以走捷径，草草了事，而是需要一门深入。当年，密勒日巴在雪山上专修拙火，整整修了六年，才生起拙火。而现在，有很多人修上几天就想生起拙火，他们的“修炼”像放电影一样，一遍一遍只是在走过场,作用就很有限。那么怎么才起作用呢？过去，我在修行时不离本尊、不离持咒、不离观想，座上座下都在观修、都在祈请，而且我一直在参照佛陀的行为来修正我自己，做一些利他的事。很多修行的要诀,我也都写在长篇小说《无死的金刚心》里了。有缘的朋友可以去看看那书。

24. 不做奴，就是解脱

真正的行者，要把明白的真理贯穿到行为之中，用行为实践自己的明白，而不是让别人去做，自己却另搞一套。现在，缺的不是智慧的经典，而是照着经典去做的人。

就是说，要学会享受生活，享受修行，好好做事，明白地活着。在真正享受修行的人眼里，自己和佛陀并没有分离过，自己和亲人也没有分离过。他们一直在享受共存于世界的快乐，做共同的事情，拥有共同的理想。所以，要学会享受共同活着的快乐。亲人不在的时候，也不要觉得痛苦，因为在与不在，是你的分别心，如果你觉得分离是一种痛苦的话，那么痛苦就真的存在了。如果你觉得亲人和自己从未分开过，那么你就不会痛苦，反而会非常满足快乐。

从究竟意义上讲，心中存在的东西，确实是始终和自己在一起的。因为身体是心灵的载体，思想是生命的程序。

人一旦学会像享受独处那样享受相聚，像享受相聚一样享受独处，就会接受生命中的一切，包括健康、明白，也包括那些不顺心的事。因为他知道，除了疾病带来的折磨之外，许多人的痛苦并不是某个事实造成的，而是源于一颗不明白的心，源于一种执著。执著也是贪婪，它源于自己的愚痴。所以，在真正的修行人看来，好多痛苦其实是自己的心病，并不来自外部世界。只有明白这一点，人才能学会感恩和知足。当你不执著世界，不把现象当成恒常的存在，能享受当下的一切，包括逆境时，你也就解脱了。

很多人不知道自己的痛苦只是当局者迷，所以总想在悟之外找另一个能让他们解脱的东西。究其根本，是因为他们不知道什么是解脱。他们不明白只要完善自己，只要破除执著，命运自然就会改变。他们总想借助某种心外的东西，来让自己活得更好。

这让他们活得非常被动。实际上，解脱就是不再迷惑，就是放下，就是无执。它是一种自由的境界，而不是一句口号，不是脱离生活的另一种东西。

因为，人一旦有了智慧，有了慈悲，能够换位思考，就会明白别人也像自己那样希望得到认可，希望被尊重，希望优秀，希望展示自己向往的善美，希望实现自己的梦想。我们要是把别人的成功当成自己的成功来随喜，甚至帮助别人成功，这就代表了自己的层次和气度。真正有大师基因的人，必然有这样的胸怀和气度，必然能允许别人比自己更优秀、比自己得到更多的认可。所以，一个有智慧的人，不会去追求那些人人都想要的东西，他会追求一种别人做不到的东西，那就是智慧、胸怀、境界和慈悲。因为他知道，这些才是真正难得之物。当你放下了小我的一切，真正有了这样的胸怀和格局时，解脱也就自然发生了。

你或许也发现了，历史上那么多伟大人物虽然总是遭人迫害，但他们的光芒始终还是没有被掩盖。他们的心灵，通过他们的行为和作品散发出博大而自由的气息，那气息感染了一代又一代的人，这种吸引力是超越语言和形式的。嫉妒莫扎特的宫廷乐师虽然成功地害了莫扎特，但谁还记得他？要是他没有因为迫害莫扎特，而留在了历史里，人们早就把他给忘了。为什么？因为他没有莫扎特那种对艺术的纯粹追求，也没有那种自由奔放的生命激情，他仅仅是渴望别人的认可。真正的天才虽也需要别人认可，但他最看重的，是自由创作本身的快乐，是创作承载的精神，还有对自己感到的那个博大丰富的世界的好奇心和大爱，而不是功利和物欲。当一个人把功利放在艺术和信仰之上时，他就堕落了。他就会变成奴隶，他就会被欲望奴役，那么，他也就失掉了自己的尊严、坦荡、自由和快乐。而解脱，就是消除欲望对自己的奴役，让人享受生命和行为本身的快乐。

那么如何消除欲望对自己的奴役呢？明白真理，看破真相，让心属于你自己。

某次，某寺院的主持僧问我，雪漠，你闭关二十年修光明大手印，太浪费时间了，我只诵《大悲咒》，一个月就有了感觉。你得到了啥？我说，我啥也没得到，只得到了一颗啥都不想得到、却啥也不缺的心。这颗心就是真心，真心无求，真心无我，真心无执，它本自具足，不假外求，圆满无缺。所以，真正的证悟者是无事人——也有人称之为无心道人——他心无挂碍，因此得到了大自由、大解脱。

25. 在红尘之火中炼出真金

前面我们讲过无分别智，无分别智就是空性智慧，有了这种智慧，经验或偏见就不能影响你对某事的判断，而证得无分别智的目的，就是消除分别心，还要破除那些由分别心引起的执著。无分别智如果能在生活中生起妙用，那就是大手印。

当你明心见性时，你就是初地菩萨，开始上路了。但目的地还很远，你必须经过我们称之为“十地”的修行，才能到达究竟的目的地。在金刚乘中，也有“十四地”的说法。教法不同，话语也不同，但终极目的地是一样的。

刚开悟的时候，你的心还有波动，因为你还没有打成一片。就是说，你还有烦恼和无明，在面对某些现象时，你还会认假成真，但不要紧，你既然已经见到了真心，那么很快就会发现真相是怎么回事，只要不受到污染，对真理和信仰对象的信心不受影响，你就会一天天长大，像那阳光下成长的小树，只要假以时日，只要信根不坏，你终究会长成大树的。

无论遇到什么境遇，你也不要怀疑自己，因为眼前的一切只是幻相，多么差，或是多么好，都不重要，因为它会变化。真正

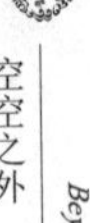

重要的，是众生本具的佛性，你相信的其实不是自己，而是你也有佛性。上天的平等，就在于每个有情众生都有佛性，哪怕你是个恶人、杀人魔王、小偷、小人，你也有佛性，也能放下屠刀，立地成佛，重点在于你对真理的确信。所以，你就算发现自己的心像个垃圾场，堆积了无数毛病，也没关系，因为人是可以改变的，你知道有毛病，也明白它是随时变化的，知道它是某种愚痴和执著的产物，那么就看透那执著，放下，就不再有烦恼了。过去，我的毛病很少犯第二次，就是因为我知道毛病之因是归于空性的，消除那病因，毛病和烦恼便立刻消除。病因是什么呢？便是五花八门的欲望和无明。什么时候你证得无我之境，也就无悲了。无悲，就是不再烦恼，不再痛苦。

如何证得无我之境呢？要提起警觉，在妄念生起时，知道它的本质是怎么回事。换言之，就是不要昏沉，要时刻知道外境的一切都是现象，不被念头激起的情绪所牵引，让自己安住在明空觉性之中。当你始终在观察的时候，念头和情绪都会很快落下，烦恼也就无从生起了。但问题是，这时你刚开悟，那明空之境还不稳固，警觉的习惯也不坚定，相比之下，生命习惯和惯性思维的力量还很大，你如果没有坚定的向往和追求，就难免会丢掉警觉，那么，你就很难形成正观习惯，就会被自己的想法所牵制。有时那想法是对的，有时那想法却只是你自己的念头，但不管对也罢，错也罢，都是你心中的念头，是时时变化的。你如果不在乎那欲望，知道欲望是虚幻的，对人、对境没有任何功利之求，你就可以把一切都当成你训练的机缘，验证自己的觉悟，你甚至可以把人生当成游戏，不用太沉重，也不用太执著。这就是所谓的“不怕念起，唯恐觉迟”。所有心魔的作祟，都是妄心在做怪。只要我们不被假象迷惑，不失去真心的觉照，是不会迷失的。

人世中许许多多的历炼，都是在告诉你一个道理：红尘是个巨大的假象，是一场因果循环的游戏，而你现在所面对的世界，也只是一个炼心的道具，一切都在变化。你真正能够控制的，仅仅是每一个当下。

不过，道理上明白，事上的操练却有一定的难度。为什么？因为每个人对大手印所讲究的“止观双运”，都有自己的理解。当然，谁都能明白止是定，观是慧，那么实际运用又如何呢？你在念头生起时，是不是能把握好那观照和警觉的度？你能不能分清自己到底是昏沉，还是随缘？而你的观照是真正的观照，还是压抑？不同知识体系的人，到了这时都会有自己的理解。所以，从知识入手修心，是有点难度的，我们需要放下一切成见，用白纸一样的单纯，去接纳善知识给自己的一切，体验善知识开示心性时的豁然开朗。然后记住它，不断在遇事时验证它，不断调整自己的心，不断消解理上悟到的东西与生命证到的东西之间的差距，其标准，就是看自己是不是真的安详、真的快乐、真的放下、真的宁静、心有没有动。如果心动了、不宁静了，就回到明空之中，知道那个牵引你的东西是假的，跟你的快乐和自由没有任何关系。

所以，悟道和证道是有距离的，证道是你不但理上明白那个东西，生命中也跟它相融了，你再也不生迷惑了，非常稳定，不可动摇，这才叫证道。这段路，你需要扎扎实实地去走、去苦修，需要挑战自己的极限，需要像那些艺术家们那样，有一份对艺术、对真理、对世界纯粹的热情（这需要你消解欲望，不再执著于外境，而追求一份生命本有的诗意），当你真的有了信仰，你就会走得非常快乐，而所有的磨炼，都会融入你的智慧和慈悲，让你变得越来越博大、越来越厚实、越来越慈悲，而你的觉悟也会因此变得更加鲜活。

我曾这样描述过自己的苦修：我的精进，是日常生活中的不离明空，却又能随缘应对诸种境界。我的放下，是不离明空，却又不执著于明空；不离事相，却又不纠缠于事相。在日常生活中，能时时不离明空无别之境，这便是精进；但那明空本身，却是破执后才会出现的境界，这又是放下。

什么意思呢？就是说，我放下了一切执著，只熟悉那真理，明白一切都在变化。既不求外境合自己的意，又不求自己的悟境不要丢失，在安住空性的同时顺其自然。

看，这苦修，其实并不苦，因为你只要明白便可不生烦恼，觉得苦，是因为你不明白。

26. 四种错误与四身自显

光明大手印成就之根本在于上师加持。若无上师加持，此法就似乎无从下手,不知道如何具体操作。故行者应对上师恒修净信，勤修祈祷，由上师之加持入心窍，则顿悟自心之本性，任运现起大印。

大手印的四种错误自觉：

自心与自性、自性与空性是无别的，心与空一体无分，没有分别。但是因为自性和空性太紧密了，太靠近了，所以觉得不能认识，觉得不能认识自心之本性即是第一种错误，实质上通过具德上师的加持，你是能够认识自心之本性的。

第二种错误是，大手印于自性上是圆满具足的，它是本有的东西,不依赖于因缘聚合,无生亦无灭。这种东西很难用语言表达，只有证得才能真正明白。任何人皆不能表、不可思议，所以认为不能认识大手印，这是第二种错误。

第三种错误，身心宽坦而住时，真心便能随时显现，但又认为大手印不可能如此简单，所以即使见到了真心仍不敢相信，这是第三种错误。

第四种错误是，明空显现时，原本是三身俱足的，但以为这太高绝，太超胜，因此从来也不敢这样去想。

因为你出现这四种错误，所以自己不能体认自性，不能消除执著，只好在轮回中枉受苦趣，但是现在因为上师殊胜，使我们从四种错误中觉醒，才能开始修大手印。永远记住，你想成为什么样的人，只要你有足够的信心，你就一定能成为什么样的人。人生是一种选择，你的选择构成了你的行为，你的行为决定了你的价值。

香巴噶举还有另外一种“究竟四身自显”的说法：大手印明空自现时，种种显现就是化身，如安住于本元心状态下的喝茶、走路、写作等；于一切显现无执无分别，即是法身自显，如喝茶、走路、写作时的那份了无牵挂、湛然空寂；显现而无分别的大乐生起，就是报身自显，如观照喝茶、走路、写作的那份光明与喜悦，上述三身体性不二不异，即是究竟大乐自性身自显。

香巴噶举的说法与前边大手印的说法虽然看起来有些不同，其本质还是一样的。证得明空之心后就三身都俱足了。法身是无分别智的另一种表述，在这种智慧的观照下，对万事万物都没有喜恶之分，没有执著，了无牵挂，明白世间万物都是有生有灭，不会永恒的。法身实质上就是进入空性、无自性、无分别的一种智慧本体的显现，是大乐生起报身，那大乐中有那份喜悦、光明和警觉。

27. 欢喜地：难以言表的喜悦

“十地”是智慧修炼的十个阶段，虽然大手印行者有另一套标准，不一定要按这个次第来修，但了解它们分别是哪十地，对修行还是有帮助的，因为，我们从中可以看出入道后的着力——其实也无力可着，着力便差——之处，它定然会给行者一种启迪，让我们小心呵护觉悟的种子，慢慢培养，有一天它就会长成参天大树。

那么，智慧开悟后的第一个阶段是什么呢？是欢喜地，即刚开悟的那个阶段。开悟之前，行者往往是“众里寻他千百度，蓦然回首，那人却在灯火阑珊处”，也就是寻觅已久，尝尽了散修的冷寂和无助，一直坚持，一直没有放弃对光明的追求，百转千回，终于见到了空性，明白了什么叫真心，明白了世界的真相，生命突然变得清凉和清醒了，心里不断溢出的喜悦，实在难以言表，故名之为欢喜地。

进入欢喜地之后，便属于圣者了，修行便不会走错路了。他知道空性是怎么回事，但这时还有漫长的路要走，要从一地一步一步地走到十地，而且中间还会出现很多坎坷，八地之前，那状态还是会反复。

欢喜地的修行，多以布施为主。因为，灯烛被点亮之后，需要加入功德之柴，那觉悟之火才会越烧越旺。

28. 离垢地：远离心灵的污垢

欢喜地之后是离垢地。

顾名思义，离垢地便是远离污垢的阶段，这时，行者的心地开始清净了,也发现了自己心中的许多垃圾。我们打个比喻,以前,你一直生活在黑暗中，现在灯忽然亮了，你发现房间里有很多垃圾。这时,你要想办法把垃圾给清除掉,远离这些污垢。这里的垢,本质上仍是分别心造成的烦恼。所以，离垢地以持戒为主。因为你明白了空性，就知道该如何息灭分别心了。如法而修，心中就渐渐没了污垢，没有你我、垢净之分，开始趋向一味。

有人问我，光明和黑暗算不算分别心？我告诉他，算，这也是分别心的一种。但在这时候，我们还需要离恶趋善，扶正祛邪，需要用光明驱散黑暗。好的文化和好的教法就是一种光明之源。这种光明的延续，便是人类的福音。

任何善文化都会在人类的某个时期，像火炬一样照亮人心。但在照亮人心的同时，也会照出一道长长的影子。那道长长的阴影，被我们称为黑暗，它源于人的欲望。光明是相对于黑暗存在的，没有黑暗，就没有光明。同样，善是相对于恶存在的；圣人是相对于愚者存在的；君子是相对于小人存在的……格西不是毒死了密勒日巴吗？释迦牟尼身边不是有提婆达多吗？世界就是这样。真理和谬误永远会同时存在，这很正常。因为没有黑暗就显不出光明来。没有格西的下毒，就显不出密勒日巴人格的高尚；没有提婆达多的陷害，也显不出释迦牟尼人格的伟大。人类中的智慧与愚昧、仇恨与宽容、贪婪与清净，永远像阴阳一样，存在于人类的心灵中，就像相互纠缠、难以分割的兽性和神性。

任何时候都是这样，当一个人的成就越大时，他遭到的诽谤也越多。这情形，很像在黑夜里，当一个人举起了火把时，就有人会发现他的身后有一个长长的阴影。火把的光明就是别人对他的赞美，长长的阴影就是别人对他的诋毁。没有那个火把时，虽然也没有那个阴影，但很快你会被黑夜吞噬。

我以前写过一些结缘读物，有人劝我说，雪漠老师，你不要搞这些，你的生命那么珍贵，时间那么珍贵，你可以写多少书啊，可你办的报纸，有人拿上就撕了。我说，我不是给他们办的，我是给愿意读它的人办的。谁愿意读它，我就办给谁看，而且没有任何的功利。我觉得你看也行，不看也行，撕了也不要紧。我在写作时也是这样想的。"光明大手印"书系是我在一个作家最黄金的生命段中写成的，我可以利用那段时间写好几部长篇小说，但我觉得世界需要这样的书，因为香巴文化中有很多人类需要的营养，要是它叫历史湮没了，是非常可惜的。

我说过，许多时候，一种文化的发掘和一种精神的弘扬确实是人类的福音。如耶稣之传道，如佛陀之觉悟，它们是暗夜里的电光，每每划破长夜，警示世人。那耀人眼眸的智慧和爱，是人类历史上最美的风景。我们敬畏它，向往它，而我们的每一次向往，都会剥去心灵的污垢，使其焕发一份本有的光明。

一个人所有的行为，都在印证着他的觉悟。没有宗教行为和利众行为，你所证悟到的智慧就没有意义。要是你说你在利众，却非常自私、愚昧、仇恨，那么这就不是真的明白。我从来没有和哪个人因个人恩怨闹别扭。我觉得，说我坏话的人也是善知识，他们在用另外一种方式提醒我。一位批评家批判了我十多年，我的每部作品出来，他都会批判，但在我眼中，他仍然是很好的朋友。

所以，当一个人的分别心息灭时，他就真正地实现了平等。而且，这种平等是大平等，连平等的概念本身都打碎了。这时，他才能真正地心无挂碍，远离污垢。

29. 发光地：慧光照大千

发光地是三地。分别心造成的污垢消失之后，智慧的光明便开始显发了。净到极致，光明遂生。

进入三地之后，很多烦恼清净了，粗分的分别心也消失了。在你本元智慧的光明朗照下，各种乱七八糟的偏见、各种情执和邪见都开始消失，那时，本觉智慧开始放出光明。

三地的修行重点，就是断障证真，也就是消解心灵污垢和所有障碍，将诸显融入真心，安住真心，观照万相。

《华严经疏》中说，修菩萨道的人，看到许多众生，因为迷惑而智慧昏暗，各种障碍遮蔽了善法，智慧不能开发，菩萨于是发起了深广的度众大心，如法修行，精进用功，智慧的光明开始显发，开始断除黑暗愚钝的障碍，体悟到真如之境，是名发光地。

这个阶段，自性智慧开始生起了部分妙用。

30. 焰慧地：慧火烧邪见

进入焰慧地之后，智慧之光就不再是蜡烛了，它会变成燃烧的火炬。这时，你的好多邪见就没有了，智慧的火焰烧掉很多邪见，也把好多烦恼、痛苦和各种各样的分别心都烧掉了。

《华严经疏》中谈到了这一阶段的修持，谓菩萨见诸众生，堕于烦恼，因此故发大菩提心，修三十七品道法，发起智慧火焰，即断微细烦恼现行障，证无摄受真如，是名焰慧地断障证真。

下面，简述三十七品道法：

一是四念处：观身体是不净的，观所有欲望感受是苦的，观自心是无常的，观世上万法是没有永恒本体的；

二是四正勤：已经发生的恶让它永远断除，没有发生的恶让它永不发生，已经发生的善行让它得到增长，没有发生的善让它能够发生；

三是四如意足：欲如意足，即少欲知足，常乐心安；念如意足，即心安清净；精进如意足，一门深入，不生懈怠；慧如意足，通达世出世间一切事理。概而言之，要知足常乐，心安理得，成就一心，不退菩提。

四是五根：1、信根，信仰正信佛法；2、精进根，专修正法，不染芜杂；3、念根，对正法能忆持不忘；4、定根，摄心不散，心不旁顾；5、慧根，观照诸法，明明了了。

五是五力：信力、精进力、念力、定力、慧力，是为五力；

六是七觉分：择法觉分，能用智慧判别真伪；精进觉分，努力修持，永不懈怠；喜觉分，多做善事而心生喜悦；轻安觉分，能断除沉重烦恼而身心轻安；念觉分，能忆念佛法智慧而不忘失；

定觉分，心能专注于一境而不散乱；舍觉分，能舍弃一切分别而住于平等之境。

八正道：1、正见，正确的见地，即佛教苦集灭道四圣谛；2、正思维，依四圣谛真理观察诸相；3、正语，说话符合佛陀教导，不妄语，不绮语，不恶口，不两舌，不说违背佛陀教导的话；4、正业，正确的行为，一切行为都要符合佛陀教导，如不杀生，不偷盗，不邪淫等；5、正命，过符合佛陀教导的正当生活，有正当职业，不做邪命之事；6、正精进，精进修持佛法，毫不懈怠，直趋涅槃；7、正念，念念不忘四圣谛等佛教真理；8、正定，专心修习佛教禅定，于内心静观四谛真理，以达清净无漏之境。

以上为三十七道品。只要精进实践这三十七道品，就能断除细分烦恼。这是具体行为上的修行，需要脚踏实地。

有些人也许认为能开悟就差不多了，一旦见性，就立刻懒惰、散漫、沾沾自喜。所以，必须强调一点，开悟仅仅是修行的开始，后面还有漫长的路要走。除了个别的上上根器能顿悟顿证外，寻常行者，并不是一悟便休，也不是一悟便神通勃发，需要悟后起修。

不过，我们既不要沾沾自喜，也要充满自信，因为信心是开悟的基石，更是成佛的起点，你不但要对佛法和善知识有信心，也必须对自己有信心。你必须相信，每个人皆有佛性，只不过幻相太过逼真，再加上环境的不断熏染，我们才迷失了本具的清净佛性。只要熟习教理、勤修仪轨，并在日常生活中不断锻炼心灵，我们就能一点点去除心灵的污垢，点亮智慧，超凡入圣，得到终极的快乐与自由，这才是真正的佛果。时刻都要谨记，正确的信念非常重要，如果没有最初的正信，修行之路就会越走越偏，正所谓“失之毫厘，谬以千里”，方向有丝毫的偏差，就不可能达成究竟解脱。

前面说过，修行中破除邪见最为重要。什么是邪见呢？就是对上师、对真理的不正确的见解。比如你选择上师时，见到他长相不像你心中的佛，心中就开始怀疑。你的怀疑是没有道理的，其原因，就在于你不明白觉悟跟外现无关。藏人说，圣人行了凡间事，他的心也是圣洁的。因为那外现夺不走他心灵的明白，就算他是一个乞丐，他也知道真理，也不会被眼前的假象所迷惑，而那么多富翁、专家和名人却烦恼得去自杀。可见，心跟心外的一切都没有直接关系，心外的一切能影响心的状态，正好说明了他不明白。相反，只要心明白了，不再迷惑了，他就是智者。再者，智者本来就没有分别心，不再在乎那些外现了，他的初衷很简单，就是破除你的执著，让你证悟。所以，你不要被上师的外现所惑，只要他能让你证悟，他就是你的根本上师。帝诺巴是榨芝麻的工人，那诺巴是大学者，但帝诺巴仍然是那诺巴的根本上师。卢伊巴的根本上师也是一个外相是乞丐的空行母。所以，出世间的师徒关系，是超越世间法外相的。

心明白了，证悟了，自然可以点亮别人。我的学生中就有很多明白人。所谓"物以类聚，人以群分"就是这个道理。一个火把可以点燃一个森林，但老师不是火把时，就怎么也点不亮别人。是不是火把，就在于他明不明白。许多假上师，没有任何智慧，他只是个空瓶子。他可以装模作样地往你的瓶子里面倒"智慧"，但其实他自己也没有智慧。他虽然有倒的形式，你却得不到任何东西。我曾和几个学生去广东某家有名的寺院，我请寺中据说修得很好的僧人来交流。交谈之后，我发现他偏空了。那人离开之后，我不动声色地问学生："你们觉得他修得怎么样？"学生们异口同声地说："顽空！"那个僧人在顽空之中，但他自己根本不知道，像很多堕入顽空的人一样，他把顽空和无记当成了开悟。现在，有很多这样的所谓参禅者。

所以，在选择上师时，不要去管任何外现的东西，神通更不能作为考量的标准。你要明白，所谓的佛，就是连觉悟都忘记了，但在生命的每一分每一秒中又能不生迷惑的人，而不是拥有各种

神通变化、高高在上的神。当然，修行中出现神通也是十分正常的事，可它并非修行的目的，不能本末倒置。如果把神通作为觉悟的标签，来判断某人是否觉悟，甚至因为某位圣者没有示现神通便轻慢他，就错了。上师是指路灯，走路还要靠你自己，不要绕开自己的心性去寻求解脱。这样你将一无所获。因为，命运的改变是心的改变，心若不变，行为就不会变，哪怕上师像释迦牟尼佛三次挡住袭向释迦族的军队那样，想要为你挡住厄运，厄运也仍然会扑向你的。所以，想要改变命运，首先要改变心灵。

明白后的保任真心，就能改变命运。

明白之前，要是常修戒定慧，也可改变命运。因为，当你守戒守得非常好时，你就会形成一种善的行为习惯，就能拒绝恶的腐蚀，远离诱惑干扰，你就会越来越宁静，越来越能控制自己的心灵，因戒而得定。定力越好，你的智慧之火也会越烧越旺，总有一天，就会驱散你心中的黑暗，清除遮盖你真心之光的所有垢污。这黑暗，这垢污，就是愚痴、愚昧、贪婪和仇恨等等。简而言之，所有干扰清净心的行为和事物，都是应该从心里驱出的魔。其中，最应该远离的，就是外道的邪见，因为它会直接干扰你的正见。

31. 难胜地：无敌的智慧

到了第五地难胜地之后，外部的邪魔外道已经很难战胜你了。

什么是邪魔外道？损人利己者，便是魔；歪曲真理者，便是魔；入魔者，执幻为实也。千魔万魔，都是心魔。在智者看来，分别心便是魔。所以，降魔的关键，便是消除分别心。如果被分别心左右了，被欲望控制了，心开始邪恶，人就成魔军了，行为上也会不择手段，损人利己，我们所说的邪魔外道就是邪心导致的。心正故成圣僧，心邪便是妖魔。而这里所说的邪魔外道，便是恶友和恶缘。当你的智慧非常坚固时，所有的邪魔外道都没法诱惑你，也不可能污染你的真心。外界的各种幻化、各种假象、各种显现再也诱惑不了你，外道的各种邪见再也战胜不了你，故名“难胜”。

为什么难胜？因为你的分别心已经很少了，心如明镜，自然不会受妄心的欺骗了。大手印成就者，便如虚空般无执无舍，如大山般不动不摇，当你证得这净光时，无论遇到任何形式示现的魔，他们都无法动摇你的心。相反，你的悲心和智慧却能磁化对方，让对方离苦得乐，实现升华，这才是真正的降魔。

要是小乘声闻、缘觉由于证得离欲智慧，这时就开始执著有余涅槃，喜欢独居，不愿度众；而菩萨为了对治这一点，便发慈心，修习平等加行，悟真俗二谛无差别智，无有能胜，即断下乘涅槃障，证类无别真如。

《三藏法数》中说，由于在焰慧地已经破除了一切欲望导致的邪见，已远离了二元对立，明白同异有无皆不可得，明白这才是诸佛追求的境界，因此再没有能胜过他的外魔了。经云：一切同异所不能至，名难胜地。

在传统的禅宗修练中，也要求不要安然静坐，不要追求忘形死心，不要执著澄空死寂，不昧于昏沉散乱，要抖擞精神，提起警觉，能够借话头生起疑情，得到专注，用尽平生气力，将这疑情视若武器，提在手中，像拿着一柄铁扫帚，佛来也扫，魔来也扫；邪来也扫，正来也扫；是也扫，非也扫；有也扫，无也扫。扫来扫去，扫到没法下手时，正好下手；扫到没法着力处，正好着力；扫到无可再扫荡时，正好扫荡。久而久之，功夫用到极处，就会忽然扫破虚空，你便明白一归何处的真正妙义。然后，就将这妙义和身心皆放下，便能进入常寂光土，超越生死大梦，从此做无为无事人。

这种参话头的方法，是禅僧常用之法，其目的，也是为了见到真心，继而保任真心，终而打成一片，诸魔就难胜他了。只是到了后来，因为成就的善知识越来越少，参禅者明真心者不多，反倒将无记和顽空当成真心了。

32. 现前地：接近光明

现前地是六地，到这一步时，你已经接近真如，走到窗前了。你发现外面如此光明朗照，于是感到非常清净。当你接近光明时，那阴影也就渐渐少了。

这光明，便是我们所说的无为真如，也就是自性光明、无分别智、无执的智慧，经上称之为般若波罗蜜多，它是究竟超越的智慧。这种智慧光明在眼前出现了，故名现前地。

当一个人有了大力时，他就有可能选择一种世间法的形式，来传播自己明白的真理。以我为例，虽然我的人生目的，是为了实现出世间法的智慧解脱，但我却有着世间法的写作形式。虽然我在写作，但并不因为我有着表面看来是世间法的形式，而忘记和游离了出世间法的觉悟。

任何人都可以同时将世间法与出世间法融为一体。但同时，出世间法的修炼，也会给你的世间法带来巨大的智慧和福报，为你创造一种巨大的顺缘。

当然，当你真正证得光明大手印时，就不一定需要形式上的世间法修炼了，比如，你不一定去修习那些增息怀诛的仪轨，却自然拥有了增息怀诛的能力。因为，这时你已超越了二元对立，上师本尊空行护法已跟你无二无别了。也就是说，你已经跟宇宙中某种巨大的善的力量融为一体了，你所有的起心动念，都会得到一种相应。这时，你才会真正地拥有大力，因为你调动了整个宇宙的善能量。这就像你本来是一条小溪，力量并不大。当你流入大海，跟大海融为一体时，你就相应地具备了大海的能量。你的行为，也就等于是大海力量的出口，这时，你自然就俱足了增息怀诛之能。因为你所有的起心动念，都没有游离那种伟大的善的存在。

所以，世间法的顺缘，也会成为你出世间法的顺缘。有时候，世间法角度上的所谓违缘，甚至也会成为出世间法的顺缘。所以，真正的大手印觉者讲究随缘行。任何时候，他都会随顺因缘，不会执著于任何外现。随顺因缘，保持觉性，快乐无忧。

当然，如果你没有到这个层次，但有一颗做事的心，也很好。想要利众的心，我们称之为大心。有了大心，就要通过不断地学习，让自己变成巨人，拥有伟大的人格和博大的智慧，你也便有了大力。这时，你才可能更好地实现你的菩提大愿。一个孩子，即便他想为世界创造一个伊甸园，他拿什么去创造？仅有一腔热血是不够的，你还要懂得该怎么做。这就像你想为社会建造一座大厦，你起码要知道这个地基要怎么打，要准备多少钢筋水泥，要懂得把建筑蓝图规划出来。不懂得这些的时候，你只有一片赤忱之心，是无法达成愿望的。所以，人必须学会在生活中成长，学会在学习和做事中成长，而不是仅仅满足于自己知道的那一点点东西。

当然，学习最重要的不仅仅是技术和知识，更重要的，是一种智慧。智慧是怎么来的呢？通过人格修炼和禅修训练得来。我从很年轻的时候，就开始进行人格修炼。我非常严格地按照佛家的方式来修炼自己的心性，升华自己的心灵。当我通过这种方式放下所有执著时，眼前的世界就变成了一个巨大的宝库；当我的心中连文学的概念也没有，写作仅仅是为了表达一种大爱时，心和笔才获得了真正的自由，我也因此感受到一种巨大的快乐，朵朵黄花皆是菩提，声声鸟鸣无非般若，我就是法界，法界就是我。这种修炼的基础是人格，需要在行为上实践，你单从书本层面，是无法获得大智慧的。好的人生感悟，是生活给你的礼物，它需要敏感的心灵和眼睛，需要一颗睿智的心，更需要毫不懈怠的实践。

《三藏法数》中说，同异之相既不可得，那真如净性就会豁然出现，那便是无为真如，心性清净，光明出现，故名现前地。

在这一地中菩萨看到众生，沉溺于生死轮回之中，就发大悲心，广修平等利生之行，因为没有执著的智慧现前了，就断除了粗相现行障，证得了无染纯净真如。这里所说的粗相，主要是指对于四圣谛的理解和实践，执苦集为染，执道灭为净，而现前地的菩萨，就实证了本性本来无垢无染的智慧，就能安住于般若波罗蜜多。

33. 远行地：擦净心灵的镜子

接下来是第七地远行地。

远行地的菩萨发愿广度众生，发起了大慈悲心，主修一切菩提分法，证得了悟空无相无愿三昧，即断除了细相现行障，证法无分别真如。这里所说的菩提，便是我们所说的智慧和道。那菩提分法，就是指我们前边谈到的三十七道品。无相的意思是不见世间男女一异等相。无愿是无所求的意思。细相现行是于一切法执有缘生及执无相也。法无别真如是指种种教法本是同一真如，并无别相。

换言之，第七地仍以对治习气、对治分别心为主。

在远行地阶段，虽然光明现前，清净了菩萨的粗分细分业障，但还有习气，离清净地还有一段距离。就是说，到了这个时候，你还会出现反复，甚至会觉得自己越修习气越重，甚至开始担心自己是不是后退了，其实不要紧，这是因为开悟之前是盲人，看不到地上的垃圾，现在你的智慧之眼突然亮了，才看到地上的垃圾，还特别扎眼。这反而说明你的智慧增长了。所以，这时最重要的，是保持信念，持续不断地清除心灵的垃圾，其方法，就是安住真心，念去不随。那么，你心灵的房间就会越来越干净。习气刚开始时，就像上抛皮球一样，掉到地上会弹得很高，第二次就低了一些，第三次会更低，最后它就会平静下来。

同样道理，你要对治习气，把各种习气都扫掉。若是发现有束缚你心灵自由、让你违反智慧和慈悲的东西，要把它一一清除。你要不断观照自己，看自己是不是生起了分别心，是不是还有习气在影响你究竟的证悟？要时刻记住，无我是菩萨的底线，其主要行为，便是予人玫瑰，手有余香，只是菩萨不再执著手上有余香。

觉悟之路虽然非常漫长，但那长短其实也是分别心，别让路途遥远的假象把你击垮了，修行是一辈子的事，享受命运中的劳累和酸楚，当你某一天回头时，你会发现自己演绎了一个饱满的故事。

那么，就对途中那些小反复微微一笑吧，不管你面对的是什么，都要接受自己的完美，也要接受你自己的不完美。因为，你所抗拒的，必然会持续。不要把它像皮球那样按到水里，你越是压抑，它越会反弹的。你要耐心一点，等它自己慢慢地平静，当你不跟随欲望和习气的时候，烦恼就会渐渐消失。当你减去心中一切多余的东西时，你也就了无牵挂了，你的心中，将会是一片朗然光明，这时就是大手印。到了这种如如不动的境界，你就会俱足智慧，你修来的光明和法界本有的光明就会打成一片，这时，你就证得大手印了。所以，要按照次第，一步一步地清除细微无明和习气。无论做任何事，皆明空不二，安住空性，用那警觉专注于所缘之境。还要注意，信仰是必须有行为的，不能体现于行为、不能改变行为的，就不是真正的信仰，而是情绪。所以，要用智慧行为消除负面力量构成的障碍，借助大善和智慧之力来提升自己。越是感到力量不足时，越要生起信心。许多时候，诵读经典或修习宗教礼仪的目的，就是为了熏染自己。

当然，到了远行地，实际上智慧已经很高了，只要不懈怠，精进地让自己一直向上走，最终就会消除一切污垢的。

34. 不动地：智慧如不动的大山

清掉所有习气时，你就进入了第八地：不动地。

《雪漠大手印实修偈颂》中提到:“不动证真如，凝静无波纹。”就是说，当你的烦恼和习气被完全清除之后，心就如如不动了，世间一切都不能牵动你的心。这时，你的心灵光明已经融入法界光明之中，你自己也化成了光明，因此，心中就再也没有任何烦恼的阴影。

证得空性之后，心如同无波无纹的大海那样安宁静寂。什么东西都不能让你变得混乱、迷茫，但你心中随时都会出现慈悲的诗意。因为，你已证得无漏无分别智，并且打成了一片，能任运相续。就是说，你的警觉已经形成了习惯，安住真心已变成你的生活方式了。因为你时刻都知道，现象皆是虚幻，皆是随缘而生，世间一切变幻，也不能动摇你、搅乱你的心了。要知道，所有恐惧的背后都有欲望，或是对人的欲望，或是对己的欲望，或是对物的欲望，或是对名利财富的欲望，消解欲望，恐惧立除。所有贪嗔执著的背后,也都是如此。所以,八地菩萨即使在做凡俗之事，也不会再陷入烦恼和迷惑。

《华严经疏》中谈到了不动地断除障碍证得真心的境界：“谓菩萨不舍度生，加修清净道行，离心意识，得无生法忍；一切烦恼所不能动，即断无相中作加行障，证不增减真如，是名不动地断障证真。”

文中所说的“心意识”包括了三种:心能积聚业,意能广积集,了别故名识。“无生法忍”谓一切诸法，性本不生，而于此法忍可印证也。

无相中作加行者,无相即指上第七地,谓于无相中加功用行也。不增减真如者，谓此真如，不随净染有增减也。

35. 善慧地：善巧的智慧

八地菩萨已不再动摇了，但善慧地的菩萨却更加善巧，他的智慧更加圆融，他更明白众生之心，他的智慧能化为无数的应世妙方，能给任何人送去觉悟之风的清凉。他证得的觉悟，也能真正地生起大用。那智慧明镜虽如如不动，却能朗照万物。

这时，他就能做到《金刚经》中所说的，“不取于相，如如不动”。就是说，他无论看到什么，不管那景象多么真实，他都知道那是因缘聚合的假象。

一个真正有智慧的人，是不会为世界所动的，世界无论怎么对他，他都愿为世界付出毕生的心血和努力。因为，这是他自己的事，是他自己的选择，从而摆脱了欲望的左右，显现了他的高贵和尊严。

人生在不断起伏着，无论经历什么，都会结束，什么都不会永恒。如果一个人心中有了真理，他同时也是真理的实践者，他就有了真理的力量，就能窥破一切人世间的假象。菩萨就是这样，而且菩萨能推己及人，能明白别人的心，所以能理解别人，甚至愿意无条件地帮助别人。菩萨是无私的，菩萨的所有行为，都不是为了自己，而是为了别人。这种无条件的慈悲心，也是真心的妙用。

真心生起的妙用，是真心面对世界时产生的各种反应。我在写小说的时候也不离真心，这时，笔下流露出的所有境界都是真心的妙用。对于真正能安住真心并打成一片的行者，听到悦耳的声音是真心的妙用，闻到扑鼻的香气是真心的妙用，跟朋友聊天是真心的妙用，知道自己要去什么地方也是真心的妙用……一切都是心的游戏，一切都是心的显现。世上万相，唯心所造。心为妙用之源。你有什么样的心，便会看到什么样的世界。任何人的世界，高不过他自己的心。

《华严经疏》中说：九地菩萨以无量的智慧，观察众生境界，皆如实知，得无碍智慧，无论说任何法，都能让众生获益，即断利他门中不欲行障，证得智自在真如，是名善慧地，能断诸障，证得真如。

上面说的不欲行障，即是第八地在无相之境中舍离功用而生起的障碍，第九地能破此障，能在度众上着力用功，并广行利众之事。

智自在真如的意思是得到这种真如之后，能在四无碍智中得到自在。

那么，什么是四无碍智呢？一是义无碍智，意思是菩萨了知一切诸法义理，通达无滞；二是法无碍智，意思是菩萨通达一切诸法名相分别，无滞圆融；三是辞无碍智，意思是菩萨在诸法名相义理方面，能随顺一切众生之差别，用其能理解的语言，分别演说真理，辩论说理皆无滞碍，让众生都能得到解脱；四是乐说无碍智，意思是谓菩萨随顺一切众生根性喜欢之法，能方便说法，达到圆融无滞。

36. 法云地：智慧的法云

十地菩萨的智慧已经非常圆满了，他们能像天空中的积雨云一样，把智慧法雨洒向世上万物，滋养众生的心灵，而其本体却无动摇。

十地菩萨可以传递无量光明给有情众生，他们是有情众生的灵魂依怙。他们心系众生，始终希望众生能离苦得乐，能觉悟明白，但同时，他们又明白，眼前的一切，都是一场戏，众生的故事都是戏。他们始终在众生的故事之中，扮演着需要他们扮演的角色，而那一切的情节，又将构成他们人生的大戏。他们从向往走到觉悟，走到弘法利众，随缘地留下一片片智慧的法云。他们像晴朗天空中的灿烂丽日，永远照耀着叩问灵魂的众生。

十地菩萨智不入轮回，悲不住涅槃。

在香巴噶举的五大金刚像中，本尊的一条腿直，象征“智不入轮回”，即证得了超越轮回的智慧；一条腿弯，象征“悲不住涅槃”，即其大慈悲让他不舍弃众生，不愿独享涅槃之乐，因而常住世间，广行利众事业。正是在这种精神的熏陶下，香巴噶举有了一代又一代的成就大师，他们用自己的方式，实践着佛陀的慈悲精神。他们功行圆满，以利益众生为己任，将大慈心化为覆天之大云，广施法雨，利益六道，而本寂毫不动摇。

我常说,佛教所谓的菩萨,并非专指何人,而泛指一种精神——利众精神。重于慈悲的利众精神，称观世音菩萨；重于智慧的利众精神，称文殊菩萨；重于大勇大力的利众精神，称金刚手菩萨。佛教就是这样一种精神。它光照千古的，也正是这样一种精神。

我们的所有修行，就是为了让自己拥有一种利众精神，当你具备了那种利众精神时，你就是菩萨。这菩萨，并不由哪个皇帝敕封，或是由政府命名的，而是因为他们自身具备了那种菩萨道的利众精神。那种利众的精神，会像太阳一样，一直照耀人类的灵魂。

所以，大手印强调大胸怀、大境界、大格局，强调在超越智慧观照下的利众，既要有当下关怀，更要有终极超越。前者关注并解决当下生活和人生中需要解决的问题，而不是仅仅追求来世或解脱，也即关注眼前的人事、社会，用实际行为来实践利众精神；后者则关注解决个体的生死解脱和人类的终极关怀。大手印认为，能二者兼顾的，才是真正的大菩萨。

《华严经疏》中称，十地菩萨以无量智慧，以法身为云，普度一切众生，俱足自在，断除了一切业惑，悉得解脱。

37. 大手印的次第

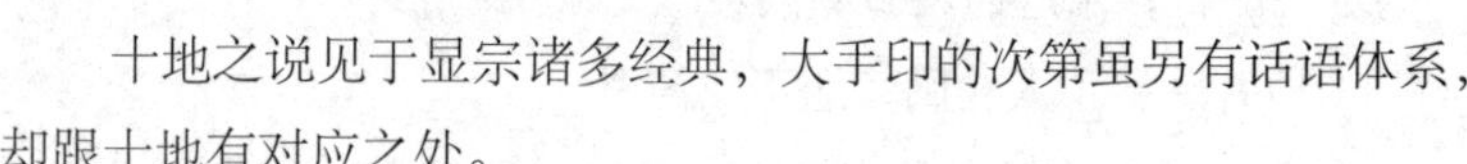

十地之说见于显宗诸多经典，大手印的次第虽另有话语体系，却跟十地有对应之处。

大手印一般分为四种，第一种是专一瑜伽。

专一瑜伽以修定为主，也有次第，大致可分为三步：第一步，就是刚开始修习，其时妄念纷飞，入不了定；第二步，有了定和静的感觉，但这种感觉时有时无，反反复复，这时必须一门深入，精进修持;第三步，能入三昧，心不散乱，至此，专一瑜伽才算修成，不过这时还没有见性。

有些苦修者，燃指供佛的时候，专注于疼痛的所缘境，也是一种方便。这时如果胜缘俱足，有成就上师开示心性，是可以让苦修者开悟的。非常遗憾的是，很多人一辈子也遇不到真正的善知识，错过开悟机会。有些人即使遇到了善知识，因为资粮信心不够，还是错过了开悟良机。

得到专注和净光之后,要是有胜缘,有可能见性。见性属于慧，跟定有关系，但有慧者不一定有定，有定者不一定发慧，定慧双运才是正修。

见性的时候就进入离戏瑜伽。此后，你会实证到世上一切的虚幻无常。你不是理上明白，而是事上证到。就是说，你的生命也证到了万事万物的虚幻性，这时，你的行住坐卧皆如在梦中，欲想执著，也了不可得。

契入离戏瑜伽，就见性了，登地菩萨到七地菩萨之间，都属于离戏瑜伽。

离戏瑜伽有三个层次：第一层，觉得自己如梦如幻，对身体没有真实感，对整个世界没有真实感；第二个层次，就连这种如梦如幻也不执著，无论遇到何种境界，都如梦如幻，都不会去执著;第三个层次，发现所有执著，都是无明的显现。修离戏瑜伽时，就可能由初地到达七地。

第八地是不动地，进入一味瑜伽了，就能做到佛经说的如如不动，世上的一切都不能影响你的心。在证得八地之前，初地到七地之间会经常反复，有可能退转，到八地就稳定了，所以称之为不动地。

一味瑜伽分为前中后三个阶段：

第一阶段时，你发现，自己和世界是无二无别的，我和佛是无二无别的。你已经没有所谓的"我与别人""我与世界""我与众生"的这类分别，"我"不再是独立的个体，心与法界也不再分离。

第二阶段就是你完全没有了二元对立，诸相融为一体，我佛融为一体，并且是完全在事上融为一体。若有人扔石头打狗，你也会疼痛，这是真正的"无缘大慈、同体大悲"。精进地修一味瑜伽，就会进入九地和十地。

你修到十地菩萨时，就证得了实相光明。那时，你就不仅仅是见到了光明，而且与光明融为一体，自己也成为光明了。这个时候，再进一步升华，才算真正证得了光明大手印。

金刚乘有另外一套话语体系，修生起次第圆满可以达到七地，拙火、幻身可以达到十地，修光明进入十一地，这时，贪、嗔、痴、慢、妒这类烦恼就没有了，但还有习气。好多成就师表面看来还有毛病，有些是他的示现，有些是习气使然。虽然还有习气，但他已经不造业，也不入轮回了，但可能还会有细微的无明习气。

无修瑜伽的第二部分就是以清净习气为主，习气清净之后，才是证果。在金刚乘的话语体系中，成佛是金刚十四地。

无修瑜伽是烦恼扫尽，习气扫尽之后，把觉悟也扫尽，把大手印也扫尽，把所有东西都扫尽，我执法执都破除了，才谈得上证果。

38. 随缘得自在，安住光明心

《光明大手印：实修心髓》中曾写过在某次神秘的相遇之后，我的一些宗教体验，虽然不是全部，但从中，你或许便能体味出某种金刚乘的味道：

我无贪无欲，周身却啸卷着暖乐，激荡着空明，每个毛孔都被那奇异的空乐融解了。腹内的感觉最强，似火烧但无灼感，舒适激荡着，一波连着一波，怒涛一样，似有一股奇异的力量为我打开脉结。我绝没有想到人间竟有如此的觉受。这绝非人间语言所能描绘。渐渐地，整个宇宙也仿佛燃起了快乐的大火，烧尽了一切外现，连我自己也被烧得不见踪迹了。天地间的一切都消融了，只有大空大乐和光明。我沉浸在那种激荡的空乐中，不喜不悲，无取无舍。此后，我便融入那种光明、宁静、快乐和空灵之中，行住坐卧，皆明空如天，不思过去，不念未来，只觉醒于当下，已坚信自己与本尊无二无别。我常常能无造作地看到本尊身像。有时，那熏熏似醉的暖乐虽时时令我"疯癫"，但好在我有单独的办公室，并不曾惹人耍笑。

那时，我虽然也在每日里观修胜乐金刚。那时，我甚至能在诸毛孔之中观出本尊坛城。那时，即使在梦中不拿念珠，我也清晰地知道自己诵了多少遍咒子。但更多的时候，我则融入空乐之中，时现任运疯癫状，心却空明至极。再后来，我常常经年累月地融入梦幻光明中，对一切外现毫不执著。有时，身子竟像成了气泡，影子般觉不出重量。甚至在写作时，我也是暖空充盈，明空不二，八九个小时如弹指须臾，脑中不显只字，而笔端却能流出诸种境界。

许多时候，我甚至觉得，观修和持咒已成为另一种意义上的"杂念"。因为我已无上座和下座之分，触目随缘，自然任运，无求无住，不取不舍。十年后的一天，我将我的证悟和觉受告诉上师。上师大笑，印证道："那就是光明大手印。"

在青海塔尔寺，我曾请具德上师印证我写作时的状态。他说，这时，你和五大金刚是无二无别的。但是，我将这些也从心中扫去了，但这时又不是顽空。到这一步时，便无处不在处处在，无时无刻不在明空定境之中。

上世纪90年代中期，为了搜集写作素材，我也曾行遍凉州。当我坐上摩托车时，就如上了禅座，游行数百里，却不曾离禅座；阅尽千人熟睹万物，虽了然于心，却似无所见。有时，我也会观修持咒，因为上师给弟子们都定了任务，我也会严格地按上师的要求去做。我不持念珠，却能清晰地记住一天的持诵数目，几万几千几百几十几，毫不散乱。要是我在梦中想修，那么在梦中也会清晰地记下数目，几万几千几百几十几。当时就出现了生起次第和圆满次第中要求的好多证量，包括拙火定的要求、修幻身的要求、阿字净障法的要求，等等。

上师印证我证得了光明大手印，但我连那大手印的名相，也懒得去执著了。

到了这些年，我又变了，时不时就打破我自己，也拒绝在我的身上贴任何标签了。下面的内容，转自一个朋友的微信，他写了一点自己对雪漠的看法，有点意思："我发现雪师是一个智慧大超市，很多人初期只是从雪师那里得到自己想要的东西，例如佛法。其实，雪师真正想让大家掌握的，是经营智慧超市的方法，但是很多人只是进超市选购自己想要的东西。很多人，进入这智慧超市后，径直去了佛法专柜，买了想要的佛法产品。对其他与佛法无关的东西，则视而不见。我自己当初就是这样。后来我发现，

雪师还是一个父亲、还是一个爷爷、还是一个作家、还是一个微店店主、还是复旦大学附属医院的人文导师……他用一切可用的方式，来帮助人实现心灵的解脱。所以，雪漠是没有边际的，他可以写小说，可以写诗歌，可以写佛学专著，可以开培训班、可以开微店、可以开网站、可以办讲座、可以做视频，可以走进书店、大学、医院、科学院、作协、广播电视、报纸杂志、文化论坛……因此，我现在不是去雪漠智慧超市买佛法，而是真正地学会理解、接纳一个大雪漠。”

39. 写作时的妙用

在我的生命实践中，总是尽量去保任和安住那种智慧。多年之后，那种智慧就成了我的生命程序，完全指导着我的行为。

即使在写作时，我也不是一个游离于本尊之外的作家。这时，本尊就是我，我就是本尊；法界就是我，我就是法界。

2011 年，在北京大学跟一些专家学者交流时，我谈到了写作时的体验，是当成一种超心理学现象谈的，或许，我能给当代心理学研究提供一种标本。

当然，我完成了扎实的基本功训练和写作前的准备之后，开始写小说时，是没有执著的。写作时，我从不给自己树立任何一种标准，比如这部小说要写点什么，要表达什么样的精神，要揭示什么样的社会现状，要剖析什么样的社会本质，要告诉大家什么样的理念等等，我写作时没有这些东西。包括“没有执著”的这个标准，我也把它给放下了。我仅仅是在享受写作。那时节，我总能感受到一种比人类更伟大的存在，说不清这个存在到底是什么，无论你用什么样的标准、什么样的定义去界定它，都不对，它不是能被定义的东西，也不是语言能企及的境界。也许，这就是佛说的“不可说，不可说，一说就错”。

我在写作时，总像有无数的东西涌进来，涌入我的心，涌进我的灵魂，不是我在编造什么，也不是我想表达什么，而是它们通过我的手指奔流而下。我的心灵可以进入任何一个时空，可以跟自己希望与之交流的任何一个个体对话。而且，这不是我的想象，而是在那种状态中，我自然会觉得万事万物都是有生命的，我可以和它们任意交流，甚至交融，我可以变成它们。这种交流不一定通过语言，更多的是心灵与心灵的触摸、品味、撞击、胶着。我感受到的那种巨大存在，是无法用一般文学的那种方法表达出来的。

那么，我如何在这种状态下创作呢？我仅仅是安住于一片明空，安住于和大自然融为一体的清明，让文字从我的心里自己喷涌出来，从我的指下自己流淌出来，就像火山爆发那样，不可遏制。在这个流淌的过程中，我的脑袋里是没有文字的，我不知道自己要写什么，也不知道自己会写出什么，我所做的一切，就是打开电脑，把手放在键盘上，然后任由手指随着心中巨大的诗意跳舞。这个过程非常快乐。

关于这一点，北京大学中文系陈晓明教授有一种解读，他认为我所有的创作都是一种“附体写作”。也许这种说法有道理，我确实感受到一种巨大的力量——甚至我就是它——它必须借助我的手指，流淌出来。这种力量能达到一种什么样的程度呢？我的指头没有办法停下来。不过，对这种状态，我更愿意称之为自性写作，因为不是有外来神附我，而是我本来就是它。在那种状态中，你就是它，它就是你，那是一种一味的、合一的、圆满的、整体的、无我的、光明的状态。

这种状态最早出现在 1995 年，我走在街上，突然有一种巨大的感觉涌上了心头，我不由自主地开始唱歌。我当时唱的，就是《西夏咒》的第一段：“出了西部最大的都城长安，沿丝绸之路，继续西行，你就会看到一位唐朝诗人。千年了，他总在吟唱大家熟悉的歌：'黄河远上白云间，一片孤城万仞山。'"这时，我能看到西夏的女人——那些母亲们——和大批大批遭到屠杀的孩子。母亲们正在哭泣，哭得非常悲痛，我也和她们一起哭泣。我心中涌动着的悲悯，把所有的时空都冲垮了，把"自己"也冲垮了，他们就是我，我就是他们。我也在他们的疼痛里疼痛我自己。我无法漠视那些母亲和妻子们撕心裂肺的嚎哭，也无法忽略那些还没懂事就失去父亲的孩子们迷茫的眼神，我的笔流淌出我灵魂中的泪水，我的笔流出了我灵魂中的大喊。我没有了时空和时代的界限，仿佛能进入千年前的那个世界。

当我的指尖流出这些文字的时候，我无法让自己的指头停下来，连饭都没法吃，鲁新云只好坐在我旁边，给我削苹果，一片一片地喂。我一边写，一边吃，脑子里非常清醒，知道自己在做什么，但心里有一种巨大的力量涌动着，很难用逻辑和理性去解释。那种力量，给我带来了一种身心的大乐，而不仅仅是一种快乐的情绪。有的人在运动时，也会感受到快乐，科学家将这种快乐解释为肾上腺素的作用，它不只是一种心理上的愉悦。我感受到的大乐跟这种现象有相似之处，也有身体的反应，而不仅仅是情绪，也非刻意的幻想。它是我生命中的大乐。后来，陈亦新也尝到了这种快乐，所以他不上大学了，要享受写作的快乐。

我跟陈亦新一样，写作的时候，首先享受的就是快乐。有的人在禅修和瑜伽修炼中都会得到一种禅乐，我在写作中也有这个东西，觉得红尘中的一切都无法与之相比，因为它是生命在强有力地喷涌的一种快乐，这种快乐不需要任何外部条件的刺激。就是说，你不需要买一栋楼房，不需要买一辆跑车，不需要买一部新款手机，也不需要得到多少人的掌声，就能享受这种快乐。这是一种宁静之中的狂欢，在这种快乐中，整个宇宙都像在跟你一起狂欢，你根本就没有自己，所有概念化的东西都是多余之物。

你想想看，在这样的一种状态下写作，哪有心思再去考虑什么主题、结构、人物、情节？我只能任由它们从我的心里往外喷涌。不仅《西夏咒》，《大漠祭》《猎原》《白虎关》也是这样，后来的《野狐岭》《一个人的西部》及“光明大手印”书系都是这样。

当然，情节和人物并不是凭空出现的，我在写作之前，我生长的那块土地、文化、人的命运早已进入我的血液，变成了我的生命本能。它们已变成我心中活生生的世界，当我的悲悯之心与那个伟大存在达成共振时，我的文字就不属于我自己了，这些生存在精神世界中的人物与故事，也有了他们自己的生命。我总是由着文字往外喷涌，它喷到不想喷的时候，我就开始修行、坐禅。过一段时间，它又想往外喷了，我就又开始写。就像女人生孩子一样，孩子已经在肚子里发育完全了，最后“生”的那个行为，只是一种顺缘。

在兰州大学开我的作品研讨会时，西北师范大学的张明廉教授说，雪漠的作品像火山在喷涌。真是那样，我从不编造故事，也从不寻找语言，不会有中气不足的疲态。我越是喷到后来，写作越到最后，就越是进入状态，越有激情，所以，我的小说越到后半部分，也越是精彩。希望我的这种体验，能成为心理学研究的一个标本。

需要说明的是，虽然我写了一点妙用时的觉受，但它离我想表达的内涵还很远。真正的大手印超越了语言。

从有求变得无求，是我有了宗教体验后发生的最大变化：文学创作上我从有求到无求，修行上我从有求到无求，生活上我也从有求到无求。先前，我惧轮回，我求觉悟，我想当大作家，我想即身成就。后来，我一天天变“懒”，因知足而常乐。我从不追念过去，也不向往将来，只要腹中有食，身上有衣，便乐滋滋享受着当下的觉醒和明空，做好自己该做的事，然后如婴儿饱乳般坦然入睡。不祈梦的时候，我甚至没有梦境。眼睛一闭，便到次日凌晨。我不再有任何世间法的目的性,却又能积极无执著地做事。我之写作,本身就是目的;亦如我之修行,修炼本身便是目的。获奖、觉悟之类的事,我是懒得去想的。自见到光明之后,我甚至不求福报,也不发愿去哪个佛国。若有来世,为了众生的觉悟和幸福,我只愿尽一份自己能尽的力。仅此而已。

我不知道我是由迷而觉了,还是由觉而迷了。但我已懒得去管那些迷呀觉呀的事了。因为我明白:轮回涅槃皆如梦幻,本尊与我无二无别。我放下了对今生的所有执著。此外,我并无所得。

正如茶味的觉受无法用语言表述一样,对大手印亦无法说出其究竟,总觉那说出的,都不是能说和想说的。我之行住坐卧、写作读书等诸多事,我只是做而无做、行而无行、写而无写……许多时候,我浸泡在明空悲空和乐空中。乐是最高意义上的悲,悲何尝不是另一种意义上的乐。当然,我眼中的诸多显现,仍和上师本尊无二无别,且无不融于空性之中。所以,我于宁静中享受到的,是天空般的澄明、劫火般的大乐。我在别人眼中可能很辛苦的写作中,觉受到的仍是空明无边的乐。相对于这种乐,人世上的所有享受,都微不足道。前者如太阳,后者则至多是萤火虫。

第五章　无修道:融入光明

1. 涅槃是烦恼之火的熄灭

无修瑜伽中的初期阶段,也以清除习气为主。

习气很顽固,修一味瑜伽,修到八地以上,还得清除细微的习气。虽然那细微的无明构不成菩萨的烦恼，但他的智慧之镜还是有一层若有若无的无明云雾。所以，无修瑜伽虽无修行名相，但还是有净化习气的任务。

佛教不追求世间法，它追求出世间法，也就是一种无条件的自由和快乐。它也叫涅槃，有“常乐我净”四德。很多人都以为，涅槃是一种神神道道的东西，非常神异，其实并不是这样。所谓涅槃，就是息灭烦恼。只要你扑灭了让心灵热恼的烦恼之火，就实现了涅槃。

释迦牟尼佛有一个很形象的比喻，他说，烦恼的火苗熄灭了，便叫涅槃。涅槃的本意就是息灭，烦恼息灭了，痛苦息灭了，执著息灭了，分别心息灭了，这就叫涅槃。这时候就没有轮回和涅槃的区别了，轮回就是涅槃，涅槃就是轮回，都是巨大的游戏。进入离戏瑜伽之后，他就看破这种游戏了，所以再也不执著了，这才算真正地见性。达到这一步的时候，也不再执著佛国了。

释迦牟尼佛讲过这样一个故事：有个外道证得了神通，他可以观察任何一个人死后到哪里去了。有一次，他看到一堆骨头，发现那骨头的主人在天道；又看到另一堆骨头，发现其主人在畜生道；再看到一堆骨头，发现其主人现在是非人；但是对于某一堆骨头，他却什么都看不到。他觉得很奇怪，就去问释迦牟尼佛，佛陀告诉他：“那是阿罗汉的骨头啊，他涅槃了，不在六道中，你当然看不到他。”外道又问：“那涅槃后，他到哪里去了？”这次，释迦牟尼佛没有回答他。佛陀不是答不出，而是无法回答。为什么呢？因为涅槃的境界只能意会，无法言传，一说就错。不过，释迦牟尼佛虽然没有回答，却给那外道打了个比喻：他拿起一根点燃的蜡烛，突然把烛火给吹灭了，然后问那外道：刚才那烛火到哪儿去了？外道无语。涅槃就是这样。烦恼息灭之后，就是涅槃。

上面说过，涅槃的境界有“常乐我净”四种特征，非常自在。达到涅槃境界的人，已经没有了我们一般人的烦恼之心。因为，

他真正破除了执著，做到了少欲知足，消除了分别心。对此，佛经中有两个比喻：黄金与牛粪同值，虚空与手掌无别。做到这一点时，就是阿罗汉。证得这种境界，分别心全部消失，又具有前面说过的三身五智，才叫涅槃。这种境界，就是大手印文化所提倡的自由，是息灭烦恼后的究竟自由境界。

2. 大解脱不假外求

真正的智慧，不是你对心灵的压抑，而是自然而然发生的。一旦你明白了自性本空，洞悉了解脱之道，就不会再产生执著，也不会对境生起任何杂念和欲望，更不会有什么放不下的牵挂，这时，就没有任何东西可以动摇你内心的光明了。这时，世界上所有的众生和现象，都会变成你的如意宝，世上一切无不圆满。

这时，你可以把地水火风四大潜能转化为超强的能量，由此俱足智慧和功德，俱足神通和潜能。这时，因为你信心俱足了，所修成的子光明和法界本有的母光明就会像空气融于空气、空性融于空性一样，合二为一，也就是子母光明会。

不过，这种解脱不是依托于因缘的，不是说你多念几遍咒子，就能实现。它不依托于咒子，也不依托于有形之修，只要消除一切执著，连有为的修行和追求之心都摆脱时，自然就会发生。就是说，只要看破世间一切，不再受妄心的欺骗，你的妄念和执著便会如风中的云彩一样自然消散。

这时，你便自然俱足最大的菩提心，也就是无缘大慈、同体大悲，你所有言行都是为了利众，你仅仅是没有了菩提心的概念。

无修道也包含了最究竟的菩提心。

3. 何为“如如不动”？

刚开始修炼时，仪轨是必要的。其目的，是用一种制度化的东西，慢慢让人产生宗教体验，进而达成证悟。证悟之后，仪轨就不重要了。这就像当一个人还不会观想时，要一步一步去观，先观想本尊头顶的金刚杵、交叉金刚杵，然后三脉五轮。如果他在刹那之间已经观想得很完整、很清晰的话，也就不需要一步一步地去观了。第二，所有的仪轨，包括持咒、观想，其真正目的就是让你最终明白什么是空性光明，并且每时每刻都能保任它，从而得到一种正见。其实，我们观想的每一个形象，都代表一定的教义，你在观想的同时要有发心、皈依，久而久之，仪轨所代表的智慧就会熏染你的心性，让你发生质的变化，得到升华。假如你能刹那间做到这一点，就直接安住于那种觉醒、空性、证悟之中。

隆钦巴说过，证悟实相之后，如果能安住于自性之中，便不需要专门闭关。其颂曰：“净心安住自身山中时，无须依止深山寂静处；任何所现不离法性时，无须定期苦苦而闭关；外缘现为智慧游舞时，无须特意闭关而修习；断得体相自净本寂时，无须积累有相之资粮；所现现为三身刹土时，无须依靠对治而观修；境界显现无偏逸然时，无须生起希望忧虑想。谁具此六现见智慧义。”

该如何理解这首偈颂呢？

第一，“净心安住自身山中时，无须依止深山寂静处。”当你的清净心能安住于生命的大山之中时，便无需移至真正的深山老林僻静处闭关。就是说，闭关是为了稳定你的清净之心，如果目的已达成，所处环境是否寂静就不重要了。

第二，“任何所现不离法性时，无须定期苦苦而闭关。”当你发现眼前种种显现都离不开你的自性，一切都与空性无二无别，你始终都能用法性之眼观照万物时，也就不需要定期苦苦闭关了，因为你闭关的目的已经达到了。

第三，“外缘现为智慧游舞时，无须特意闭关而修习。”当你发现外界种种因缘的显现，只不过是一种智慧的幻戏时，你也就不需要专门去闭关了。

第四，“断得体相自净本寂时，无须积累有相之资粮。”当你明白且确认自己的种种行为、目睹的种种事物等，都是本来清净的，都源于那颗本自清净的心时，你就无需再去积累有相的资粮，也就是说，不用再着意地进行有相的修行了。

第五，“所现现为三身刹土时，无须依靠对治而观修。”当你发现眼前一切都是佛陀之法报化三身显现时，就无需再去对治烦恼了，因为烦恼也是三身的种种化现，只要你明白那个心已融入法性，就不用专门地对治它。

最后，“境界显现无偏逸然时，无须生起希望忧虑想。”当你没有了分别心，达到一种非常快乐、逍遥、安逸的境界时，你就会明白所有的快乐、喜悦和烦恼都是平等的。而当你真正明白这一点时，就没有了任何渴求与担忧。你再也不希望证果成佛，再也不希望往生，再也不惧怕轮回，因为一切显现都是平等的。这时，你就超越了轮回。

大手印中层次最高的瑜伽就是无修瑜伽。光明大手印的无修瑜伽中包括了大圆满。无修瑜伽分为三个阶段，前两个阶段仍然要对治习气，到了最后一个阶段，才能证得金刚持究竟果位，这时就成佛了。

无修瑜伽是苦修才能达到的必然境界。神秀说的“时时勤拂拭”就是对治。完整地理解，就是“身是菩提树”，法报化三身——即心的本体如如不动；“心如明镜台”朗照万物；“时时勤拂拭”，生起警觉了，知道要对治习气；“莫使惹尘埃”，最后证得光明。一般人都更加欣赏六祖的偈子，其实神秀也说得很好，世上哪有不修之佛。但六祖之后，禅门就多了口头禅和狂慧者，因为他们把超越的见地当成了不修的借口。

事实上，不管见地多么超迈，都必须渐修。你如果不渐修，就没有定力，拒绝不了诱惑。当外界的诱惑排山倒海而来时，你的心就会跟着跑掉，那时，见地根本救不了你，因为你用时就忘了。这就是见地没有变成你的活法的表现。所以修行一定要精进。

注意，好多人以为精进说的是有相瑜伽方面的勤奋修行，结果把自己弄得疲惫不堪而陷入昏沉，这不是精进。真正的精进是时时警觉，用智慧指导生命，观照自己的起心动念，知道什么该做什么不该做，还能管得住自己。这时你无时不觉醒，无时不警觉，这才是正精进。能做得到这一点，就是最好的修行。用我的一首偈子来表述，就是："一声慨叹时，其实已明心。无惑故无语，无求更无争。长空无挂碍，万里有行踪。既已见明月，无处不春风。"

无修瑜伽是精进到没有不精进的时候，却不再有精进相和所有执著。那时节，他的所有精进已没有对境，因为他不再有任何执著和习气。

4. 解脱是滴水入海

有些读者虽然爱读我的作品，但对我讲的大手印精髓却很难领悟，比如关于"大手印见"，关于"三支法"，关于"流传了千年的智慧之火"，关于"奶格吉祥经"的解释，关于"空性"等。他们没有悟入的原因，在于他们读懂了文字，却没把道理变成自己的生命体验。

佛教有"自证分"和"证自证分"的说法，就是说，你要自己尝到那味道，还要证实自己真的尝到了。如何证实？一，由证得空性的大德印证；二，在事上印证。就是说，你经历万事时，

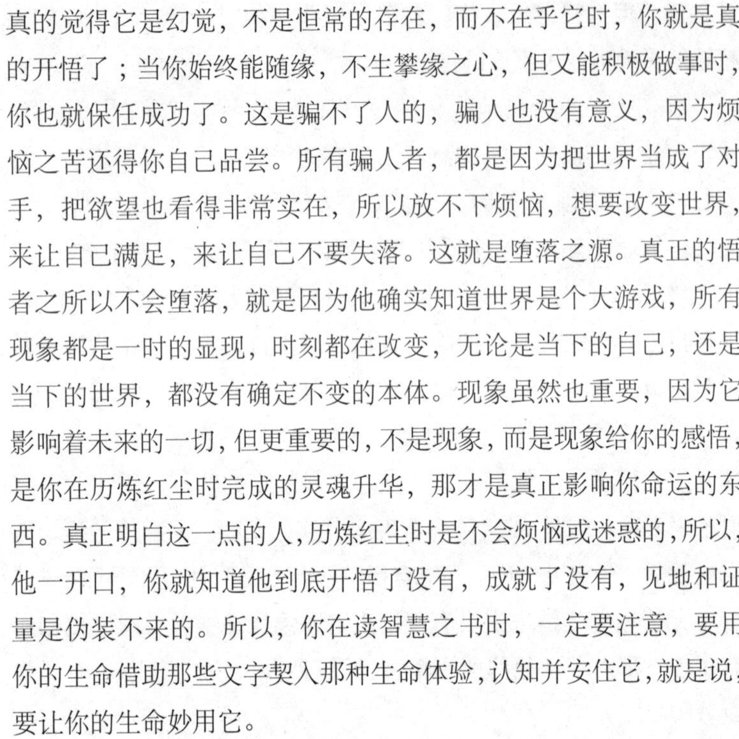

真的觉得它是幻觉，不是恒常的存在，而不在乎它时，你就是真的开悟了；当你始终能随缘，不生攀缘之心，但又能积极做事时，你也就保任成功了。这是骗不了人的，骗人也没有意义，因为烦恼之苦还得你自己品尝。所有骗人者，都是因为把世界当成了对手，把欲望也看得非常实在，所以放不下烦恼，想要改变世界，来让自己满足，来让自己不要失落。这就是堕落之源。真正的悟者之所以不会堕落，就是因为他确实知道世界是个大游戏，所有现象都是一时的显现，时刻都在改变，无论是当下的自己，还是当下的世界，都没有确定不变的本体。现象虽然也重要，因为它影响着未来的一切，但更重要的，不是现象，而是现象给你的感悟，是你在历炼红尘时完成的灵魂升华，那才是真正影响你命运的东西。真正明白这一点的人，历炼红尘时是不会烦恼或迷惑的，所以，他一开口，你就知道他到底开悟了没有，成就了没有，见地和证量是伪装不来的。所以，你在读智慧之书时，一定要注意，要用你的生命借助那些文字契入那种生命体验，认知并安住它，就是说，要让你的生命妙用它。

需要反复强调的是，即使弟子有着超人的自信，要是没有上师的印证，仍然没有宗教意义。所以，上师的印证是必需的。因为，有许多自认为证得了光明大手印的人，其实是陷入顽空、无记或是沉没。在关键的时候，差之毫厘，就会错上千里。

真正的解脱是什么呢？是一滴水汇入大海。

我们把法界的空性理解为大海，破执前的自己是一块坚冰，只有让智慧的暖阳照耀自己，融化因执著而寒冷的心，将自己化为一滴水（证得子光明），融入法界的大海（大海为法界本有的空性光明，即母光明，自己融入大海，便是子母光明会），我们才跟佛的法身融为一体，这才叫解脱。有时，它发生在人活着的时候；有时，它发生在人临死的时候，如果在临死时子光明跟死光明（也即母光明）合二为一，你就可以不经历中阴身而得到解脱。这就是解脱的原理。可是，许多修行人连最基本的这些都不知道。所以，多读正见的经典，是非常重要的。

修行的关键在于破执。破执的难易，也在于执见的轻重。执轻则易，执重则难。所以，对利根来说，顿悟易如反掌；对钝者来说，则难似登天了。但不管怎么样，修行人都要慢慢对治烦恼与习气，如果对对治之法有不解之处，应该多看看大手印经典。当然，证得出世间智慧时，诸法都是平等的、究竟的，都是法界智慧光明的流露。无论啥派啥宗，只要破执，就是出世间法；相反，只要没有破执，就还属于世间法。

无修道就是一滴水进入大海之后的安详。

5. 法界皆自性

当你达成了子母光明会后，心中光明朗照，湛然空寂，轻松自在，再也不执著什么东西，从而进入大手印的无修道。它远离言诠，难说其妙，里面有一种内证的东西，必须真正修到那一步，然后自己去体味。简言之，它就像一把智慧的利剑，将所有烦恼从根处斩断了，从此你不再执著任何名相，才自主自在。

这时，你表面上在做一些很普通、很常见的事情，甚至只是一些琐事，但你心里充满了光明，你无时不在定，无处不在定，也不一定要对治什么，不一定要在哪里闭关了，你无修而修，在生活中保任光明，久而久之，便与佛无二无别了。

在此之前的修，简言之就是清扫心灵垃圾，今天减掉一点贪婪，明天减掉一种愚昧，后天减掉一份仇恨，大后天减去很多怀疑，减法做到最后，心里就只剩下一片光明了。

何为觉悟？真正放下，就是觉悟，如果放不下，就不是觉悟。注意，放下的是执著，而不仅仅是物质。你可以舍弃掉物质，也可以不舍弃，有些人即使舍弃很多物质享受，还是放不下心中的执著。而当你放下执著，拥不拥有什么，便也无所谓了。有很好，没有也很好，你无须通过舍弃它，来逃避它对你的诱惑，一切随缘。

我们要记住几个关键词：放下、清醒、心外无法，让智慧成为生命中不能远离的光明。有一天，就会发现，我们的生活越来越自在，没什么值得生气和苦恼的事，也没有让你厌恶的人，一切都很好，你的心里充满了自由和快乐，这时，你甚至觉得解不解脱都无所谓了，那么你就解脱了。所以，不要离开自性去外面寻找别的解脱。

恒常地安住于明白与觉醒，就是解脱，就是最好的修。到了这一步，证果也不执著了，轮回就是涅槃，涅槃就是轮回，世间一切都是如意之宝，无不归于法性，无不是佛菩萨的化现，这就是真正的成就。真正的成就，便是证得这种不执著的智慧。所以，自性就是解脱，自性就是涅槃，自性就是一切。

6. 做个无事真人

我曾用一首诗描述过无修境界：

我本无事人，不慎涉红尘。
搅得三界乱，六道闹纷纷。
今日悟本然，无死亦无生。
悠然退林下，再做无事人。

什么是无修？证得子母光明会后，会发现世上的一切纷纷繁繁、闹闹嚷嚷、是是非非，都归于本然，一切都无生无灭，无来无去。这时候，心中什么事都没有了，安安详详，快快乐乐，自自在在，恬恬淡淡，于是你自然退出了纷扰的红尘舞台，再做无事之人。

对于你证得的智慧，也不要执著，要放下它，但要享受它。

我还写过一首诗，以表无修之乐：

俗女即素女，扬尘在俗途。
惬意三潭月，不求契如如。
吾为大素子，款款缱素女。
洗净心头觉，西湖采桂子。

这时候，眼前一切，都淡然为一种大素。

大素者，没有雅俗之分，朴素到极致却无朴素之相。到这时，你已经看不出他是个修行人。在修行的过程中，如果有人夸你修得好，说明你修得还不够好，因为你还有修行人的相，而真正修成的人就没有任何修行之相了。因为，真正的无修者已经完成了对治习气的功课，没有任何的习气污垢，像大自然一样轻松自在，悠然自得，再也不迷惑，也便不再求什么觉悟或证道。

他把觉悟都洗掉不要了，而是带着他的“素女”——何尝不是素心——到西湖边上采摘桂子。这里说的“不求”，不是叫你忘记觉悟了的东西，再回到无明中去，而是说对证到的光明不要执著，对大手印不要执著，就像你不执著呼吸，但永远都不会忘记呼吸一样。

这时，你已证得胜义光明，与其融为一体了，你便可以智慧光明朗照万物，把这光明传递给众生。你就像一滴水融入大海一样，与法界光明融为一体，变成了法界智慧、佛陀智慧的出口。你的心就像明镜一般，朗照世间万物万变，却如如不动。于是，你与世界、众生、佛陀融为一体，再也分不清什么你、我、他。正因为如此，经历再多的红尘历炼，你的心中也是清清明明，轻松自在。世间万物，你都不再执著；世间八风，也无法扰乱你的心。此时，

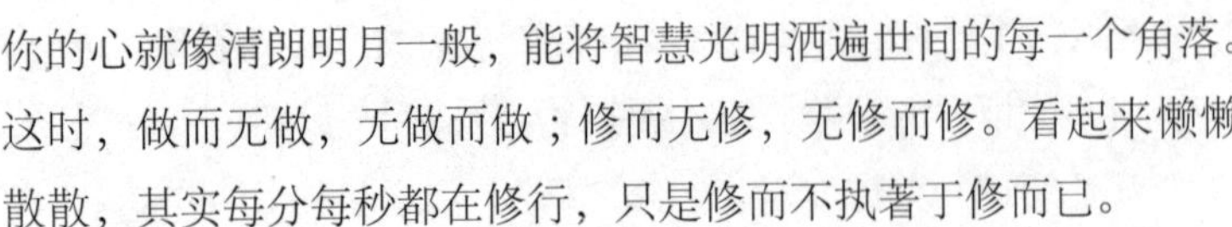

你的心就像清朗明月一般，能将智慧光明洒遍世间的每一个角落。这时，做而无做，无做而做；修而无修，无修而修。看起来懒懒散散，其实每分每秒都在修行，只是修而不执著于修而已。

禅宗法融禅师在没有见四祖之前，在牛头山修道，感得百鸟献花，但遇到四祖，安住平常心之后，百鸟却不再献花。前者虽入圣境，尤有法执，百鸟也能窥出其相。见四祖之后，能破诸相，能除法执，和光同尘，凡圣一如，由绚烂归于平淡，于孤峰顶上却能灰头土面。他便成了无心道人和无事真人。这时，他已无所谓迷，也无所谓觉。

在《雪漠大手印实修偈颂》中，我写过这样一段文字，或能帮助大家了解无修：

本然无造作，宽坦暖日中。
明朗入梦幻，离戏更空灵。
提起警觉处，督摄吾六根。
如哑尝诸味，倾诉不由心。
聆听大空寂，如聋闻诸声。
如盲张视物，诸相无影踪。
如士品茶味，妙觉净中生。
不着于相时，了了却分明。
此中有真意，如如不动心。
无惑故无语，无求更无争。
长空无挂碍，万里有行踪。
既已见明月，无处不春风。
解脱于当下，明朗本觉身。
无生观自在，本初大光明。
应于显现处，无障亦无间。
圆满如实性，无二大觉尊。

需要说明的是，无修道是最难写的，无论什么样的语言，也难绘那无修之妙，故说偈语：

无修是大修，大修却无修，
欲知此中妙，待君证无修。

解 脱 篇

第一章 中阴成就法

修行的真正目的是解脱，而要想真正地解脱，就要达成子母光明会。

什么叫“子母光明会”？我们把修出的光明叫子光明，法界的或本有的光明叫母光明。子母光明会，就是将子光明融入母光明，如同一滴水进入大海。只要在生前扫除散乱，安住于真心打成一片，用光明对治烦恼、对治习气，达成一味，证得定力、慧力、专注力，与法性光明达成一体，就能证得法身成就。如果再精进地修下去，还能达成子母光明会，证得三身五智，得到究竟佛果。

所以，修行的第一步，就是要修出子光明，没有修出子光明，就不可能实现子母光明会。很多修行人就是因为不明白这一点，反而追求虚幻不实的东西，结果修到最后，就变成了厉鬼。

那么，光明是什么呢？就是你见性的那个“性”，也就是空性。当你见到空性光明时，你也就开悟了。但即使开悟，距真正的证到光明也还是有距离的。所以，见性成佛之说并不究竟。虽然成佛肯定见了性，但见了性未必就会成佛。你不但见到了光明，还证得了光明，才算是真正的成就。

我们举个例子：如果说见性是从窗户中看到天空，明白天空是什么样子，那么你的修，就是一步步靠近那窗户。你走一步，就从一地进入二地；再走一步，就从二地进入三地；再往前走一步，就从三地进入四地……一步一步精进地修，到了最后，你就会走

到窗户前面，你打碎玻璃，跳到窗外，你的自性光明便跳出牢笼，融入外面的天空。这时，你便与虚空合一，与法界无别，实现了子母光明会。

见到光明之前，我们修的一切方便道，都是为了让我们拥有定力、慧力和专注力，能见到那窗外的光明。否则，你就不知道自己该往哪个方向用力。要是你临终时，仍然见不到这个光明，你就无法解脱，只好往生空行佛国，或是别的净土，在空行母或佛陀的加持下明心见性，再去证得实相光明。

现在,好多人一直在走弯路,有些人甚至把大手印当成了学问、知识来研究，这样也很好，但是很难证悟，因为他们在心外求法。有的人求得了大手印教法，却也不去珍惜，不在活着、健康时精进修行，这还是因为他们不明白，如果你不能在有生之年证得大手印光明，你就不可能究竟解脱。当然，本书后面还会介绍香巴噶举的另一种法门，叫中阴成就法，即使你在活着时没有证得光明大手印，死时也还是有解脱的机会。你也可以像上面说的，往生空行佛国，在空行母的加持下再去证得大手印光明，等等。但往生不属于究竟解脱，空行佛国只是成佛的中转站。既然求得了成佛的密法，又有了传承和上师，何不精进修行，争取在活着时就实现解脱，演好自己独有的故事呢?

生前达成子母光明会，就是我们所说的证得光明大手印。这时你见到的实相光明，才是真正的空性光明。宗喀巴大师的《胜密教王五次第论》中专门谈到，这种光明的出现相当于十一地。这时,“是故一切境,共现一切空”。就是说,这个光明显现的时候,世界就会向你展露它的真实面目。你所有的执著都会像太阳下的霜花一样消融，你也就再也不会被这花花世界扰乱心了。

当然，这个过程仍然离不开上师。契入光明大手印最主要的就是要得到上师的加持，契入之后，还有许多层次，需要破除一些细微无明。这一切，都需要上师的指点。尤其是你是否真的进入了大手印定境，是否真的见到了大手印光明，也是必须由上师印证的。

需要说明的是，虽然临终时也能达成子母光明会，跟生前经过精进修行达成的子母光明会的目的地一样，但是因为利众的功德事业不同，成就还是有高下之显现。因为在大手印体系中，成就有五个方面的标准：身、口、意、功德、事业。

身成就代表利众行为，语成就代表文字般若和传播，意成就代表智慧，功德代表对社会的贡献，事业代表影响力。上面的意思，跟传统的说法有点不一样，是我与时俱进的一种表述。

后来，我还将学养也列入其中。因为在这个时代，没有学养的成就者，会成为别人口中的笑话。我在藏区考察时，常听当地人骂孩子不爱读书学习时，就会骂："你这个噶举派。"一位朋友告诉我，好些自称是噶举派的成就者，连起码的藏文都不会写。其成就虽然让他不再烦恼，但文化的限制，也直接影响了其利众的事业。当然，也有些格西，虽然学富五车，但烦恼很多，如毒害密勒日巴的那一位。所以，我提倡教证并行，提倡知行合一，提倡学养和实修并重，既要有精神上的超越，又要有世间法上的传播。在某种意义上说，没有影响力，就没有大成就。

如果你能精进修行，修成大成就者，然后普度众生，把你证得的真理告诉别人，让他们也能远离烦恼，即身成佛，那么你的功德事业就比那些自了汉圆满。所以，佛教中有自觉、觉他、觉行圆满的要求。

阿罗汉也可以解脱，也可以证得身口意的成就，但他只追求自觉——也就是让自己觉醒解脱——不努力让别人也觉醒解脱；菩萨比阿罗汉更进一步，不但能自觉，还能觉他；佛陀则是自觉觉他，而且觉行圆满。什么叫觉行圆满？功德圆满，事业圆满，无不圆满，就叫觉行圆满。所以，单纯地自己达成子母光明会得到解脱，和生前证得子母光明会弘法利众，是截然不同的两种人生，也是截然不同的两种价值。

子母光明会的达成虽然是一瞬间的事情，看起来很简单，但真正实践起来，却不容易。就像你知道骑自行车的要领，看到别人骑得很轻松，就觉得自己也一定没问题，但你不训练，一骑上自行车，把握不好平衡，立刻就摔倒了。又比如游泳，你知道手要如何划水，脚该如何蹬水，但你一落水仍然不知如何是好。可见，理上的明白，仅仅是掌握了一些数学公式般的理论知识，想要真正将它们运用到生活中去,让自己理事无碍,需要刻苦地训练、修行。

我常说，没有不修的佛，想得到解脱，平时必须精进修炼。没有踏实的修炼，知道再多的道理，通晓再多的法门，也无法对生命产生真正的作用，有时候它们反而还会加重你的傲慢和贪婪，让你变得更加愚昧。

关于如何证得光明大手印，达成最后的子母光明会，你也可以去看我的长篇小说《无死的金刚心》，那本书专门讲了琼波浪觉如何从凡夫修得成就、证得光明大手印——其中包括空行母如何一次次为他开示心性，也包括他自己如何勤勉地如法修行、调伏，最后证得成就。

1. 死亡是解脱的良机

人的一生中，生是大事，死也是大事。我们谈死的目的，是为了更好地生。我们谈生的目的，也是为了在死来临之前，实现最大价值的生。香巴噶举的一些教法认为生死是一种幻觉，没有永恒不变的生，也没有永恒不变的死，一切都是幻觉。

在一些佛教的教派中，死亡甚至是高于一切的事情，许多修炼的仪轨中都贯穿着一种死亡的智慧。例如，香巴噶举法脉之一的奶格玛五大金刚法中谈到了入空法，入空法的修炼和本尊的生起其实就是在告诉你应该如何修炼死亡。许多法脉也是为了应对突如其来的死亡，或者利用死亡达成解脱。

原始佛教也非常重视死亡的修炼，比如，小乘佛教把阿罗汉在肉体没有死亡时证得的涅槃叫做“有余涅槃”，肉体死亡后证得的涅槃叫“无余涅槃”。事实上，所有的涅槃在达成时，最终都依托于对死亡的修炼。没有对死亡的修炼，很难达成真正的涅槃，因为肉体的衰亡难免会带来痛苦。所以，佛教中的许多修炼，更多的是借助死亡这个契机，通过一些方便法门达成解脱，实现我们常说的子母光明会。

我前边说过，众生都有一个不变的本体，那就是真心。真心不是因缘聚合的产物，它无需依托任何条件存在，因此它是不生不灭的。真心是知道一切皆是幻化的本体，也叫本元心，它是众生本自具足的。

如果生前你认知到真心，认知到空性，那么死亡来临的时候，无论你出现地、水、火、风消散的哪种境界，你都要守住真心，不要忘记它，不要丢掉它，要安住于真心，观察诸种现象的生起。这就是子光明，是你生前修成的东西。这个东西一旦出现，你能守住它，就自然会达成子母光明会。

当然，对于一些修证特别好的人来说，死亡并不是解脱的唯一良机。一些大成就者平时通过严格修证，当他能气入中脉、气入不坏明点时，临死八相也会出现。所谓大成就者，就是生前可以达成子母光明会的人，他所达到的境界就叫做即身成就。

那么，为什么说死亡是解脱的良机呢？因为，每个人死亡的时候，母光明都会显现，所以每个人都有解脱的可能。当你能够辨认出临终时出现的母光明，将自己修出的子光明与之合二为一时，就实现了子母光明会，涅槃也就达成了。正如，一滴水很快就会蒸发，但当它融入大海时，却能实现一种相对的永恒。就是说，当生命个体融入宇宙间一种大善大爱大美的精神之时，就能随着这种伟大精神的永恒而得到永恒。这便是我们所说的解脱。因为它已没有了生死，没有了憎恶，没有了幸与不幸，也没有了一切的烦恼。一切使小我陷入痛苦的东西，都会随着小我的消解而荡然无存。

如果生前不能见到真心、认知子光明又该怎么办呢？可能会进入轮回。但你要明白，归根究底，轮回仍是一种妄想，它是由妄念、烦恼、习气、业力所构成的，并不是一种恒常不变的存在。它的本质也是幻觉，也是归于空性的，它没有永恒不变的本体。但是，万法唯心造，每个人眼中的世界都是自己对世界的一种解读。比如，心中有贪欲，眼中的世界就会充满诱惑与不平，因为别人拥有的东西，他却得不到。所以，有什么样的心灵，就会看到什么样的世界。对于认假成真的迷者来说，轮回肯定会有现象上的存在，六道正是因此而生的，但它仍然是无我无常的东西。当你看透现象的虚幻之后，轮回也就与涅槃无异了。

2. 不要浪费了“人身宝”

虽说死亡是解脱的良机，但我们还是希望活着时解脱。为什么呢？因为，临终时达成子母光明会，始终还是跟生前经过修行达成子母光明会不一样。假如你在活着时就解脱了，那么你就可以传播真理，让别人也解脱，那么你肯定比死时解脱——也就是单纯“自了”——要伟大得多。

而且，如果生前不精进修行，死亡时那电光火石的瞬间，是很难把握的。在佛教看来，附着在灵魂深处的痛苦，不会随着灵与肉的分离而消失，而会进入下一趟轮回，甚至左右新的轮回。例如，有人死前怀有巨大的嗔恨，他们就有可能变成厉鬼、毒蛇，或堕入地狱，等等。

佛教还认为，人是无数轮回中的重要环节，所有的解脱都离不开人身。

天道众生无需经受任何苦难，整天快乐安逸，所以他们沉迷于享乐，难以产生超越或解脱的渴求，没有这种渴求，他们就不会寻求解脱，但是当福报用尽的时候，他们仍然必须面对苦难，可惜，这时他们已经失去了修行的机会。

阿修罗道的众生天生疑心很强，他们总是怀疑佛法的正确性，缺乏坚定的信念，无法因得闻佛法而受益，更不会改变自己的心灵与行为；加上他们嗔心极重，忙于跟诸天争斗，发不起修道的菩提心。

畜生道众生缺乏思辨能力，愚痴蒙心，即便有幸得闻佛法，也未必有能力“信受奉行”，不可能通过实践真理来改变心灵，改变命运。

饿鬼道众生为欲火所焚，无法摆脱欲望的纠缠，心灵难以自主，没有机缘听闻佛法，无法获得解脱。

地狱道众生每时每刻都在受苦，他们缺乏听闻佛法的机缘，也不具备修行的时间。

唯有人道，才能达成解脱的可能。人道有佛降生传法，人又有思辨能力，能读懂佛法精要，生命中的诸多苦难会让人产生超越的强烈渴求，因此只有人能够对佛法生起坚固的信心，才能进而实践受益、得到解脱。所以，人身被称为“解脱之宝”，没有人身是很难即身成就的。

甚至有一种说法是:“一失人身,万劫不复。”这句话的意思是，投生为人是非常难得的。关于这一点,释迦牟尼佛有个比喻,他说,茫茫大海中，漂着一个小小的木圈，海底有一只龟，龟五百年探一次头。投生为人的机会，比海龟的头探入小木圈的机率还要小。有一天，他又抓起一把土，然后说道，众生如果是大地之土的话，那么，能投生为人的，就像我手掌上的土这么少。

可见，要是失去人身，下一世还有没有修行解脱的机会，下一世会有什么样的命运在等待自己，很难说。所以，能在活着时修行，让生命质量高一点，创造更高的价值，而且有可能自主死亡，这是很大的福分，要珍惜。

3. 中阴成就法

香巴噶举的中阴成就法非常直接，它不像目前流行的那些中阴救度法那么复杂，而是直指心性，直趋解脱之门，可操作性极强，据称得此法者只要信心俱足，净信上师，不修亦可成就。琼波浪觉祖师一百四十多岁时，有弟子十八万，其中证得金刚幻身成就者，有七千二百多位；有六十四位不舍肉身，飞往空行净土。其余俱信弟子，均中阴成就。

此法中有诸多生前修持的方便，能对行者产生方法论意义上的益处，也是典型的临终关怀法宝。最珍贵的是，此法是由一代代的成就大德印证、传承至今，纯净如千足金念珠，珠珠相连，光明灿然，不曾中断。它不是以伏藏形式传承的，而是每一代上师都实修成就的口耳相传的密法。香巴噶举的历代成就上师，都是大成就者，法脉智慧如传递的火炬，不曾熄灭过。

香巴噶举中有很多关于梦境的修炼之法，因为梦境身非常像中阴身，常常修炼梦境的人在中阴身阶段也能认知子光明。尤其当你习惯在梦中观想，在梦中警觉、观察的时候，你就能在中阴身阶段安住于真心。这样一来，你就不会被中阴身的幻境所迷惑，不会生起认假成真的颠倒见，你会一直保持一种智慧的警觉。你知道一切不离心性，就不会颠倒，虽然出现梦境，但智慧的警觉始终存在着。这时，你可以做一些事情，但仍然是做而无做，心中不留一丝痕迹；你有第三只眼睛，能从幻境的表面洞悉其本质。所以，经常进行梦境的训练非常重要，它对中阴身有着莫大的好处。梦观成就法就是一种训练梦境的方法，它能够转化诸种梦境，在梦境中控制自心。可以转化梦境，就意味着你可以转化中阴身的各种境界，因为中阴身的各种境界和梦境本质上是一样的。

香巴噶举有一个方法，将生命中的所有境遇都当成是中阴身。这种观修训练很重要，它能帮你在生前体验中阴身的状态，这样一来，你就能预知并提前解决中阴身阶段将会产生的许多牵挂，就会非常直观地了解到自己心里真正牵挂的许多事情，然后把其他无关紧要的事情统统放下，将宝贵的生命时光与财富都用于完成自己的心愿，达成自主。正因为他每时每刻所做的，都是一些对他来说最重要的事情，所以他的人生就会变得积极美满，他的生命质量也会比许多瞎忙的人要高得多。简单地说，即便生命会在下一秒结束，他的人生仍然是无憾的，因为他已尽可能地珍惜了这段生命时光，便不再有任何遗憾和牵挂，也能坦然面对下一段生命旅程了。

我对于中阴成就法的修炼，不是阶段性的，它已在我的生活中贯穿了二十多年。我手头做的事，定然是我不做就会留下终生遗憾的事;我正在读的书,也定然是我不读就会感到终生遗憾的书。我的每一个当下,既是现实生活,又是中阴身。因为在每一个当下，我其实都在死去或新生。我的真心认知到的，是那个流动的无常的“雪漠”，它是由一个个当下的流动的瞬间构成的。当这种智慧能照耀你的生命时，你就会真的不再有任何执著，你也不会浪费任何生命。你的所有行为，也会因为做了那些有意义的事而实现升华。

20 世纪 90 年代，我在甘肃武威教委工作了十多年，却连中级职称也没有，因为我很少参加考评会。因为我明白，肉体消失之后，所有的职称、地位都会失去意义。同样，一旦进入中阴身

阶段，生前争来的权力也会失去意义。因此，我宁愿去做一些肉体消失之后，还能对世界、对人类发挥正面影响的事。

当你也能这样衡量自己的人生时，就会放下诸多对你来说无关紧要的东西，真正自主地生活。这时，你的执著就会越来越少，你的人生也会越来越圆满。假如真的进入了中阴身，你就能坦然、安然地面对、接受死亡的事实，安住于真心状态，实现终极解脱。

如果能在进入中阴身之前了结所有遗憾，做完该做的事，心中了无牵挂，你就会进入圣道。这时候，你可以自成本尊，也可以祈请奶格玛，或者祈请上师，放下一切，安住于光明觉性当中。即便厄运出现，你也不要管它，你知道那不过是一种幻化，很快就会消失；疾病与疼痛也不要怕，更别理睬它们，它们就像中阴身阶段看到的山崩地裂和洪水猛兽一样，只是没有自性的幻化之物，很快就会消失。你要明白，任何东西，不管你想要还是不想要，都是无常之物，想留也留不住。要坦然对待虚幻的生死，放下对外物的执著贪恋，安住于真心，让真心生起妙用，不要为无常的事情感到烦恼。同时，也要做好死亡前的所有准备，了结一些不做就会遗憾的事，尽量多做一些利众之事。

你可以常常观修轮回和涅槃本为一体，观修自成本尊，观想顶上有上师，经常祈请，即使在中阴身阶段也要不离祈请，生活中观想中阴身时仍然要祈请。总而言之，你要不遗余力地将祈请变成生命中摆脱不了的氛围，让它变成一种呼吸般的存在。当你跟亲朋好友相聚一堂时，也不要散乱，尽管把他们观想为本尊，把你们相聚之处观想为佛国，把一切活动观想为本尊在弘法。在日积月累的训练当中，你会慢慢证得智慧，最后形成一种习惯，实现解脱。即便没有传承的人也可以这样修，念诵佛号也行，虔诚祈请你最有信心的佛菩萨、上师或本尊，同样可以实现解脱。

比如，净土宗有“十念法”，即一口气念诵十遍“阿弥陀佛”，非常忙的人也可以念诵十口气；香巴噶举的行者则可以念诵“奶格玛千诺”，念一百零八次“奶格玛千诺”只需要三分钟，这是最适合繁忙都市人的修行之法。

4. 临死八相

佛教中将死亡时出现的各种境界叫做临死八相。不过，临死八相不一定只在临死时才出现，当修炼成就者精进地修炼，能够气入中脉、进而气摄入心轮间的不坏明点之时，类似于“临死八相”的境界也会出现。因此，真正的成就者在生前其实已经能够感受死亡，并达成子母光明会。

那么，是不是所有人死亡的时候这八相都会出现呢？是的，因为它是一种客观规律，而不是一种主观的臆想，少有例外。心理学以及国外的诸多科学研究，都肯定了临死八相的存在，而且很多临死的人与死后复生的人都曾有过类似的体验。我自己在修证中，也有过类似体验，当我经历了临死八相，将子光明融入母光明后，心就像天空般晴明了，灿如明镜，朗照万物，不再有纷飞的念头生起，却能随缘显现出妙用来。

每一生命个体在面对死亡时所经历的各种境界之区别，仅仅在于临死八相的强弱、出现时间的长短，以及它能不能被亡者及时认知。如果亡者能够认知这种状态，并能把握的话，就有可能达成解脱。

为什么寿尽时都会出现这临死八相呢？因为人有色受想行识五蕴与地水火风四大，这五蕴与四大会在临终的时候收摄。收摄时四大会分散，五蕴也会逐渐失去作用，人的生命就会因此出现各种变化，也会显现各种境界。

首先，眼识内返时眼所摄色入声，就是说，将死的人视力会变得模糊，看不清眼前的好多东西，只能将关注点放在听觉之上，

对外部世界的感知方式也以听觉为主；接着，耳识散灭时耳所摄声入香，虽有外耳却听不见外声，转而用嗅觉来感知外部世界；然后，鼻识散灭时鼻所摄香入味，鼻子闻不到任何味道了，于是转而以味觉来感知外部世界；再接着，舌识散灭时舌所摄味入触，舌不能辨而口中无味，转而以触觉来感知外部世界；最后，身识散灭触入于空，连触觉都丧失了，肉体再也接收不到任何来自于外部世界的讯息，触法亦入空，整个世界都似乎变成了一片湛然空寂，因外境的刺激而产生的诸多意识、感觉也会慢慢消失。当这五识散灭时，眼、耳、鼻、舌、身就会慢慢变得迟钝，逐渐消失其功能。紧接着，四大就会开始分散。

首先是地大消失，人体中固体的部分，如肌肉、骨骼等首先失去功能。你会觉得山崩地裂，沉重不堪，周身无力。

那时，你的身体会变得非常沉重，不能动弹，似乎被一种巨大的无力感所包裹，不能自控地一直往下沉。旁人看见你筋肉颤动，手足开始抽搐，嘴角也流出涎液，就知道你快要离世了。在凉州，亲人就会在这个时候开始给亡者穿寿衣，但这种做法是非常不如法的，因为他们不明白，亡者正在承受一种巨大的痛苦，他们的触碰会增加亡者的痛苦，亡者很容易生起烦恼而堕入"三恶道"。

这时候，你还能看到无数烟雾，我称之为"内见如缕缕烟雾"——为什么是内见呢？因为它不是眼睛看到的，只是感觉到的——身体也随之变得更加沉重。当这种感觉出现时，地大就进入水大了。

然后，水大再进入火大。水大是人体中的液体部分，比如眼泪、唾液、血液等等。当生命对液体部分的感受消失时，人就会觉得九窍干涩，眼、耳、口、鼻都特别干涩。这时，你还会内见如火焰，仿佛看到一簇一簇的光焰，它很像水面反射出一种阳光的绵延之相，也像太阳下的碎玻璃那样闪烁不定。随着这种状态的出现，你的唾液会渐渐干涸，嗔恨心所生的三十三种分别心也会慢慢开始消失。

当你认知到这些现象的时候，也就知道自己的生命状态开始发生变化了。

接下来，火大进入风大。火大就是肉体的温度。这时，温度开始消失，体热慢慢由四肢向心轮部位收摄。所以，很多濒死的人别的部位都凉了，但心脏的部位还是温热的。随着温度的减退，你会内见如无数萤火虫在空中飞舞，由愚痴产生的四十种分别心也随之开始消失。

紧接着，风大进入识大。风大代表呼吸。风大进入识大时，呼吸慢慢减少，甚至有时还会停止呼吸，内见出现朗然灯光，贪婪、仇恨、愚痴引起的诸多分别也会随之慢慢消失。凉州人常形容："人死如灯灭"，这灯指的便是生命之灯。他们认为，人熄灭生命之灯就像油灯的油尽灯枯一样，只剩下一片黑暗。油灯一旦被加满灯油，重新放上灯芯，就能再次被点燃，人也是一样。人的生命甚至没有止息的时刻。表面上人的死亡就是熄灭了生命之火，实质上，这只是在向另一种生命状态过渡和转化。那止息的是什么呢？是他的肉体与建立在肉体基础上的所有东西，比如他这辈子的身份、情绪以及与他相关的许多事情。

四大分散的这些死相，有些是按照次第慢慢出现的，有些则出现得很快。如果你生前很好地修过死亡瑜伽，如法如量地训练过生圆二次第，这时便能清晰地认知这四种死相。有时，由于它们出现的时间非常短暂，一般人还没来得及分辨就已经错过了母光明。实际上，风大进入识大时内见的朗然灯光，正是母光明开始显现的一个标志。灯光出现之后，周围的一切气都向心轮内收摄，阿赖耶识所藏细心的八十种妄心，也会随之消散。这时，各种妄心都会慢慢消失，气摄入不坏明点，最细风心就会出现，母光明也会随之出现。

风大进入识大的过程结束之后，识就会收入现。这时，人的内心世界会出现一片无云晴空，我们称之为白道现。但这晴空并不像白昼，有点像无云的月夜，万籁俱寂，你看不到月亮，只能“看”到它映照在天空中那种晶莹的、柔和的月光。这种光的亮度不大，按香巴噶举的说法，它是俱生的白菩提由顶轮降至心轮的体现。这种状态称为“白现”，就是“所现空”，它还不是一种非常纯净的“空”,你仅仅是感受到了一种“空”。这个时候,外现——仍然是内心的一种感觉而非真正的外部世界——是茫茫的月光。无分别的觉性开始慢慢出现，嗔心、仇恨心等非常明显的分别心会渐渐消失，你也渐渐变得平和。

然后，现收入增，“空”的状态变得更加明显，如白昼放出一道红光，也像天快亮时那种浅橙色的霞光，我们称之为“红道现”。为什么内心世界会出现日出般的景象呢？香巴噶举传承的说法认为，这时脐轮的红菩提升至心轮，外相如日光，感觉有流萤在动。这也是无分别智慧的一种，称无分别觉。“空”的觉受愈加明显，细微的分别心也开始消失，但这时人的细微的贪心仍然在享受光明。

接着，增收入得，出现黑道现，如黄昏时无云晴空中的天光，慢慢昏暗下来，知觉消失，内心世界似乎陷入一片漆黑暗沉。按流传于香巴噶举教内的传统说法，这时红白菩提包住了心轮的不坏明点，母光明马上就会出现，所以也被称为“近得”。当气脉汇至心轮之后，基位光明——即母光明——出现，仿佛黑漆漆当中出现了一盏灯，无风吹动，非常明净，从无知觉中恢复了清明的觉知，就像黎明时分东方的无云晴空中射出青白色的曙光，越来越亮。这时，无分别觉增盛，出现大空，一切细微分别都消失了，没有了贪嗔痴，没有了各种烦恼，没有了各种习气，还有可能会见到佛的三身。

这是心体母光明，叫“最胜空”，是最殊胜的一种境界。活着的时候，很多人很难修到这种境界，只有大成就者证到了它。要是你生前气能摄入不坏明点，并达成子母光明会的话，就能即身成就。那时，诸法皆空，无执也无舍。也就是说，修到这种境界的人，已将空性变成了一种生命本能，不会对虚幻的假象再抱有丝毫执著，更不会在乎一个幻相般的自我。因此，他便远离了各种烦恼妄念与所有对立分别，达成了终极解脱。

通过临床死亡后复活的病人的追述，国外学者对濒死经验进行了研究，其结果证明，在濒死经验或“脱体经验”中，都有某种灿烂的光明及黑暗相出现，有如密乘临死八相中的如月、如日、如黑暗等相出现，为临死八相提供了依据。

一般来说，如果患了绝症的修行人已经失去生存可能的话，他临终时，最好不要把他送往医院。因为，没有救活可能的所有抢救，都是为了满足亲人的心愿，而对病人做出的折腾，却会给病人带来巨大痛苦。这时，死者非常需要一个安静的环境，他必须不受任何干扰地完成由四大分散到子母光明会的整个过程。所以，家人能放下痛苦当然最好，不能放下也要尽量克制自己的情绪，不要放纵自己的悲伤做出一些对死者不利的事情，尤其不能给他造成诸多恶缘。因为，假如这时家人哭着叫喊他，他马上就会产生牵挂，不舍得离开；假如家人给他穿衣服，或者往他的鼻子里插管子、切开他的喉咙，他又会因为痛苦而感到愤怒。家人们必须明白，死亡一旦来临，即便多么不舍，也由不得他们，这种不舍带不来任何好的结果，只能让死者失去解脱的可能性，堕入痛苦轮回，甚至投生畜生道、饿鬼道或是地狱道。令死者无法解脱、堕入轮回的助缘，就是亲人的愚痴。关于这一点，以及亲人要注意的详细事项，可以去看《光明大手印：参透生死》，里面讲得非常详细。

5. 死亡是另一种修行

法性光明，即母光明显现时，解脱的机会就来了。按香巴噶举的说法，即使没有传承，即使在生前没有好好修，如果死亡的时候有成就上师在身边引领加持，能把握住母光明的显现，也可以达成解脱。所以，香巴噶举中才有“往生不修自觉”和“中有如来报身”两种密法。如果你懂得一些修行的方法，也懂得一些临终关怀的知识，并能说服亲人如法地对待你的死亡，就算平时修得不好，这时也有可能达成解脱。

上根之人生前修什么法最好呢？修大手印。因为大手印讲究的是见地，当你真正拥有大手印见的时候，就像电脑装了程序一样，会改变你的心灵，改变你的思考方式，进而改变你的生活。在大手印见的指引下，你会拥有一种洞察的自觉和能力，你会剖开表象看到问题的本质，也会渐渐发现复杂现象之间的联系。这样一来，你自然就会远离生命中许多本末倒置的观点，比如对世界与生命真相的误解等等——这就是《心经》中所说的“远离颠倒梦想”——从而自然摆脱许多束缚。这时，你的心会像金刚般不可动摇，又比飞鸟更加自由。正因为大手印见与生活、生命的紧密关联，所以真正修大手印的人，无时无刻不在大手印境界当中，时时刻刻都离不开大手印。所以上根之人如果生前证得了大手印，死时自然就解脱了。对他们来说，可以不历中阴，而得解脱。无论出现什么境界，他都能安住真心，安住空性，自然解脱，证得法身。如果一个人修得很好，他的不坏明点在成就圆满次第后，就可以转成报身佛，转成本尊身，达到法报化三身成就。

不过，这并不是说只有上根之人才有机会在生前得到解脱，中下根之人只要把握窍诀，好好修行，同样有解脱的可能。

死亡是人生中最难过的时候，但修行得好，积累了功德和福报，偿清冤亲债主的宿世冤债之时，就有可能得到善终。什么叫得到善终？就是不经痛苦，在安详中无疾而终。但这是修来的，不是无缘无故就可以拥有的，它是由诸多原因造成的，包括生活、心性、发愿。生活，指的是健康的生活方式;心性，指的是认知真心、保任真心，并在生活中调心，用苦修改变基因，修复基因的缺陷，清除烦恼，清净习气，最后达到如如不动、无来无去。

对于那些没能认知到子光明的行者，香巴噶举还有一种法门，叫“往生不修自觉”。在临终一念时，观想每个脉轮中都有上师本尊，并且将心中代表神识的种子字融入上师本尊的身中，如果训练得法的话，就可以实现往生。

临终最重要的一点，就是不要恐惧。恐惧是最糟糕的事，因为它会让你乱了方寸，丢掉正见，忘记很多不该忘的东西。比如，有个人平时修持非常好，但偏偏到了病发的时候，就因为恐惧把什么都忘记了，把祈请和持咒都抛到了九霄云外，唯一记得的就是打急救电话。他的做法也没有错，能自救的时候，当然要积极自救，但仍然不要害怕，不要发慌。要明白，整个世界都是你调心的道具，包括自身的生、老、病、死。所有恐惧都是你蒙昧的心制造的海市蜃楼般的东西，它们是虚幻的，也是毫无用处的。事实上，你不但无需为死亡而感到恐惧，还要明白，这是一个非常重要的时刻，因为证得光明身、超脱六道轮回的机会马上就要来临了。迎接你的不是未知的黑暗，而是一种常乐我净的光明。你理应像等待重宝一样等待光明的出现，喜悦地、静静地等着它，像情郎等待恋人一样等待它。

不过，这一点说起来简单，做起来恐怕不太容易，尤其是，你无法确定亲人能不能如法地对待你的死亡。所以，平时你必须反复对家人强调，在你生命终结的时候，让你能有尊严地离开，不要给你制造恶缘，不要在你无法反抗的时候，把你抬进医院切开喉管，或插上氧气，不要电击你的胸膛让你感到巨大的痛苦，不要做诸多无谓的形式上的抢救，不要以爱的名义撕扯你的生命，阻断你的解脱之路。

杜绝一切恶缘之后，你就不要急躁，也不要紧张，要放松而警觉，安住于真心。这时，你可以像平时修行时那样持咒，也可以祈请。即便平时没有修炼过，这时候你也可以祈请，对哪个佛有信心，就祈请哪个佛。比如，你要是对奶格玛有信心的话，就念“奶格玛千诺”，往生到娑萨朗净土。

与此同时，你还要注意保持警觉与清醒，一旦死亡来临，你就像进入光明的传承一样仔细辨认它。感受它出现的各种境界，仔细辨认，仔细观察，品味它，融入它，谨记不要离开真心。有上师的人，这时要祈请上师；如果没有上师，定力又不够怎么办？最好叫家人提前请善知识到你身边来，让他对你进行一些引导，让他激励你，让你不再恐惧，不再紧张。因为，善知识具有一种巨大的加持力，瑜伽中称之为“临在磁场”，他在身边的时候，自然会让你变得安详。临在磁场能阻断一些恶缘，阻断一些冤亲债主的干扰，断除阻碍你解脱的祸患，让你安住于光明境界中。如果有传承，就祈请传承中的历代上师加持，祈请根本上师加持。

随着心念的不同，人的“归宿”也不一样。贪恋欲望者，会走向欲界。当你贪恋色境，即虽能放下食欲、淫欲，但放不下对形式与物质化存在的贪着时，就可能走向色界；贪恋无色界，即虽然你能把对形式与物质化存在的贪着都放下，但却贪恋那修行中的“空”时，就可能走向无色界。如果你平时经常修炼，并由善知识开示心性，明白了真心且能安住于真心的时候，就自然会放下一切贪着，摆脱一切概念与形式的束缚，对欲界、色界、无色界这三界都不贪。所以，贪什么都是贪，真正的安住，是连最殊胜的修行觉受与境界都要放下的。能任运自然，才是真正的安住。

从本质上来看，对于每天座上修而且修炼得很好的人来说，死亡的来临等于又修了一座。所以，你无需紧张，更不用恐惧那种未知，当它出现时你就好像看到老朋友一样，放松，专注，不要害怕，安住于真心时，分别心自然被阻断了，自然能在死时与母光明达成一体，实现解脱。如果不经常修，不能认知那种状态，或者很容易就会丢掉它，死时当然见了母光明也认不出来，更谈不上与之达成一体，所以我们提倡平时经常座上修。我除一天修四座外，座下也修，时刻在那种状态中。所以，没有不修的佛，想得到解脱，平时就必须要精进修炼。

第二章 中阴阶段的生命修炼

1. 什么是中阴身?

中阴身也叫"中有身"。前面说过，在这段生命消失之后、下段生命出现之前的过渡时期，就叫中阴身。香巴噶举认为，中阴身的解脱不能单纯依靠法师的超度，一般法师的转化是有限的，若积了大善或造了大恶，单凭那法事是很难转化的，除非凭借传承的、光明的力量，否则中阴身就无法达成真正的解脱。

按照佛教的说法，中阴身阶段一般有四十九天。按凉州的传统说法，也是四十九天，七天为一个循环，每七天子孙们要向亡灵烧一次纸。在佛教看来，这种烧纸的习俗是不可取的，因为它会加重亡灵对世界的牵挂，会增加它的欲望，影响它的解脱与往生。在这段时间里，更应该做的，是为亡灵修福，因为亲人的善行会直接让亡灵得益，所以要多念佛，多回向，家里常放佛乐，要素食、安静，不要争吵，尤其不要争夺财产。若有家务事，最好等到四十九天之后再去处理。

按照凉州的规矩，人死后的百日之内不能结婚。若你是修行人，这时候一定要守戒，不妄语、不饮酒、不杀生、不偷盗，做一些好事，让自己的心清净下来，请善知识讲经说法，把功德回向给亡者。而且，丧事期间夫妻不能同床，这是基本礼仪，因为亡灵俱足五通，看到这些事情之后会非常难受。有些女子，老公刚刚去世，就和别人眉来眼去，这也会给亡灵增加痛苦。

有条件的话，四十九天之内，可以在道场内或别的地方做一些水陆法会、水陆超度，这有可能对亡灵的中阴身产生善的影响，至少可以为他清除业障。但需要注意的是，如果亡灵信仰佛教，就不要请道士为他们超度，因为两者往生的目的地不一样。凉州乡下死人时，超度时很热闹，敲锣、打鼓、吹唢呐，但是我发现他们所谓的超度，就是把亡者一站一站地送进阎王殿——亡者最怕自己成为无主的幽魂。这是多么滑稽！为什么凉州人喜欢请道士超度亡灵呢？因为佛教念经超度的场面不够热闹。但是，如果亡灵是佛教徒的话，这种做法就不如法。所以，最好还是把自己的喜好放下，尊重亡灵的信仰。有条件的话，就请和尚给亡灵念经；没有条件的话，就请一些佛友用佛教的方式为他超度。

《光明大手印：参透生死》中还写了诸多需要注意的事，例如临终关怀、殓葬方面的规矩等等，其目的，就是尽可能地消除恶缘、提供善的助缘，让死者在临终前有一份好心情，死时也能安详地走向解脱，不要遭遇任何的干扰和障碍。如果你有兴趣的话，可以去看看那本书。

要知道，死亡对每个人来说都是最为重要的，尤其是修行人。修行人修了一辈子，死亡就是最后、也是最重要的一次考验和机遇。因为，中阴身是认知光明和梦幻最好的机会。临死八相出现之时，是子光明和母光明汇合的最佳时期。中阴身的第一个阶段——生死中阴时，地水火风会逐次收摄，在生死交替之际，各种烦恼、仇恨、愚昧都会慢慢随着气入中脉、脉结被打开而消失。这时，母光明就会出现，如果你能认知此光明——即死有光明——就可达成子母光明会，得到究竟解脱，证得法身成就。若死有光明消失，而你未能认知，那么你就要在依次逆现得、增、现光明时，修生起次第，证入任何一种光明。在此基础上做光明修习，就可以引发法尔光明，这也是平时修生起次第的意义之一。需要注意的是，死有光明出现的具体时间因人而异，根器、机缘与宿世的修炼不同，死有光明出现的快慢就不一样，所以，对于这种状况，只能自己去品味和捕捉。

简言之，死亡来临时，上根之人只要断除爱憎之心，放下一切牵挂，在一片湛然空寂之中，放松，警觉，坦然，不造作，安住于明空之境，便是子光明，也就是你修的“道光明”。这时，今生的分别心已消亡，下世的分别心尚未生起，死有光明一旦显现，你自然就会实现母子相认，成就双运之身，达至佛地，证得法身成就。

实际上，任何一个阶段，无论生前还是临终，只要你能安住于那种状态，就有可能得到终极解脱。所以，最重要的，就是得到真正的传承、教法与上师，而且生前必须亲近上师，只有与上师相应，才会明白什么是本元心，什么是真心，什么是明心见性，并能牢固地保任。这是重中之重，需要长时间地、持之以恒地训练，并不是凭空出现的。所以，有的人每天只愿付出短短的二三十分钟，完成任务似地持持咒，稍微观想一下，便希望能得到大成就，那是不可能的。除非你真的有大信心、大根器、大因缘，净信上师，得到加持。如果你在生前的修炼中没能明心见性，或者开悟后没有勤修大手印，不能很好地保任，就可能会在临终母光明出现时，错过认知它并与之合二为一的契机。所以，生前的修炼以及正确地认知子光明，都是非常重要的，它可以说是死亡时得到解脱的保证，但信念比一切都更加重要，尤其是对信仰对象的信心。临终前跟香巴噶举结下善缘者，便有可能在死后得到香巴噶举成就

者对他的中阴身救度——比如你如果祈请奶格玛加持，就会得到香巴噶举历代上师的加持和救度——那些得到真正传承的人，即使平时没有修炼，只要信心不退、能如法而为，也可得到解脱，问题在于，你临终时是否真的发心了，是否真的有信心，是否真的放下了。

有一位女子在患上癌症之前，从不信仰任何宗教，后来她的病到了无可救药的地步，与香巴噶举的缘分也成熟了，有人就教她念诵“奶格玛千诺”。在医院里接受治疗时，她一边抵御晚期肿瘤和并发症对自己的折磨，一边看着奶格玛像，不断念诵“奶格玛千诺”。念诵缓解了她的焦虑、热恼与痛苦，让她在剧痛的煎熬下仍然宁静、平和，还拥有了一种坚定的信念。正因为如此，她在中阴身阶段，才达成了某种获得救度的可能。

当然,如果你对其他教法有信心,也很好。无论你念诵的是“奶格玛千诺”“南无阿弥陀佛”还是“南无观世音菩萨”，只要你真心向往一种伟大精神，那么你就可以获得无穷的利益。假如你更偏向于一种非宗教形式的修行,可以试试专注于当下,专注于呼吸，或者是经常保持一种在宁静中聆听的状态，这样也非常好。

2. 如何证得报身成就?

法身成就是进入中阴身前就可以达成了，当临死八相中的母光明出现时,你只要达成了子母光明会,就直证法身,不历中阴了。

要是错过了这机会，就只好再等待下一次的机会。

母光明的出现只是电光火石般的一瞬，所以你必须敏感地捕捉到它,如果你不能把握,就会进入第二个中阴,叫轮涅中阴。这时，四大分散，也就是道家所说的精气神正在分散，诸多命气正在随之消失。简言之，你的生命正在飞快地离开你的肉体，从九门中逃出去，大约三天之后，会出现一个由意识、心念构成的身子，叫意生身。按香巴噶举的说法，这个身子是由心气构成的，心代表精神，气代表物质，但物质所占的比例很小，非常细微的心气就可以构成意生身，它跟幻身的本质是一样的，有点像梦中之身，是成就报身的基础。

因为在死后的三天里，亡者的神识一直处于昏迷状态。三天后他醒来时，并不知道自己已经死了，可怕的幻境也还没有出现，因为活着时的习惯，他会觉得又饿又渴，就想找东西吃——意生身无法享用人间食物，只能以香气为食——看见亲友于是索取饮食，但亲友却不理他，他怎么喊都没用，奇怪之下，就想推拉亲友，引起对方的注意，却发现自己就像触到影子一样，没有实感。有些人醒来时，还会看到亲友正围着他哭喊，大声叫他的名字……见到诸多类似的景象时，他就会明白，原来自己已经死了。

人到了这个时候，是非常痛苦的，因为他比任何时候都更加无助，过去能依靠的人，此时就不能依靠了，无论多么胆小怯懦，都只有自己度过这段时期。所以，亲人这时应该在他的头前点灯，他能感受到灯的光明，一旦有了光明，他在无边的黑暗中就有了慰藉。而且，这时他已没有了空间感，能随缘到任何地方去，回到原来的地方反而有些困难，于是就必须有一盏指路灯，告诉他方向。尤其在亲人为他做法事时，必须点灯，否则他就不知道自己该到哪里去。供灯非常重要。

人一旦进入意生身阶段，巨大的考验就来了，因为他无法自主心灵，容易被业力冲走。做了恶的人，会散乱、恐惧、不能自主，甚至听到各种可怕的声音，比如：地大之声宛如山崩地裂；水大之声宛如江河湖海的怒涛奔涌；火大之声如林木焚烧；风大之声如狂风摧毁万物；还有诸种怪兽、猛兽、野兽的恐怖之声等等。这都是由残留在习气中的贪嗔痴等诸多行为之业引发的。经常做善事的人则会感应到善的东西，比如安乐、快乐，甚至听到

美妙的音乐。见到什么、听到什么，都取决于他的熏修之力和习惯之力。平时他喜欢什么，意生身就会见到什么；平时他恐惧什么，意生身也会遇到什么。一切都是习气造出的幻境。有时，有些人还会渴望某种东西或某件事的发生，有的人则会被怪兽袭击，或被身份不明的人追杀，等等。无论出现什么样的境界，你都要守住自己的觉性，守住生前修得的子光明。因为，一旦你丢失那光明，妄念就会趁虚而入，让你越加不能自主。这时，你要知道证得报身成就的时刻来临了，然后一心一意地祈祷上师，了知中阴境一切现象都是梦幻，刹那间观想自己变成本尊胜乐金刚，将周遭一切都观想成佛之清净坛城，一切有情都是佛父佛母的化现，自己也变成报身佛相，相好庄严，但真空妙有，现空无别，从而得到解脱。因为中阴身具备超过生前十倍的敏锐心智，记忆力也是生前的十倍，如果生前确实曾经如法修持，或读过我写的书，常诵《雪漠解脱颂》的话，就能在这个重要时刻记起，只要照着去做，你就不可能不解脱。

如果无法将自己观成本尊，就像前面所说的那样念诵佛号——生前修上师法的人，此时也可以祈请上师——总之，要提起正念，让自己安住于一份坦然明白当中，心不要随着业风不断摇摆。这时，你会发现生前经常诵《金刚经》、修大手印、修离戏瑜伽、修香巴噶举的三支法或梦观成就法，都是非常重要的，因为到了中阴身阶段，如果你明白一切都是幻相，毫不执著的话，无论出现什么样的景象，你都不会害怕，那些幻相就无法控制你，你就会摆脱业力的束缚，你的解脱也就得到了保证。所以，平时就要勤修梦境，借此认知中阴、控制中阴。

还有一个需要注意的情况，就是对于一些没有明显大病却突然死亡的人，不要轻易把他的肉体处理掉，尽量帮他把躯体多保存几天，因为，有一些人可能是假死，他们是会复活的。

有一天，有人告诉我，他妈妈成就了。我问他为什么，他说，因为他妈妈死了几天后入土，他突然发现棺材里流出了新鲜的血液。我告诉他，这哪是成就，明明是你们把妈妈活埋了。

这类事，听起来有些匪夷所思，但历史上确实有这样的案例，凉州也经常听说，按凉州的说法，这叫“过阴”，也叫假死。华佗就经历过这种事。有一次，许多人抬着一具棺材路过华佗身边，华佗突然发现棺材里流出新鲜的血液，便叫送葬者打开棺材，给亡者扎针，结果就“起死回生”了。

传说中，八仙之一的铁拐李原来的身体就是被活烧的。有一次，他元神出窍去拜见师父。临行前，他叫弟子守护他的肉体七天，以防被野兽伤害。谁知到了第六天，弟子家中突然出事需要回家，又怕师父的身体被老虎吃掉，就一把火将它给烧了。结果，铁拐李的元神回来后，找不到自家肉体，实在没办法，看到旁边有个瘸腿乞丐的尸体，就把灵魂附在乞丐身上。因此，铁拐李后来才以瘸腿乞丐的形象应世。这个故事听起来很像神话，但香巴噶举有类似的教法，叫“夺舍法”“迁识法”，如法训练到一定程度，神识就可以离开肉体，要是肉体毁坏了，神识就可以住进另一个健康的肉体，借助别人的肉体复活。老祖宗有一句成语，叫“借尸还魂”，就是这个意思。

还有一次，广钦老和尚入定一个多月，别人都以为他死了，要火化他。但弘一法师知道他只是入了定，引磬一敲，他果然就出了定。有时候，深度禅定的状态很像死亡，虽然没有呼吸，但人并没有死。禅定功夫很深的人都有这种情况。

有些病人虽然没有特殊的能力，也不懂得禅定，但也会出现假死。所以，藏人有个传统，人死之后，七天再作处理。

3. 如何成就化身?

净土宗认为往生靠的是临终一念，如果错过，那么做再多的佛事，也不能让亡者往生，只能为他积福；但密乘认为，即使错过临终一念，也可以在中阴身通过特殊修持，成就报身或化身。不过，无论能不能将亡灵导向佛国净土，在中阴身阶段，家人经常念佛并回向给亡灵，都能让他得到善报和功德，会使他得到一些实际的帮助。所以，亲人的行为和态度对死者来说，是非常重要的。

举个例子，如果亡者非常爱自己的女儿，女儿又希望他注意一些中阴身的事项，希望他能听从法师或善知识的开示，亡灵一般会听从的。而且，家人修善、做善事、做法事、诵经、讲经可以为自己积福，当他们将功德回向给亡灵时，照样可以让亡灵得到益处。同样道理,我们在进行中阴身救度时,也需要亲人的配合。如果亲人非常虔诚，亡者也会生起虔诚之心；如果亲人将信将疑、诽谤、诋毁，亡灵同样也会这样。即使在中阴身阶段，也要遵循因果的规律，善有善报，恶有恶报，善的信息可以传递，善的行为可以得到善的果报。

这时，亲人应该常做的事情，就是法布施、印经书、供养三宝、做大礼拜、忏悔、诵经念佛、救济贫苦，将此功德回向给亡灵。亲人在求佛加持自己、消除自己的罪障、远离三恶趣时，同样也能使亡灵受益。就是说，亲人的努力会增加亡灵得到救度的可能，一定要明白这一点。在亡灵处于中阴身阶段时，亲人如果有信仰、懂仪轨、会方法，就会给亡灵带来益处。

不过，如果亡灵错过报身成就的机会，就会进入中阴身的最后一个阶段：投生中阴，这时的习气就非常恐怖了，因为你已脱离了梦境般的景象，察觉到自己已经死亡的事实，你会发现自己没有身体，留不下脚印，看不到影子，没有红白菩提，看不到太阳和月亮，也看不到一丝光明，你甚至听不到声音。但你仍然可以“看”到亲人，只是并非通过眼睛，而是通过“读心术”——亡灵能感知到人的心识。所以，亲人要注意自己的起心动念，尽量要有善念，不要有恶念；要有巨大的悲悯之念，不要有蝇营狗苟的意念。因为，亡灵会随着你的心念而产生诸多变化，或者超生，或者堕落。而且，中阴身是功能性存在，本身就有一种能量，他可能会通过改变亲人的念头来达成自己的某种愿望。所以，如果亲人突然出现做善事或超度亡灵的念头，最好随顺他们的意愿。

这时，亡者仍然会看到各种习气造出的幻相。比如吸毒的人会看到无数的海洛因，甚至会闻到它的香味；饥饿的人会看到美食；色鬼会看到美女；整天想着金子的人会看到无数黄金……除了各种诱惑之外，可怕的景象也会在这时出现，比如山崩地裂、江河湖海咆哮、各种景象被摧毁、野兽扑来等等。如果你的心不清净，生起贪念或恐惧，甚至想要逃跑，你就会堕入相应的恶道。所以，活着时，就要戒掉自己特别喜欢的东西，否则就会被它束缚，活着时得不到自由，死后更会因之堕落。关于这一点，香巴噶举的“中有如来报身”中专门有一项修炼，叫“借事而修”，其内容是：行者生前就要观想自己在中阴身，然后放下一切——包括财产、子女、没有达成的愿望，甚至包括相应时的觉受和诸多的瑞相，等等——做到了无牵挂，否则就很难解脱。

尤其需要注意的是，因为业力，你或许会有淫欲之心。假如确实如此，你在这个时候就会看到男欢女爱的景象。但切记不要欢喜，因为按照传统的说法，男欢女爱代表你未来父母的结合，一旦你生起贪心就会进入子宫，马上投胎。贪恋女子会投胎成男孩，贪恋男子会投胎成女孩，这是中阴身阶段最重要的关口。如果真的见到男欢女爱的景象，应该如何是好呢？你要把它看成本尊父母的化现，或佛父佛母在双修，你甚至可以向他们顶礼，并虔诚祈请空行母把你送往净土，这也是一种方便。在传统说法中，这时往生便相当于达成一种化身成就。

总而言之，就像前面所说的，不管在中阴身的哪个阶段，你都要尽量让自己平静下来，静心观想，将自己看到的一切都当成佛国刹土，清醒地告诉自己，一切都是业力带来的幻觉，不是真实的存在，不要执著。而且，你还要发愿往生净土。你对什么净土有信心，就发愿到什么净土去。香巴噶举信仰者可以发愿到奶格玛佛国，奶格玛佛国也叫娑萨朗净土。在过去的千年里，有很多香巴噶举的传承者都发愿到这个净土。琼波浪觉有十万出家弟子，八万在家弟子，他们都发愿到娑萨朗净土。祈请司卡史德或奶格玛，你都会往生到娑萨朗净土。如果你可以做到信心坚固，也不昏沉，始终在虔诚念诵“奶格玛千诺”，只要诸缘俱足，就可以直接往生，甚至不用经历中阴身。

在香巴噶举中还有一种说法，领受过“奶格玛五大金刚合修法”灌顶的人，只要信心不失，解脱的达成是必然的。即使行者的观修力弱，无量无数的空行母也会帮你实现愿望。因为，行者在灌顶的同时，他心轮的二十四道脉跟二十四个空行圣地之间就有了智慧光道的连接，只要不犯根本戒，每天夜里，二十四个空行母都会进入行者的心轮，净化其脉气，帮助行者与师相应。只要实现了相应，内外二力相合，救度是很容易达成的。所谓的内力，取决于你的修行、发愿和信念；所谓外力，就是传承力和佛力。而往生的本质，就是传承加持力、佛力、自力、愿力等诸力和合之后实现的解脱。

所以，始终要坚固自己的信念，要好好地保护它，远离恶缘恶友，不要叫邪风把你向往的火苗给吹熄了。因为，在活着时找到灵魂依怙，是非常难得的事情，一旦遇上了，就要珍惜。惜福不但是美德，也是能让人获益一生的大智慧。

不过，需要注意的是，实修仍然是非常重要的，法门和传承的殊胜不能被当成懈怠的理由。观修是极为重要的，密乘的教法以观修为主，如果不会观修，就会丧失许多方便。

4. 对亡者的两种帮助

因为亡灵在死后的第三天才会苏醒，所以，前面提到过的助念和超度一般从第三天开始。

关于超度，时下许多人并不理解。其实，究竟的超度，是真正证得空性光明的人才能达成的。佛教中那些常见的超度，比如持诵某些经典，或举行某种仪轨，让亡者离恶趋善、离苦得乐，这很好，但前提是，持诵者必须是真正清净的行者，且行正确无误之法，那么这类超度也能达成，亡者借助这种超度，就可以往生，或有一个相对好一些的归宿。但真正的超度，还不仅仅是如此，而是帮助亡者解脱。这跟降魔很像，就是成就者用自己的真心，去调伏“魔”的妄心，超度亦然。所以，对于证得空性的成就者来说，超度的达成并不难，只要亡者有信心、跟超度者有缘分，超度就跟一个火把点燃另一个火把那样自然。那过程，其实是另一种意义上的“子母光明会”。真心磁化妄心，分别心消失之后，执著一旦破除，坚冰就化成了水，滴水融入大海，就是我们所说的解脱。这是究竟意义上的超度。

对于真正证得光明大手印者来说，只要亡者有信心，真心对妄心的磁化，跟燃烧的火把点燃另一个浸过油的火把一样，只是一念间的事。所以，成就上师跟具缘弟子之间，是很容易达成超度的。只要弟子生起祈请之心，一旦相应，超度便随之产生，电一通，灯就亮了，灯一亮，黑就没了。超度不是光明驱走黑暗，而是黑暗也化成了光明。不过，如果自家不明真心，是很难超度别人的。

按传统的说法，真正意义上的超度，只有在中阴身阶段的四十九天之内，才有可能达成。要是亡者在超度前已进入轮回，那所谓的超度，更多的是安慰活着的亲人。除了诵经回向或能让

亡者有些利益之外，在解脱方面，力量很是有限。除非他能像佛经中的某些大阿罗汉救母那样，行大功德，或可有效。

此外，助念也可为亡者带来利益，助念在亡者身故之前，就可进行。而且它是非常重要的，因为病人病重时经常陷入疲惫、昏迷、筋疲力尽、心力交瘁等非常糟糕的状况，这时，他很容易就会失去正念。佛友在旁助念时，相当于用善的信息不断熏染他的心灵，为他的心灵之灯添加灯油，帮助他守住正念，以坚定信念祈求往生与解脱。这是对病人最好的支持与帮助。

第三章 选择灵魂的栖息地

1. 生命流转的六种形式

有些人的根器非常低劣，生前不修习，没有定力，没有慧力，对上师的信心也不够，所以死时就得不到传承力的帮助，那他们怎么办呢？他们不可能证得法报化三身成就，只能选择产门，也就是选择母亲。不然，他们就会像瞎马般东游西逛，任由业力把他拉向他该去的地方，如畜生道、地狱道、饿鬼道。

他认不清中阴，也不知道什么是中阴，就算知道，也看不透那生命的幻相。他非常恐惧，因为肉体消失了，一切都如梦如幻，他接受不了这陌生的现实，只想拥有自己的身子，要回一些能被实实在在抓住的东西。他悲痛、哭泣，无法接受自己的死亡。看到别人嬉笑，他就感到愤怒、憎恨、伤感；看到自己的财物被别人拿走，他也会因贪而生恨，非常痛苦；看到别人碰触他的遗体，他觉得自己像木偶一样任人摆弄，有种被亵渎感，他会非常愤怒；看到他生前就觉得不顺眼的许多事情，同样会感到愤怒、痛苦。但即便他不想接受这一切，又能怎么样呢？他只能认命，但他不想放下诸多的牵挂与欲望，不求解脱或往生，不想过那种无欲无求的生活，只想有个实实在在的身子，再做一回人，经历人要经历的事情，享受人能享受的东西。即使必须承受生老病死、爱别离、怨憎会、求不得、五阴炽盛这诸多痛苦，他也心甘情愿。那么他就只有选择一个好母亲，选择一户好人家，投个好胎了。

很多人生前有颗善心，做了很多善事，同时也恪守“不杀生、不妄语、不邪淫、不偷盗、不饮酒”这五戒，那么即使他仍然有贪心，也还是会和天道相应。这时他会看到晴天彩云，看到美丽的天女，闻到天女身上的香味，看到彩虹之身。如果他生起愉悦之心，贪恋天上的景色，就会因贪而投生天道，成为天人。有的人生前特别喜欢争斗，想当侠客、战士，想控制每一个人，想斗来斗去，他就会看到一些非天的勇士，披着盔甲，兵器闪着寒光，如果这时他生起贪恋之心，就会因为贪恋而变成阿修罗，投生非天。如果有的人与人道有缘，就会看到安乐，看到富贵，或者看到别的，比如有的人心中有淫欲，就会看到一男一女正在行房事，如果他心生愉悦，贪恋男女交合时的情景，就会因为这个业力而入胎变成人，而那对交合中的男女就会成为他的父母。与畜生道的缘分仍然是由爱憎之心生起的，当他看到狂风卷起海啸，山崩地裂，狂风大作时感到很恐惧，慌慌张张地四处乱跑，突然看到一个山洞，就不假思索地钻了进去，于是投生了畜生道。可见，这时你会看到什么景象，有什么样的归宿，取决于你的心与你的行为所造成的业力。当然，这些都是传统中的说法，你可以把它看成一种象征。在传统的说法中，中阴身还会依附一些石头、山峰、林木而存在，后来就会成为鬼道的一种形式，如山神、木神、水神等，都属于这一类。它们的寿命也很长。

看到恐怖景象的时候，亡者可能会非常害怕，失魂落魄，惊惶逃窜，还可能因而堕入或白或红或黑三种深渊，或者受到诱惑，登上清净白光道等五彩光路，这时便会堕入六道轮回。此时，六道之相各不相同，像大暴雨、各种明点四射、火光迸然，等等。如果你被各种妖魔鬼怪带入城堡里面，便会堕入地狱；如果你躲进枯树洞或阴暗的土穴之中时，便会堕入饿鬼道或畜生道。还有一种说法是，当你的眼前出现四大部洲或者天鹅湖等景象之时，你将受生于东胜神洲；当你看到牛时，你将受生于西牛贺洲；当你看到马的时候，你将受生于北俱卢洲；当出现未来父母的交合之象时，你将受生于南瞻部洲；当你看到天上美丽无比的宫殿时，你将受生于天道，成为天人。所以，无论你看到什么样的景象，都不要执著它，如果你能及时提起正念，祈请上师、本尊、诸佛菩萨，就有可能改变眼前的一切。正如我们多次强调的，心变则世界变，心净则佛土净。《金刚经》中说："一切有为法，如梦幻泡影，如露亦如电，应作如是观。"所以，你应该安住于自性，安住于真心。千万记住，只要你不被诱惑，不被蒙骗，就不会入胎，就不会堕入六道轮回。当你不能安住于这种境界时，也一定要祈请上师本尊加持，以便投生好人家。有好的种姓，有富足的财物，能与佛法结缘。要是你修炼功力深厚时，也可以随意往生空行佛国；定力不足无法安住于生前修行的境界时，也要祈请上师。

六道中，以地狱道的景象最为恐怖。那么，什么人会堕入地狱呢？那些生前作恶多端，喜欢看到别人陷入痛苦的人，他们死后就会堕入地狱。有些人看到猎人杀生的情景，产生喜悦或者贪恋之心，就会堕入地狱。非常糟糕的是，凉州有一种习俗也会将亡灵导入地狱。在凉州，很多人都认为人死之后必须先去阎王殿报到。所以，当地发丧的仪式，就是引导亡灵渡过一道道关口，过金桥、银桥、奈何桥，然后到阎王殿报到。阎王殿在哪里？就在地狱道里。所以，相信必须先去阎王殿报到的人，死后就必然会堕入地狱。同样道理，有些人相信牛头马面，牛头马面就真的来了，拉着他走向地狱；有人相信黑白无常，黑白无常也真的来了，拉着他走向地狱。人处于地狱的景象中时，内心充满恐惧，感觉头顶有洞，时而被大风吹向空中，时而像熔化于热铁中一样，非常痛苦。如果你生前行十不善，犯下杀生、偷盗、邪淫等等罪恶，就会堕入地狱。罪恶非常重的人会堕入阿鼻地狱，各种狱卒环绕，鲜血溅身。修炼金刚乘、密乘的弟子如果犯了三昧耶戒，就会堕入金刚地狱。金刚地狱是所有地狱中最牢不可破的一种，故名"金刚"。关于地狱，还有诸多的传统说法，这里不再赘述。我们可以将它当成一种文化的另类解读，它其实也是我们民族的一种特异思维，很有意思。

地狱也罢，畜生道也罢，天道也罢，六道中诸多的现象，都与自己的行为、业力有密切关系。行为的反作用力叫业力，你有什么样的心，就会有什么样的行为；有什么样的行为，就会带来什么样的反作用力，所以六道其实是你心灵的化现。比如，如果你贪婪到极致，不知道布施，就会进入饿鬼道。因此，想要逃离六道的痛苦与束缚，你唯一能做的，就是改变自己的心。如果不能改变自己的心，不能看透世界的无常、六道的虚幻，你始终会被自己的行为和业力所困，不能自主。

所以，不要贪着，不要祈求再给你一点时间，也不要祈求再给你一次人身。坦然地面对死亡，祈求从了无意义又反反复复的受生中解脱，把贪恋的念头放下，不要跟着贪心走。你要知道，以胎、卵、湿、化四种方式受生的诸种生命，都是由无明、贪心、愚昧、仇恨等因缘造成的，所以说一定要远离它。在这个最后关口生起正念，对诸境不生恐惧，不要逃跑，不要贪着，不要生起一些虚妄之心，忆持本元心，安住于真心。因为，即使在受生的时候，你仍然能通过修炼智慧，修起定力，拥有慧力，生起正见，观诸法无常，生起清净心，关闭六道之门。也就是说，即便到了

这个时候，你仍然有机会解脱、往生，超脱六道轮回之苦。我希望你不要放弃。我见过好多最初非常干净的人，他们坚持过一段时间，后来却放弃了。他们觉得自己怎么努力都好像没有太大的改变，于是对心中的欲望妥协了。一旦放纵妄心贪念，人就会堕落，除非能及时提起正念，重新走上正道，否则，这一时的放弃就会变成一世甚至多世的堕落。这是非常遗憾的事。

生前严守戒律者，这时会拥有一种严守戒律所带来的功德，它能让你得到一种解脱之力。有上师的，可以借上师之力，祈请上师，得到解脱；修炼生起次第的就修生起次第，把本尊身观得非常清晰，让心中的种子字在莲花日月轮上安立，发出五色光，照耀六道，观想六道之门随之关闭。以咒力关闭六道之门时，你就不会堕入六道，然后，你观想种子字转化为胜乐金刚双运身，或者上师身，将一切景象都当做上师的幻化，即便出现可怕的景象，也要观为上师的化现，并向其顶礼；一切声音也是上师的幻化，一切都是大手印的妙用。或者，你还可以祈请空行护法，让他护送你到净土坛城。牢牢记住，一切景象都是没有自性的、梦幻一样的东西，不要执著它。你只要能放下受生的念头，坚定地祈求解脱，无论运用哪种方法，甚至仅仅念诵佛号，都可以得到解脱的。所以，你绝对不能放弃。

我经常强调，解脱不能依靠别人。密乘中一直在强调上师，固然，上师是非常重要的依怙，他能为你开启一扇解脱之门，为你点亮一盏解脱之灯，但他依然无法代替你解脱。因为，能否牢固地忆持你的子光明，在母光明出现时融入它，那是需要你自己去做的事情。所以，千万不要把上师的加持当成黄马褂，以为自己从此就可以懈怠修行。只有生前苦苦修炼，修出一种自主心灵的能力，拥有一种不被这个世界所迷惑的智慧，变得更明白，才能活得更好，离苦得乐。不过，对于真正有信仰的人来说，假如能掌握中阴救度的知识，即使生前没有进行过严格的宗教修行，只要对成就上师有信心，得其救度，也仍然能够解脱。

所以，如果把解脱寄托在别人身上，寄托在亲人身上，或寄托在子女身上，就非常可怕了。因为对于不懂解脱、没办法达成解脱的人来说，他不可能让别人解脱。所以，每个人必须了解一些死亡知识，了解一些面对死亡的智慧。许多时候，无论生前是不是修行，只要对死亡有多一点的了解，也有可能实现解脱。当然，自己了解的同时，还要让亲人也一起了解，请他们务必记住，不要给亡者制造恶缘，不要把亡者推向恶道。这是非常重要的。

2. 如何选择未来的父母？

如果你想再做一回人，也要发愿修炼正法，找一个修菩提道的家庭，选择一个好的种姓。为什么你可以自由选择投胎的对象呢？因为中阴身是俱足宿命通、他心通、神足通等五种神通的，唯独不具备漏尽通，所以还有烦恼。只要善用神通仔细观察，你就能知道未来的父母心性如何，他们是贪财的还是修炼正法的，有没有信仰，心是否清净……这些东西你都能一目了然，而且会影响你下辈子的命运，所以你要仔细观察，千万不要心急，找到符合你根性的父母，然后再选择受胎。比如，有些成就者发愿下一世仍然当上师，他就会找一个有清净心的、能跟正法结缘的母亲。在藏传佛教的历史中，有些人活着的时候就写信告诉弟子，自己将来要在什么地方投胎，弟子们将来就能根据他留下的信找到他。这正是因为，当你能在中阴身善加观察和抉择时，就可以自主选择投胎对象。

不过，投胎也需要因缘和合，因此，上面的说法并不绝对。意生身飘零时，像水中的影子和风中的香味，你感觉得到，却抓不住它。你也有意识，却没有地水火风四大，没有固体，没有温度，没有液体，没有呼吸。即使找到合适的父母，见到父母交合你就能入胎，但这种选择仍受制于你的业力。在这一点上，仍符合善有善报恶有恶报的法则。比如，如果你生前喜欢杀生，就有可能因这种力量亲近杀生缘；如果你是读书种子，你可能就会投生到书香世家；如果你是修行种子，就容易投生到修行人家。正所谓，物以类聚，人以群分。你的“嗅觉”容易与你相同的频率达成共振，正如一只狗只能闻到几十里外的肉香，却不一定能闻到檀香；喜欢吸血的蚊子总能闻到谁身上的汗味更浓，却不一定闻得到墨香。所以，有什么样的喜好，更关注什么，你就会被什么样的东西吸引，也就会投生什么样的人家，这便是心与行为的力量。如果你生前是一个败家子，喜欢赌博，当你看到一个赌王，就会投生给他当儿子；如果你生前是一个贪财鬼，就会寻找富有的人家。当然，能否得偿所愿，仍然取决于你生前的行为。如果你没有足够的定力，没有布施，没有正面的业力，就很难投生到你选择的家庭。行为的力量是非常重要的，它会让你产生一种串习之力，形成一种生命本质的东西，这个东西将达成你的投胎。

生前经过修习，业力清净的人，会把投胎的地方观想成佛国而投胎。愚痴者则无法做到这一点，他们一旦看到那些危险的幻境就会认假成真，心生恐惧，做出愚痴的选择。比如，看到山崩地裂、飓风来袭时，他们不能自主心灵，会拼命逃跑，躲入树洞、山洞。无论你以胎、卵、湿、化哪种方式投生，无论你想投生何处，都可将你的投生之处观想为佛的宫殿，不要生起让自己方寸大乱的贪心，选择一个好的胎门，以利于你后世的解脱。一些善于观察者，会选择清净的佛门。过去的婆罗门投胎时，也会选择世世代代的婆罗门人家，因为他的心境容易和那种环境相应，所以就能找到合适的人家。

还有一种方法是，把女性的子宫观想为佛国，请求诸佛或神灵在你入胎时为你灌顶。有些人也可以把母亲的子宫观想为佛的宫殿，色彩斑斓，像莲花一样，自己坐在花蕊中自成本尊，心中有蓝色的种子字，所有明点都化为光明，自己也化为光明，一切都化为光明。这时，如果你真能进入那种境界，不管那所在是不是真实的佛国、真实的莲花、真实的本尊，你仍然可以实现解脱。所以，只要你能忆持上师教法，忆持光明，安住于光明，照样可以解脱。虽然你选择了投胎的路，但由于你的智慧显发，你仍然可以解脱。这种解脱会让你进入一种境界，我们称之为刹土、佛国，不同的修道方式就会进入不同的刹土佛国。如果能长久安住于光明，达到能所俱空，安住于那种空寂明朗的境界中，并且发愿利益众生，斩断三界万念，就能达成一种与阿罗汉非常相似的解脱。

如果修炼生圆二次第，能够生起本尊之身，你还能做到“智不入轮回，悲不住涅槃”。也就是说，智慧让你不入轮回，慈悲让你不住涅槃。诸多的本尊正是以这种状态度众的，奶格玛就是其中之一。这时，智慧和慈悲双运，彻底超越了二元对立。在这个时候，也可以生起幻身和报身。

那么如何阻断胎门？仍然从心性入手。当你明白因果本空，消除了仇恨的时候，就断了胎门，不会入胎。还有一种说法是：当你斩断了贪心，胎门也是可以遮断的。总之，懂得因果诸法皆空、懂得空性、懂得明空、懂得智慧、懂得戒律、懂得视师如佛，尤其懂得《金刚经》中的智慧，“不取于相，如如不动”，消除了贪嗔痴之后，六道都可以斩断。

有些信心俱足的行者，在看到下世的父母时，也可以把他们观想为上师，将自己的身、口、意供养给他们，将事业、功德也供养给他们，祈请下世父母为自己灌顶，消除爱憎之心，消除贪心愚昧，观修生起次第。这种境界要坚固稳定，将父母的交合观为佛父佛母之双修。这时，你也可以生起拙火，也可以持咒，或自成本尊，这都是中阴的窍诀。你要记住，有所贪爱，必然有所受损。所以，这时一定要放下一切牵挂，消除一切贪婪，发愿成就佛果。

代后记

雪漠

这个时代有很多很美的东西，但有一种东西却是我不随喜的，那就是功利。现在，很多人、很多国家、很多文化都被功利文化给影响了，它就像病毒一样，污染着我们的时代。所以，我总想写出一些不一样的东西，展示这个时代缺少的一种温馨，算是给这个时代注入一种我所认为的、清新的力量，让人们多一种选择，让人们知道，在为了生存而活之外，还有一种不一样的活法，它跟物质财富是没有关系的，也不受这些外物的限制。

所以，在这本书中，我一直从生讲到了死，当然，你也可以从死看到生。为什么呢？因为，假如你从死看到生的话，你在看如何活着的时候，就会产生另一种感觉。你对现有的价值观会有所叩问，你会质疑功利文化告诉你的那些东西，然后追问自己：我为什么活着？我要如何面对必将来临的死亡？在那个黑洞前面，我能守住自己的清醒吗？我能选择自己的命运吗？我会升华，还是堕落？

当你叩问这些东西，用这样的参照系来审视人生时，或许对自己的活法，你就会出现另一种思考，而你的人生也会因此变得不同。

你也许会觉得，这本书关于死亡的部分很神秘，它也确实显得很神秘，但世界上有很多神秘确实是存在的。你或许也看过网络上那些关于轮回的纪录片，还有那些采访有过濒死经验的人的纪录片，那么，你或许就能用更加严肃的心态，来看我这本书中讲到的那些内容了。当然，你也可以以好奇的心态翻开这本书，了解一些你感兴趣的陌生，哪怕你把它当成一种神话来看，也没关系。我只想为你展示另一种风景，在这种风景里，藏着的不仅仅是死后的世界，也不仅仅是人如何面对死亡，更是人如何面对活着。就像先哲所说的，人不明白死，是不可能明白生的。只有深思死亡，深思死后能留下什么，我们才会明白，活着时对自己最重要的是什么，自己真正应该去追求的是什么，什么是该做的，什么又是不该做的，如何让自己有自主心灵的能力。

现在，很多人也开始叩问内心了，但并不是每个人都有自主心灵的能力，甚至可以说，能自主心灵的人并不多。因为，自主心灵需要智慧，需要定力，而在这个浮躁的、节奏很快的、忙于追名逐利的社会里，有智慧、有定力的人不多。更多的人，只是被一时的困境左右、无法选择人生的芸芸众生。但事实上，所有的芸芸众生都有一颗智慧的莲子，区别在于，我们自己有没有持之以恒地滋养它，让它长成莲花。人生对每个人，都是公平的，所有看似的不公平，都是命运对人的鞭策和叩问，但能不能发现这一点，如何选择自己的人生和未知的可能性，也取决于人自己。

所以，我总想传递一种信息，总想让很多迷惑的人知道，上帝赋予了每个人追求精神生活、追求升华的能力和权力。而我们每个人所崇拜的伟大和力量，其实也存在于我们每个人的心里。

不过，在这本书中，我说的仅仅是一种活法。里面的历程，也是我实践过的。写作的同时，我也是在回忆，回忆自己走过的路，回忆自己的一段段经历，在那段难忘的岁月中，我曾跌倒过，又无数次地爬起，终于一次又一次地战胜了自己，杀死了每一个没那么伟大的自己。最终，我重铸了自己的灵魂，我成了自己向往的那个自己，我得到了自己追求的安详、自由和宁静。如果你想看看我是如何走过这条路的，你可以看看这本书。

当然，这本书不仅仅是我个人的感悟，它承载了一种古老的文化。这是一种针对心灵的文化，它的追求，就是开发人本有的智慧，也就是每个人本来就有的、与生俱来的、但我们不一定会发现的一种智慧。这种智慧在我的生命中发挥了巨大的作用，它让我有了无悔的、坦然的人生，而我的人生轨迹也随之改变了。因为它，我有了主宰命运的能力。

希望你也有一个美好的、精彩的、有意义的人生。

附录

雪漠

我的《光明大手印：实修心髓》《光明大手印：实修顿入》《光明大手印：参透生死》出版之后，解决了很多读者的迷茫和疑惑，但由于五本书有近二百万字，总是让一些朋友望而生畏。去年前往北美时，谈锡永大师希望我能将五本之精华浓缩一下，出一本书，于是便有了《空空之外》。

不过，《空空之外》不是上面五本书的摘编，而是打乱了所有内容，按佛教解脱的五个次第来重新写的，有很多新内容。对于一些很忙的朋友，他们先读本书，可以管中窥豹，了解大手印。要是您更有兴趣的话，可以再读前边说的那几本书。

本书其实是在说一个问题：如何达成终极的自由？

达成这种自由有两种方式：一种是活着达成，一种是死后解脱。无论哪一种，都需要我们唤醒自己的灵魂。

这世上，很多人不去叩问灵魂，久而久之，他们的灵魂也就休眠了，它等待着一种智慧力量的激活。本书承载的，就是这种力量。

我们每个人面临的问题，不是拯救世界，而是如何拯救自己的灵魂，如何让自己的灵魂自由，如何让自己的灵魂强大，如何让自己的灵魂在面对诸多诱惑的时候，仍然能保持清醒、自主和高贵。

本书会告诉你答案。

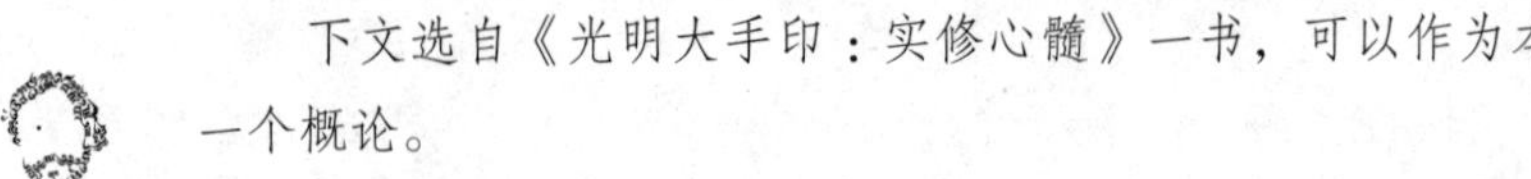

下文选自《光明大手印：实修心髓》一书，可以作为本书的一个概论。

1. 佛教修炼的目的是什么?

今天,我讲一讲佛教追求的终极目的、解脱原理以及相关次第。

这是目前好多朋友想解决、但一直没有解决的问题，甚至一些信仰者也不知道佛教真正的本质是什么。时下，信仰佛教的人有追求福报的，有害怕轮回的，有想要学习一种新文化、汲取文化营养的……目的不一样，结果也就不一样。

佛教文化非常博大，有“三藏十二部”之称。这三藏十二部的内容浩如烟海。我阅过两次《大藏经》，整天闭关地阅读，如果一天二十四小时中除了基本的休息之外，差不多要三年时间才能够认真读完一遍。阅读能力稍弱的人，三年也不一定读完。这就是说，一个人要想全部地了解佛教、完整地了解佛教，或想了解佛教中许多精髓的东西，必须要得到善知识的点拨。

历史上有许多非常伟大的善知识，他们造了好多“论”，比如龙树菩萨造过《大智度论》、弥勒菩萨造过《瑜伽师地论》等等。这些大论是佛教的基本概论，很有价值。不过，现在能读懂这些大论的人也少之又少。于是，出现了一种状况：无论是学习佛学的人，还是信仰佛教的人，并不懂真正信仰的目的是什么，我们为什么要有信仰,我们在追求什么。如果不懂这些,那么就是迷信。

比如，有些人把佛教变成了世间法的一种助缘。在广州一带，有向观音借钱的习俗,今年向观世音菩萨借多少钱,挣上多少钱后，明年再来还愿。像这种习俗就非常有趣，他们把观音菩萨当成一个财神来“信仰”；有些人是为了祈求佛与护法的保佑；还有些人甚至想让护法神惩罚自己的敌人，修一些像藏传佛教里面的诛法之类，等等。这些习俗和做法并不符合佛教的真正精神。正因为有不同的人对佛教有着不同的理解，才导致了佛教界的混乱。

事实上，信仰宗教的真正目的就是追求真理和自由。无论伊斯兰教也罢，基督教也罢，印度教也罢，许许多多的宗教都追求真理。它们赋予真理不同的名相，比如印度教将真理称为梵天，基督教称之为上帝，伊斯兰教称之为真主，中国的道教称之为道，佛教称之为真如、空性等等。就是说，每一种宗教都认为有一种存在比人类更伟大。这种存在有两种形式：第一种是物质性的存在，有一种功能性的作用；另一种是纯精神性的存在。无论它是物质的、功能的，还是精神的都不要紧，因为信仰者们都承认有一种存在比人类更伟大。当人类向往这种存在的时候，就会产生宗教。

佛教追求的终极目的是什么呢？就是自由、真理。

对于自由，佛教常见的说法叫"解脱"，因为真正的自由就是解脱。

当佛教把人从世俗的欲望、烦恼、仇恨、贪婪中解脱出来的时候，人类就会得到自由。

自由分为两种：一种是世间法的自由，一种是出世间法的自由。

世间法的自由就是离苦得乐，即远离痛苦得到快乐、远离热恼得到清凉、远离愚昧得到智慧、远离仇恨得到慈悲、远离贪婪得到少欲知足等等，这些都是实现自由的一种方式。

另外一种自由是出世间的自由，即它不追求相对自由，而是追求绝对自由。什么是绝对自由呢？就是无条件的自由。在藏传佛教中绝对自由被称为"心气自在"，意思就是物质和精神、心灵和肉体都得到大自在。所以，佛教追求的本质就是自由或解脱。

2. 怎样得到解脱？

那么，如何得到自由？如何得到解脱？

几乎所有的宗教都有两种方式，可以得到自由或解脱。

第一种是因信得度，因为信仰而得到救度。人们依靠信仰的力量来消除自己的贪婪、愚昧、欲望，破除一种执著，最终得到解脱。

比如，基督教的信仰者会信仰上帝、伊斯兰教的信仰者会信仰真主，因为这种信仰的力量，人们远离了痛苦，得到了快乐，并找到了他们向往的永恒而被救度，这就是因信得度。佛教中最能体现因信得度的就是净土宗，它认为念“阿弥陀佛”就可以到极乐世界，信仰者甚至不需要非常多的繁杂的佛教教义，只要信仰阿弥陀佛，并遵循一种规则（戒律、仪轨等），就可以得到救度。在香巴噶举教法中，只要如法念诵“奶格玛千诺”，也能往生奶格玛娑萨朗净土。这是得到自由、解脱的一种方式。

第二种方式是见即解脱。这个“见”就是见地的“见”、见道的“见”，正见和智慧，禅宗的明心见性就是一种“见”。大手印中契入大手印的“契入”也是“见”，即得到一种智慧。

人为什么要得到这个“见”呢？是为了破除一种执著。

什么是执著？执著有两种：

第一种是我执，即对自我的执著，认为自己是一个永恒不变的本体，并用自我来衡量这个世界，于是就产生了许多执著，比如因为执著而掠夺、贪婪，贪婪而得不到时就产生仇恨。实际上，这些纷纷繁繁的热恼、痛苦、仇恨都是由执著而来的。

另外一种执著是法执。在佛教中，把这个世界上所有心和物的现象都用“法”来代表，它不仅仅是一个方法的“法”，客观世界和主观世界、精神和物质都是“法”。

对“我”和“法”的执著在佛教中，是必须破除的。当一个人破除了我执和法执的时候，他就会得到解脱。

我们举一个非常形象的例子。执著好像寒冷，它把一杯水变成了一块冰。那么，这块冰如何才能解脱呢？只有通过某种特殊的方式把这块冰融化，它才会变成一杯水。当这杯水被倒入大海、和大海融为一体时，就叫解脱。佛教的某些流派中，将这种现象形象地比喻为子母光明会。

那么，如何把冰与大海合二为一？方式有两种：

第一种是把这块冰直接投入大海，等到一定的因缘成熟之后它就会融化，这就是因信得度。追求往生的人就是往生到佛国去，在那儿机缘成熟后再开悟、解脱，就好像一块冰“往生”到大海里，靠大海里出现的诸多的顺缘来将它融化，这时那个体的冰就和法界的大海融为一体，从而得到解脱。

第二种是用你的智慧之火先融化那执著之冰，当冰化为水时再进入大海，跟大海融为一体，这就是见即解脱。在大手印文化中把破除执著之后和法界的光明融为一体，称为“子母光明会”，就是自己修来的那份光明，与真理的、大自然的、法界的、人类和众生本有的那份母光明融合为一的时候，就得到了解脱。换句话说，用信仰把你的执著之冰化为智慧之水，然后这智慧之水才可能和大海浑然成一体。一杯水只有融入大海时才会得到永恒。

虽然这个比喻不一定准确，但可以非常形象地告诉大家解脱是怎么回事。只有破除所有执著之后，解脱才能产生。所以，任何修炼的终极目的，都是破除执著。

佛教中认为破除执著的本质在于证得一种智慧。什么智慧？我们称之为空性。佛教中对空性还有一种说法叫“无分别智”。为什么呢？因为任何执著都源于分别心，因为有了分别心，才产生了执著，比如我和你的分别心、我家和他家的分别心、我们这个民族和别的民族的分别心、贫富的分别心……因为这些分别心而产生了一种不平衡的东西。当你证得了一种无分别心的智慧时，解脱才会实现。

注意！这里面有一个问题，没有分别心的同时必须俱足智慧。如果单纯的没有分别心，在佛教中被称为“顽空”，例如一块石头没有分别心、一种物质没有分别心，但它们没有智慧。所以单纯的没有分别心是不够的，必须同时还要拥有一种智慧。

在大手印文化中、在香巴噶举的传承文化中，把无分别智称为“明空”。明空就是没有分别心、没有杂念妄念，还具有佛的三身五智。三身是法身、报身、化身；五智是妙观察智、大圆镜智、成所作智、法界体性智、平等性智。就是说，佛的三身五智在那种明空中是同时俱足的。

在香巴噶举的五大金刚合修法中，专门强调了这五种智慧，比如每一个本尊的头上戴着五个死人头骨，它就代表这五种智慧。没有这五种智慧的明不叫明。所以说，大手印文化认为明空俱足三身五智。在香巴噶举中，将这种大手印称为“明空智慧”，也称为“宝盒”，就是三身五智、明空都容纳于这种智慧状态中，只有和合在一起才有可能证悟。

3. 修行的次第

因此，解脱的本质就是破除所有的执著。所有的佛教礼仪的目的，就是为了让人破除执著，得到一种智慧的光明。

我再举个例子，我们把真理称为“光明”，把所有的众生称为“迷者”——就是没有觉悟的人。没有觉悟的众生就好像在一团黑暗之中。有一天，有一个人开始向往光明，因为他觉得太黑暗了。当他开始向往光明的时候，就进入我们所说的佛教修道的第一个阶段：资粮道。他一直向往着，希望远离愚昧、贪婪、仇恨，希望远离欲望对他的束缚、桎梏，远离生死给他带来的恐惧，远离他认为的六道轮回这样的生命状态对他的束缚。然后，他开始向往光明，开始了资粮道的修炼。

在藏传佛教中，资粮道用生起次第、四加行、上师瑜伽等等来实践，目的是让自己建立一种信心。当他完成生起次第后，他的信心就俱足了。什么是俱足信心呢？他认为上师是佛、自己本来也是佛，他相信自己有成佛的可能，并相信自己根据某一种我们称之为宗教礼仪、宗教仪轨的训练就能得到解脱。因此，完成资粮道的本质就是要俱足信心，建立功德和福德。

在佛教中，信为功德母。信、愿、行中，信是第一位的，由信仰而发愿，由发愿而有行为，没有信就没有一切。所以，资粮道的本质就是信心、功德和福德。

资粮道圆满之后，就要进入加行道。这时，你就会去寻找光明，东奔西跑，八方求索，在茫茫黑夜之中，可能到处碰壁，看不到一点儿光明。但因为信心非常俱足，你就不会退转。这个寻找的过程就是加行道。

当这种加行道修到一定时候，突然之间、刹那之间你就会发现，光明在那个东北角或者其他什么方向，见到光明的同时就是“见道”，这个也叫“明心见性”。大手印文化称之为“契入大手印”。在香巴噶举中，当你资粮俱足，上师为你开示了心性时，你就进入了见道。还有一种说法是，当你生起次第完成后进入圆满次第，通过修拙火、幻身最后也会见到光明，这时才算真正进入见道。这两种见道，途径不一样，但本质是一样的，前者是顿悟，后者是渐修。当你见到光明的时候，就明白了修行的方向，明白了如何修行。因此，禅宗说悟后起修。“见”就是开悟，开悟之后才开始真正的修行，开悟前的修都是为正修做准备。

见到光明之后，你就开始走向光明。这一步一步接近光明的过程，就是修行的过程，就是修道。悟后起修、见上起修都是指在开悟之后的那个状态中修炼，这才是真正的修炼。过去的所谓修炼不过是在积累资粮而已。在真理的光明之中，不断地修炼，直到最后融入光明，就达到了我们所说的“证道”。

仅仅融入光明还是不够的，因为你还有一些细微的无明没有除掉，必须用一种方便法门来消除细微无明和习气，使你不但融入光明，还化为光明。当你自己也变为光明后，才叫“证果”。

但在大手印中，对证果还有更高的要求，就是不仅仅要化为光明，而且心中还要没有光明这个名相，必须把这个名相也破掉。我用一首诗专门写了大手印的境界：

大风吹白月，清光满虚空。
扫除物与悟，便是大手印。

"大风吹白月"就是看到光明，"清光满虚空"就是保任光明，让那种光明充满自己生命的每一个时刻，禅宗里叫"打成一片"。赵州老和尚说，老僧用四十年的时间，才将功夫打成了一片。这就是保任。"清光满虚空"还不够，最后还要把这个"清光"的名相也扫掉，把对这份光明的执著和分别也扫掉，把对开悟、证悟的执著也扫掉，破除了法执，才叫大手印。

4.《三金刚偈句》

下面，我们以《三金刚偈句》为例，讲一讲资粮道、加行道之后，从见道开始，即"大风吹白月""清光满虚空""扫除物与悟"这三个阶段的修炼。

在佛教中，关于修炼这三个阶段的传承有很多，但非常精要的，便是《三金刚偈句》。这个法脉源于印度。从印度传到中国的藏地、汉地之后，就在不同的佛教教派文化中有了相应的传承，名相虽异，精神相通。

在香巴噶举中，它也属于"大手印宝盒"的一种。香巴噶举的创教祖师琼波浪觉曾多次前往印度、尼泊尔求法，他先后拜了一百五十多位大成就者为师，他几乎学遍了当时流行于印度、尼泊尔和藏地的所有密法，其中就有《三金刚偈句》。笔者也是其教法传承链上的一环。武威松涛寺住持吴乃旦上师将另一版本的《椎击三要诀》也传给了我，它由吴上师的上师释达吉从心道法师处得到传承。

为了便于实修，笔者将该法要写成了偈颂体。由于传承和证悟上的差异，它跟时下流通的不很一样。笔者在修订本书时，决定用《三金刚偈句》为题，以示跟时下流行的《椎击三要诀》的区别。

《三金刚偈句》主要讲三个方面，第一是见道，第二是修道，第三是无修道，也就是刚才我所说的走近光明、融入光明、化为光明的整个过程。佛教中所有的修炼过程，都离不开这几个阶段。修炼的本质是生命科学，而不仅仅是宗教信仰。

三金刚偈句

雪漠 撰颂

坦然离妄心，无纵亦无擒。
离散见本觉，呼呸并斥心。
续呼也吗火，无余唯愕惊。
愕亦无挂碍，离言趋明通。
了知法界性，印证妙明心。
行住皆安然，贪嗔苦乐融。
刹那与恒常，认知本来身。
子母光明会，安住本体空。
猛施呸字诀，不执空乐明。
无有分别计，入定与出定。
下座并上座，恒住无别境。
未得坚固力，舍闹居静行。
闭关务修持，恒常倍精进。
不离法身见，殊胜复殊胜。
金刚第二诀，定中决定生。
妄念无计执，忧喜与贪嗔。
旧境无连续，解脱之法身。
犹如水中画，起灭相续生。
所起法身王，所现明体空。
显现与串习，随妄本净空。
解脱殊胜法，离此皆谬论。
解脱三要义，无修法身境。
三要之见宗，融合智悲定。
万法即真如，真如万法同。

三世如来义，随契佛子行。

除此无胜法，法身起妙行。

智慧藏中藏，不似石中英。

胜乐金刚教，传承三印心。

付与心子持，深义契佛心。

莫可轻弃之，勿失方便门。

5. 如何见道？

第一段讲的是如何找到真心的修炼过程。

“坦然离妄心，无纵亦无擒。”

什么叫妄心？我在《光明大手印：实修顿入》中解释甚详，有兴趣者可以看一看。

妄念纷飞叫妄心，没有妄念的时候，就是真心。比如，天空中充满着乌云，乌云就是妄心；当乌云消散之后，一片朗朗的无云晴空就是真心。再比如，妄心是波浪滔天的大海；真心就是风平浪静的海面。当一个人远离妄心，远离杂念，如如不动时，就是真心。

当你没有妄心，没有妄想，没有杂念，进入真心状态之后，要“无纵亦无擒”，既不要让它丢了，也不要过于执著它。“纵”的意思就是把它松开、丢了；“擒”就是执著、抓紧。这都不对。过分的执著和过分的散乱都是不对的。“无纵亦无擒”就是在真心的状态下，坦坦然然，放松但不丢掉。

“离散见本觉，呼呸并斥心。”这个是方便法门。当你远离了散乱，见到本具自性的时候，就从事上明白了什么是真心。虽然不同的人有不同的方便法门，但不论哪种法门，其修炼的目的都是见到真心。

《三金刚偈句》是顿入法，方法是通过“呸”字诀来明心。当你出现杂念的时候，用力呼“呸”，把妄念斩断，并且在一种吃惊、惊愕的状态下去寻找真心。你不停地这样修，你就可能在某一个瞬间，见到自己的真心。

紧接着，“愕亦无挂碍，离言趋明通”。在那状态中你已经了无牵挂，远离了语言、远离了分别心、远离了任何概念，进入自己的真心。这就是如何让你见道的方法。“了知法界性，印证妙明心。”要明白法界自性的本质是什么，其本质就是“诸行无常，诸法无我”，一切都在瞬息万变。我们找不到任何有自性、能够永恒的本体，这就是法界的本来面目。你不仅要明白这些道理，而且还要通过一种特殊的训练方式，来找到自己的真心，才算“印证妙明心”。

关于入道的方式，不同的宗教、不同的教派有不同的方便法门：净土宗通过念佛，然后达到念佛三昧；禅宗通过参禅、参话头进入一种境界，等等。

当你找到真心后，你必须把这种光明应用到你的行为中，就是“行住皆安然”，不仅仅坐在这儿快乐，走路也是这样。吃饭、穿衣、作画、行住坐卧都这样，把贪、嗔、苦、乐的分别心都融入这种明空状态。在每一个刹那，恒常地保任真心，不要离开这种光明。

6. 如何修道？

当你认知到真理的光明之后，就要让这光明时刻照耀着你，这就是修道。

永远不要离开真心，永远要安住于空性。修行的本质就是这个。

这种修炼，在佛教中叫熏染、在禅宗中叫保任，都是一样的。

当你在每一个当下都不离开它的时候，光明就会一直在你的生命中，变成像空气一样的东西，你就会受益无穷。这种无分别的智慧，就会让你远离分别心，远离诸多的诱惑、烦恼、痛苦，你会变得非常快乐。

要“子母光明会，安住本体空”。

关于“子母光明会”，我刚才已经讲过。你执著消除、心灵发出的光明和真理本有的光明合二为一时，就叫“子母光明会”。在本书中，我还会详细讲到，这里只是介绍一下。

如果出现杂念怎么办呢？这个法脉的方便法门就是呼“呸”，狠狠地呼“呸”。

若是你有了上师，还可以用持咒、观想、持宝瓶气、念佛，甚至做大礼拜……诸多方法的本质和呼“呸”一样，都是为了驱除杂念，让心安住于本有的光明中，但是又不执著那个乐、空、明，就是安住而不执著。当然，这个“不执著”，刚开始的时候做不到，后来就做到了，就像呼吸，虽然每个人不一定注意自己的呼吸，但却时刻呼吸着。因为无论是什么样的执著都会变成心灵的束缚，包括对真理的执著，修炼到最后是要破除所有的执著。

“无有分别计，入定与出定。”坐在这儿时，安住于那种光明，走在路上也安住于那种光明，安住于当下，安住于快乐，安住于清凉，不要离开它。不论座上修，还是座下修，都在那种无分别智的境界中。

这时候，会有一个问题，人会常常散乱，所以在传统佛教中，人一得到这种正见就必须要闭关。

真正的闭关，就是要从见道开始。之前的重点是参学，参访一个个善知识，请他为你开示心性，进入见道。

当你明白了什么是真心之后，你就要开始闭关，像守护一支刚刚被点燃的蜡烛一样守护着真心，不要让邪风把它吹灭，然后在上面添加好多燃料、柴火、油——这便是我们说的资粮，它能让智慧之火越来越大，越来越旺。

修行的过程就是这样的。

闭关的目的，是把自己心灵的蜡烛放到屋子里面，别让它被风吹灭，并慢慢添加资粮之柴，让它变成火把，进而成为火堆，最后变成满天的智慧大火。所以说，“未得坚固力，舍闹居静行”。没得到坚固力的时候，必须离开闹市，到一个相对安静的地方闭关，让那个火焰一天一天地燎原。一定要精进，并且远离恶友。不然，要是碰到恶友，他就会污染你，就像一杯净水中间，忽然进了病菌，那么，这杯水就被污染了。所以，在闭关中和日常的生活之中，都不要离开法身见——空性无分别智。这是最殊胜的修行方法。

7. 让正见坚固

《三金刚偈句》的第二诀是："定中决定生。"这时候，你要在那种智慧的观照下，以修定为主。大手印和一般教派的修法不一样，常见的修炼是由定发慧，通过戒、定、慧，先修资粮道，从生圆二次第入手，然后修宝瓶气、幻身，见到光明时发慧。而大手印是由慧来摄定，当你得到智慧之后，就由这个智慧来统摄修定。

修定方法有很多，比如“妄念无计执”，妄念来者自来，去者自去，不要管它。来了它就来了，走了它就走了，你不要执著它，也不要怕它。当你安住于空性的无分别智中时，所有的妄念就像太阳下的雪花一样，它自己就会融化的。

所有的忧愁、快乐、贪婪、仇恨等等，都不要执著它，也不要怕它。在智慧的观照下，它们就会变成你心灵的营养。只要你安住于空性去观察它，烦恼起来时，生起正觉，生起智慧，生起光明，烦恼就不见了。如果一个人能把愤怒状态保持七天七夜的话，这说明他的定力非常好，稍加一转化，他就成就了。要知道，那些妄念也是无常的，快乐和痛苦都是这样。刚才是失恋的人，过几天就变成了热恋。就这样，世界就是这样。再过不久，热恋者又失恋了。一切都瞬息万变着。修法的诀窍就在于不要跟念头走，叫“旧境无连续，解脱之法身”。这是什么意思呢？念头来者自来，去者自去，走了就走了，不要让那个杂念绑走你的心，你不要在出现一个念头的时候，像一条被链子拴着的狗那样，跟上那个链子跑掉了，变成欲望的奴隶。所以说，只要“旧境无连续”，就可以证得解脱的法身。修道就好像在水中画画一样，无论怎么画，水中留不下一点痕迹，画的画，灭的灭。我常说：“要永远安住于当下，快乐无忧，触目随缘，做事如彩笔描空，描时专注，督摄六根，净念相继，描后放下，心中空中皆了无牵挂。”虽然我描的时候非常专注，但描后空中留不下什么痕迹，心也是这样不留痕迹。这个过程也好像拿剑斩水面一样，斩一下，水面“哗”地开了，剑一抽，水又平了。心就要这样。任何状态下，你看到的莫不是法身之王。什么是法身之王？空性无分别智。

“所现明体空”，你看到的一切都是这种无分别智的显现。风不离无分别智，不离空性；太阳不离空性，呼吸、快乐一切都不离空性；显现的一切、串习的一切、习惯上的一切，所有妄念随着智慧光明的出现，都自动消散了。这就是解脱的殊胜法，即“解脱殊胜法，离此皆谬论”。除了这个，别的都是谬论。换一句话说，所有离开这种见地的方法，就肯定是不究竟的。在藏传佛教的上师瑜伽中，有一种非常好的方便法门，就是在那种明空无执的境界中祈请自己的根本上师，用这种正念的力量，得到一种来自法界的大力，让自力与他力相结合，让上师那种大力的智慧波、磁波、磁场磁化你，让你与法界光明达成共振。

这是第二步。

8. 无修道

有一天，你发现你生命中时时刻刻都在这种明空状态里。吃饭、穿衣、发怒——发怒只是一种显现，像镜子中的火一样，虽然有火的形状，但镜子里的火是没有热量的——皆在这种状态中。所有的东西，你在心镜中明明朗朗，如如不动，却朗照万物。这世界上的一切，在你的心中了然分明，但它又不能干扰你的时候，第二个阶段就完成了，修道就成功了。

下面进入无修。

“解脱三要义，无修法身境。”真正的无修是大修啊。“无修”就是修而不执著修，证得空性而不执著于空性，得到智慧而不执著于智慧，做而无做，修而无修，无修而修。

赵州老和尚说，老僧吃了多少年饭，却不曾咬一粒米呀！万法了然于心，心却如如不动，《金刚经》上说“不取于相，如如不动”，就是这种。

但是，这种状态非凡夫所有，它必须同时俱足三个要素：三身（法身、报身、化身）、五智（大圆镜智、平等性智、法界体性智、成所作智、妙观察智）、慈悲。

这时候，明空不离智和悲，一切都不离真如。真如即万法，万法即真如；生即死，死即生；我即佛，佛即我。最后把证到的空性也破除了，达到究竟，证得而不执著。

比如，人经过舞蹈的基本功训练后，对舞蹈技巧非常熟悉，最后就甚至连舞蹈的这种概念也没有了，整个天空、整个世界都是她的舞蹈，这时才谈得到无修。

不是说得到大手印的名相就能证到大手印，好多人连大手印是什么都不知道。必须要有那种智慧，既要在道理上明白那种智慧，又能在生命中间体会到那种光明，享受到那种光明，并且永远和它不分离，让它成为你生命中一刻也离不开的光明，之后再把光明的名相也扫掉，不执著它。当你再也离不开光明的时候，才谈得到无修。“无修”，无时无刻不在修，但不执著于修，也没有修的外相。

当你还不能时时刻刻在光明中，而说自己在无修，那就叫狂慧。你名义上什么都知道，实际上得不到任何受用。什么叫狂慧？你自己知道所有的游泳技术，但一下水就沉下去了，淹死了。你没有实际应用，只要你实际地应用之后，能够驾驭心灵，驾驭肉体，并且知道游泳的诸多规则、诸多要领，你还能游得很好的时候，才能起作用，否则是不起作用的；再如，像骑自行车一样，你虽

然知道很多要领：目视前方，腰杆挺直，紧握车把，但不去训练，一骑车就会摔倒；再如，你知道吸烟不好，但偏偏戒不了烟呀；你知道一切女子都是无常的，都是欲望，但见到一个女孩子就爱上她了……没有办法，你控制不了自己的心呀！你的心是这样，你的肉体更不听话。你觉得不该烦恼，但偏偏会生起烦恼。所以，光是"知道"没有用的，必须通过理事的明白，然后用行为去实践那种明白，最后连这个明白也不执著，就是任何时候你都离不开这种明白，而又不执著于这种明白，这才能起到作用。

比如，一个人必须通过艺术规则进行训练，开始进入素描的各种笔法练习和临摹，然后创作，才可能成为大师。大师是什么？他不是在创作，他和整个大自然是一体的。当他灵光一现的时候，他心中自然流出的那种东西就不是刻意而为的，就像小鸟的叫声一样，是天籁。百灵鸟不需要谱曲，但它唱出的是最美的歌。它甚至没有唱歌的名相，也不管别人是不是在鼓掌，也不管出场费。它没有人们对唱歌的诸多概念的束缚。大手印修炼到终极的时候就像百灵鸟自然欢快地唱歌那样，虽然没有唱歌的概念，却能唱出最美的歌。要是癞蛤蟆在听到百灵鸟的歌声时，却说我不愿意唱那样的歌，这是很滑稽的。癞蛤蟆说自己不执著于像百灵鸟那样唱歌的原因，是它根本唱不出那样的歌。明白了吗？当然，我只是举个例子，在我听来，癞蛤蟆的歌也很好听，但那是另外的一种味道。就像不同教派发出了不同的声音，有不同的方便法门，都会让人达到某种境界。大自然的声音都很美。

我的意思是，不同的教派有不同的规则，你必须明白那种规则，实践那种规则，最后打破那种规则，却又不违反那种规则。打破它的时候，甚至你会创造规则。大师不被任何规则限制，但可能会超越规则，创造一种整个世界都认可的规则。这才是大师。

开始的时候，你还需要遵守规则。你不能随便地破坏规则。当你破坏规则的时候，你根本不可能实现超越。你首先要继承，然后才谈得到发展。要是你智慧之杯里的水已经满了，再溢出来的那部分才称得上创造。半瓶子的咣当咣当，那不是创造。一定要明白这个东西。

“无修法身境”，就是瓶中水满了之后，它已经没声音了，你觉得他可能没有什么东西，但里面却充满了智慧，所以我们常说大智若愚。

对于智者来说，对于我们所说的“法”，他可以不说，也可以说，但无论说还是不说，他都不执著这个东西。境来则取，境去则空。明空之中，智悲双运，三身五智皆俱足。你可能看不出他的修行外相，但他已经没有了黑暗和光明的分别。

有个朋友问我，达到能够和本尊对话是什么境界？我说这在真正的修行中不是高层次的，生起次第完成之后就会这样。为什么呢？因为这时候你还有二元对立，你还有我和佛的二元对立，我是众生，你是本尊。而真正修成后是没有这种对立的，在一片朗然光明之中没有佛与众生的概念，没有这种分别，就是无来无去，不取于相，如如不动。

修到最后，真如和万法是一体的，没有真如和万法的分别，这就是“三世如来意，随契佛子心”。

因此，这种智慧必须进入你的生命中，成为你行为的某一种指南和观照，成为一种你向往的东西和灵魂的标杆。除此之外，再没有更高明的法了。为什么？因为所有的修炼目的就是为了实现终极的自由。方便法门虽然不同，它可以用一种红的颜色、绿的颜色，但终极目标是相同的。所以“除此无胜法，法身起妙行”，一切都是法身生起的妙用而已。

我老是听到有人说发愿要学很多法，其实成就是不需要学那么多法的。所有的法都可能实现成就。成就之后，再随缘应世。有一些真的学了很多法的朋友，却成了佛油子，谈密说空头头是道，观其行履却实在不堪。我有一位学生，见道后保任了一两年，很是稳定。但某日，他以前的上师来找他，说了一些话，他的明空就完全消失了。这样的上师，其实是邪师，是必须要远离的。能

真正增益智慧破除执著的人，才是善知识。让自己信心消失，智慧退转的，是必须要远离的恶友。

对于真正的大手印行者来说，众多的法对他没有什么意义，他不需要这些概念。老子说："为学日益，为道日损。损之又损，以至于无为。无为而无不为。"贪婪扫掉了，仇恨扫掉了，愚昧扫掉了，习气扫掉了，再也没有要清除的东西的时候，叫证果，叫成就。

修炼的目的不是为了增加什么东西，不是在这杯水里加一点贪婪、加一点仇恨、加一点分别心……不是这个，而是要减少。宗教修炼的目的，都是为了减少自己心里的东西，减少负担，减少分别心，减少贪嗔痴慢妒，减少到最后，心灵的灰尘没有了，习气也除掉了，再也没有东西可扫的时候叫证果。

修行不是在这个之外，再找什么果位，不是你得到了一个苹果似的果，说：你看，我证果了。因此，《金刚经》才说，"若阿罗汉作是念，我得阿罗汉道，即为着我、人、众生、寿者"，则不名阿罗汉。

明白了吗？证无所证，连那个都不执著。

"智慧藏中藏，不似石中英。"就是指正见以及在这种见地指导下的生活方式，它是智慧宝藏中的宝藏。明白这个道理时，叫明白心性，即在理上的明白；当你的生命能受用到空性时，就叫开悟，即事上的明白。

《三金刚偈句》是通过胜乐金刚这个法脉传承下来的。"胜乐金刚教，传承三印心，付与心子持，深义契佛心。"所有得到这种见地、这种法脉的人，其实是得到了一种心子的待遇，也叫心传。今天的好多人都不一定是真明白。因为在事上你们还不知道什么是真心和心性，如果你们真的明白了什么是真心和心性的话，那就是真正的开悟。但因为不同的人有不同的机缘，而且必须实践"教"，不实践是不可能成就的。因此，"莫可轻弃之，勿失方便门"。不要轻易地丢弃它。它非常地方便，非常地智慧。

在香巴噶举的五大金刚法中，胜乐金刚是诸佛功德的总集代表。在五大金刚法的修持中，它处于根本主佛的位置，地位最为尊崇。

《三金刚偈句》讲了资粮道、加行道之后如何修见道、修道、无修道的几个要诀。其实，任何法门、方法都不离这些。这是类似于佛教概论、实践概论、生命科学概论这样的东西，它是离不开的修行见地。法门可以有无数的变化，但这条轨迹、这几个台阶都是一样的。它们可以有不同的说法，比如念佛三昧、禅定、三摩地……但各种名相如果离开这种正见，就是外道。这就叫“印”。什么是印？就是正见。有了这个印，佛法就是真的；没有这个印，就是假的。佛教中有三法印：诸行无常、诸法无我、寂静涅槃，而这三者合一之后的印，叫“大印”。三法印都融入了大手印，也叫“真如之印”。

上面讲的这些内容，仅仅是作为学术和文化上的一种交流，至于你该修什么样的方便法门，各有各的根器，各有各的喜好，各有各的传承，各有各的上师，这需要另外的机缘。入门的时候可以经过不同的门，但修行必须经过这几个阶段，就是资粮道、加行道、见道、修道、无修道，这叫五级证道，最终才能证得究竟智慧。

在《空空之外》中，我结合自己的修行实践，详细地讲了五级证道。